Elisabeth Schwarzhaupt
(1901–1986)

Elisabeth Schnackhaupt

Elisabeth Schwarzhaupt

(1901–1986)

Portrait einer streitbaren Politikerin und Christin

Herausgegeben von der
Hessischen Landesregierung

Herder

Freiburg · Basel · Wien

Die Hessische Landesregierung (Hg.)
Elisabeth Schwarzhaupt (1901–1986)
Portrait einer streitbaren Politikerin und Christin
〈Mit Beiträgen von Heike Drummer, Jutta Zwilling u. a.〉

Konzept und Lektorat:
Barbara Bussfeld

Redaktion:
Heike Drummer und Jutta Zwilling
(zeitsprung. Kontor für Geschichte GbR, Frankfurt am Main)

© für diese Ausgabe: Verlag Herder, Freiburg im Breisgau 2001
Die Rechte für die einzelnen Beiträge liegen bei den jeweiligen
Autorinnen und Autoren.
Umschlaggestaltung: Kiesewetter & Partner, Freiburg, unter Verwendung
eines Fotos des Archivs Christlich-Demokratischer Politik der Konrad-
Adenauer-Stiftung e. V., Sankt Augustin (Bundesbildstelle, Berlin)
Satz: SatzWeise, Föhren
Druck und Bindung: Freiburger Graphische Betriebe 2001
Gedruckt auf umweltfreundlichem, chlorfrei gebleichtem Papier
ISBN 3-451-20139-9

Inhalt

III Erinnerungen, Würdigungen, Wirkungsgeschichte

IV Elisabeth Schwarzhaupt – Dokumente

Ausgewählt und eingeleitet von Heike Drummer und
Jutta Zwilling

Anhang

Vorwort

Elisabeth Schwarzhaupt, die erste Ministerin der Bundesrepublik Deutschland, zählt zu den Frauen und Männern der »ersten Stunde« und der späteren Aufbaujahre unserer Demokratie. Ihr Denken und Handeln ragte bemerkenswert heraus und wirkt bis heute nach. Der Wiederaufbau und die Fortentwicklung einer demokratischen Gesellschaft nach dem Ende des Zweiten Weltkrieges war ihr Grundthema auch in der Evangelischen Kirche, für die sie im Außenamt und in der Frauenarbeit tätig war. Kämpferisch und stets mit dem Mut des unabhängigen Denkens focht sie in den fünfziger und sechziger Jahren für Gleichberechtigung und ein modernes Familienrecht. Auf dem Feld der Gesundheits- und Umweltpolitik leistete sie Pionierarbeit.

Die streitbare CDU-Politikerin, promovierte Juristin und Oberkirchenrätin wäre am 7. Januar 2001 einhundert Jahre alt geworden. Mit diesem Buch will die Hessische Landesregierung die Erinnerung an eine außergewöhnliche und bedeutende Persönlichkeit der Zeitgeschichte aus Hessen, die besonders auch jungen Menschen viel zu sagen hat, wach halten.

Deutsche haben schmerzlich gelernt, dass nur der, der seine Vergangenheit kennt, seine Gegenwart und Zukunft verantwortungsvoll gestalten kann.

Zu den Traditionsbegründern unserer jungen, gerade 51 Jahre alten Demokratie gehören die Menschen, die nach den unbegreiflichen Verbrechen des Nationalsozialismus und den Grauen des Zweiten Weltkrieges daran gingen, einen freiheitlich verfassten Rechtsstaat und eine friedfertige Gesellschaft aufzubauen.

In dieser Tradition, auf die wir uns heute stützen können, ist die private und politische Persönlichkeit Elisabeth Schwarzhaupt zu verorten. Wie schon 1999 mit der Publikation über die Kasseler Sozialdemokratin Elisabeth Selbert erfüllt die Hessische Landesregierung damit ihre Aufgabe, den »staatsbürgerlichen Aufbau« zu fördern.

»Mein Leben war nicht immer leicht, aber ich war in guter Hut.«[1] Mit diesem versöhnlichen Resümee beschloss die Christdemokratin einen biografischen Bericht, den sie 1983, wenige Jahre vor ihrem Tod im Auftrag des Deutschen Bundestages zu Papier gebracht hatte. Die damals bereits 82-Jährige blickte darin auf ein Leben zurück, das eindrucksvoll mit den Höhen und Tiefen der deutschen Geschichte des 20. Jahrhunderts verwoben war.

In dem vorliegenden Band kommen Historikerinnen und Historiker, Kirchenleute, Weggefährten, Politikerinnen und Politiker und nicht zuletzt Elisabeth Schwarzhaupt mit eigenen Schriften zu Wort. Den ersten Teil des Werkes bestreiten die Frankfurter Historikerinnen Heike Drummer und Jutta Zwilling. Sie zeichnen die Lebensgeschichte der prominenten CDU-Politikerin auf der Grundlage vieler neu recherchierter, aber auch bereits bekannter Quellen nach. Ich freue mich, dass mit Werner Dollinger, Liselotte Funcke, Heinz Joachim Held, Renate Hellwig, Angela Keller-Kühne, Heide-Marie Lauterer, Angela Merkel, Christa Meves, Marie-Luise Recker, Ursula Salentin und Hildburg Wegener weitere kundige Autorinnen und Autoren für das Buchprojekt gewonnen werden konnten, die in ihren zum Teil sehr persönlichen Beiträgen einzelne biografische Aspekte ergänzen und vertiefen. Der letzte Abschnitt umfasst ausgewählte Dokumente aus der Feder Elisabeth Schwarzhaupts. Diese ermöglichen den Leserinnen und Lesern unmittelbare Einblicke in ihr Denken.

Elisabeth Schwarzhaupt war eine überzeugte Demokratin, die sich von Jugend an für das Prinzip der Rechtsstaatlichkeit einsetzte. Ihre zweite große Lebensaufgabe sah sie in der Verwirklichung der Gleichberechtigung von Frau und Mann. Persönlich äußerst zurückhaltend, prägte sie dennoch einen für ihre Frauengeneration neuen, selbstbewussten und durchsetzungsfähigen Stil. Junge Leserinnen und Leser mag besonders die erfolgreiche Streitkultur interessieren, die sie als Politikerin entwickelte und von der bis heute zu lernen ist. Ich wünsche diesem Buch, das an die vorbildliche Lebensleistung von Elisabeth Schwarzhaupt dauerhaft erinnern soll, in allen Altersgruppen einen breiten Leserkreis.

Roland Koch
Hessischer Ministerpräsident

---

1   Elisabeth Schwarzhaupt, in: Deutscher Bundestag (Hg.), Abgeordnete des Deutschen Bundestags. Aufzeichnungen und Erinnerungen, Bd. 2, Boppard am Rhein 1983, S. 280.

Danksagung

Bei den Recherchen für diese Publikation erfuhren die Autorinnen großzügige Unterstützung. Der Dank gilt zuerst Dr. Wolfgang Schwarzhaupt und seiner Ehefrau Wiltrud Schwarzhaupt, die Fotos, Ton- und Videoaufnahmen zur Verfügung stellten und wichtige Auskünfte über das Leben Elisabeth Schwarzhaupts gaben. Darüber hinaus halfen Archive und andere Institutionen sowie Privatpersonen unbürokratisch bei dem Auffinden neuer Quellen oder Abbildungen und der Überprüfung des bekannten Materials. Gedankt sei den Mitarbeiterinnen und Mitarbeitern des Evangelischen Zentralarchivs in Berlin, des Bundesarchivs Berlin, des Archivs der Humboldt-Universität in Berlin, des Parlamentsarchivs des Deutschen Bundestags in Bonn, des Deutschen Rundfunkarchivs in Frankfurt am Main, des Instituts für Stadtgeschichte, Frankfurt am Main, des Historischen Museums Frankfurt, des Jüdischen Museums Frankfurt, des Archivs der Frankfurter Rundschau, des Archivs der Frankfurter Schillerschule, der Evangelischen Frauenarbeit in Deutschland e.V., Frankfurt am Main, des CDU-Kreisverbands Frankfurt am Main, der Soroptimist International, Club Frankfurt am Main, der Theologischen Zentralbibliothek, Frankfurt am Main, des Archivs der deutschen Frauenbewegung e.V., Kassel, des Bundesarchivs Koblenz, des Landeskirchlichen Archivs, Nürnberg, des Archivs für Christlich-Demokratische Politik der Konrad-Adenauer-Stiftung e.V., Sankt Augustin, des Hessischen Hauptstaatsarchivs Wiesbaden sowie des Stadtarchivs Wiesbaden.

Alfons Arns, Heinz Daum, Dr. Gilla Dölle, Gerhild Frasch, Ernst Gerhardt, Dr. Adelheid Gliedner-Simon, Peter Imhoff, Mechthild Jansen, Almut Junker, Dr. Heide-Marie Lauterer, Dr. Patrick Opdenhövel, Dr. Jürgen Real, Clemes Riedel, Brunhilde Ritzefeld, Joachim Rotberg, Ursula Salentin, Monika Schmitz, Dr. Barbara Schüler, Friedrich Vogel, Dr. Otto Wagner, Dr. Kurt Wettengl sowie Dr. Eggert Winter gaben hilfreiche Informationen und Anregungen. Barbara Bussfeld sei für die Koordination und das einfühlsame Lektorat, Iska Fischer für die Transkriptionen, den Mitarbeiterinnen und Mitarbeitern des Verlags Herder für die freundliche Betreuung gedankt.

Teil I
Elisabeth Schwarzhaupt.
Eine Biografie

Von Heike Drummer und Jutta Zwilling

Ein christlich-demokratischer Lebensweg
Einführung

»Ich habe von einer Zukunft geträumt, in der Frauen selbstverständlich als Menschen mit bestimmten Fähigkeiten und Kenntnissen neben Männern arbeiten und diskutieren könnten, ohne daß man von ihnen immer wieder eine besondere Stellungnahme in der Eigenschaft als Frau erwartete. Von dieser Selbstverständlichkeit träume ich noch.«[1]

»Die Frau ist eher zierlich und hat gar nichts von dem Dragonertyp der Suffragette.« Diese Worte der Erleichterung eröffneten ein am 8. Dezember 1961 in der Wochenzeitung *Die Zeit* geführtes Interview mit Elisabeth Schwarzhaupt, die knapp drei Wochen zuvor als erste weibliche Kollegin für die Bundesregierung vereidigt worden war. Im lockeren Plauderton frotzelte der Verfasser, »Frau Ministerin« sähe gar nicht so aus, als hätte sie sich durch »Ellenbogen den Weg« dorthin gebahnt, was die Befragte freimütig und auch ein bisschen stolz bestätigte: »Ich habe keinen Finger gerührt, um ins Kabinett zu kommen. Meine Kraft stellt sich ein, wenn es um defensive Aufgaben geht.« Erst, wenn man ihr etwas wegnehmen wolle, raufe sie gern. Und sicherlich zur Verblüffung ihres Gesprächspartners gestand Schwarzhaupt, die Leitung des neu geschaffenen Bundesministeriums für Gesundheit »ohne freudigen Optimismus, aber mit Zuversicht« übernommen zu haben.[2] Die Christdemokratin erreichte bereits zu diesem Zeitpunkt den Höhepunkt ihrer politischen Laufbahn, die erst 1953 mit dem Seiteneinstieg in die Union und der Übernahme eines Bundestagsmandats begonnen hatte. In der Biografie können Sie erkunden, wie der sich in so sympathischer Offenheit präsentierenden CDU-Frau der Sprung in die hohe Position glückte und was Bundeskanzler Konrad Adenauer gerade zu ihrer Berufung in die Regierung bewogen hatte. Die folgende knappe Skizzierung von Lebenslinien und Lebensmustern möge die Leserinnen und Leser neugierig machen auf das engagierte Wirken einer Frau für Gesellschaft, Kirche und Politik, die zwar nie völlig in Vergessenheit geriet, hier aber erstmals aus kritischer Distanz portraitiert wird.

Elisabeth Schwarzhaupt kam am 7. Januar 1901 in Frankfurt am Main zur Welt. In ihrer Heimatstadt und in Berlin absolvierte sie ein Studium der

Elisabeth Schwarzhaupt

Rechtswissenschaften. Zu Beginn der 30er Jahre übte sie in Frankfurt eine juristische Tätigkeit in der »Städtischen Rechtsauskunftsstelle« aus und arbeitete als Richterin an den Landgerichten Frankfurt und Dortmund. Im Frühjahr 1933 wurde sie ihres Amtes enthoben. Zwangsweise beschäftigungslos, verfasste Schwarzhaupt eine Dissertation, auf deren Grundlage sie 1935 promoviert wurde. Der Nationalsozialismus zerstörte nicht nur die berufliche Karriere, sondern auch das private Glück. Ihr Verlobter, ein jüdischer Arzt, flüchtete in das US-amerikanische Exil. Schwarzhaupt ging nach Berlin, wo 1936 ihre 17 Jahre währende Tätigkeit für die Evangelische Kirche begann. Ende 1953 trat sie der CDU bei und saß von diesem Jahr an bis 1969 als Abgeordnete für den Wahlkreis Wiesbaden im Deutschen Bundestag. Ihr Hauptwirkungsfeld war die Ausschussarbeit; dort profilierte sich die Juristin vornehmlich in ehe- und familienrechtlichen Fragen. Im November 1961 wurde sie als Gesundheitsministerin in das vierte Kabinett Adenauers geholt; das Ressort leitete sie fünf Jahre. 1969 zog sich die fast 70-Jährige von der Bonner Bühne zurück, blieb jedoch weiterhin in Frauenverbänden und dem CDU-Stadtbezirksverband Frankfurt-Eschersheim tätig. Elisabeth Schwarzhaupt starb am 29. Oktober 1986 im Alter von 85 Jahren in Frankfurt am Main.

Elisabeth Schwarzhaupt gehörte einer Generation an, die mehrere tiefgreifende politische Zäsuren erlebte: 1918 das Ende des Ersten Weltkriegs, die Flucht des deutschen Kaisers und die Ausrufung der Republik, 1933 die »Machtübernahme« Adolf Hitlers, 1939 den Beginn eines verbrecherischen Angriffskriegs, 1945 die Befreiung vom Nationalsozialismus durch die Alliierten und 1949 die Gründung der Bundesrepublik Deutschland. Das Scheitern des Weimarer Staates, in den sie als junge Frau so große Hoffnungen gesetzt hatte, und vor allem die das Recht mit Füßen tretenden Nationalsozialisten waren – in beruflicher wie privater Hinsicht – erschütternde Erfahrungen für die Juristin. Sie motivierten nach 1945 ihr eindeutiges Bekenntnis zu Demokratie und Rechtsstaatlichkeit sowie ihr politisches Engagement für die Bundesrepublik.

Herausragendes leistete sie als Gesundheitsministerin. Während ihrer nur fünfjährigen Amtszeit stellte die Christdemokratin Themen zur Diskussion, die teilweise noch heute aktuell sind. Eine Fülle von Gesetzen, Verordnungen und Verwaltungsvorschriften in den Bereichen Umweltschutz, Human- und Veterinärmedizin, Arzneimittel-, Apotheken- und Lebensmittelwesen brachte sie auf den Weg. Das Buch würdigt diese Erfolge. Liegen hier visionäre Lösungsansätze, mit denen Schwarzhaupt der Zeit und vielleicht der eigenen Partei voraus war? Auch dieser Frage sind die Autorinnen nachgegangen.

Von der bürgerlichen Frauenbewegung beeinflusst, setzte sich Elisabeth Schwarzhaupt schon früh für höhere Mädchenbildung, das Studium und die

Berufstätigkeit von Frauen ein, reflektierte sie die Verbesserung der rechtlichen Stellung in Familie und Gesellschaft. In der bundesrepublikanischen Nachkriegszeit zählte Schwarzhaupt zu den ersten Politikerinnen, die auf höchster Ebene Verantwortung übernahmen, auch wenn sie sich selbstironisch als »Alibi-Frau« bezeichnete. Sehr einfühlsam charakterisierte Ursula Salentin die Christdemokratin einmal als »besonnene Kämpferin« für die Gleichberechtigung.[3] Diskrepanzen zwischen eigener Sehweise und frauenpolitischer Realität schienen Schwarzhaupt während ihrer aktiven Zeit in Bonn nicht aufgefallen zu sein. Die Biografie fragt nach, wie Schwarzhaupt in Gesprächen und Buchbeiträgen ihr Wirken auf diesem Gebiet einschätzte, und zeigt auf, warum sie am Ende ihres Lebens – quasi als späte Einsicht – einräumen musste, dass sich ihr Traum von einer Zukunft, »in der Frauen selbstverständlich als Menschen mit bestimmten Fähigkeiten und Kenntnissen neben Männern arbeiten und diskutieren könnten, ohne daß man von ihnen immer wieder eine besondere Stellungnahme in der Eigenschaft als Frau erwartete«, bislang nicht erfüllt habe.[4]

Elisabeth Schwarzhaupt hegte große Leidenschaft für die Juristerei. Bei ihrer intellektuellen Förderung kam dem Vater Wilhelm Schwarzhaupt früh eine besondere Rolle zu, der gleichzeitig auch ihr eher traditionelles Bild vom Mann wesentlich prägte. Da für sie als »Tochter aus gutem Hause« keine Notwendigkeit bestand, sich aus ihrem Milieu hochzuarbeiten, konnte sie auf eine systematische Lebensplanung verzichten, die Dinge vielmehr auf sich zukommen und sich in die Pflicht nehmen lassen. Ohne je Machtmensch gewesen zu sein, besaß die Christdemokratin dennoch einen ausgeprägten Willen zur politischen Gestaltung, gepaart mit besonderer Zivilcourage. Persönlichen Halt fand die Unverheiratete im protestantischen Glauben, in Frauenverbänden, bei Freundinnen und Freunden oder im Familienkreis. Die Liebe zu ihrer Heimatstadt Frankfurt am Main währte bis zuletzt. Diese und andere biografischen Aspekte wurden aufgegriffen und miteinander verzahnt. Dabei versuchten die Autorinnen, ein möglichst plastisches Bild dieser außergewöhnlichen Frau zu modellieren.

Im Gegensatz zu vielen anderen Politikerinnen geriet Elisabeth Schwarzhaupt auch nach ihrem Rückzug aus der Bundespolitik nicht in Vergessenheit. Noch während ihrer letzten Lebensjahre war ein reger Besucherandrang in ihrem Eschersheimer Häuschen zu beobachten. Journalisten, Publizisten und Politiker – Frauen wie Männer – gaben sich dort die Klinke in die Hand, um die ehemalige Ministerin zu interviewen. Nach der 1982 gescheiterten sozialliberalen Koalition und der »Wende« in Bonn rückte auch die prominente Repräsentantin bürgerlich-konservativer Frauenpolitik neu in das Interesse der Öffentlichkeit. Die damals geführten Gespräche bildeten eine wichtige Grundlage für die biografischen Beiträge von Heike Mundzeck[5] und Gabriele Metzler.[6] Auf diese stützten sich nach Elisabeth Schwarzhaupts

Tod – ergänzt um archivische Quellen – auch Heide-Marie Lauterer,[7] Hanna-Renate Laurien[8] und zuletzt Regine Marquardt.[9] Die umfangreichste, in ihrem Todesjahr 1986 von Schwarzhaupt persönlich autorisierte Lebensgeschichte nebst Dokumentenanhang legte Ursula Salentin vor; das Taschenbuch ist jedoch seit langem vergriffen.[10] Daneben wurde Elisabeth Schwarzhaupt in dieser Zeit selbst als Autobiografin aktiv und verfasste für verschiedene Sammelbände kurze Lebensabrisse.[11] Die ausführlichste Version findet sich in der Reihe *Abgeordnete des deutschen Bundestags*.[12]

Noch heute besitzt Elisabeth Schwarzhaupt in der bundesrepublikanischen Gesellschaft einen bemerkenswert hohen Bekanntheitsgrad. Um so irritierender ist es, dass die Politikerin von der Geschichtsschreibung relativ unbeachtet blieb. Als im Frühling und Herbst 1999 das vereinigte Deutschland seine großen Jubiläen, wie den 50. Geburtstag unseres Grundgesetzes und der Bundesrepublik feierte, wurde der Buchmarkt mit einer Vielzahl von Publikationen überhäuft, die sich mehr oder weniger kritisch der allgemeinen Historie, den »Sternstunden« oder den Akteuren der jungen Demokratie widmeten. Bis auf einige Ausnahmen[13] sucht man darin allerdings Hinweise auf Elisabeth Schwarzhaupt vergeblich. Viele dieser Darstellungen – darunter die Brockhaus-Ausgabe zur Geschichte der Bundesrepublik oder eine kommentierte Portraitsammlung von Jupp Darchinger – erwähnen die prominente Christdemokratin nicht einmal.[14]

Es war nicht zuletzt diese Diskrepanz zwischen öffentlicher und publizistischer Wahrnehmung, die die Autorinnen neugierig machte, Leben und Wirken Elisabeth Schwarzhaupts näher zu beleuchten. Gleichzeitig bot der einhundertste Geburtstag im Januar 2001 einen willkommenen Anlass, sich aus zeitlich wie persönlich distanzierterer Perspektive dieser bedeutenden Persönlichkeit der deutschen Geschichte im 20. Jahrhundert zu nähern, bislang gewonnene und neue Forschungsergebnisse zusammenzufassen und zu ergänzen.

Die vorliegende Biografie basiert in Teilen auf den bereits publizierten Darstellungen und den zahlreichen Texten Elisabeth Schwarzhaupts. Darüber hinaus wurden unbekannte Quellen in verschiedenen Archiven ausgewertet. Dazu zählen vornehmlich die Dokumente aus Teilnachlässen in dem Archiv für Christlich-Demokratische Politik der Konrad-Adenauer-Stiftung e. V., Sankt Augustin, sowie im Bundesarchiv Koblenz. Besondere Erwähnung verdienen darunter die Lebenserinnerungen ihres Vaters Wilhelm Schwarzhaupt, der aus rückblickender Perspektive der 40er und 50er Jahre akribisch Zeugnis von der familiären Situation und politischen Ereignissen seit seiner eigenen Jugendzeit ablegte. Für das Kapitel *Im Dienst der Evangelischen Kirche* waren die Recherchen im Evangelischen Zentralarchiv Berlin und im Archiv der Evangelischen Frauenarbeit in Deutschland e. V., Frankfurt am Main, sehr hilfreich.

Elisabeth Schwarzhaupt übte sich stets – was andere Menschen, aber auch sie selbst anbetraf – in Diskretion. Ihre Privatsphäre wollte sie streng gewahrt wissen, vermutlich um sich als Persönlichkeit des öffentlichen Lebens nicht angreifbar zu machen. Dementsprechend gering sind die Hinweise darauf in Akten und eigenen Schriften. Unter den wenigen privaten Zeugnissen eröffnet zum Beispiel die langjährige Korrespondenz mit ihrer Frankfurter Schulkameradin Ilse Bing den Blick auf eine intensive Freundschaft. Der Fotografin, die während der NS-Zeit als Jüdin verfolgt wurde, war die Flucht in die Vereinigten Staaten geglückt, wo sie bis zu ihrem Tode 1998 lebte.

Wie so häufig bei der »oral history« zu beobachten, vermitteln auch die bilanzierenden Interviews oder Darstellungen Elisabeth Schwarzhaupts als Zeitzeugin oft ein ganz anderes, nachsichtigeres Bild bestimmter Begebenheiten als die Originale aus der jeweiligen Entstehungszeit. Das vergleichende Studium zwischen später verfassten Texten und überlieferten Quellen am Beispiel des erzwungenen Ausscheidens aus dem Justizdienst 1933 oder der Berufung in das Kirchliche Außenamt 1948 mag diese Diskrepanz verdeutlichen. Die für die vorliegende Biografie gewählte Methode ermöglicht somit eine erweiterte Sichtweise auf Vita und Werk.

»Also im Ganzen ist es in meinem Leben nicht immer so gegangen, wie ich es mir gedacht oder gewünscht habe. … aber im Endergebnis ist es doch gut so, wie es gekommen ist, ja, es ist gut.«[15] Aus diesen zwei Jahre vor ihrem Tod geäußerten Worten Elisabeth Schwarzhaupts sprachen Selbstsicherheit, Ruhe und auch Versöhnliches, mit einem Anflug von Wehmut. Den Autorinnen erschienen sie charakteristisch für die Lebenseinstellung der Portraitierten. Die Leserinnen und Leser mögen sie einstimmen auf die Geschichte einer unvergessenen Frankfurterin und deren beispielhaftes Wirken als streitbare Politikerin und Christin.

Ein Frankfurter Kind

»Die Wurzel, die ich hier habe, verliert man nicht so leicht.«[16]

Heimatstadt Frankfurt am Main

Als Elisabeth Schwarzhaupt im November 1961 als Gesundheitsministerin und erstes weibliches Kabinettmitglied einer deutschen Bundesregierung vereidigt wurde, stand sie eine Zeit lang im Blick der Medien. Natürlich interessierte sich die Öffentlichkeit für die Frage, wie die Christdemokratin ihr neues, verantwortungsvolles Amt auszufüllen, welche Schwerpunkte sie in der Gesundheitspolitik zu setzen gedachte. Die Journalisten der Frankfurter Tageszeitungen beschäftigte indes ein ganz besonderes Thema, nämlich wie es mit dem künftigen Verhältnis Elisabeth Schwarzhaupts zu ihrer Heimatstadt bestellt wäre, der sie sich stets außerordentlich verbunden gezeigt hatte. Die Lokalpatriotin wusste die Presse zu beruhigen. Sie wäre immer »sehr Frankfurterin«[17] gewesen und wolle es trotz ihrer anstrengenden Tätigkeit in Bonn auch bleiben. Erleichtert titelte damals die *Frankfurter Rundschau*: »Frau Ministerin bleibt Frankfurt treu.«[18]

Mit kürzeren Unterbrechungen hatte Schwarzhaupt bis dahin mehr als ein halbes Jahrhundert in der lebendigen Stadt am Main verbracht. Dort hatten ihre Eltern sich kennen gelernt und geheiratet, waren sie selbst und ihr Bruder Adolf zur Welt gekommen. Das alles ereignete sich zu einer Zeit, als der französische Schriftsteller Émile Zola gerade mit den Worten Geschichte machte: »Ich eröffne das kommende Jahrhundert.«[19] Dessen euphorischer Gestus kennzeichnete trefflich die Zeichen des Augenblicks, die am 1. Januar 1900 zumindest in Amerika, Europa und natürlich in Frankfurt überwiegend auf Zuversicht standen.

In dieser Phase des allgemeinen Aufbruchs war vermutlich auch der Entschluss des jungen Lehrerpaares Wilhelm Schwarzhaupt und Frieda Emmerich gereift, nach zweijährigem Verlöbnis im April 1900 in Frankfurt den Bund fürs Leben zu schließen. Die Chance, dass ihre Kinder einmal in einer relativ unbeschwerten Zukunft aufwachsen würden, schien den Jungvermählten – wie wohl den meisten Menschen damals – wahrscheinlich. Aus der späteren Bilanz der Tochter Elisabeth Schwarzhaupt über das 20. Jahrhundert dagegen sprach eher Desillusionierung: »Ich wurde 1901 in Frankfurt geboren, also gerade rechtzeitig, um zwei Weltkriege, zwei Inflationen und die Bedrohung der Erde mit einem dritten, einem Atomkrieg, mitzuerleben.«[20]

Von Schulmeistern und Kaufleuten – Familienbande

Johann Heinrich Wilhelm, der Vater von Elisabeth Schwarzhaupt, kam im Jahr der Reichsgründung, am 4. Oktober 1871, in Schlüchtern zur Welt. Seine Geburt fiel in eine für Deutschland historisch bedeutsame Epoche. Einige Monate zuvor war König Wilhelm I. von Preußen im Spiegelsaal von Versailles zum Kaiser ausgerufen worden, hatten die ersten Wahlen zum Reichstag stattgefunden. Bismarck konnte seine Ernennung zum Kanzler feiern und die Verfassung des Deutschen Reiches trat in Kraft. Da lag es nahe, dass die Eltern ihren Sprössling auf den Namen des preußischen Monarchen tauften. Wilhelm war nach Friedrich und Adolf der jüngste Sohn des Ehepaares Peter und Sophie Margarete Schwarzhaupt. Die einzige Tochter hieß Johanna. Wilhelm Schwarzhaupt beschrieb sein Elternhaus später als ein streng protestantisches, in dem *Der Reichsbote* und das *Berliner Pastorenblatt* zur regelmäßigen Lektüre gehörten. Der Vater verdiente den Familienunterhalt als Lehrer. Gerne wäre Sohn Wilhelm der Schulmeisterei entronnen und Jurist geworden, aber durch den frühen Tod Peter Schwarzhaupts musste er das Gymnasium in Fulda verlassen und eine Ausbildung zum Volksschullehrer in seinem Heimatort beginnen. War sie auch unfreiwillig, so sollte es dennoch keine schlechte Entscheidung sein: Schwarzhaupt avancierte im Frankfurt der 20er Jahre zu einem der bedeutendsten Schulpolitiker.

Im Alter von 23 Jahren verließ Wilhelm die Heimat zwischen Spessart und Rhön. Es zog ihn in die große Stadt: »Frankfurt das war damals für den Volksschullehrer das Ziel aller Wünsche« – schwärmte er in seinen Erinnerungen – »Frankfurt bezahlte seine Lehrer am besten in ganz Deutschland.«[21] Seine erste Stelle bekleidete der junge Erzieher an der Brentanoschule im Frankfurter Osten. Dort, in der »Armenschule Bornheims«, lernte er das bedrückende Elend von Kindern der sozial schlecht gestellten Bevölkerung kennen.

Während der Vorbereitungen auf das Examen für Mittelschullehrer hatte Schwarzhaupt im Sommer 1897 bei einer Tanzveranstaltung seine spätere Ehefrau Frieda Emmerich kennen gelernt; sie war – ebenfalls als Volksschullehrerin – an der Frankfurter Uhlandschule beschäftigt. Zwei Jahre sollte es jedoch dauern, bis er seiner Künftigen das »Versprechen« an einem

Elisabeth Schwarzhaupt

historisch bedeutsamen Ort entlockte, der zu seiner politisch nationallibe-ralen Einstellung so recht passte. Unter einer mächtigen Ulme im Zoo, in deren Schatten schon Kaiser Napoleon I. im Oktober 1813 nach der Schlacht bei Hanau seine Truppen begutachtet hatte, gab sie ihm das Ja-Wort.[22]

Frieda Emmerich war anderthalb Jahre jünger als ihr Ehemann und am 27. März 1873 in Frankfurt als Tochter des wohlhabenden Kaufmannes Friedrich Emmerich und seiner Ehefrau Emma zur Welt gekommen. Wie bei den Schwarzhaupts gab es auch in dieser Familie vier Kinder: Frieda und ihre drei Schwestern Elisabeth, Paula und Helene. Der Vater, zuletzt Direktor einer Versicherung, ermöglichte Frieda und einer weiteren Tochter den Abschluss einer Höheren Töchterschule und anschließend den Besuch eines Wiesbadener Pensionats, wo beide etwa um 1895 eine Ausbildung als Lehrerinnen erhielten. Friedrich Emmerich vertrat die damals ungewöhn-lich moderne Auffassung, seine Mädchen sollten später finanziell unabhän-gig und nicht auf eine Heirat angewiesen sein.[23]

Tochter aus gutem Hause[24]

Neun Monate nach der Hochzeit ihrer Eltern kam Emma Sophie Elisabeth Schwarzhaupt am 7. Januar 1901 zur Welt. Beide Familien, die Schwarz-haupts wie die Emmerichs, pflegten gewissenhaft ihre Traditionen, und so hieß die Tochter nicht allein nach den Großmüttern, sondern erhielt den Rufnamen einer Schwester der Mama, Elisabeth Emmerich, die wohl auch ihre Taufpatin war. Eltern, Verwandte, Lehrer und enge Freunde nannten sie einfach nur Ise.

Vater Wilhelm Schwarzhaupt hatte inzwischen seine Rektorenprüfung abgelegt und lehrte seit April 1899 an der Petersschule für Mädchen. Die kleine Familie wohnte in der Günthersburgallee im Nordend und litt keine materielle Not. Sorgen, die den Alltag trübten, gab es dennoch: Unmittelbar nach der Niederkunft erkrankte Frieda Schwarzhaupt für mehrere Monate schwer. Auch die kleine Elisabeth galt von Geburt an als eher schwächliches Kind. Schon im Alter von zwei Jahren lag sie mit einer lebensbedrohlichen Nierenentzündung danieder. Aber der Verwandtschaft konnte bald darauf auch ein freudiges Ereignis bekannt gegeben werden: Die Geburt Adolf Schwarzhaupts am 15. November 1903. Über den Stammhalter äußerte be-sonders der Vater immer wieder seinen Stolz.

Im April 1906 wurde Wilhelm Schwarzhaupt zum Rektor der neu-gegründeten Bockenheimer und späteren Falk-Mittelschule ernannt. Er galt als leidenschaftlicher Verfechter dieses Schultyps wie auch der Gemein-schaftsschule. Das pädagogische Engagement des Vaters beeinflusste natür-lich das Privatleben. Im Hause Schwarzhaupt herrschte eine lehrhafte Atmosphäre, das Lexikon lag stets griffbereit.[25] Im Allgemeinen zogen die Eltern die verbale Auseinandersetzung der körperlichen Züchtigung vor. Nur Lügen der Kinder wurden streng geahndet: Kam ein solches »Delikt« ans Licht, mussten Elisabeth oder Adolf ihr Essen allein einnehmen, und meist straften die Schwarzhaupts sie zudem mit Schweigen. Die Eltern pflegten protestantische Tugenden, wie Bescheidenheit und Selbstkritik. Besonders die gewissenhafte Sparsamkeit hinterließ bei Elisabeth mangels Vergleichs den offenkundig falschen Eindruck, in eher ärmlichen Verhältnissen aufgewachsen zu sein. »Meine Eltern«, erinnerte sie sich, »hatten immerhin gerade so viel Geld, daß wir leben und einmal im Jahr verreisen konnten, in die Berge oder an das Meer, manchmal in französisch sprachliches Gebiet in Belgien oder die Schweiz … .«[26] Diese Auslandsaufenthalte waren natürlich für damalige Verhältnisse Luxus. Die »höhere Tochter« aus der bürgerlichen Mittelschicht schien ihn jedoch nicht als solchen empfunden zu haben, da Reisen für die Familie eine Selbstverständlichkeit darstellten. Den bescheidenen Lebensstil auf dennoch gehobenem Niveau pflegte Elisabeth Schwarzhaupt später immer gerne.

Auch die tägliche Beschäftigung mit Politik gehörte zum Familienalltag, was das Mädchen Ise augenscheinlich besonders stark prägte. Wilhelm Schwarzhaupt war seit 1904 Mitglied der Nationalliberalen Partei und brachte stets Stoff für lebhafte Diskussionen mit nach Hause. Die Eltern bekannten sich bedingungslos zum Kaiser, wobei diese Verehrung seitens der Mutter nach dem Ende des Ersten Weltkrieges beinahe trotzige Züge annahm. Die Republik war längst ausgerufen, da stand auf dem Schreibtisch von Frieda Schwarzhaupt noch immer ein Bild der kaiserlichen Familie. Und die Farben Schwarz, Rot, Gold der Bundesfahne lehnte sie sowieso ab, weil diese – angeblich – ihrem ästhetischen Empfinden widersprachen. Sie blieb im Grunde ihres Herzens eine Monarchistin, so urteilte rückblickend die Tochter mit resigniertem Unterton.[27]

Wilhelm und Frieda Schwarzhaupt gehörten zu den praktizierenden Protestanten der reformierten Gemeinde. Die Religion spielte innerhalb der Familie eine wichtige Rolle. Beide Elternteile versuchten, Fragen der Kinder nicht dogmatisch, sondern im Sinne eines liberalen Christentums zu beantworten. Bei Tisch wurde gebetet, und die sonntäglichen Gottesdienstbesuche in der Deutsch-Reformierten Kirche am Kornmarkt waren die Regel. Auf den Heimwegen diskutierte Elisabeth Schwarzhaupt häufig mit dem Vater über die Predigt und sprach mit ihm über ihre Zweifel an der Gültigkeit biblischer Aussagen. Nach ihrer Einschätzung war es Wilhelm Schwarzhaupt, der durch verständnisvolles Eingehen auf kritische Fragen seiner Tochter deren spätere Bindung an Kirche und Christentum begründete.[28]

Schulzeit im Schatten des Ersten Weltkriegs

Wann und in welcher Institution Elisabeth Schwarzhaupt ihre schulische Ausbildung begann ist nicht eindeutig belegt. Nach Angaben des von den Alliierten entwickelten »Fragebogens«, den auch die Oberkonsistorialrätin nach dem Zweiten Weltkrieg ausfüllen musste, besuchte sie von 1908 bis 1909 die Falk-Mittelschule in Bockenheim, um dann auf die Viktoria-, heute Bettinaschule, im Frankfurter Westend zu wechseln. Ab 1913 ging sie zur Schillerschule in Sachsenhausen, wo sie sieben Jahre später auch das Abitur bestand.[29] Nach einem 1925 verfassten Lebenslauf erhielt Elisabeth jedoch zunächst Einzelunterricht, bevor sie in der Viktoriaschule aufgenommen wurde.[30] Es ist nicht auszuschließen, dass Rektor Schwarzhaupt höchstpersönlich seiner Ise ABC und Einmaleins beibrachte, bevor diese in einen regulären Klassenverband kam.

Für ihre weitere Entwicklung war der Besuch der Schillerschule prägend, die in jener Zeit in dem Ruf stand, die »beste Mädchenschule Deutschlands« zu sein.[31] Zeitlebens pflegte Elisabeth Schwarzhaupt Kontakt zu früheren Klassenkameradinnen und hielt als »Ehemalige« häufig die Festreden bei Jubiläen. Für die Eltern war es selbstverständlich, dass ihre Tochter eine qualifizierte Ausbildung bekam. »Ich mußte also nicht darum kämpfen«, berichtete diese später, »ein Gymnasium zu besuchen, Abitur zu machen und danach zu studieren.«[32] Dasselbe galt natürlich für den Bruder: Auch Adolf schloss 1922 die Höhere Handelsschule mit der Reifeprüfung ab; danach absolvierte er eine kaufmännische Ausbildung bei der Heddernheimer Kupferwerke AG.[33] Beide Kinder erhielten damit außerordentlich gute Startbedingungen für ein eigenverantwortliches Leben.

Die Schillerschule war die erste Bildungseinrichtung Frankfurts, die Mädchen bis zum Abitur führte. Dieses Ziel musste in zähen Verhandlungen mit dem Frankfurter Magistrat und dem zuständigen preußischen Ministerium in Berlin erkämpft werden. Motor war der Verein »Frauenbildung-Frauenstudium« gewesen, der sich bereits im Frühjahr 1900 in einem Aufruf an die Bürgerinnen und Bürger gewandt hatte. Die Unterzeichner, darunter Angehörige der bedeutenden Frankfurter Familien von Rothschild und von Bethmann, Schuldirektoren, ein Stadtschulrat sowie Privatleute, plädierten ganz im Sinne Helene Langes und Gertrud Bäumers auf Gründung einer »Schule für gymnasiale Mädchenbildung«, die durch Spenden und städtische Zuschüsse unterhalten werden sollte.[34] Die einzuwerbenden Summen flossen jedoch spärlich und auch die Mittel aus dem Stadtsäckel reichten nicht, die benötigten Kurse und Räumlichkeiten zu bezahlen.[35] Die leidigen Gelddiskussionen hatten die männlichen Gemüter im Rathaus »Römer« nachhaltig erregt, da – so hieß es – »die meisten der Mädchen zum Privatvergnügen studierten und nur wenige einen Beruf wählten, von dem die

Welt irgend einen Nutzen hat«.[36] Dass Frauen zu diesem Zeitpunkt noch gar keinen Zugang zu bestimmten »nützlichen« Berufen hatten, beispielsweise zur Jurisprudenz, blieb damals selbstverständlich unerwähnt.

Allen Unkenrufen zum Trotz wurde schließlich am 28. April 1908 die Schillerschule in einem Neubau des Architekten Hugo Eberhardt eröffnet. Sie gliederte sich zunächst in einen »lyzealen« und einen »realgymnasialen« Zweig. Der eine verhalf den Schülerinnen zum Mittelschulabschluss, der andere – erstmals 1910 – zum Abitur.[37] Umfasste der Jahrgang 1908 exakt 241, so zählte die Chronik zu Beginn des Ersten Weltkriegs, als Elisabeth Schwarzhaupt schon die Schulbank in Sachsenhausen drückte, bereits 463 weibliche Zöglinge. Relativ hoch war stets der Anteil von Mädchen jüdischen Glaubens; im Jahrgang 1914/15 soll er 25 Prozent der Gesamtzahl betragen haben.[38]

Der erste Direktor hieß Klaudius Bojunga. Elisabeth Schwarzhaupt schätzte ihn zwar als Deutschlehrer außerordentlich; gleichzeitig missfielen ihr aber dessen chauvinistische Sprüche. Zu Beginn des Ersten Weltkriegs betrat er ihrer Erinnerung nach den Klassenraum mit dem Gruß: »Gott strafe England!«[39] Zu den bekannteren Persönlichkeiten des Lehrpersonals, die auch die junge Elisabeth unterrichteten, gehörte Carola Barth, zwischen 1919 und 1921 Stadtverordnete für die Deutsche Demokratische Partei (DDP). Die promovierte Religionspädagogin, Schriftstellerin und Kommunalpolitikerin war nach dem Ende des Zweiten Weltkriegs Mitglied des Frankfurter Bürgerrats und saß von 1946 bis 1954 für die CDU im Stadtparlament.[40] Über die Schillerschule war Elisabeth Schwarzhaupt auch mit der späteren Vorsitzenden des Deutschen Akademikerinnenbunds Marga Anders freundschaftlich verbunden, die von 1924 bis 1945 dort gelehrt hatte. Erst 1946 konnte im übrigen mit Natalie Schöpp eine Frau die Leitung der Schule übernehmen.[41]

Familie Schwarzhaupt war um 1911 nach Bockenheim in die Marburger Straße 23 umgezogen, bekam jedoch zwei Jahre später in der nahegelegenen Falk-Mittelschule eine großzügige Dienstwohnung zugewiesen. Jeden Morgen, außer sonntags, trat Elisabeth nun den weiten Weg nach Sachsenhausen an. Laut eigener Erinnerung war sie keine Schülerin, die durch überragende Leistungen hervorstach. Eine Lehrerin warf ihr mangelnden Ehrgeiz vor. Die Interessen des Mädchens lagen vornehmlich im schöngeistigen Bereich: Elisabeth galt als sprachbegabt und entwickelte schon früh eine Leidenschaft für Kunstgeschichte, Geschichte und Philosophie. Überhaupt war Lesen ihr Hobby, faszinierten sie Schriften von Gertrud Bäumer sowie die Ibsen-Dramen *Nora* und *Hedda Gabler*, in denen Fragen der Gleichberechtigung und selbstbewusste Frauengestalten im Zentrum der Handlung standen. Nach Schulschluss stöberte sie gerne mit ihrer Freundin Ilse Bing in den Buchhandlungen. »Du erinnerst Dich sicher an die Jugendbücherstube am Rathenau-Platz, die der jugendbewegte Walter Schatzki gegründet hat«,[42] schrieb sie 1978 an die mittlerweile als »Königin der Leica« in Paris und New York berühmt gewordene Fotografin.[43] In den Regalen fanden die zwei ab 1920 eine umfangreiche Sammlung ausgewählter Jugendliteratur vor. Außerdem vertrieb der aus der Wandervogel-Bewegung kommende Inhaber Publikationen des Insel Verlags und des Verlags Eugen Diederichs für Kulturgeschichte und Volkskunde. Englische und französische Ausgaben ergänzten das erlesene Sortiment, und nicht selten wurden ausländische Autoren zu Vorträgen eingeladen.[44] Dieser Ort war nicht nur für die beiden jungen »Leseratten« ein Eldorado.

Die unbeschwerte Zeit an der Schillerschule wurde durch den Beginn des Ersten Weltkriegs überschattet. Elisabeth Schwarzhaupt war 13 Jahre alt, als Kaiser Wilhelm II. am 1. August 1914 die allgemeine Mobilmachung befahl. In kindlicher Naivität empfand sie den Krieg, oder besser, was sie von diesem Ereignis wahrnehmen konnte, zunächst als aufregendes Abenteuer. Diese Gefühle wurden aber durch die ernsten Gespräche der Eltern mit Verwandten und Freunden rasch gedämpft. Vaterländische Begeisterung kam bei den Schwarzhaupts nicht auf; aber anhand einer großen, mit farbigen Stecknadeln gespickten Landkarte verfolgten sie stets den Frontverlauf.[45] Waren die Kampfhandlungen zunächst auch fern, so beeinflussten sie das Familienleben indirekt dennoch. Bereits fünf Tage nach Kriegsbeginn wurde der Vater als Lazarettinspektor für das Städtische Krankenhaus Sachsenhausen dienstverpflichtet. Glücklicherweise war er mit 42 Jahren zu alt, um als Soldat an der Front zu kämpfen. Nach kurzer Zeit erkrankte Wilhelm Schwarzhaupt. Kreislauf und Nerven versagten; der Lehrer war dem Stress in der Klinik einfach nicht gewachsen. Und so stand er nach einer längeren Kur bald wieder hinter seinem Katheder.[46]

Im Verlauf des Kriegs traten erhebliche Versorgungsengpässe auf. Bald hörte man von den ersten Gefallenen. Der »Hungerwinter« 1916/17 demoralisierte die Frankfurter Bevölkerung, die auch von Luftangriffen nicht verschont blieb. Die ersten Bomben fielen bereits im März 1916, weitere Abwürfe folgten vor allem im August und September 1918. Gebäude kamen dabei kaum zu Schaden, aber es gab doch 18 Tote und 70 Verletzte zu beklagen.[47] Gegen Kriegsende wurden die Schulgebäude den heimkehrenden Soldaten als Quartiere zur Verfügung gestellt. Elisabeth Schwarzhaupt erinnerte sich auch im Alter noch genau an die abgezehrten, grauen Gestalten, die sich zum Teil auf Krücken in den Klassenräumen und Fluren drängten. Die Mädchen mussten die Männer mit heißen Getränken versorgen.[48] Mangelnde Ernährung und die Kälte der Winter setzten der ohnehin für Infekte anfälligen Elisabeth zu. Einige Monate vor Kriegsende erkrankte die 17-Jährige an einer schweren Mittelohrentzündung, die zwei Operationen nach sich zog. Außerdem verursachten die Entbehrungen eine latente Tuberkulose, die Jahre später akut wurde.

Schließlich musste Elisabeth während dieser schweren Zeit die mentale Veränderung ihrer Mutter beobachten und verkraften. Bislang war Frieda Schwarzhaupt eine Frau mit lebhaften künstlerischen Interessen gewesen.[49] Wenn es ihre Zeit erlaubte, nutzte sie das vielfältige kulturelle Angebot der Stadt Frankfurt, besuchte Oper, Schauspiel oder Museen. Zuweilen griff sie selbst zu Palette und Pinsel. Ihr Denken war stark beeinflusst von den Schriften Helene Langes und Gertrud Bäumers, den beiden Leitfiguren der bürgerlichen Frauenbewegung, mit deren Gedankengut sie auch die junge Elisabeth vertraut machte. »Meine Eltern«, so resümierte später die Tochter, »waren für eine Besserung der Mädchenbildung, für die Gleichberechtigung zwischen Mann und Frau. Mein Vater hat meine Mutter immer sehr gleichberechtigt innerhalb der Ehe behandelt.«[50] So harmonisch diese Einschätzung heute vordergründig anmutet, es war letztlich das negative Bild der überforderten Mutter aus den Kriegsjahren, das Elisabeth Schwarzhaupt prägte und in ihrem Wirken und Handeln für die Emanzipation der Frau leitete. Dass aus der »heiteren, ihrer Familie liebevoll zugewandten Frau (…) ein von seinen Pflichten eingeschränkter, überlasteter Mensch«[51] geworden war, bewegte sie bis ins hohe Alter. Wie war es zu diesem Wandel gekommen?

Bis 1914 hatten die Schwarzhaupts stets eine Hilfe beschäftigt, die der Hausfrau zur Hand ging. Da junge Mädchen nun in den Munitionsfabriken benötigt wurden und Privathaushalten seltener zur Verfügung standen, blieb auch Frieda Schwarzhaupt nichts anderes übrig, als die tägliche Arbeit weitgehend selbst zu erledigen. Im Ehemann und in den Kindern fand sie keine Unterstützung. Elisabeth Schwarzhaupt gab später ehrlich zu, dass sie »wenig und ungern« half.[52] Immerhin waren in der großen Dienstwohnung sieben Zimmer sauber zu halten, mussten pro Tag mehrere Mahlzeiten für vier Personen zubereitet werden. Einkaufen, Waschen und Bügeln forderten ein Übriges an Zeit und Kraft. Die Mutter stellte höchste Ansprüche an sich. Wie die Tochter im nachhinein analysierte, versuchte sie, ihrer Familie einen Haushalt auf bürgerlichem Vorkriegsniveau zu erhalten. Zwangsläufig traten dabei eigene Interessen in den Hintergrund. Nervliche Überlastung, permanente Gereiztheit und Verbitterung waren die Folge. Für Elisabeth Schwarzhaupt waren diese abschreckenden Erfahrungen von großer Bedeutung: »Ich selbst wollte diese Rolle, die meine Mutter vorlebte, nicht übernehmen.«[53] Zu einem Thema ihres Lebens wurde die Frage, wie sich die Stellung der Frau an neue Gesellschaftsformen so anpassen ließe, dass sie Kinder haben und doch mit gleichen Entwicklungschancen leben könne wie der Mann. In einer Zeit, als generell weder die traditionelle Rollenverteilung auf den Prüfstand gehoben noch die Gefahr der Doppelbelastung für Frauen erkannt wurden, entsprangen diese Gedanken durchaus einer modernen Auffassung von Gleichberechtigung.

Ende 1918 wurden die Deutschen mit einem verlorenen Krieg und dem politischen Umbruch konfrontiert. Im Herbst hatten die Meutereien innerhalb der Hochseeflotte begonnen und wie ein Lauffeuer auf die Städte übergegriffen: Reichsweit bildeten sich Arbeiter- und Soldatenräte. Am 9. November 1918 dankte der Kaiser ab und der Sozialdemokrat Philipp Scheidemann rief die Republik aus: »Das Alte und Morsche, die Monarchie ist zusammengebrochen. Es lebe das Neue!«[54] Diese provokante Botschaft hätte man im Hause Schwarzhaupt wohl am liebsten überhört. Als am Tag darauf Wilhelm II. nach Holland flüchtete und am 11. November 1918 zwischen Frankreich und Deutschland der Waffenstillstand und die Kapitulation des Reiches in den Wäldern von Compiègne vereinbart wurden, waren die Eltern sehr bewegt. Auch Elisabeth liefen, so ihre Erinnerung, die Tränen über das Gesicht. Dennoch konnte sie nicht umhin, der Familie ein paar unbequeme Fragen zu stellen: »War der Zusammenbruch des alten monarchistischen Systems nicht doch richtig? War eine neue soziale Ordnung nicht endlich notwendig? Würde eine weitergehende Demokratisierung dem einzelnen nicht mehr Freiheit und Rechte geben?«[55]

Ihre Überlegungen wurden von der Tagespolitik eingeholt. Am 12. November 1918 beschloss der einberufene Rat der Volksbeauftragten »Wahlen zu öffentlichen Körperschaften … nach dem gleichen, geheimen, direkten, allgemeinen Wahlrecht aufgrund des proportionalen Wahlsystems für alle mindestens zwanzig Jahre alten männlichen und weiblichen Personen«.[56] Damit war endlich das von der Frauenbewegung so lange geforderte Frauenwahlrecht eingeführt. In Artikel 109 Absatz 2 der kurze Zeit später verabschiedeten Weimarer Reichsverfassung (WRV) hieß es jetzt: »Männer und Frauen haben grundsätzlich dieselben staatsbürgerlichen Rechte und Pflichten.« Diese Formulierung war bereits in der Entwurfsphase wegen des Wortes »grundsätzlich« auf heftige Kritik gestoßen, denn sie ermöglichte dem Gesetzgeber Ausnahmen vom Gleichberechtigungssatz. Zudem schloss die Verengung auf die »staatsbürgerlichen« Rechte und Pflichten aus, dass sich die Vorschrift auch auf andere Bereiche, zum Beispiel das im Bürgerlichen Gesetzbuch (BGB) verankerte patriarchalisch orientierte Ehe- und Familienrecht auswirkte. Erst dreißig Jahre später erstritt die hessische Sozialdemokratin Elisabeth Selbert als eine von vier »Verfassungsmüttern« im Parlamentarischen Rat den uneingeschränkten Grundsatz »Männer und Frauen sind gleichberechtigt«,[57] der heute in Artikel 3 Absatz 2 Satz 1 des Grundgesetzes (GG) verankert ist. Und der Name Elisabeth Schwarzhaupts stand schließlich in den 50er und 60er Jahren für die schrittweise Umsetzung dieser Formulierung durch das *Gleichberechtigungsgesetz* der Bundesrepublik Deutschland.

Die Schülerin Ise Schwarzhaupt war kurz vor den Wahlen zur Nationalversammlung am 19. Januar 1919 erst 18 Jahre alt geworden und durfte ihre

Stimme noch nicht abgeben. Überhaupt musste das gerade geweckte Interesse an der Politik zunächst einmal der Konzentration auf das Abitur weichen. Zu Ostern 1920 war es soweit: Elisabeth Schwarzhaupt bestand die Reifeprüfung zusammen mit 20 anderen Mädchen, darunter auch ihre Freundin Ilse Bing.[58]

Unerfüllte Berufswünsche

An der Frage der Berufswahl entzündete sich ein ernsthafter Dissens mit dem Vater. Leidenschaftlich gerne hätte Elisabeth Schwarzhaupt unmittelbar nach dem Abitur Kunstgeschichte, Philosophie und Theaterwissenschaften studiert. Ihr Herzenswunsch war es, journalistisch als Theater- und Literaturkritikerin zu arbeiten. Dieses Vorhaben vereitelte Wilhelm Schwarzhaupt rigoros: Mit den Argumenten, seine Tochter hätte nicht genügend Durchsetzungsvermögen und das Metier wäre ohnehin eine »brotlose Kunst«, trieb er ihr diese vermeintlichen Grillen aus dem Kopf. Schließlich lenkte er aber doch ein und empfahl der Unglücklichen, sie solle erst einmal das Examen als Lehrerin für Volks- und Mittelschulen ablegen, später könne sie dann studieren, was sie wolle.[59] Es ist nicht auszuschließen, dass der Vater im Geheimen die Hoffnung hegte, Elisabeth könnte an der Pädagogik Gefallen finden und die berufliche Tradition innerhalb der Familie fortsetzen. Wenn auch widerwillig und »mit geballter Faust in der Tasche«[60] fügte sie sich schließlich der väterlichen Autorität und besuchte für zwölf Monate ein außeruniversitäres Lehrerinnenseminar. Diese Entscheidung mochte umso bitterer gewesen sein, da nicht nur Freundin Ilse, sondern die meisten ihrer Schulkameradinnen nach dem Abitur direkt in die Hörsäle der Universitäten wechselten.

Das der Elisabethenschule angeschlossene Seminar war eine Frankfurter Besonderheit. Es diente zur wissenschaftlichen und praktischen Ausbildung von Lehrerinnen und zur Vorbereitung von Schulamtsbewerberinnen auf die Prüfung für Volks-, mittlere und höhere Mädchenschulen.[61] Da in dieser Zeit immer mehr junge Frauen eine qualifizierte Berufsausbildung erstrebten, konnte die Institution die zahllosen Anfragen bald nicht mehr bewältigen. Die obendrein unattraktiven Unterrichtsräume in der nördlichen Innenstadt, an der Vogtstraße/Ecke Eschersheimer Landstraße, waren ständig überfüllt. Dies war sicher nicht der einzige Grund, weshalb Elisabeth Schwarzhaupt noch während der einjährigen Ausbildung jede freie Minute nutzte, um bereits Vorlesungen über Arthur Schopenhauer und Neuere Geschichte an der Frankfurter Universität zu hören. Fast war es zu erwarten, dass ihre Examensnote im Jahre 1921 nicht besonders gut ausfallen würde. Sie nahm das negative Ergebnis gelassen hin, denn als Lehrerin hielt sie sich

Elisabeth Schwarzhaupt

ohnedies »für völlig ungeeignet«. Ihr eindeutiges Fazit lautete: »… diesen Beruf wollte ich auf keinen Fall ergreifen.«[62]

Nun trat die frisch gebackene Absolventin mit einem neuen Berufsziel vor den Vater: Sie wollte – für ihn überraschend – Jugend- oder Vormundschaftsrichterin werden und ein Jurastudium beginnen. Zu diesem Zeitpunkt waren Frauen gesetzlich noch nicht zu Ämtern und Berufen der Rechtspflege zugelassen, aber Wilhelm Schwarzhaupt äußerte sich optimistisch. Er glaubte, dass dieser Schritt auf dem Weg zur Gleichstellung von Frauen im Berufsleben bald realisiert würde, und stimmte jetzt ohne weitere Vorbehalte dem Ausbildungswunsch seiner Tochter zu.

Zweite Wahl

»Das Jurastudium war eine vernunftbetonte Wahl wegen der besseren Arbeits-
chancen, die ich mir damals ausrechnete, weil ja auch Frauen in der Weimarer
Republik immer mehr Möglichkeiten in dieser Hinsicht erhielten.«[63]

Vom Rückenwind der entstehenden Demokratie getragen

Im Sommersemester 1921 begann Elisabeth Schwarzhaupt ein Studium der
Rechts- und Staatswissenschaften an der Frankfurter Universität. Noch im
Alter wies sie auf das liberale Klima einer Großstadt mit demokratischer Tradition wie Frankfurt hin, das die Bereitschaft innerhalb des Bürgertums gefördert habe, seinen Töchtern eine den Söhnen gleichwertige Ausbildung zu
ermöglichen.[64] Als eine Selbstverständlichkeit galt das Frauenstudium damals jedoch keineswegs.

Es war vor allem dem zähen Beharren der bürgerlichen Frauenbewegung seit Mitte des 19. Jahrhunderts auf höhere Mädchen- und eine akademische Berufsausbildung zu verdanken, dass junge Frauen ab 1896 zunächst unter eingeschränkten Bedingungen und nur als Hospitantinnen
Zutritt zu deutschen Universitäten erhielten. Seit 1919 garantierte wenigstens de jure der Grundsatz der Gleichberechtigung aus der Weimarer Reichsverfassung Abiturientinnen den Status als ordentliche Studentinnen. Drei
Jahre nach Inkrafttreten der Verfassung wurde das *Gesetz über die Zulassung*
der Frauen zu den Ämtern und Berufen der Rechtspflege[65] verkündet. Elisabeth Schwarzhaupt gehörte der ersten Generation von Jurastudentinnen an,
die mit dem Bestehen beider Staatsprüfungen die »Fähigkeit zum Richteramt« erwerben konnte. Die Wahl ihres Fachs war also 1921 noch mit einem
gewissen Risiko behaftet gewesen: Damals wusste sie nicht, ob sie nach dem
Abschluss tatsächlich im Bereich der Rechtspflege würde arbeiten können.

An männliche Diskriminierungen während der Studienzeit konnte sich
Schwarzhaupt nicht erinnern. Kleinere Spitzen seitens der Kommilitonen
oder Dozenten hatte sie gelassen hingenommen. »Einige Professoren waren
noch nicht von unserer Existenzberechtigung an der Universität überzeugt
und gaben dieser Überzeugung dadurch Ausdruck, daß sie ihre Vorlesungen

mit der Anrede ›Meine Herren!‹ begannen«,[66] erzählte sie später eher belustigt. Das Lachen verging ihr allerdings gründlich, als Bundeskanzler Konrad Adenauer zu Beginn der 60er Jahre die gerade ernannte Ministerin im Kabinett ebenfalls mit dieser Anrede begrüßte. Diese Unverfrorenheit verbat sie sich erfolgreich.

Zunächst quälten Elisabeth Schwarzhaupt jedoch andere Probleme. Nach eigenen Aussagen konnte sie dem Jurastudium anfänglich kaum etwas abgewinnen: Die Rechtsmaterie ließ »ein Mädchenherz nicht höher schlagen«.[67] Und so besuchte die angehende Akademikerin weiter Vorlesungen über Kunstgeschichte und Philosophie, die sie weit mehr interessierten als langweilige, praxisferne Einführungen in das Bürgerliche Recht.[68] Diese Schwierigkeiten endeten mit dem Wechsel an die Berliner Humboldt-Universität, wo sie sich im Sommersemester 1922 einschrieb.[69] Dort begeisterten Schwarzhaupt Veranstaltungen der Rechtsgelehrten Martin Wolff und Eduard Kohlrausch, die ihr sowohl den intellektuellen als auch praktischen Zugang zur Jurisprudenz, vor allem zum Jugend- und Strafrecht, erschlossen. Zurück in Frankfurt bestand sie im April 1925 die erste juristische Staatsprüfung am dortigen Oberlandesgericht mit der Note »ausreichend«.[70]

Die Studienjahre, die mitten in die Inflationszeit fielen, waren durch dauernden Geldmangel gekennzeichnet. Um wenigstens ab und zu ein Theaterstück besuchen zu können, begnügte sich Elisabeth Schwarzhaupt regelmäßig mit einem Schlag Suppe in der Mensa, den wohltätige Einrichtungen den angehenden Akademikern täglich spendierten. Auch an eine eigene Bude war nicht zu denken: In Frankfurt lebte die Studentin weiterhin bei den Eltern, und in Berlin fand sie eine Bleibe in der Wohnung entfernter Verwandter.[71]

Zwischen Gerichtssaal, Sanatorium und dem »Siebten Himmel«

Nach dem bestandenen Examen folgte das Referendariat mit den Stationen Amts- und Landgericht Frankfurt am Main, Landgericht Neuruppin und Kammergericht Berlin. Dass Elisabeth Schwarzhaupt ihre zweite juristische Staatsprüfung erst nach fünf Jahren ablegen konnte, hing mit einer längeren, durch Krankheit erzwungenen Unterbrechung der praktischen Ausbildung zusammen. Das schon in der Jugend diagnostizierte Lungenleiden wurde plötzlich akut. Erste Symptome zeigten sich bereits während der letzten Semester und der Vorbereitung auf das Examen, aber der damals behandelnde Arzt hatte offenkundig den Ernst der Lage verkannt, so lautete der Vorwurf des Vaters. Was folgte waren aufwendige Kuren in Südtirol und der Schweiz, während derer die geschwächte Patientin einen Großteil der Zeit an den Liegestuhl gefesselt blieb. Wenn die Eltern sich freimachen konnten, besuchten sie ihre Tochter in den Bergen, die aber an Ausflügen und Wanderungen nicht teilnehmen durfte. »Nur einmal«, berichtete Wilhelm Schwarzhaupt vom Aufenthalt in Neu-Prags noch in der Rückschau erregt, »fuhr sie hinauf zum Pragser Wildsee (1500 m), aber weniger der landschaftlichen Schönheit willen, sondern um sich in dem mondänen Hotel einen Bubikopf schneiden zu lassen.«[72] Beim Anblick des abgeschnittenen Haares war der Vater fast in Tränen ausgebrochen. Nach und nach sollte er sich an den damals modernen Schnitt gewöhnen, den bald auch seine Ehefrau favorisierte. Vermutlich manifestierte sich in diesem äußerlichen »Befreiungsakt« mehr als jugendliche Rebellion gegenüber dem mächtigen alten Herrn. Denn in dieser Zeit trat ein anderer Mann in Elisabeth Schwarzhaupts Leben: Die Patientin hatte sich während ihres Kuraufenthaltes im schweizerischen Arosa in einen jungen Arzt verliebt. Er stammte aus einer Gelsenkirchener Kaufmannsfamilie jüdischen Glaubens. Der Mediziner litt an ähnlichen Symptomen wie Elisabeth, plante aber optimistisch, nach der Genesung in seiner Heimatstadt eine Facharztpraxis für Lungenkranke zu eröffnen.[73] So penibel Vater Schwarzhaupt in seinen zu Papier gebrachten Erinnerungen vom Leben der Familie, persönlichen Befindlichkeiten und dem politischen Alltag auch berichtete: Die Liebesgeschichte seiner Tochter erwähnte er mit keinem einzigen Wort.

Ein volles Jahr, von Februar 1926 bis Februar 1927, hatte der Heilungsprozess gewährt. Nach ihrer Rückkehr aus den Sanatorien setzte Elisabeth Schwarzhaupt zunächst das Referendariat, das sie in Frankfurt unterbrochen hatte, in Neuruppin fort. Ein Fraktionskollege des inzwischen für die rechtsliberale Deutsche Volkspartei (DVP) in den Preußischen Landtag abgeordneten Vaters hatte ihr die Stelle am dortigen Gericht vermittelt. Nach Absolvierung der Schlussetappe am Kammergericht Berlin legte sie in der Stadt an der Spree im April 1930 endlich das Assessorexamen ab: mit Prädikat! Die Note »gut« ebnete ihr der Weg in den höheren Justizdienst. Im Mai 1930 nahm Elisabeth Schwarzhaupt eine unentgeltliche Tätigkeit am Amtsgericht Frankfurt am Main auf. Auch wenn es damals eher unüblich war, in dieser Position besoldet zu arbeiten, so bilanzierte Schwarzhaupt doch, dass Frauen »in einer Zeit, als ... ein Überschuß an Akademikern sich um die Beschäftigung bei einem zur Sparsamkeit gezwungenen Staat drängte«, mit den männlichen Kollegen um die wenigen bezahlten Assessorstellen hart und meist aussichtslos konkurrieren mussten.[74] Für kurze Zeit bekam sie eine Vertretung in der Beschwerdekammer am Landgericht als Hilfsrichterin zugewiesen, wo sie Sachen der freiwilligen Gerichtsbarkeit, Mieteinigungs- und Pachtschutzsachen in der Rechtsmittelinstanz prüfte.[75]

Ihr Wunsch, Jugendrichterin zu werden, schien jetzt formell in greifbare Nähe zu rücken. Die junge Frau war indes selbstkritisch genug zu erkennen, dass es ihr an praktischen Erfahrungen mangelte, wie sie Jugend-

Elisabeth Schwarzhaupt

liche aus einfacheren Verhältnissen zu behandeln hatte. Schließlich war sie stets finanziell abgesichert und relativ behütet im bürgerlichen Milieu aufgewachsen. »Ich fühlte mich gegenüber der sozialen Wirklichkeit, wie sie dem Richter entgegentritt, zu unsicher«,[76] gab Elisabeth Schwarzhaupt später freimütig zu. Gerade hatte sie sich entschlossen, zunächst zeitweise in einem Fürsorgeamt zu arbeiten, als in Frankfurt eine Gerichtsassessorin für die »Städtische Rechtsauskunftsstelle« gesucht wurde. Diese Perspektive erschien ihr durchaus geeignet, den juristischen Alltag kennen zu lernen und damit dem eigentlichen Berufsziel näher zu kommen. Schwarzhaupt beantragte »Fortbildungsurlaub« und trat im August 1930 den Dienst in dieser sozialpolitisch wichtigen Einrichtung an.[77] Die Erfahrungen der folgenden anderthalb Jahre sollten ihr ganzes Leben beeinflussen.

Engagement für die Rechte der Frauen

Als Elisabeth Schwarzhaupt ihre Tätigkeit in der Frankfurter »Rechtsauskunftsstelle« aufnahm, gehörte diese Institution seit über zwölf Jahren zur städtischen Verwaltung. Ihre Geschichte reichte aber bis in das 19. Jahrhundert zurück. Schon 1895 war am Frankfurter Institut für Gemeinwohl eine »Auskunftsstelle für Arbeiterangelegenheiten« gegründet worden, die das sogenannte Soziale Museum nach seiner Errichtung übernahm. Zwei Jahre später hob der Allgemeine Deutsche Frauenverein die »Rechtsschutzstelle für Frauen« aus der Taufe. Ein 1897 in Frankfurt gehaltener Vortrag von Marie Stritt, Initiatorin des ersten Rechtsschutzvereins in Dresden und spätere Leiterin des Bunds Deutscher Frauenvereine, hatte die Mitglieder zu dieser Entscheidung inspiriert.[78]

Beide Organisationen erteilten »ohne Rücksicht auf politische, religiöse oder sonstige Tendenzen«[79] unentgeltlich Rechtsauskünfte an einkommensschwache Menschen. Die Nachfrage war immens: Allein im Jahr 1914 bearbeiteten die Einrichtungen zusammen etwa 38.000 Fälle! Entsprechend stiegen die Kosten für Personal und Sachmittel, die der Magistrat durch unregelmäßige Beihilfen deckte. Die Verantwortlichen machten jedoch deutlich, dass ohne eine solide Finanzierung das Angebot bald nicht mehr aufrecht zu erhalten wäre. Mit Erfolg: Zum April 1918 genehmigte die Stadtverordnetenversammlung endlich die Übernahme der gemeinnützigen Rechtsauskunftsstelle und die Eingliederung der »Rechtsschutzstelle für Frauen« in städtische Regie.[80]

Jene neue »Städtische Rechtsauskunftsstelle« mit Sitz in der Hochstraße 44 gliederte sich seitdem in zwei Abteilungen. Während die allgemeine von männlichen und weiblichen Klienten besucht werden konnte, die auf den Gebieten des Privat-, Sozial- oder öffentlichen Rechts Hilfe suchten, stand die sogenannte» weibliche Abteilung ausschließlich Frauen offen. Keine Frage, dass auch die Beratung von weiblichem Personal übernommen wurde. Leiterin war die langjährige Stadtverordnete und promovierte Juristin Anna Schultz (DDP). Elisabeth Schwarzhaupt charakterisierte ihre ehemalige Vorgesetzte später als einen warmherzigen Menschen mit ausgesprochenem Gerechtigkeitssinn.[81]

Probleme von Trinkern, misshandelten Frauen und Kindern, Ehebruch oder Schuldenberge, die zu Straftaten führten, hatten Schwarzhaupt bislang höchstens in der Theorie beschäftigt. An ihrem neuen Arbeitsplatz wurde die »Tochter aus gutem Hause« quasi ins kalte Wasser geworfen und mit teilweise schockierenden Fällen aus einer deprimierenden Wirklichkeit konfrontiert. Zu ihren Aufgaben gehörte es, Frauen aus einfachen, gar zerrütteten Verhältnissen in Ehe-, Familien- und Mietangelegenheiten zu beraten, Scheidungsprozesse oder Armenrechtsgesuche vorzubereiten: »In dieser Stelle habe ich nun am Tag manchmal 40–50 Arbeiterfrauen aus den ärmsten Gassen von Frankfurt, aus der Meisengasse und der Friesengasse, vor mir gehabt«, berichtete sie noch in der Rückschau bekümmert.[82] Die Probleme, die an ihrem Schreibtisch zur Sprache kamen, waren ihr völlig fremd. Mangels Berufserfahrung und Menschenkenntnis fühlte sie sich häufig überfordert.

Die junge Juristin begann in dieser Zeit, die Einwände der Frauenbewegung gegen das BGB und die Schwächen seines umstrittenen Familienrechts erstmals richtig zu begreifen. Es waren vor allem die vom patriarchalischen Geist geprägten Abschnitte über die Wirkungen der Ehe, das eheliche Güterrecht, das Nichtehelichen- oder Vormundschaftsrecht. Diesen Bestimmungen, die Elisabeth Schwarzhaupt vor dem Hintergrund ihrer gewonnenen Einblicke in die soziale Wirklichkeit künftig für untragbar hielt, waren die hilfesuchenden Frauen machtlos ausgeliefert.[83] Ihr späteres Engagement als Mitglied im Rechtsausschuss des Deutschen Bundestags beispielsweise für die Reform des ehelichen Güterrechts, die unter anderem die Einführung der Zugewinngemeinschaft beinhaltete, rührte nach eigener Aussage aus jener Zeit. In einem Interview des Jahres 1976 auf ihre Hartnäckigkeit bei diesen Bonner Debatten angesprochen, erklärte sie beinahe entschuldigend: »Von Natur bin ich also keineswegs irgendwie männerfeindlich oder in der Beziehung auf Kampf angelegt. Es waren diese praktischen Erfahrungen, die mich bewegt haben.«[84]

Zum 28. Februar 1932 reichte Elisabeth Schwarzhaupt der Stadt ihre Kündigung ein.[85] Schließlich hatte sie ihr Ziel, Richterin zu werden, nicht aus den Augen verloren. Der »Städtischen Rechtsauskunftsstelle« war im übrigen keine lange Zukunft mehr beschieden. Am 25. März 1933 beantragte das Städtische Revisionsamt beim Magistrat, dass die Einrichtung geschlossen und künftig vom »Frankfurter Anwaltsverein e. V.« übernommen werden sollte. Adolf Hitler hatte zwei Monate zuvor die »Macht ergriffen«, und auch in Frankfurt am Main stand mit Oberbürgermeister Friedrich Krebs inzwischen ein Nationalsozialist an der Spitze der Verwaltung. Mit mangelnder Auslastung der Mitarbeiter und Mitarbeiterinnen war dieser Vorstoß keinesfalls zu erklären: Für die Jahre 1930 und 1931 wies die interne Statistik beider Abteilungen immerhin 40.423 beziehungsweise 41.751 Rat- und Hilfesuchende nach.[86] Vielmehr schien sich die nunmehr »braune« Stadtführung dieses sozialpolitischen Erbes aus der verhassten »Systemzeit« entledigen zu wollen. Der Magistrat zögerte daher nicht lange und löste dem Antrag des Revisionsamtes folgend die Institution auf. Unter Verdrehung der Tatsachen vermerkte ein Artikel im *Städtischen Anzeigeblatt* lapidar: »In der Zeit der nationalen Erneuerung hat die Frankfurter Anwaltschaft ihre Pflicht erkannt und die Beratung der minderbemittelten rechtsuchenden Einwohner selbst übernommen.«[87] Nach einer Vereinbarung mit der Stadt eröffnete der Anwaltsverein zum 12. August 1933 im Gerichtsgebäude, Heiligkreuzgasse 34, eine neue »Gemeinnützige Rechtsauskunftsstelle«, die noch heute besteht.

Berufliche, politische und private Zäsur –
Der 30. Januar 1933 und die Folgen

»Der Anfang des Dritten Reiches war für meine Umwelt und für mich persönlich in vieler Hinsicht ein Ende, ein Zusammenbruch.«[88]

Erzwungenes Ende einer beruflichen Karriere

Nach Abschluss der Fortbildung kehrte Elisabeth Schwarzhaupt zunächst für kurze Zeit an das Amtsgericht Frankfurt zurück; dort war sie Beisitzerin des erweiterten Schöffengerichts.[89] Unmittelbar nach Dienstbeginn beantragte sie die Versetzung in den Bezirk des Oberlandesgerichts Hamm. Sie wollte in der Nähe ihres zukünftigen Mannes arbeiten und wohnen, denn das junge Paar beabsichtigte, zu heiraten. Wie geplant war es dem Verlobten inzwischen auch gelungen, in Gelsenkirchen eine Arztpraxis zu eröffnen. Ab Juli 1932 erhielt die Juristin endlich ein besoldetes Kommissorium als Vertretungsrichterin im Bereich Zivilsachen und als Beisitzerin am Amtsgericht Dortmund.[90] Zunächst wurde sie mit der Abteilung Zwangsversteigerung betraut. Dass man ihr damit eine »Bewährung« besonderer Art zudachte, erkannte sie sofort. Schließlich war der Vorgänger in dieser Position wegen Überlastung physisch zusammengebrochen. Als einzige Frau am Gericht fühlte sie sich zudem ständig von Rechtsanwälten beobachtet. »Sie standen an der Wand herum und schauten sich an, was die junge Frau da vorn am Richtertisch wohl für Unfug machen würde«,[91] schilderte sie später die unangenehme Situation.

Die Tätigkeit hätte am 31. Januar 1933, einen Tag nach Übernahme der Regierungsgeschäfte durch Hitler enden sollen; aber es folgten noch zwei Verlängerungen bis 3. März beziehungsweise 15. Mai 1933.[92] Und dann kam das endgültige Aus. Elisabeth Schwarzhaupt mutmaßte später, der Personalreferent am Oberlandesgericht Hamm hätte sich wegen der immer offener formulierten frauenfeindlichen Tendenzen nicht getraut, ihr ein weiteres Kommissorium zu übertragen. Außerdem habe ein Ausspruch Hitlers kursiert, dass Frauen nicht über Männer richten dürften.[93] So kurz vor ihrem Ziel wollte sich die ambitionierte Gerichtsassessorin jedoch nicht kampflos mit der Entscheidung abfinden, wie die Quellen belegen. Noch jahrelang korrespondierte sie mit dem Oberlandesgerichtspräsidenten in Hamm über ihre berufliche Zukunft. So bat sie ihn in einem Schreiben vom 8. Januar 1934, »mir Gelegenheit zu einer persönlichen Unterredung zu gewähren. Es handelt sich um die Frage, welche Aussicht ich als Frau habe, nach Beendigung meiner Doktorarbeit im Justizdienst wieder beschäftigt zu werden«. Einen Tag nach ihrem 33. Geburtstag belastete sie offenkundig ihre unsichere berufliche Situation mehr denn je. Der Präsident wiederum eröffnete ihr ohne Umschweife, dass sie auf endgültige Anstellung nicht zählen könne und legte Schwarzhaupt ein Ausscheiden aus dem Justizdienst nahe. Den Vorschlag lehnte sie postwendend ab und unterzeichnete das Schreiben vom April 1935 angepasst mit »Heil Hitler«. Fünf Monate später, zu diesem Zeitpunkt war sie seit über einem Jahr Mitglied im »Bund Nationalsozialistischer Deutscher Juristen«[94] und führte bereits den Doktortitel, stellte sie sich abermals »für die Erprobung im Justizdienst zur Verfügung«. Wieder erhielt sie eine Absage. Schließlich vermerkte der Oberlandesgerichtspräsident in einem 1937 ausgefüllten Personalbogen definitiv: »Ihre [Schwarzhaupts] Leistungen waren gut. Sie dürfte aber als weibliche Kraft für den höheren Justizdienst nicht mehr in Frage kommen.«[95] Die so vielversprechend begonnene Karriere als Richterin fand mit dieser Beurteilung ihr Ende. Aber nicht nur im beruflichen Fortkommen bedeutete das Jahr 1933 eine Zäsur für Elisabeth Schwarzhaupt.

»Die Angst hatte mich so mutig gemacht«[96] – Politischer Kampf gegen den Nationalsozialismus

Während der Weimarer Zeit hatten gerade in Frankfurt am Main die Akzente städtischer Politik auf Weltoffenheit, Moderne und Vielfalt gelegen. »Die Grenzen zwischen Bürgern und Arbeitern, Christen und Juden, Reichen und Armen waren durchlässiger als anderswo«,[97] erinnerte sich Elisabeth Schwarzhaupt an die 20er Jahre. Nach dem 30. Januar 1933 führten Reglementierungen und vor allem die völkisch-rassistische Ideologie der Nationalsozialisten zur Zerstörung dieser gewachsenen Identität.

Für den 12. März 1933 hatte der preußische Innenminister Hermann Göring (NSDAP) Kommunalwahlen verfügt, nachdem fünf Wochen zuvor alle Gemeindevertretungen in Preußen aufgelöst worden waren. In Frankfurt am Main konnte die NSDAP zwar nicht die absolute Mehrheit erringen, erhielt jedoch nach der Abstimmung 42 der 85 Sitze in der Stadtverordnetenversammlung und war damit die stärkste Fraktion.[98] Dem erzwungenen Rücktritt Oberbürgermeister Ludwig Landmanns (DDP) – er wurde übrigens am selben Tag wie sein Kölner Kollege Konrad Adenauer (Zentrum) aus dem Amt gejagt – folgte auf Vorschlag Gauleiter Jakob Sprengers die kommissarische Bestellung des Nationalsozialisten Friedrich Krebs zum neuen Stadtoberhaupt. Während der zwölfjährigen Amtszeit verwandte Krebs seine Energie unter anderem darauf, das Image der »Stadt der Juden und Demokraten« in das einer »Stadt des deutschen Handwerks« zu verwandeln.[99]

Wie überall in der Republik erlebten die Frankfurterinnen und Frankfurter den politischen Wechsel nicht über Nacht. Die Nationalsozialisten und völkischen Gruppen agitierten bereits um 1922 allerorten. Nach dem Verbot und ihrer Neugründung 1925 verlor die NSDAP zunächst an Bedeutung. Organisatorische Konflikte und interne Auseinandersetzungen hatten das Ansehen der Partei beschädigt. Als mit der Weltwirtschaftskrise des Jahres 1929 die relative Stabilitätsperiode der Weimarer Zeit endete, hatten sich die Nationalsozialisten allerdings wieder zu einem bedrohlichen Gegner formiert. Mit der Propaganda gegen die Unterzeichnung des Young-Plans, der neue Modalitäten für die deutschen Reparationsleistungen festlegte, gewannen sie neue Wählerinnen und Wähler. Auf den Straßen Frankfurts tobte regelmäßig der Mob. Besonders an Wochenenden gab es Schlägereien zwischen »Braunhemden« und Kommunisten, Sturmabteilung (SA) und der linken Schutzorganisation Reichsbanner Schwarz-Rot-Gold. Der politische Hass forderte Verletzte und Todesopfer.

In dieser nicht ungefährlichen Zeit zu Beginn der 30er Jahre entdeckte Elisabeth Schwarzhaupt erneut ihr Interesse für die Politik. Auslöser waren die tägliche Konfrontation mit dem sozialen Elend ihrer weiblichen Klientel in der »Städtischen Rechtsauskunftsstelle« sowie die bewusste geistige Auseinandersetzung mit den Schriften *Mein Kampf* von Adolf Hitler und *Mythus des 20. Jahrhunderts* von Alfred Rosenberg, dem Chefideologen der Nationalsozialisten. Damit gehörte sie zu dem kleinen Personenkreis, der diese Bücher überhaupt kritisch zur Kenntnis nahm. Nach der Lektüre fragte sie sich entsetzt, was aus Deutschland werden solle, wenn Menschen die Politik beherrschten, die eine pseudowissenschaftliche, halbwahre, inhumane Ideologie verträten und diese auch noch auf Stammtischniveau verbreiteten.[100] Ausgrenzung der Juden, Eroberung von Lebensraum im Osten – sprich Krieg, Verdrängung der Frauen aus ihren Berufen, dies alles zählte zum Programm der Nationalsozialisten, das Elisabeth Schwarzhaupt nicht gewillt war, passiv hinzunehmen. So engagierte sie sich vor allem im Wahljahr 1932 für die DVP, die Partei ihres Vaters. Nackte Angst trieb sie nach eigenem Bekunden, die ihr auch half, die Scheu vor öffentlichen Auftritten abzulegen.[101]

Bereits nach dem Ersten Weltkrieg hatte die Schülerin für zwei oder drei Jahre als Angehörige der DVP-Jugend einen kurzen Ausflug in die Parteipolitik unternommen. Aber den Beitritt schuldete sie damals wohl eher einem Wunsch Wilhelm Schwarzhaupts. Geistige Heimat und Möglichkei-

Elisabeth Schwarzhaupt

ten der Entfaltung hatte sie dort nicht gefunden, da die Mutterpartei ihrem Nachwuchs in autoritärer Manier kaum Rechte auf Eigenständigkeit und Selbstbestimmung einräumte. In dieser Jugendgruppe habe sie sich nicht zuhause gefühlt,[102] resümierte sie später knapp. Angesichts der Tatsache, dass DVP-Reichsjugendführer Pfarrer Paul Luther damals bereits im sechsten Lebensjahrzehnt stand, verwundert die reservierte Haltung kaum. In der Organisation zugelassen waren bereits Jugendliche unter 18 Jahren; in diesem Alter konnten sie, als über 20-Jährige mussten sie in die Partei eintreten. Elisabeth Schwarzhaupt entschied sich vor ihrem 20. Geburtstag gegen die DVP und wurde niemals ordentliches Mitglied.[103]

Dennoch blieb sie der Partei bis zu deren erzwungener Auflösung im Juli 1933 solidarisch verbunden, da schließlich ihr Vater seit der Wahl vom 20. Februar 1921 als DVP-Abgeordneter für den Wahlkreis Hessen-Nassau im Preußischen Landtag saß.[104] Wilhelm Schwarzhaupt war glühender Anhänger der Politik Gustav Stresemanns, dem Gründer und ersten Vorsitzenden der DVP. Stresemanns Name stand in der Öffentlichkeit unter anderem für die Stabilisierung der Währung durch Einführung der Rentenmark, die Festigung der Verfassung und die Optimierung der Verhandlungen über die Reparationsfragen. Wilhelm Schwarzhaupt versuchte regelmäßig, in der Presse und an der Basis für diese Politik zu werben. Und als Stresemann am 3. Oktober 1929 nach schwerer Krankheit starb, würdigte ihn sein Parteikollege mit einem sehr persönlichen Nachruf in den *Frankfurter Nachrichten*.[105]

Tochter Elisabeth Schwarzhaupt hatte ihren Vater oft auf Wahlveranstaltungen begleitet und kannte das Parteiprogramm genau.[106] Im »Super«-Wahljahr 1932 schließlich wurde sie selbst aktiv. Inzwischen galt die politische Situation bekanntlich als äußerst instabil; schon bald würde die DVP zu den bedeutungslosen Splitterparteien zählen. Für den 13. März war zunächst die Neuwahl des Reichspräsidenten terminiert. Neben dem greisen Generalfeldmarschall Paul von Hindenburg kandidierten Adolf Hitler, Stahlhelm-Führer Theodor Düsterberg und Ernst Thälmann (KPD). Da von Hindenburg die absolute Mehrheit um 350.000 Stimmen verfehlte, wurde ein zweiter Urnengang am 10. April 1932 notwendig, bei dem der bisherige Präsident doch noch die Bestätigung in seinem Amt erhielt. Zwei Wochen später standen Wahlen für die Landtage in Preußen, Bayern, Württemberg, Anhalt und Hamburg ins Haus, aus denen die NSDAP zum Teil mit erheblichen Gewinnen hervorging. Am 30. Mai 1932 folgte der Sturz des Reichskanzlers Heinrich Brüning (Zentrum). Zwei Tage später bildete sein Nachfolger und Parteikollege Franz von Papen ohne parlamentarische Mehrheit das »Kabinett der Barone«, das sich überwiegend aus Vertretern des Adels zusammensetzte. Es folgten Reichstagswahlen am 31. Juli und am 6. November 1932. Schließlich trat die Regierung von Papens zurück, und

General Kurt von Schleicher wurde am 2. Dezember 1932 zum neuen Reichs-kanzler ernannt.[107] Nach nur 14 Jahren stand das Ende der Weimarer Repu-blik unmittelbar bevor.

Ihre Ausführungen auf Wahlveranstaltungen und in Broschüren der DVP konzentrierte Elisabeth Schwarzhaupt auf die eine Frage: Was hat die deutsche Frau vom Nationalsozialismus zu erwarten?[108] Bescheiden berich-tete sie später, es hätte sich ohne ihr Zutun ergeben, dass sie immer wieder gebeten wurde, in Marburg, Bad Homburg, Kassel oder Frankfurt zu spre-chen.[109] Jedoch war der Bekanntheitsgrad der jungen Juristin im April 1932 bereits so groß, dass sogar der Wahlkreisverband Westfalen-Süd im Vorfeld der preußischen Landtagswahl an die Assessorin herantrat, um sie für Vor-tragsabende in Bochum und Dortmund zu gewinnen.[110]

Über die öffentlichen Auftritte Elisabeth Schwarzhaupts existieren nur spärliche Informationen. Eine Veranstaltung der NSDAP-Kreisleitung des Main-Taunus-Kreises, zu der Schwarzhaupt als »Gegenrednerin« geladen wurde, löste jedoch in den rechtsliberalen *Frankfurter Nachrichten* empörte Reaktionen aus, verfasst von der Journalistin und damaligen Leiterin der Frauenbeilage Helli Knoll. Sie vermitteln noch heute ein bezeichnendes Bild von der Stimmung jener Tage. Unter dem mutigen Titel »Und dennoch: die Wahrheit siegt.«[111] deckte Knoll zunächst die unlauteren Machenschaften auf, mit denen die Rednerin überhaupt zu der Veranstaltung am 18. März 1932 gelockt worden war. Danach soll Schwarzhaupt die Einladung erhalten haben, auf einer Frauenversammlung der NSDAP in Höchst mit weibli-chem Publikum zu diskutieren. Sie sagte zu. In Wahrheit handelte es sich jedoch um eine große Partei-Kundgebung für Frauen und Männer im Saal des Volksbildungsheims. Als Hauptredner trat dort ein gewisser Becker (NSDAP) auf. Sein zweistündiges Referat, das die »Frauenfrage« marginali-sierte, hatte nach Auffassung Helli Knolls nur ein Ziel, nämlich »die Ver-sammlungsteilnehmer mürbe zu machen resp[ektive] ihr Interesse für die Gegenrednerin, Frau Schwarzhaupt, lahmzulegen«. Diese Strategie sollte je-doch gänzlich scheitern. Unter gespannter Aufmerksamkeit gelang es Elisa-beth Schwarzhaupt, trotz fortgeschrittener Stunde sowohl die Platitüden Beckers zu entkräften als auch die frauenfeindliche Einstellung des National-sozialismus prägnant auf den Punkt zu bringen. Sie führte dem Publikum vor Augen, dass sich unter den 107 Reichstagsabgeordneten der NSDAP keine einzige Frau befände. An den Vorredner gewandt konterte sie unter großem Beifall: »Solange von einer Parteistelle amtlich nicht erklärt wird, wir sind für die Gleichberechtigung der Frau im Berufsleben, im Staatsleben, kann ich den Äußerungen des Herrn Becker nicht viel Glauben schenken.« Und weiter legte sie dar: »Wir Frauen haben allen Grund für unsere Stellung, die wir heute haben, nämlich die grundsätzliche Gleichberechtigung, zu kämpfen. Das ist nicht nur eine Sache der Frauen, das geht unsere ganze

Kultur an, welche Stellung wir Frauen in dem Staat haben. Es ist doch für den Mann nicht gleich, ob er eine Frau hat, die Magd und Dienerin ist, wie sie Gottfried Feder [»Programmatiker der Bewegung«] verlangt, ob sie die gleiche Bildung hat und auf dem selben Niveau ist wie er und ob sie Lebenskameradin sein kann oder nicht. Um den Glauben daran, daß sich die Gleichberechtigung der Frau im Staat, im Beruf und in der Politik erhält, müssen wir kämpfen.«[112]

Es ist bemerkenswert, dass Elisabeth Schwarzhaupt weder bei diesem Vortrag noch in einem 1932 unter den verschiedenen Titeln *Die Stellung der Frau im Nationalsozialismus* und *Was hat die deutsche Frau vom Nationalsozialismus zu erwarten?*[113] veröffentlichten Beitrag der NS-Ideologie frauenpolitische Konzepte der DVP entgegen setzte, obgleich die Partei doch neben der Berliner Gesellschaft »Deutsche Erneuerung. Zeitungs- und Buchverlag« als Herausgeberin der Schrift verantwortlich zeichnete. Offenkundig schien es ihr in dieser politisch gefährlichen Situation wichtiger, als anerkanntermaßen Unparteiische effektvoll auf ein Problem aufmerksam machen und die NS-Denkweise enttarnen zu können. Für diese These spräche die um Neutralität bemühte Vorbemerkung der Herausgeber beider Schriften: »Die nachfolgende Stellungnahme von Assessor Elisabeth Schwarzhaupt … dürfte besonderes Interesse wecken, da hier eine Frau spricht, die der jungen Generation angehört, und die bisher parteipolitisch nicht hervorgetreten ist.«[114]

Warnungen vor dem Nationalsozialismus, gleich denen von Elisabeth Schwarzhaupt, wurden in jener Zeit häufiger formuliert, auch wenn dieser Sachverhalt heute kaum mehr bekannt ist. Gerade Frauen wehrten sich engagiert gegen die NS-Programmatik. Waren sie es doch, denen nach 1933 lang erkämpfte Rechte abgesprochen und die auf eine bestimmte Frauenrolle – Mutter und Kameradin des Ehemannes – reduziert werden sollten.[115] So appellierte die Sozialdemokratin Marie Juchacz 1932 vorausschauend an die Frauen, den Kampf »gegen die Volksverderber« aufzunehmen, »die heute unsere Söhne – Deutsche gegen Deutsche – zum Brudermord anstiften und die sich nicht scheuen werden, sie morgen in einen neuen völkervernichtenden Krieg hineinzutreiben«.[116] Die erste weibliche Rednerin in der Nationalversammlung und Initiatorin der Arbeiterwohlfahrt musste 1933 über das Saarland, Frankreich und Martinique in das US-amerikanische Exil flüchten und kehrte erst 1949 in ihre Heimat zurück.[117] Eine andere frühe Warnerin war Amalie Lauer. Die Zentrumsabgeordnete im Preußischen Landtag veröffentlichte ebenfalls im Jahre 1932 die kritische Broschüre *Die Frau in der Auffassung des Nationalsozialismus*, in der sie unter anderem entlarvende Zitate führender NS-Ideologen zum Thema Frauen zusammenstellte.[118] Außerdem lud sie regelmäßig einen politischen Arbeitskreis in ihre Kölner Wohnung ein; auch dann noch, »als schon der Stiefelrhythmus der braunen Kolonnen unsere Gespräche zerhackte«, erinnerte sich Elisabeth Pitz-Savelsberg, nach 1945 CDU-Mitglied und spätere Fraktionskollegin Schwarzhaupts im Bundestag.[119] Durch ihre couragierten Auftritte hatte Elisabeth Schwarzhaupt in Frankfurt am Main und der Region Bekanntheit erlangt. Seit 1933 fühlte sie sich deshalb von den Nationalsozialisten bedroht und zog sich in das Privatleben zurück.

In dem deprimierenden Bewusstsein, dass ihre damaligen Warnungen an die Frauen weitgehend ungehört verhallt waren, sollte Elisabeth Schwarzhaupt nach dem Zweiten Weltkrieg umso intensiver Aufklärungsarbeit leisten. Als eines ihrer Lieblingsthemen reflektierte sie dabei immer wieder die Stellung der Frau in der jungen Demokratie. Noch 1953 musste sie allerdings skeptisch einräumen, dass die meisten Frauen, was demagogische Appelle anginge, die letzte politische Bewährungsprobe des Gefeitseins noch vor sich hätten.[120]

Zerstörtes Glück

Die folgenschwersten Auswirkungen hatte der 30. Januar 1933 jedoch auf das Privatleben Elisabeth Schwarzhaupts. »Vielleicht war es der Wendetag unseres zwanzigsten Jahrhunderts«, so deutete der Literaturwissenschaftler und Schriftsteller Hans Mayer das wichtige Datum, »seitdem hat sich alles verändert. Es gibt kein Ereignis und kein Erinnern an menschliches Unglück, das nicht ursächlich zurückführte zu jenem Januartag … .«[121] Für die 32-Jährige hieß jenes »menschliche Unglück« Zerstörung ihrer Liebesbeziehung, ihres Familienlebens sowie ihres Freundes- und Bekanntenkreises.

Als sie im Februar 1933 nach einem Skiurlaub ihren Verlobten in Gelsenkirchen aufsuchte, traf Elisabeth Schwarzhaupt einen tief verstörten Menschen an: »Ich sehe noch vor mir«, wusste sie aus der Erinnerung zu berichten, als hätte es sich gerade erst zugetragen, »wie er, der ganz Deutscher sein wollte und ganz Deutscher war, ruhelos im Zimmer auf und ab ging wie ein gefangenes Tier. Vor mir war plötzlich ein Mensch, auf dem das Schicksal eines Volkes lastete, das seit tausend Jahren Verfolgungen und Pogrome erduldet hatte.«[122] Am 1. April 1933, dem Tag des Boykotts zur »Abwehrreaktion gegen die internationale jüdische Hetzpropaganda« – wie es im NS-Jargon hieß –, postierte sich ein SA-Mann vor der Praxis des Arztes und verweigerte den Patienten wie auch Elisabeth Schwarzhaupt den Zutritt. Die Nationalsozialisten entzogen ihm – und vielen anderen als Juden verfolgten Medizinern – die Kassenzulassung und damit die wirtschaftliche Basis. Der junge Mann, dessen Geschäft gerade zu florieren begonnen hatte, erkannte die drohende Gefahr und verließ Deutschland unmittelbar nach diesen Ereignissen. Er flüchtete in die Schweiz, wo er im Angestelltenverhältnis als Klinikarzt arbeitete und alle sechs Monate um eine Verlängerung seiner Tätigkeitserlaubnis bitten musste.

Bis zum Beginn des Zweiten Weltkriegs suchte Elisabeth Schwarzhaupt wiederholt Möglichkeiten, ihm in das Exil zu folgen. Ohne eine konkrete berufliche Perspektive wollte sie Deutschland allerdings nicht verlassen, da für sie die materielle Abhängigkeit von ihrem künftigen Partner indiskutabel war. Sicherlich hatte sie dabei die bedauernswerte Situation der eigenen Mutter vor Augen. Auszuschließen ist aber auch nicht, dass Wilhelm Schwarzhaupt die von Emotionen geleiteten Pläne seiner Tochter missbilligte und sie beeinflusste. Deren Überlegungen gingen in verschiedene Richtungen. Zunächst knüpfte sie Hoffnungen an ihren Jugendtraum, um jedoch rasch wieder auf dem Boden der Tatsachen zu landen. Denn ihre Versuche, in der Schweiz eine Beschäftigung als Journalistin zu finden, waren ergebnislos verlaufen. Dort hatten inzwischen so viele Vertreter dieses Metiers Zuflucht gesucht, »Leute, die begabter und bekannter waren als ich«,[123] erklärte sie später das Scheitern. Während der Phase ihrer erzwungenen Arbeitslosigkeit in den Jahren 1933/34 verfasste sie schließlich eine Dissertation unter dem Titel *Fremdwährungsklauseln im deutschen Schuldrecht*, mit der sie 1935 in Frankfurt von Friedrich Klausing promoviert wurde. Möglicherweise kannte sie den Wirtschaftsrechtler als ehemaliges DVP-Mitglied über den Vater. Inzwischen war Klausing allerdings strammer Nationalsozialist und betrieb sofort nach der »Machtergreifung« aktiv die Ausgrenzung jüdischer und politisch missliebiger Universitätskollegen.[124] Sehr bewusst hatte die Doktorandin ein handelsrechtliches Thema gewählt, um eventuell einen Arbeitsplatz in der Wirtschaft zu finden.[125] Eine Beschäftigung im Ausland war mit Sicherheit auch intendiert. Vermutlich in dieser Absicht richtete sie 1937 eine Bewerbung an den weltweit agierenden I.G.-Farben-Konzern. Ihre Anfrage wurde jedoch freundlich abgelehnt.[126] Trotz der inzwischen in Kraft getretenen *Nürnberger Gesetze*, die Eheschließungen und den außerehelichen Verkehr zwischen Juden und Nichtjuden unter Strafe stellten,[127] besuchte Elisabeth Schwarzhaupt ihren Verlobten bis etwa 1936 noch regelmäßig in der Schweiz. Schließlich kapitulierte sie vor den Unwägbarkeiten dieser glücklosen Verbindung und urteilte pragmatisch: »In Deutschland konnte ich mir wenigstens mein Brot verdienen.«[128] Warum das Paar tatsächlich auseinander ging, ist nicht bekannt. Möglicherweise hatte es sich während der langen erzwungenen Trennungszeit unter schwierigsten politischen Bedingungen mental auseinandergelebt. Zuletzt entschied Schwarzhaupt, in Deutschland und bei ihrer Familie zu bleiben. Nach dem tragischen Scheitern des Verlöbnisses nahm sie keine Liebesbeziehung mehr zu einem Mann auf.

Mit drohendem Kriegsbeginn verließ der Arzt die Schweiz und wanderte nach Maryland (USA) aus, wo er kurze Zeit später eine jüdische Emigrantin heiratete, die ebenfalls Medizinerin war. Dieser Ehe entsprang auch ein Sohn. Trotz des traurigen Endes pflegte Elisabeth Schwarzhaupt den Kontakt zeitlebens und besuchte das Paar sogar häufiger. Als der Freund 1973 starb, kondolierte sie der Witwe voller Anteilnahme. Viele Gefühle schwangen in dem Schreiben mit, und fast scheint es, als mischte sich zum Beileid immer noch der Kummer über das verlorene Glück. Kurze Zeit vorher hatten ihr die Eheleute noch ein Abonnement der Zeitschrift *TIME* geschenkt, die sie nun – so schrieb sie der Hinterbliebenen – mit ganz besonderem Interesse lesen wollte als einen posthumen Gruß des Verstorbenen, »aus dem Land, in dem er nach so schweren Erschütterungen Aufnahme gefunden hat«.[129]

Zu der Trauer um die gescheiterte Liebe kam, dass auch der Familienalltag während der NS-Zeit seine Unbeschwertheit verlor. Wilhelm Schwarzhaupt kehrte nach der erzwungenen Auflösung der DVP und dem vorzeitigen Abbruch seiner Berliner Abgeordnetentätigkeit nach Frankfurt am Main zurück. Im Alter von 62 Jahren war er noch gewillt, seine Arbeit als Magistratsoberschulrat wieder aufzunehmen. In diese Position mit Aufsichtsbefugnissen über die Mittelschulen war er schon 1919 berufen worden. Aber sofort geriet er in das Visier der neuen Stadtführung. Der »Kommissar für die Schulen Frankfurts« schlug Oberbürgermeister Krebs im Zusammenhang mit dem *Gesetz zur Wiederherstellung des Berufsbeamtentums* vom 7. April 1933 vor, Wilhelm Schwarzhaupt die Pensionierung nahe zu legen, »da jüngere Kräfte bei der kommenden Erneuerung des Erziehungswesens erforderlich sind«.[130] Derartig unter Druck gesetzt, erklärte der Oberschulrat – moralisch gestützt durch Ehefrau Frieda und Tochter Elisabeth – gegenüber dem Schulamt schließlich sein Einverständnis, in den Ruhestand zu treten.[131] Vermutlich hätte es der integre Pädagoge auch nicht lange mit seinem Gewissen vereinbaren können, pseudowissenschaftliche Lehren zu verbreiten oder diese zu tolerieren. Konflikte ergaben sich beispielsweise bei dem neuen Fach Rassenkunde und dem nun stark ideologisch ausgerichteten Geschichtsunterricht. Hinzu kam die Verzweiflung jüdischer oder »halbjüdischer« sowie politisch andersdenkender Kollegen, die seine Hilfe erhofften und deren Ausgrenzung ihm seelische Pein bereitete.[132] Als sich Schwarzhaupt für die Wiedereinsetzung der zwangsbeurlaubten Schulräte Heinrich Seliger (SPD) und Max Korff (DDP) stark machte, reagierte das *Frankfurter Volksblatt* als amtliches Organ der NSDAP prompt mit einem Schmähartikel, in dem gedroht wurde, ihn »etwas näher unter die Lupe« zu nehmen. »Für solche Schulräte«, so hieß es weiter in dem eine Woche später dementierten Beitrag, »dürfte im nationalen Deutschland kein Platz mehr vorhanden sein.«[133] Zumindest in Frankfurt sollte es in der Tat für Wilhelm Schwarzhaupt vorerst keinen Platz mehr geben. Entsprechend beschränkt waren jetzt die Einkünfte der Familie, zumal auch die Tochter in der Phase

ihrer erzwungenen Arbeitslosigkeit nichts zum gemeinsamen Unterhalt bei-
steuern konnte und im Gegenteil ihren Eltern auf der Tasche lag.

Elisabeth Schwarzhaupt pflegte bereits während der Schulzeit Freund-
schaften zu jüdischen Kindern, die sie auch als Jugendliche und junge Frau
aufrecht erhielt. Während der NS-Zeit wurde sie Zeugin der ständig zu-
nehmenden Repressionen, denen auch ihre Bekannten ausgesetzt waren:
Durchführung der Boykotte, Inkrafttreten des *Gesetzes zur Wiederherstellung
des Berufsbeamtentums*, *Nürnberger Gesetze*, November-Pogrom 1938 und
schließlich ab Oktober 1941 die Deportationen, denen etwa 12.000 als Juden
verfolgte Frankfurterinnen und Frankfurter zum Opfer fielen. Auch ihre Eltern wussten um die Verbrechen. Schweren Herzens mussten sie um 1937 die
Wohnung im dritten Stockwerk der Mendelssohnstraße 81, die sie etwa vier
Jahre zuvor bezogen hatten, verlassen. Die Adresse lautete inzwischen Jo-
seph-Haydn-Straße, da an den »nicht-arischen« Komponisten Mendelssohn
im Frankfurter Stadtbild nichts mehr erinnern sollte. Vergeblich hatte die
jüdische Eigentümerin und Witwe die Eheleute wegen ihrer antinazistischen
Einstellung zum Bleiben bewegen wollen. Aus Angst vor Interessenten aus
Partei-Kreisen bot sie die Räumlichkeiten sogar zum reduzierten Mietpreis
an. Aber Frieda Schwarzhaupt litt unter Krampfadern und durfte laut ärzt-
lichem Rat künftig über den ersten Stock hinaus keine Treppen mehr stei-
gen. Der Umzug in die Höllbergstraße nach Eschersheim, aufs Land, war
unumgänglich. Das weitere Schicksal der Vermieterin ist – wie im Falle so
vieler Menschen jüdischer Herkunft – nicht bekannt; ihr Haus wurde im
Krieg zerstört.[134]

»Die meisten meiner jüdischen Schulkameradinnen«, schrieb Elisabeth
Schwarzhaupt in einem ihrer Lebensberichte, »waren in der Lage, in den
ersten Jahren des Dritten Reiches auszuwandern und auch ihre Eltern
nachzuziehen.«[135] Walter Schatzki, in dessen Buchhandlung sie sich als Jugendliche immer so gerne aufgehalten hatte, konnte ebenfalls in die USA
emigrieren. Während des Boykotts am 1. April 1933 hatten ihn pöbelnde
Studenten aus seinem Geschäft vertrieben.[136] Nicht allen gelang jedoch die
Flucht, und viele Schicksale erfuhr Schwarzhaupt erst lange nach dem Ende
des Zweiten Weltkriegs.

Ihre Freundin Ilse Bing, die sich später selbst als »internationale(n)
Cocktail«[137] bezeichnete, hatte der Stadt Frankfurt bereits im Jahre 1929
den Rücken gekehrt, weil sie sich dort eingeengt fühlte.[138] Nach dem Abitur
an der Schillerschule war sie zunächst an die Universität gegangen, um
Kunstgeschichte und Mathematik zu studieren. Ihre Dissertation brach sie
ab. Bing zog nach Paris und machte sich dort als Fotografin einen Namen.
Nach der Besetzung Frankreichs durch deutsche Truppen wurde sie verhaftet und in das Internierungslager Gurs nahe der Pyrenäen verschleppt.
Nach knapp einem Jahr Gefangenschaft unter entwürdigenden Bedingun-

gen konnte sie in das US-amerikanische Exil ausreisen, wo sie zusammen mit Ehemann Konrad Wolff, einem Pianisten und Musikhistoriker, bis zu ihrem Tode im März 1998 lebte. Der Mutter, Johanna Elli Bing, geborene Katz, gelang es indes nicht mehr, den Nazi-Schergen zu entkommen. Die Witwe wurde am 18. August 1942 im Alter von 69 Jahren von Frankfurt aus in das Durchgangs- und Konzentrationslager Theresienstadt deportiert, wo sie bereits nach zwei Tagen zu Tode kam.[139]

Eine weitere Schulkameradin Schwarzhaupts, Valerie Gottlieb, nahm sich am 8. Mai 1942 gemeinsam mit ihrer anderthalb Jahre älteren Schwester Rosa in Frankfurt das Leben. Die jungen Frauen hatten dem nervenaufreibenden Druck angesichts der drohenden Deportationen im Frühsommer nicht mehr standgehalten.[140] Anderen Freundinnen wie Vera Schneider-Levin, geborene Levin, gelang die Flucht in das schweizerische Exil. Betty Kaufmann-Bühler, geborene Schönflies, überlebte das Lager Theresienstadt; der Bruder wurde jedoch in Auschwitz ermordet, und eine Schwester entzog sich der Deportation ebenfalls durch Selbsttötung. Lissy Engel, geborene Lehner, wurde in der NS-Zeit massiv verfolgt, weil ihr Ehemann jüdischen Mitarbeitern aus der Firma seines Schwiegervaters zur Flucht verhalf. Elisabeth Schwarzhaupt verschloss in der Nachkriegszeit nicht wie viele andere Deutsche ihre Augen vor diesen brutal zerschlagenen Lebensgeschichten. Es ist ihr Verdienst, einige Biografien und Schicksale ehemaliger Schulfreundinnen nach einem Klassentreffen im Jahre 1965 aufgeschrieben zu haben.[141]

In einem kurzen Beitrag zum Thema »Machtergreifung«, der 1982 im Vorfeld des 50. Jahrestags erschien, bezeichnete Elisabeth Schwarzhaupt den 30. Januar 1933 als »Anfang, der ein Ende war«. Tatsächlich blieb durch die tiefgreifende Zäsur – wie für viele andere Menschen auch – kaum ein Bereich ihres Lebens unberührt. Nicht allein, dass die Juristin aufgrund ihres Geschlechts den Arbeitsplatz verloren hatte; nein, sie musste der Liebe zu ihrem Verlobten entsagen, und so manche Freundschaft wurde durch den Nationalsozialismus zerstört. In Frankfurt fühlte sie sich wegen ihrer mutigen Auftritte gegen die NSDAP nicht mehr sicher. Nach kurzzeitiger Arbeitslosigkeit in den Jahren 1933/34 entschied sie, ihre Heimatstadt zu verlassen und anderswo einen Neuanfang zu wagen.

Intermezzo: Reichsbund der deutschen Kapital- und Kleinrentner

»Ich schwöre: Ich werde dem Führer des Deutschen Reiches und Volkes, Adolf Hitler, treu und gehorsam sein, die Gesetze beachten und meine Amtspflichten gewissenhaft erfüllen, so wahr mir Gott helfe.« [142]

Elisabeth Schwarzhaupt arbeitete noch an der Dissertation, als Otto Kramer, der Sohn eines Jugendfreundes der Mutter, ihr eine Position als Rechtsberaterin im »Reichsbund der deutschen Kapital- und Kleinrentner e. V.« mit Sitz in Berlin anbot. Kramer, Bevollmächtigter der dortigen Geschäftsstelle und seit März 1934 Schatzmeister der Bundeszentrale, hatte sich laut Erinnerungen von Vater Schwarzhaupt als Student oft bei der Familie satt gegessen. [143] Jetzt schien er sich für die ihm in der Inflationszeit erwiesene Gastfreundschaft revanchieren zu wollen. Vor dem Hintergrund ihrer durchlittenen Enttäuschungen zögerte die Doktorandin keine Sekunde und entschloss sich, in die »von mir sehr (geliebte) Stadt meiner Studienzeit zu gehen«. [144] Eine »Kröte« gab es allerdings gleich zu schlucken: »Ich sagte zu für ein Gehalt von monatlich 250.– R[eichs]M[ark], da ich es mir nicht leisten konnte, eine Chance auszuschlagen, mein Brot selbst zu verdienen … .« [145] Für mehr als ein bescheiden möbliertes Zimmer und die tägliche Kost in einem vegetarischen Restaurant am Bayerischen Platz sollte das sauer erwirtschaftete Geld auch nicht reichen. Weit belastender als die Unterbezahlung war indes der Umstand, dass Elisabeth Schwarzhaupt künftig für einen Verband arbeitete, der sich devot dem »Führer« verschrieben hatte und von Adolf Hitler erwartete, dass er der Klientel endlich den ihr gebührenden Platz in der »Volksgemeinschaft« zuwies. Aus diesen Hoffnungen machte der Rentnerbund in öffentlichen und internen Verlautbarungen keinen Hehl.

Der Verein hatte sich bereits am 18. Juni 1920 in Wernigerode/Harz als »Deutscher Rentnerbund« aus dem Zusammenschluss verschiedener Organisationen gegründet. Er vertrat vor allem die sogenannten Kleinrentner mit geringen Ersparnissen, die unter dem Existenzminimum lebten und deren Rechtsansprüche auf Ruhegehalt nach der Inflation weitgehend verfallen waren. Zum 1. Mai 1933 wurde die Kasseler Hauptgeschäftsstelle nach Berlin verlegt und mit dem dortigen Amt vereinigt. An jenem »Feiertag der nationalen Arbeit« zerschlugen Nationalsozialisten reichsweit die Gewerkschaften, besetzten ihre Versammlungsräume, beschlagnahmten das Vermögen und nahmen Funktionäre in »Schutzhaft«. Der offizielle Name der Zentrale in der Münchener Straße 33, Bezirk Schöneberg, lautete nun »Bundesamt des Deutschen Rentnerbundes«, ab August 1933 »Reichsbund der deutschen Kapital- und Kleinrentner e. V.«. Der alte und neue Vorsitzende, jetzt analog zur Parteihierarchie »Bundesführer« tituliert, war »P[artei]g[enosse]« Michael Wiesinger aus Nürnberg. Intern nannten ihn die Mitglieder liebevoll »Vater der Rentner«. Unmittelbar nach der »Machtübernahme« hatte sich der »Deutsche Rentnerbund« in vorauseilendem Gehorsam selbst gleichgeschaltet und die Einführung des »absoluten Führerprinzips« gefeiert.[146]

In der Weimarer Zeit war es nicht mehr gelungen, ein Rentnerversorgungsgesetz zu verabschieden.[147] Dieses Manko schlachtete die NSDAP propagandistisch aus, um die alten Menschen auf ihre Seite zu ziehen. Elisabeth Schwarzhaupt war realistisch genug, die falschen Versprechen zu durchschauen: »Ich wußte genau, die nationalsozialistische Regierung würde diesen Inflationsgeschädigten keine erheblichen Mittel zukommen lassen. Das Rentnerentschädigungsgesetz, um das sie kämpften, das stand für mich fest, das kommt nie. Aber ich durfte und konnte ihnen ja nicht alle Hoffnung nehmen.«[148]

Schwarzhaupt begann ihre Tätigkeit am 1. April 1934. »Das war eine sehr bescheidene Stelle, die mich auch nicht befriedigte«,[149] bilanzierte sie in der Erinnerung diplomatisch. Tapfer schwor sie fünf Monate später, »Adolf Hitler, treu und gehorsam (zu) sein, die Gesetze (zu) beachten und meine Amtspflichten gewissenhaft (zu) erfüllen«.[150] Es sollte nicht ihr letzter Eid auf den »Führer« sein.[151] Der Bund hielt es nicht für notwendig, seinen Mitgliedern die neue Kollegin vorzustellen, die immerhin künftig die Unterabteilung »Recht« leitete.

Unter dem Kürzel »s.« verfasste sie zahlreiche Artikel für die monatlich erscheinende Vereinszeitschrift *Der Rentner*, die kostenlos an die Ruheständler abgegeben wurde. Gleich in einem ihrer ersten Beiträge diskutierte sie den neuen Einheitsmietvertrag. Seit ihrer Tätigkeit in der Frankfurter »Rechtsauskunftsstelle« am Ehe- und Familienrecht besonders interessiert, wies sie vor allem die Leserinnen auf wichtige Bestimmungen hin, die ausschließlich die Ehegattin betrafen. So empfahl sie dieser zu beachten, dass in dem Formular eine Vollmacht enthalten wäre, »in der sie ihren Mann ermächtigt, bis auf weiteres Erklärungen in ihrem Namen mitabzugeben und entgegenzunehmen«. Damit hafte die Ehefrau mit ihrem Vermögen für Änderungen, die der Gatte mit dem Vermieter vereinbarte, zum Beispiel Erweiterungen des Mietvertrags, Verlängerung der Kündigungsfrist oder Zahlungen für Beschädigungen in der Wohnung.[152] Nur selten vermochte sie indes, ihr »Steckenpferd« zu pflegen, meist musste sie prosaischere Themen aufgreifen.[153]

Vermutlich konnte Elisabeth Schwarzhaupt die parteipolitischen Entscheidungen ihres Arbeitgebers nicht gänzlich ignorieren. So verkündete beispielsweise Hans-Georg Ballarin nach dem Tod von »Bundesführer« Wiesinger im März 1935 als dessen Nachfolger den engeren Anschluss an die NS-Volkswohlfahrt (NSV)[154] – das hieß an die Partei – und damit die Loslösung von der öffentlichen Fürsorge. Dass sich Elisabeth Schwarzhaupt 1935 zu einem Beitritt in die NSV entschloss, war sicherlich der schrittweisen Annäherung des Rentnerbunds an diese Organisation geschuldet. Dessen politische Einstellung wurde ohnehin von Jahr zu Jahr gegenüber dem »Dritten Reich« ergebener. Im Dezember 1938 – längst hatte Schwarzhaupt dem Verein den Rücken gekehrt und eine Tätigkeit in der Kanzlei der Deutschen Evangelischen Kirche begonnen – kommentierte *Der Rentner* die *Verordnung über die öffentliche Fürsorge für Juden*, auf deren gesetzlicher Grundlage »sowohl aus der Kleinrentnerfürsorge, als auch aus der Kleinrentnerhilfe eine Reihe von jüdischen Rentnern« ausgeschlossen wurden. »Hierdurch werden Mittel frei« – so frohlockte man in der Kurzinformation – »die für die bessere Betreuung der Rentner Verwendung finden müssen.«[155] Nur einen Monat zuvor hatten SA- und SS-Leute während des November-Pogroms reichsweit die Synagogen gebrandschatzt, jüdische Geschäfts- und Wohnhäuser verwüstet und zerstört, waren Tausende Männer in die Konzentrationslager Dachau und Buchenwald verschleppt und viele von ihnen ermordet worden.

Von dem ersten Bundesgebietsleiter-Treffen in Berlin am 5./6. Juli 1935 blieb ein aufschlussreiches Gruppenfoto erhalten.[156] Im Hintergrund der Innenaufnahme prangte ein lebensgroßes Porträt Adolf Hitlers, umrahmt zur rechten und linken von Grünpflanzen und wandhohen Hakenkreuzfahnen. Vor diesem »Führer«-Altar hatten sich die Teilnehmer, darunter auch einige Frauen, geschart. Die dort Versammelten blickten freundlich und entspannt in den Sucher: Schließlich handelte es sich um das erste Treffen dieser Art, und die Gespräche waren alles in allem fruchtbar – so resümierte später stolz *Der Rentner*. Nur am linken Rand saß eine weißgekleidete, sehr zierliche Gestalt, die nicht recht in die Zusammenkunft passen wollte. Ihr Blick schien verloren ins Leere gerichtet; kein Lächeln erhellte ihre Gesichtszüge. Es war Elisabeth Schwarzhaupt, die dort als Abteilungsleiterin einen Vortrag zu Fragen der Hauszinssteuer, Bürgersteuer, Vorzugsrente und Zinssenkung hielt.[157] Da ihr der Nationalsozialismus und seine öffentliche Inszenierung verhasst waren, musste die junge Frau ihre Tätigkeit für den Verband zunehmend als belastend empfinden. Das Foto mag von dieser unglücklichen Situation zeugen. Und so ergriff sie dankbar die Chance, die ihr von einem Oberkonsistorialrat aus der Kanzlei der Deutschen Evangelischen Kirche während des Abendessens bei einem entfernten Verwandten geboten wurde. Nachdem beide sich im vertraulichen Gespräch ihrer ablehnenden Haltung gegenüber Hitler und dessen Politik versichert hatten, schlug der Kirchenmann Elisabeth Schwarzhaupt vor, sich um ein juristisches Referat in seiner Behörde zu bemühen. Die Bewerbung sollte Erfolg haben und eine entscheidende Wende in ihrem Leben einleiten. So wenig der Arbeitsbeginn 1934 von den Rentnern registriert worden war, so stillschweigend und ohne offizielle Verabschiedung verließ sie den Bund im Frühjahr 1936 nach kurzem Intermezzo wieder. Einige Artikel verfasste die Pflichtbewusste noch für die Verbandszeitschrift, nachdem sie bereits den Lohnherrn gewechselt hatte; der letzte erschien in der Mai-Nummer.

Im Dienst der Evangelischen Kirche

»In den folgenden Jahren, in denen unser Vaterland in schauerlicher Weise seiner Katastrophe entgegenging, wurde ich zu einem neuen Nachdenken über Kirche und Staat, über Glauben und Handeln geführt; die Lektüre von Schriften Karl Barths, aber auch [Rudolf] Bultmanns halfen mir persönlich zu einem neuen Verständnis meines christlichen Glaubens.«[158]

Zeit der Anpassung –
In der Kanzlei der Deutschen Evangelischen Kirche

Im Februar 1936 sandte Elisabeth Schwarzhaupt ihre Bewerbungsunterlagen an die Kanzlei der Deutschen Evangelischen Kirche (DEK).[159] Wohl kaum aus innerer Überzeugung, sondern eher aus Vorsicht unterzeichnete sie das Anschreiben mit »Heil Hitler«.[160] Misstrauen war trotz hoher Erwartungen an die künftige Arbeitgeberin geboten: Schließlich prangte seit einiger Zeit das Hakenkreuz deutlich sichtbar im Amtssiegel der DEK. Auch dort erhielt die promovierte Akademikerin keine ihrer Ausbildung angemessene Position. Sie begann ihre Tätigkeit am 16. März 1936 nicht wie erhofft als kirchliche Beamtin, sondern als »juristische Hilfsarbeiterin« mit einem monatlichen Bruttogehalt von 362 Reichsmark. Das entsprach netto in etwa der mageren Summe, die ihr bislang beim Rentnerbund ausgezahlt worden war.[161] Ein Kollege dagegen wurde sofort als Konsistorialassessor verbeamtet. Darüber empörte sie sich noch in einem ihrer letzten Interviews: »Die Auffassung der Nationalsozialisten über Frau und Berufstätigkeit wirkten sich sogar bis in die kirchliche Verwaltung hinein aus.«[162]

Elisabeth Schwarzhaupt hoffte, in der DEK Schutz vor nazistischen Zugriffen zu finden. In Gesprächen benutzte sie häufig die idealisierende Metapher »Insel«, um ihre damalige Arbeitsstätte zu beschreiben. Vor Konflikten mit dem totalitären Staat war sie dort jedoch keineswegs gefeit, denn die Kirche hatte 1933 der »Gleichschaltung« und dem damit einhergehenden »Führerprinzip« kaum widerstanden. In der Kanzlei selbst als zentraler Verwaltungsinstanz der DEK ballten sich sogar die Auseinandersetzungen mit Hitler-Anhängern. Und von Einheit der Kirche, ihrer Glieder und Akteure konnte überhaupt keine Rede sein. Es »gab blinde Gutgläubigkeit, fanatischen Nationalismus und hemmungslosen Opportunismus ebenso wie hellsichtige Warnungen, freimütiges Bekennen und entschlossenen Widerstand«, so wurde in einer historischen Abhandlung die Mehrgesichtigkeit der Institution kritisch skizziert.[163] »Ich erinnere mich noch an die Zeit«, schrieb Schwarzhaupt 1971 an Heinz Brunotte, früherer Präsident der Kirchenkanzlei, anlässlich seines 75. Geburtstags, »als ich ziemlich neu und unbedarft in die Kirchenkanzlei verschlagen war und mich zunächst recht schwer zurecht finden konnte.«[164] Die Schwierigkeiten mangelnder Orientierung verwundern heute nicht, denn der Dienstantritt fiel in eine Phase, als der sogenannte Kirchenkampf zwischen Deutschen Christen und der in Spaltung begriffenen Bekennenden Kirche auf seinen Höhepunkt zusteuerte. Drei Jahre dauerte die prekäre Situation damals bereits an.

Am 20. Mai 1933 war die DEK, laut Verfassung der Zusammenschluss von 28 in Bekenntnis und Kultus selbständig bleibenden Landeskirchen, gegründet worden. Die neue Institution löste den Deutschen Evangelischen Kirchenbund mit seinen parlamentarischen Organen Kirchentag, Kirchenbundesrat und Kirchenausschuss ab. Dieser hatte sich bei seiner Einrichtung im Jahre 1922 die zentrale, aber kaum realisierbare Aufgabe gestellt, das Gesamtbewusstsein des deutschen Protestantismus zu fördern. Mit dieser wenig konkreten Formulierung konnte der Bund allerdings nur die Funktion eines »Notdaches«[165] übernehmen. Es war ihm während der elf Jahre seines Bestehens nicht gelungen, die Geschlossenheit unter den Gläubigen herzustellen.

Für dieses Ziel hielten sich inzwischen andere bereit. So hatte sich 1932 die Glaubensbewegung der Deutschen Christen unter Reichsleiter Pfarrer Joachim Hossenfelder begründet. Seine Anhänger kämpften vehement gegen den Kirchenbund und für die Etablierung einer zentralen Evangelischen Reichskirche. Die Deutschen Christen wollten diese in den Dienst des »nationalen und völkischen Aufbruchs« gestellt wissen und zugleich die NSDAP christlich missionieren.[166] Zudem forderten sie den Ausschluss getaufter Juden, der sogenannten Judenchristen, aus der Evangelischen Kirche. Ende Mai 1933 wurde auf einer Sitzung des noch bestehenden Kirchenausschusses eine »Kundgebung« formuliert, in der es unter anderem hieß: »Unser heißgeliebtes deutsches Vaterland hat durch Gottes Fügung eine gewaltige Erhebung erlebt. In dieser Wende der Geschichte hören wir als evangelische Christen im Glauben den Ruf Gottes zur Einkehr und Umkehr, den Ruf auch zu einer einigen Deutschen Evangelischen Kirche.«[167] Einen Monat zuvor hatte Hitler sich bereits öffentlich hinter die Bewegung der Deutschen Christen gestellt und den Königsberger Wehrkreispfarrer Ludwig Müller zu seinem »Bevollmächtigten für die Angelegenheiten der evangelischen Kirchen« ernannt. Über die Frage, wer Reichsbischof der künftigen deutschen

Elisabeth Schwarzhaupt

Kirche werden sollte, entbrannte zwischen Deutschen Christen und oppo-
nierenden Vertretern der »intakten« evangelischen Landeskirchen eine hef-
tige Kontroverse. Letztere machten sich für den Theologen Friedrich von
Bodelschwingh, Leiter der gleichnamigen Anstalten in Bethel, stark. Nach
der Kirchenwahl vom 23. Juli 1933, aus der die von der NSDAP unterstützten Deutschen Christen erfolgreich hervorgingen, wurde jedoch Ludwig
Müller am 27. September 1933 auf der Nationalsynode in Wittenberg zum
Reichsbischof bestimmt. Aus Protest gegen diese Entscheidung organisierte
Pfarrer Martin Niemöller noch im selben Monat in Berlin-Dahlem den
»Pfarrer-Notbund«, eine interne Oppositionsbewegung, der sich bis Januar
1934 etwa 7.000 Mitglieder, das heiß ein Drittel aller amtierenden Geistlichen anschlossen. Darunter waren auch die Theologen Heinz Brunotte
und Hans Asmussen; beide sollten zusammen mit Niemöller im Leben Elisabeth Schwarzhaupts eine wichtige Rolle spielen.

In den letzten Mai-Tagen des Jahres 1934 fand in der reformierten Kirche von Barmen-Gemarke die erste »Bekenntnissynode« statt. Höhepunkt
der Veranstaltung war die Verlesung der von Karl Barth, Thomas Breit und
Hans Asmussen verfassten theologisch bedeutsamen Erklärung mit sechs
Thesen, in der es unter anderem hieß: »Jesus Christus, wie er uns in der
Heiligen Schrift bezeugt wird, ist das *eine* Wort Gottes, das wir hören, dem
wir im Leben und Sterben vertrauen und zu gehorchen haben. – Wir verwerfen die falsche Lehre, als könne und müsse die Kirche als Quelle ihrer
Verkündigung außer und neben diesem einen Worte Gottes auch noch andere Ereignisse und Mächte, Gestalten und Wahrheiten als Gottes Offen-
barung anerkennen.«[168] Dieser Text in seiner Gesamtheit gilt heute als die
Geburtsstunde des offensiv geführten Kirchenkampfes und der Bekennenden Kirche. Zwar hatten deren Vertreter den Nationalsozialismus ebenfalls
in großer Zahl begrüßt, darunter auch Niemöller; allerdings vertraten sie im
Gegensatz zu den Deutschen Christen ein fundamental anderes Verständnis
von Kirche und ihrer Verkündigung. Dazu zählten die ausschließlich an
Schrift und Bekenntnis geknüpfte Gemeinschaft, die Autonomie der Kirche
und damit einhergehend eine rigorose Ablehnung des Totalitätsanspruchs
des NS-Staates.[169] Außerdem verurteilte die Bekennende Kirche scharf den
»Arierparagraphen« im *Gesetz zur Wiederherstellung des Berufsbeamtentums*,
nach dessen Auslegung Pfarrer jüdischer Herkunft nicht mehr Amtsträger
einer evangelischen Gemeinde, sondern nur noch Pastoren für ihresgleichen
sein durften und assimilierte Gemeindemitglieder eigene »judenchristliche«
Gemeinden bilden sollten.[170] Bei diesem innerkirchlichen Protest blieb es
allerdings weitgehend. Für die vom Staat begangenen Verbrechen an der jüdischen Bevölkerung und ihre zunehmende Ausgrenzung aus dem öffentlichen Leben fand die Bekennende Kirche lange Zeit kein Wort der Empö-
rung und Kritik.

Auf der zweiten Bekenntnissynode am 20. Oktober 1934 in Berlin-Dahlem verkündeten die Teilnehmer selbstbewusst das kirchliche Notrecht. Auf seiner Grundlage wurden als neue Organe zur Leitung der DEK der Bruderrat und aus seiner Mitte die sogenannte (erste) Vorläufige Kirchenleitung unter Vorsitz des hannoverschen Landesbischofs August Marahrens eingesetzt. Diese fand staatlicherseits keine Anerkennung und wurde vielmehr von den Deutschen Christen scharf bekämpft. Der eher machtlose Reichsbischof Müller – inzwischen von der Bevölkerung respektlos »Reibi« genannt – hatte bislang weder Mittel noch Wege gefunden, die Konfrontation zu beenden; im Gegenteil: Sein Kirchenregiment brach etwa zur selben Zeit zusammen. Hitler reagierte, indem er ein Reichskirchenministerium aus der Taufe hob und am 16. Juli 1935 Hanns Kerrl, bis dato »Reichsminister ohne Geschäftsbereich«, als dessen Leiter berief. Diesem Sympathisanten der Deutschen Christen oblag es nun, die geistliche und seelsorgerische Tätigkeit der Kirche vollständig unter die Kontrolle des Regimes zu bringen. Zu diesem Zweck erarbeitete er unter anderem ein *Gesetz zur Sicherung der Deutschen Evangelischen Kirche*. Außerdem wirkte er an der Bildung des Reichskirchenausschusses, der die DEK künftig leiten und vertreten sollte, sowie der landeskirchlichen Ausschüsse als einem neuen System der Kirchenregierungen mit. Seine auf Zentralisierung bedachte Politik scheiterte aber an den unüberwindbaren Widersprüchen zwischen Evangelium und nationalsozialistischem Rassenwahn. Von der Bekennenden Kirche spaltete sich in dieser Phase eine »gemäßigte«, zu Kompromissen mit dem NS-Staat bereite Gruppe ab, die aus den drei »intakten« Landeskirchen Hannover, Württemberg und Bayern sowie einigen lutherischen Bruderräten bestand, und gründete den *Rat der Evangelisch-Lutherischen Kirche Deutschlands*. Der »radikalere« Kreis mit vornehmlich preußischen Bruderräten hingegen fühlte sich an die Dahlemer Beschlüsse gebunden und wählte am 12. März 1936 – unmittelbar vor dem Dienstantritt Elisabeth Schwarzhaupts – seine zweite Vorläufige Kirchenleitung, mit dem Ziel, weiterhin konsequent gegen die Deutschen Christen zu arbeiten. Dieses Gremium verweigerte dem Reichskirchenausschuss, der zunächst unter Generalsuperintendent Wilhelm Zoellner sowohl Leitung als auch die Vertretung der DEK übernahm, die Mitarbeit.[171]

»Der Widerstand, der von bewusst evangelisch kirchlichen Kreisen im deutschen Volk gegen den Nationalsozialismus geleistet wurde, spielte sich auf zwei Ebenen ab«, erklärte Elisabeth Schwarzhaupt 1947 und unterschied zwischen der organisierten Bekennenden Kirche sowie den weder deutschchristlich noch nationalsozialistisch gesinnten Kirchenbeamten innerhalb der Kirchenbehörden.[172] Offenbar zählte sie sich tendenziell zur zweiten Gruppe. Während Schwarzhaupt selbst nie aktives Mitglied der Bekennenden Kirche wurde, aber in einer Art Seelenverwandtschaft mit deren Zielen

Elisabeth Schwarzhaupt

konform ging, trat Vater Wilhelm beherzt dem Bruderrat seiner »deutsch-reformierten« Gemeinde in Frankfurt am Main bei und arbeitete anfänglich auch engagiert mit.[173] Die tiefe Zerrissenheit selbst unter kritischen Protestanten, zum Beispiel zur Stellung der Schule im Staat, ließen ihn später jedoch auf Distanz gehen.

Wie sah ein normaler Kanzleialltag für Elisabeth Schwarzhaupt aus? Welche Tätigkeiten nahm sie in der Behörde wahr? Als juristische Referentin arbeitete sie eng mit dem Zentralausschuss für die Innere Mission in Fragen des kirchlichen Sammlungswesens zusammen. Außerdem prüfte sie in Kooperation mit dem Reichskirchenministerium Gesetzesvorlagen zur Strafrechts- und Ehescheidungsreform.[174] Besonders die negativen Erfahrungen mit dem neuen Scheidungsrecht, das vor allem zu Lasten der Ehefrauen angewendet wurde, motivierten ihren späteren Kampf im Deutschen Bundestag für eine Stärkung des Widerspruchsrechts im Scheidungsfall, die schließlich im *Familienrechtsänderungsgesetz* vom August 1961 ihren Niederschlag fand.[175]

In einem Selbstzeugnis sprach sie davon, dass sie als Referentin Beschwerden aus den Gemeinden zu Übergriffen von Staat, Partei und Schutzstaffel (SS) bearbeitete und dabei versuchte, wenigstens in Einzelfällen eine Revision der meist gesetzwidrigen Entscheidungen zu erreichen.[176] Ob die Bemühungen, »mancherlei Unsinn (zu) verhüten«,[177] von Erfolg gekrönt waren? Soviel steht jedenfalls fest: Der Handlungsspielraum der Kirchenleute wurde mit Fortdauer des »Tausendjährigen Reiches« enger und ihre Ansprüche bescheidener. Elisabeth Schwarzhaupt sah einen grundsätzlichen Sinn ihrer Arbeit darin, über die schweren Zeiten »die äußere Ordnung der Evangelischen Kirche« aufrecht zu erhalten.[178] Und so feierte sie es schon als kleinen Triumph, als es ihr gelang, Papier für den Kalender des Bayerischen Mütterdienstes zu organisieren, dessen Erscheinen wegen seines christlichen Inhalts immer wieder bedroht war.[179]

Zivilcourage und einen konsequenten Willen zur Selbstbehauptung bewies Schwarzhaupt im Bereich der evangelischen Frauenarbeit, für die sie selbst wirkte und die als Verein der Kirche und Teil der Gemeinden von Staat und Partei zunehmend drangsaliert wurde. So beriet sie zum Beispiel die Frauenhilfen in Thüringen häufiger in Rechtsfragen, wenn deren Status wieder einmal bedroht war. Um zu vermitteln, scheute sie dabei selbst vor persönlichen Gängen zur Geheimen Staatspolizei nicht zurück, was durchaus gefährlich war und großen Mut erforderte.[180] Nach 1939 gelang es ihr wiederholt, die allgemeine Dienstverpflichtung von Vikarinnen und Vikaren der Bekennenden Kirche in »kriegswichtige« Betriebe zu verhindern. Dazu verbündete sie sich mit einem Oberregierungsrat im Reichsarbeitsministerium, der erfolgreich die Meinung vertrat, dass die Verpflichtungen nicht politischen Zielen der Geheimen Staatspolizei dienen dürften.[181] Die Behörde stellte aber auch selbst die begehrten Zertifikate aus. So erhielt Schwarzhaupt noch im Sommer 1944 eine Bittschrift der Evangelischen Frauenhilfe des Landesverbands Oldenburg mit der dringlichen Frage: »Könnte die Kirchenkanzlei uns für die Gegenwart noch einmal die Kriegswichtigkeit unserer Arbeit … bestätigen?«[182] In dieser Zeit lernte sie auch Hans Globke kennen, Kommentator der rassistischen *Nürnberger Gesetze*. Nach ihrer Einschätzung war der Jurist, der nach dem Krieg in der Ära Adenauer zum Leiter des Bundeskanzleramtes avancierte, eine gute Adresse im Reichsinnenministerium, an die man sich mit Eingaben für verfolgte Personen vertrauensvoll wenden konnte.[183] Es gibt keine Hinweise darüber, ob diese Kontakte für die Betroffenen hilfreich waren. Als Elisabeth Schwarzhaupt später auf den makelbehafteten Mann und seine »Vergangenheit« angesprochen wurde, verteidigte sie ihn vorsichtig abwägend als einen Beamten, der zwischen 1933 und 1945 Opfer seiner Loyalität geworden sei.[184]

Für die Kanzlei und somit auch für Elisabeth Schwarzhaupt änderte sich die Situation gravierend, als der Reichskirchenausschuss im Februar 1937 geschlossen zurücktrat. Auch die Landeskirchenausschüsse lösten sich auf. Friedrich Werner, führendes Mitglied der Deutschen Christen und Präsident der Kirchenkanzlei, wurde entgegen DEK-Verfassung zum Leiter der gesamten Evangelischen Kirche berufen, deren Verwaltung seitdem komplett die Kanzlei wahrnahm. Am 1. Juli 1937 verhafteten die Nationalsozialisten Martin Niemöller wegen seiner kritischen und oppositionellen Predigten. Wenige Wochen später ereilte den Theologen Otto Dibelius dasselbe Schicksal: Der Vizepräsident des Evangelischen Oberkirchenrats Berlin hatte einen Offenen Brief an Reichskirchenminister Kerrl formuliert. Während ein Sondergericht Dibelius überraschend freisprach, kam Niemöller wegen »Kanzelmissbrauchs« und »staatsfeindlicher Äußerungen« nach der Untersuchungshaft in Berlin-Moabit am 2. März 1938 als »persönlicher Gefangener« Hitlers in das Konzentrationslager Sachsenhausen. Im Juli 1941 verschleppten ihn die Nationalsozialisten nach Dachau, wo der zwischenzeitlich international bekannt gewordene Pfarrer erst mit Kriegsende befreit werden konnte.[185]

Elisabeth Schwarzhaupt hatte sich 1937 vergeblich um eine Anstellung beim I.G.-Farben-Konzern beworben. Dabei stand sicher die Überlegung im Vordergrund, über eine Position in der Industrie doch noch ihrem Freund in das Exil folgen zu können. Zudem litt sie augenscheinlich so an der beklemmenden Situation innerhalb der Kanzlei, dass sie der neuen Arbeitsstätte nach einem Jahr bereits wieder den Rücken kehren wollte. Besonders die Verhaftungen Niemöllers, Dibelius und anderer Geistlicher sowie die innen- und außenpolitischen Ereignisse in den darauf folgenden Monaten verunsicherten die Bekenntniskirche und ihre Sympathisanten nachhaltig. Mit dem Scheitern der Kirchenausschüsse 1937 begann die »Zeit der Improvisationen«.[186] Dieser Begriff verschleierte in harmlosen Worten die heikle Gratwanderung, auf die sich die DEK und mit ihr das Personal der Kanzlei spätestens jetzt begab, zumal die Behörde gerade die Mittlerfunktion zwischen Kirche und NS-Staat zugewiesen bekommen hatte. Die zentralen Fragen lauteten: Wie verhielten sich die Kirchenleute gegenüber dem *Gesetz zur Verhütung erbkranken Nachwuchses* vom 14. Juli 1933, mit dem die Grundlage für Zwangssterilisationen und weitere Schritte bis hin zur Ermordung behinderter und kranker Menschen in der »Aktion T4« geschaffen worden war? Und wie reagierten sie auf die rechtliche Ausgrenzung der jüdischen Bevölkerung, die spätestens ab 1941 zu deren systematischer Ermordung führte? Über die verharmlosend als »Euthanasie« deklarierten Krankentötungen erhielten die Kirchenleitungen regelmäßig gesicherte Informationen; waren doch viele der betroffenen Patienten in evangelischen Heil- und Pflegeanstalten untergebracht.

Schon seit etwa 1936 wandten sich vermehrt Ärzte und Leiter der Gesundheitsämter an die Pfarrer ihrer Amtsbezirke, um Auskünfte und Unterlagen über Gemeindemitglieder zu erhalten, die auf Grundlage des *Gesetzes zur Verhütung erbkranken Nachwuchses* einer Erbkrankheit verdächtigt wurden. Dessen Paragraph 1 bot unter anderem die Handhabe für Sterilisationen, zu denen bis Kriegsende insgesamt etwa 323.000 Frauen und Männer gezwungen wurden.[187] Manche Pfarrer hegten große Zweifel, ob dieses Ansinnen des Staates mit dem Seelsorgeamt und dem Beichtgeheimnis zu vereinbaren sei. Das Problem beschäftigte auch den Reichskirchenausschuss, der diplomatisch formulierte, Pfarrer dürften nicht zu einer Verletzung dieser Pflichten gezwungen werden. Gleichzeitig gab er jedoch die Empfehlung, Geistliche sollten die Bestrebungen der staatlichen Gesundheitsämter unterstützen soweit es ohne Beeinträchtigung ihrer seelsorgerischen Aufgabe möglich sei und sich mit allen Kräften in den Dienst der staatlichen Gesundheitsämter stellen – »im Interesse der Beteiligten und der Allgemeinheit«.[188]

Natürlich gab es auch Proteste gegen diese verbrecherische Politik, die heute Macht- und Hilflosigkeit dokumentieren. Nach Angaben Heinz Brunottes verfasste der 1939 ins Leben gerufene Geistliche Vertrauensrat eine Denkschrift, als dieser vom Krankenmord in den Anstalten erfuhr; der Oberkonsistorialrat brachte sie sogar höchstpersönlich in die Reichskanzlei. Eine Antwort auf das Schreiben erhielt das Gremium jedoch nicht. Erinnert sei auch an die zahlreichen Eingaben, vertraulichen Verhandlungen mit hohen Parteifunktionären, Denkschriften und den öffentlichen Protest des Clemens Graf von Galen, katholischer Bischof von Münster. Diese mutigen Schritte erregten im In- und Ausland großes Aufsehen und verunsicherten – wenn auch nur kurzzeitig – die für die Morde verantwortlichen NS-Funktionäre und Ärzte, konnten die Massentötungen langfristig jedoch nicht verhindern.

Auf die Ausgrenzung »nicht-arischer« Mitglieder der Kirche arbeiteten vor allem die Deutschen Christen besonderes hin. Bis auf wenige Ausnahmen fanden aber auch die meisten Vertreterinnen und Vertreter der Bekenntnisfront trotz ihrer Ablehnung des »Arier-Paragraphen« keine Worte des Abscheus für die Verbrechen oder zur Verteidigung der Opfer. Die meisten schwiegen sowohl zu den *Nürnberger Gesetzen*, zum November-Pogrom von 1938 als auch zu den Deportationen, die ab Oktober 1941 häufig am helllichten Tag durchgeführt wurden – um nur die markantesten Eckdaten der Barbarei zu nennen. Ab 1. September 1941 verbot eine Polizeiverordnung den Menschen, die die *Nürnberger Gesetze* seit 1935 als Juden definierten, sich in der Öffentlichkeit ohne den gelben Davidstern zu zeigen. Sofort wiesen Berliner Kirchenkanzlei und Geistlicher Vertrauensrat in einem Rundschreiben die Landeskirchen an, »geeignete Vorkehrungen zu treffen, dass die getauften Nicht-Arier dem kirchlichen Leben der deutschen Gemeinden fernbleiben«.[189] Diese Aufforderung der Kanzlei, von der auch Elisabeth Schwarzhaupt hätte Kenntnis haben müssen, führte zu unterschiedlichen Reaktionen: Während die deutsch-christlichen Landeskirchen Sachsen, Thüringen, Nassau-Hessen, Mecklenburg, Schleswig-Holstein, Anhalt und Lübeck den sogenannten Judenchristen sofort die Gemeinschaft aufkündigten, protestierten die Vorläufige Leitung der Bekennenden Kirche, der Stuttgarter Oberkirchenrat und auch Einzelpersonen scharf gegen die Verfügung.[190] Die Kirchenfrau war vermutlich – wenn auch unfreiwillig – zur Mitwisserin der problematischen Komplizenschaft zwischen Evangelischer Kirche und Staat geworden und damit in eine persönliche Konfliktlage geraten. Entsprechend beschäftigte sie dieses Thema nach 1945 immer wieder. So quälte sie später nachhaltig die Frage, warum sie sich in der NS-Zeit mit dem Gedanken zufrieden gegeben habe, es wäre sinnlos gewesen, etwas zu tun.[191] An anderer Stelle formulierte sie es noch deutlicher: »Wenn ich als Deutsche in einem Kreis von Menschen bin, die Opfer gebracht haben, verfolgt wurden, Angehörige verloren haben, so fühle ich mich, als wäre ich schuldig.«[192]

Fünf Monate vor Kriegsbeginn erklärte der Reichsminister für die kirchlichen Angelegenheiten sein Einverständnis, Elisabeth Schwarzhaupt am 1. April 1939 als erste Frau zur Konsistorialrätin zu ernennen und in das Beamtenverhältnis auf Lebenszeit zu übernehmen.[193] Es ist nicht auszuschließen, dass die promovierte Juristin ihrer Arbeitgeberin im Falle eines ablehnenden Bescheids mit Kündigung gedroht hatte, denn Leiter Friedrich Werner sprach in seinem Gesuch an das Ministerium von einem »dringenden« Gebot, um Schwarzhaupt »uns hier zu erhalten«.[194] Da ihre Eltern zu diesem Termin gerade in Berlin weilten, konnte die Tochter ihnen die frohe Botschaft persönlich verkünden. Voller Vaterstolz schrieb Wilhelm Schwarzhaupt in seinen Erinnerungen: »Sie war die erste Kirchenbeamtin in Deutschland.«[195] Eine weitere Beförderung zur Oberkonsistorialrätin wurde zum 1. August 1944 ausgesprochen.[196]

Einen Tag, bevor Hitlers Truppen Polen überfielen und damit den Zweiten Weltkrieg begannen, gründete der Präsident der Kirchenkanzlei Werner den schon erwähnten Geistlichen Vertrauensrat der Deutschen Evangelischen Kirche. Ein Presseartikel notierte knapp: »Damit ist für das geordnete Zusammenwirken eines geistlichen Leitungsorgans mit der kirchlichen Verwaltung gesorgt.«[197] Angesichts des unmittelbar bevorstehenden Krieges erhielten dessen Vertreter, zu denen auch August Marahrens zählte, die allgemeine Aufgabe zugewiesen, die Kirchenleitung bei Maßnahmen moralisch zu unterstützen, die einen »geordneten und umfassenden Einsatz zu seelsorgerischem Dienst am deutschen Volke zu fördern geeignet« wären.[198] Gleich am Tag nach dem Überfall auf den polnischen Nachbarn erließ der Rat einen pathetischen Aufruf, in dem es unter anderem hieß: »Die Deutsche Evangelische Kirche stand immer in treuer Verbundenheit zum Schicksal des deutschen Volkes. Zu den Waffen aus Stahl hat sie unüberwindliche Kräfte aus dem Worte Gottes gereicht: Die Zuversicht des Glaubens, daß unser Volk und jeder einzelne in Gottes Hand steht, und die Kraft des Gebetes, die uns in guten und bösen Zeiten stark macht.«[199] Der ohne äußeren Druck verfasste Text endete mit einem Gebet für Hitler, das Reich und die Wehrmacht. Nach dem missglückten Attentat auf den Reichskanzler am 20. Juli 1944 schickte der Rat umgehend ein Telegramm mit folgendem Wortlaut an Hitler: »In allen evangelischen Kirchen Deutschlands wird heute im Gebet der Dank zum Ausdruck kommen für Gottes gnädigen Schutz und seine sichtbare Bewahrung ... .«[200] Diese Anbiederung haben Kirchenhistoriker längst als einen »Sündenfall« gebrandmarkt. Erst im Juli 2000 wieder, anlässlich des 56. Jahrestags des Attentats auf Hitler, benannte der evangelische Bischof von Berlin-Brandenburg Wolfgang Huber noch einmal »die blinden Flecke« auch unter den Bekennenden und verwies dabei ausdrücklich auf das aktuell diskutierte Thema Zwangsarbeit in kirchlichen Diensten.[201]

Neben seiner Sorge um des »Führers« Wohlergehen beschäftigten den Geistlichen Vertrauensrat innerkirchliche Belange. Dazu gehörten Themen, wie zum Beispiel die Erhaltung des konfessionellen Pressewesens, die Situation einzelner Landeskirchen, der geplante Anschluss des Deutschen Evangelischen Frauenbunds an die Kirchenkanzlei, Kollektenpläne oder auch die Frage, ob »Tafeln an den Kirchentüren angebracht werden sollen, die Juden den Eintritt verbieten«.[202] Elisabeth Schwarzhaupt wurde von Präsident Werner ebenfalls in den Rat berufen. Sie führte dessen Geschäftsstelle, protokollierte die Sitzungen und beteiligte sich unter anderem an einer kritischen Stellungnahme gegen das Kontrollrecht, das die Finanzabteilung im Ministerium über die Kirchenkanzlei ausübte.

Die DEK wurde während der gesamten Kriegszeit vom Leiter der Kirchenkanzlei in Zusammenarbeit mit dem Geistlichen Vertrauensrat regiert. Fünf Jahre und sieben Monate dauerten die Kämpfe auf den verschiedenen Schlachtfeldern der Welt bereits an, hinterließen Verwüstungen und Millionen von Toten. Nach eigenem Bekunden konzentrierte sich Elisabeth Schwarzhaupt ganz auf die Arbeit und lebte privat zurückgezogen. Ihr Bekanntenkreis war relativ klein. Eine enge Freundschaft pflegte sie zu Marie Schulte-Langforth, mit der sie sich auch nach dem Krieg regelmäßig zu Fachfragen austauschte. Schwarzhaupt nannte die promovierte Juristin in Briefen liebevoll »Mieze«. Die beiden Frauen kannten sich noch aus Frankfurt am Main und teilten sich in der Reichshauptstadt eine Wohnung.[203] Als diese bei Luftangriffen zerstört wurde, zog Elisabeth Schwarzhaupt gezwungenermaßen hinaus nach Schlachtensee, wo sie bei Verwandten notdürftig Unterschlupf fand.

Auch die Kirchenkanzlei blieb nicht von Bombardements verschont; zwischen November 1943 und Februar 1944 wurde das Gebäude in der Charlottenburger Marchstraße mehrfach schwer getroffen. Um den Behördenalltag dennoch aufrecht erhalten zu können, beschloss Oberkonsistorialrat Johannes Gisevius, die Kanzlei samt Personal aus dem zerstörten Berlin in eine Ausweichstelle nach Stolberg im Harz zu verlegen. Es handelte sich nurmehr um einen kläglichen Rest: Die meisten männlichen Mitarbeiter waren zwischenzeitlich an die Front eingezogen worden, und neben Heinz Brunotte und Gisevius, der die Leitung kurzfristig für Werner und dessen Stellvertreter Günther Fürle übernommen hatte, gab es bis auf ein paar Bürokräfte lediglich noch eine Referentin: Elisabeth Schwarzhaupt. In ihren Erinnerungen beschrieb sie den Umzug als ein »seltsames Erlebnis«: »Es war eine Erleichterung des äußeren Lebens und zugleich quälend, da man wußte, daß jenseits unserer Stolberger Idylle das Deutsche Reich unterging.«[204]

Neuorientierung ohne Neuanfang

Das Kriegsende erlebten die Kanzleimitarbeiter im Harz. Am 14. April 1945 trafen in Stolberg die ersten Amerikaner ein. Im Gegensatz zur Einwohnerschaft verzichtete Elisabeth Schwarzhaupt trotzig darauf, ihren Willen zum Frieden durch ein weißes Stück Stoff zu demonstrieren. Aber am Abend zuvor verbrannte sie in weiser Voraussicht noch rasch ein Portrait des »Führers«, da »die Amerikaner«, wie sie ihren Eltern mitteilte, »auf Hitler-Bilder ziemlich sauer reagierten«.[205] Die folgenden Wochen waren ausgefüllt mit Befragungen, Umzügen, Einquartierungen, Konfiskationen und Hausdurchsuchungen. Selten kam ein geregelter Arbeitsalltag in der Kanzlei zustande, deren Geschicke seit Mitte April 1945 faktisch von Heinz Brunotte geleitet wurden. Außerdem regierte in Stolberg die Angst. Nicht vor den GIs, die sich nach Schwarzhaupts Empfinden sehr diszipliniert verhielten, sondern vielmehr vor herumirrenden ehemaligen Häftlingen, die aus den nahegelegenen Konzentrationslagern Nordhausen und Niedersachswerfen – beide Außenkommandos von Buchenwald – befreit worden waren und nun die Einwohner in Schrecken versetzten. Elisabeth Schwarzhaupt nannte sie wegen ihrer Kleidung »Zebras« und hielt die ausgemergelten Menschen wegen ihres unzivilisierten Verhaltens und gelegentlicher Plünderungen größtenteils für »kriminelle Ausländer«. Heute wirkt es befremdlich, dass die einstige Warnerin vor der menschenverachtenden Ideologie den Befreiten weder christliches Mitgefühl noch Verständnis für ihre Forderungen nach Verpflegung und Zivilkleidung entgegen brachte. Vielleicht wusste sie aber im Mai 1945 tatsächlich nicht um die Verbrechen in den Konzentrationslagern und die dort verfolgte zynische Losung »Vernichtung durch Arbeit«. Alle reagierten jedenfalls mit Erleichterung, als die Amerikaner dem Treiben nach etwa einer Woche ein Ende bereiteten und die gerade vor dem Tode Geretteten wieder hinter Gitter sperrten.[206]

Zehn Tage vor der Übernahme Stolbergs durch die Rote Armee nomadisierte die Kanzlei am 19. Juni 1945 mit Sack und Pack weiter nach Göttingen. Laut Überlieferung war es allein das Verdienst Elisabeth Schwarzhaupts, dass die Behörde nicht in die Hände der Sowjets fiel. Der englischen Sprache einigermaßen mächtig, führte sie im nahe gelegenen thüringischen Sangerhausen die regelmäßigen Verhandlungen mit den Amerikanern beispielsweise um ein Auto, Benzingutscheine oder die Güter des täglichen Bedarfs. Eines Tages verabschiedete sich der zuständige Offizier bei der Kirchenfrau mit dem knappen Hinweis: »If I were you, I would go.«[207] Noch viele Jahre später erinnerte Heinz Brunotte die folgende Begebenheit. »Ich sehe Sie noch fast plastisch in größter Eile auf Stolberg zukommen«, schrieb er Schwarzhaupt 1971 in einem Brief, »mit dem orakelhaften Ausspruch des Religious Affairs Officer, der ja keine andere Deutung zuließ … .«[208] Einer zweiten warnenden Aufforderung bedurfte das Personal nicht; und mit Hilfe des Amerikaners, der Lokomotive und Güterwagen für den Transport der Kanzleiregistratur und des Mobiliars organisierte, glückte die überstürzte Abreise nach Göttingen.

Unmittelbar nach der Treysaer Kirchenkonferenz, auf der Ende August 1945 die Umwandlung der DEK in die Evangelische Kirche in Deutschland (EKD) verhandelt und der Rat sowie Kanzlei und Kirchliches Außenamt als zentrale Stellen bestätigt wurden, übernahm Hans Asmussen die Leitung der obersten und noch intakten Verwaltungsbehörde. Den Pfarrer aus Schleswig-Holstein hatte es kriegsbedingt nach Schwäbisch Gmünd verschlagen, und er plädierte jetzt aus reinem Eigeninteresse für die Verlegung der Kanzlei in seine neue Heimat im heutigen Baden-Württemberg. Bis der Sitz am

1. April 1946 amtlich bestätigt war, erhielt Göttingen den Status als »Nebenstelle«, in der das Personal mit Abwicklungsgeschäften betraut wurde. Vergeblich hatte Oberkonsistorialrat Brunotte gegen diese Degradierung protestiert.

Als Ende Oktober 1945 ein Teil der Behörde von Göttingen nach Schwäbisch Gmünd umzog, hatte Elisabeth Schwarzhaupt ihre Fühler bereits in Richtung Heimat ausgestreckt: Die frühere Richterin erstrebte eine Tätigkeit im Justizdienst des soeben gegründeten Landes Groß-Hessen und bewarb sich am 17. Dezember 1945 bei Georg August Zinn (SPD) persönlich um eine Anstellung. Es ist nicht auszuschließen, dass Wilhelm Schwarzhaupt dabei wieder einmal seinen väterlichen Einfluss geltend machte. War er doch im selben Monat der Liberal-Demokratischen Partei (LDP) beigetreten und von März bis Juni 1946 Mitglied des sogenannten beratenden Landesausschusses, Vorläufer der Verfassunggebenden Landesversammlung. In Wiesbaden pflegte er persönliche Kontakte, die auch der Tochter zum Vorteil gereicht haben dürften. In dem Bewerbungsschreiben erklärte diese dem soeben ernannten Justizminister Zinn ihre durch den Nationalsozialismus verursachte Situation und meldete selbstbewusst konkrete Wünsche an: »Ich bin in der gleichen Weise geschädigt wie diejenigen Assessoren und Assessorinnen, die aus rassischen oder politischen Gründen aus dem Justizdienst ausscheiden mussten und bitte um Wiedergutmachung des erlittenen Unrechts. Es wäre mir … am liebsten, wenn mir eine Vormundschaftsabteilung übertragen werden könnte.«[209] Der angeführte Vergleich hinkte natürlich, da sie im Gegensatz zu den vielen Opfern des *Gesetzes zur Wiederherstellung des Berufsbeamtentums* die NS-Zeit nicht nur in Lohn und Brot, sondern auch sonst relativ unbeschadet überstanden hatte. Einen Monat zuvor war der parteilose Finanzminister Wilhelm Mattes – früher DVP-Mitglied wie Vater Wilhelm – an Zinn herangetreten, um ihn auf das intern diskutierte Problem anzusprechen, ob Frauen wieder im Justizdienst beschäftigt werden sollten. Er bat den Justizminister, »Fräulein Schwarzhaupt zur Besprechung dieser Frage« zu empfangen.[210] Die Chancen auf eine Übernahme schienen keineswegs aussichtslos gewesen zu sein, denn nach Prüfung des durch Brunotte persönlich beglaubigten »Fragebogens« kam Francis E. Shehann vom Office of Military Government Ende Januar 1946 trotz ihrer Mitgliedschaften in der Organisation »Kraft durch Freude«, im NS-Rechtswahrerbund, in der Nationalsozialistischen Volkswohlfahrt und im Deutschen Frauenwerk zu dem positiven Ergebnis: »Approval is granted to Dr. Elisabeth Schwarzhaupt … to function as Amtsgerichtsrätin.«[211] Diese ließ sich sechs Monate Zeit, bis sie erneut an den Minister der Justiz herantrat, um erstaunlicherweise ihre Bewerbung zurückzuziehen.[212] Wie ist dieser Sinneswandel zu erklären? Eines zumindest lässt sich den Quellen unzweideutig entnehmen: Das Verhältnis zwischen Elisabeth Schwarzhaupt und ihrem neuen Chef

Elisabeth Schwarzhaupt

Asmussen war anfänglich nicht zum Besten bestellt und könnte dazu beigetragen haben, dass die Oberkonsistorialrätin 1945 das Handtuch werfen
wollte. Weshalb sie schließlich der EKD doch noch weitere acht Jahre die
Treue hielt, hing vermutlich mit den spannenden Aufgaben der Neuordnung
nach dem Zweiten Weltkrieg zusammen. Außerdem eröffnete sich kurze Zeit
später für Schwarzhaupt die Perspektive, in das Kirchliche Außenamt zu
wechseln, wo sie gleichzeitig die Geschäftsführung der Evangelischen Frauenarbeit in Deutschland (EFD) beibehalten konnte.

Doch zunächst zog Elisabeth Schwarzhaupt Mitte November 1945 wieder nach Frankfurt am Main, wo Asmussen derweil eine Zweigstelle der
Kanzlei eingerichtet hatte. Die Entscheidung, in die Heimatstadt zurück-
zukehren, lag sicherlich in ihrem Interesse, da sie nun wieder den inzwischen
über 70-jährigen Eltern nahe sein konnte. Inhaltlich stellte die neue Position
indes keine Herausforderung dar: Auf Asmussens Wunsch hin sollte Schwarzhaupt sowohl die Frauen- als auch die »Jungmädelarbeit« koordinieren.[213]
Zuvor aber hatte ein Vermerk des Leiters über den weiteren Verbleib seiner
Kollegin in der Kanzlei für erheblichen Wirbel in kirchlichen Kreisen, vor
allem unter Vertreterinnen der künftigen Evangelischen Frauenarbeit, gesorgt. Es ist nicht belegt, ob er von ihrer Bewerbung in den hessischen
Staatsdienst Kenntnis hatte oder ob er der selbstbewussten Juristin eine
»freiwillige« Beendigung ihres Dienstverhältnisses nahe legen wollte. Über-
liefert ist jedenfalls sein Vermerk, »Frau Schwarzhaupt hat das Recht, sich
nach anderen Unterhaltsmöglichkeiten umzusehen«,[214] der von verschiedenen Seiten – nicht zuletzt von ihr selbst – als dezenter Hinweis auf ein Ausscheiden gedeutet wurde. Zu den einflussreicheren Protestlerinnen gehörten
Hulda Zarnack, Oberin im Gelnhäuser Burckhardthaus, und Antonie Nopitsch, Leiterin der Bayerischen Mütterarbeit, so dass Asmussen sich beeilte,
einzulenken und zu beschwichtigen.[215] Besonders kämpferisch verwandte
sich Heinz Brunotte für seine langjährige Kollegin. In seitenlangen Berichten
an den Ratsvorsitzenden Wurm und an den Urheber des Streits suchte er,
der selbst Opfer der Personalpolitik seines neuen Chefs geworden war, für
Schwarzhaupt eine Lanze zu brechen.[216] Explizit ausgesprochen wurde es an
keiner Stelle, aber offenbar hegte Asmussen als Vertreter der Bekennenden
Kirche Misstrauen gegen das bereits während der NS-Zeit tätige Kanzleiper-
sonal, durch dessen Belassung im Amt er eher die Kontinuität und nicht den
Neuanfang symbolisiert sah. Kein Geringerer als Martin Niemöller brachte
das Problem auf den Punkt. Bereits im Juli 1945 hatte er rigoros gefordert,
dass alle aus der NS-Zeit stammenden Amtsstellen der Kirche verschwinden
müssten, weil ihre Tätigkeit inzwischen jeglicher kirchlichen Rechtsgrund-
lage entbehrte. In diesem Zusammenhang nannte er ausdrücklich auch die
Kanzlei.[217] Elisabeth Schwarzhaupt war der Konflikt durchaus bewusst, aber
als Betroffene, die Interna und Konflikte aus eigenem Erleben kannte, ver-

trat sie die Auffassung, »daß es richtig war, durch die Zeiten der teils deutsch-christlichen, teils kirchenfeindlichen Staatspolitik hindurch, trotz aller Kompromisse und Schwierigkeiten, in der Verwaltungsbehörde Kirchenkanzlei einen Kern für die Neuentwicklung einer ›Evangelischen Kirche in Deutschland‹ zu erhalten«.[218]

Zurück in Frankfurt am Main bekam Elisabeth Schwarzhaupt sofort persönliche Schwierigkeiten mit ihrem Kollegen Otto Fricke, von Asmussen zum Sprecher und Vertreter der Zweigstelle bestimmt. Dieser hatte während der NS-Zeit eine für Protestanten durchaus nicht untypische biografische Wende vollzogen. Als evangelischer Hochschulpfarrer der Johann Wolfgang Goethe-Universität war er noch am 10. Mai 1933 auf dem Römer gegen die alles »zersetzende Intelligenz« der Weimarer Republik angetreten, bevor Studenten, Dozenten und Mitglieder der schlagenden Verbindungen die Bücher von Heinrich und Thomas Mann, Stefan Zweig, Lion Feuchtwanger, Alfred Döblin, Erich Maria Remarque, Erich Kästner, Clara Zetkin oder Franz Werfel den lodernden Flammen übergaben. Schon bald nach der Bücherverbrennung war Fricke jedoch zu Kreisen der Bekennenden Kirche gestoßen und hatte bis 1945 im geistigen Umfeld von Martin Niemöller gewirkt.[219] In der Außenstelle beanspruchte er für sich eine Führungsposition, die er mit der »Neuen« an seiner Seite nicht zu teilen gewillt war. Durch fadenscheinige Begründungen versuchte er, sich zu Lasten Schwarzhaupts in den Vordergrund zu drängen, wie sie sich in einem Schreiben an Asmussen bitter beklagte. Um beispielsweise zu verhindern, dass die Juristin an Verhandlungen zwischen Kirche und Militärregierung teilnahm, argumentierte er gegenüber der engagierten Kollegin, »man müsse mit der Mentalität der Amerikaner rechnen, die es immer mit *einer* bestimmten verantwortlichen Persönlichkeit zu tun haben möchten«.[220] Und das wäre natürlich Fricke selbst. Asmussen zeigte Verständnis und kündigte Schwarzhaupt postwendend den Wechsel nach Stuttgart beziehungsweise Schwäbisch Gmünd an,[221] den sie Ende Februar 1946 auch vollzog. In diese Phase neuer Perspektiven fiel also ihr Schweigen gegenüber dem hessischen Justizminister, das sie erst mit der Absage im Juli 1946 beendete. Die späten Hoffnungen auf eine Karriere als Richterin begrub Elisabeth Schwarzhaupt mit dieser Entscheidung allerdings endgültig.

Bis sie zwei Jahre später ihre Tätigkeit im Kirchlichen Außenamt in Frankfurt am Main aufnahm, stand ihre Arbeit ganz im Zeichen der Neukonstituierung der EKD. Ein wichtiger Grundstein war auf der erwähnten Kirchenversammlung von Treysa gelegt worden. Der dort als offizielles Organ gebildete Rat zeigte starkes Interesse, gegenüber den vier Besatzungsmächten und den ausländischen Kirchen der Ökumene Geschlossenheit zu demonstrieren. Dieser fromme Wunsch erwies sich schon bald als trügerisches Unterfangen: Zu verschieden waren die theologischen, konfessionellen und politischen Ansichten der verantwortlichen Vertreter, die 1945 auf jeweils ganz eigene Erfahrungen untereinander sowie mit dem NS-Staat – sei es als radikale oder gemäßigte Widerständler, sei es als Mitläufer, sei es als Komplizen – zurückblicken. Diese Zerrissenheit war noch ein Relikt aus der verfahrenen Situation der Kirchenkampfzeit. Kompromisse waren gefragt, und so wurde aus dem vielbeschworenen Neubau letztlich ein Umbau der Kirche.[222] Zu den wichtigsten Exponenten der mehrjährigen Diskussionen – Theologen wie Laien – gehörten der Ratsvorsitzende Theophil Wurm, bis 1949 sein Stellvertreter Martin Niemöller, August Marahrens, Hans Asmussen, Otto Dibelius, Eugen Gerstenmaier, Heinz Brunotte, Erik Wolf, Hermann Ehlers, Rudolf Smend und am Rande Elisabeth Schwarzhaupt, die während dieser Zeit noch immer als einzige Frau die oberste Kirchenverwaltung vertrat. Auch Karl Barth ist in diesem Zusammenhang zu erwähnen, der 1935 in die Schweiz geflüchtet war und nun bei seinen Auftritten die Ressentiments gegen Emigranten deutlich zu spüren bekam. Streitpunkte waren wiederholt Fragen der Rechtskontinuität zwischen DEK und EKD, das »Stuttgarter Schuldbekenntnis«, das *Gesetz zur Befreiung von Nationalsozialismus und Militarismus* vom 5. März 1946, kurz *Befreiungsgesetz*, sowie die Ausarbeitung einer neuen Verfassung für die Evangelische Kirche.

Schwarzhaupt interessierte sich außerordentlich für diese Debatten. Hochbetagt stand sie noch immer unter dem Eindruck des *Stuttgarter Schuldbekenntnisses*, mit dem der Rat am 18. Oktober 1945 erstmals nach dem Zweiten Weltkrieg an die Öffentlichkeit getreten war. »Mit großem Schmerz«, hieß es in der Kernpassage, »sagen wir: Durch uns ist unendliches Leid über viele Völker und Länder gebracht worden. Was wir unseren Gemeinden oft bezeugt haben, das sprechen wir jetzt im Namen der ganzen Kirche aus: Wohl haben wir lange Jahre hindurch im Namen Jesu Christi gegen den Geist gekämpft, der im nationalsozialistischen Gewaltregiment seinen furchtbaren Ausdruck gefunden hat; aber wir klagen uns an, dass wir nicht mutiger bekannt, nicht treuer gebetet, nicht fröhlicher geglaubt und nicht brennender geliebt haben.«[223] Die besondere Schuld gegenüber den Juden klammerten die Verfasser jedoch aus. Und die unverbindlichen Formulierungen lieferten Zündstoff für hitzige Diskussionen. Während Martin Niemöller die politische Dimension des Schuldbekenntnisses vermisste, zog sich Asmussen auf die religiöse Interpretation zurück: »Das ist auszumachen zwischen Gott und uns.«[224] Einige Gemeindemitglieder befürchteten gar, durch das Bekenntnis eine opportunistische Verneigung vor den Besatzungsmächten vollzogen zu haben. Erst im April 1948 legte der Bruderrat der EKD das eindeutiger verfasste *Wort zur Judenfrage* vor,[225] dem sich 1950 die Synode anschloss. Elisabeth Schwarzhaupt ging es jedoch um mehr als reine Lippenbekenntnisse. Vor dem Hintergrund eigener Erfahrungen mit ihrem Verlobten und den jüdischen Freundinnen trat sie für eine Aussöhnung mit dem neu gegründeten Staat Israel ein und warb für die Verständigung mit den einstmals von Deutschland drangsalierten Ländern.[226]

Als Referentin der Kirchenkanzlei nahm Schwarzhaupt regelmäßig an Sitzungen des Verfassungsausschusses teil, der die »Grundordnung der Evangelischen Kirche in Deutschland« ausarbeiten sollte.[227] In dem Gremium saßen Heinz Brunotte, der Freiburger Kirchenrechtler Erik Wolf sowie der Oldenburger Oberkirchenrat Hermann Ehlers; letzterer sollte für die politische Laufbahn Schwarzhaupts noch Bedeutung gewinnen. Immer wieder rangen die Mitglieder um die Frage, ob die DEK 1945 rechtlich erloschen wäre und gegebenenfalls die Landeskirchen ihre Selbständigkeit wieder erlangt hätten. Schwarzhaupt und Brunotte verfochten dabei die eher restaurative Auffassung von der fortbestehenden Rechtsgültigkeit der DEK-Verfassung. Nach einer Übergangszeit, in der die »Vorläufige Ordnung« von Treysa galt, wurde die »Grundordnung« am 13. Juli 1948 auf der Kirchenversammlung in Eisenach angenommen. Anfang Dezember 1948 trat sie in Kraft. Skeptisch schrieb Schwarzhaupt im Vorfeld der Verabschiedung einem befreundeten Pastor: »Allerdings darf man sich über diese Ordnung keine Illusionen machen. Es wird nur eine sehr nüchterne, bescheidene, vorläufige Regelung sein, die aber immerhin für die EKD Organe schafft, in denen die Fragen erörtert und die Gegensätze ausgetragen werden können und die vielleicht doch fähig sind, zu einer einheitlichen Willensbildung nach außen.«[228]

Bei dem heiklen Thema Entnazifizierung dagegen demonstrierten die Kirchenleute seltene Einigkeit: Wie der Großteil der deutschen Bevölkerung lehnten sie das zwar mit den Länderregierungen beratene, jedoch von amerikanischen Vorstellungen geprägte *Befreiungsgesetz* nahezu geschlossen ab. Nach dessen Bestimmungen wurden Spruchkammern gebildet, die je nach Schwere der verhandelten Fälle die Einstufung der Betroffenen in fünf Gruppen (Hauptschuldige, Aktivisten, Minderbelastete, Mitläufer und Entlastete) vornahmen. Als Strafen waren Internierungen in Arbeitslagern, Einzug des Vermögens zu »Wiedergutmachungszwecken«, Geldbußen oder Beschäftigungsverbote vorgesehen.[229] Gleich zwei Monate nach Inkrafttreten des Gesetzes wandte sich die EKD mit einer *Entschließung des Rates zur Durchführung der Entnazifizierung im deutschen Volk*[230] an die Militärregierungen der Zonen, die Regierungen in den Ländern und Provinzen sowie die Kirchenleitungen. In dem Text räumte sie zwar ein, dass im Zusammenhang mit der NS-Zeit begangene Verbrechen bestraft werden müssten, lehnte jedoch die Bewertung der bloßen Mitgliedschaft in NS-Organisationen als Straftatbestand ab, die für Betroffene auch eine Entfernung aus dem Amt nach sich ziehen konnte. Im Auftrag der Kirchenkanzlei verfasste Elisabeth Schwarzhaupt einen Beitrag zum Thema für die von Eugen Kogon und Walter Dirks herausgegebenen *Frankfurter Hefte*, dessen Abdruck von der Redaktion »wegen ›Rabulistik‹ und ›deutsch-nationaler Gesinnung‹« anfangs abgelehnt worden war.[231] Über die Mitglieder der Spruchkammern urteilte die Autorin dort: »Aber der *Ausgangspunkt* ist sowohl bei der Auswahl des Richters wie bei der Aufstellung der Anklage nicht die Unparteilichkeit des Richters, sondern seine Gegnerschaft zur Weltanschauung des Angeklagten, nicht die individuelle Schuld des Betroffenen, sondern seine Zugehörigkeit zu der an die Schuld des Nationalsozialismus verhafteten Gruppe.« Ob dieses Vorwurfs sah sich die Schriftleitung zu einer Fußnote gezwungen, in der sie klarstellte, dass der Richter natürlich leidenschaftslos gegenüber dem Angeklagten sein müsse, aber »doch nicht unparteiisch gegenüber dem Verbrechen!«.[232] Elisabeth Schwarzhaupt war in diesem Punkt unbelehrbar, ja sie vertrat sogar die etwas naive, wohl auf protestantischer Glaubensphilosophie basierende Ansicht, die Durchführung der Entnazifizierung hätte vielen Menschen die Freiheit genommen, ihre persönliche Schuldverflechtung einzusehen. Auch die Rollenzuordnung von Tätern und Opfern drohte in ihrer Argumentation, zu verschwimmen. So schloss sie sich der von ihrer Generation oft einseitig geäußerten Klage an, die Deutschen wären schließlich Leidtragende des Krieges, der Bombenschäden, Gefangenschaft, Vertreibung und des Verlustes von Angehörigen geworden. Dies alles aufzuarbeiten, so beruhigte sie sich am Ende ihres Lebens, zähle ja auch zur Vergangenheitsbewältigung.[233]

Schuld und Sühne – Im Kirchlichen Außenamt

Als sich die Vermutung verdichtete, dass Schwäbisch Gmünd für die Kirchenkanzlei nur Übergangsstation sein würde, beantragte Schwarzhaupt eine Versetzung in das von Martin Niemöller neugegründete Kirchliche Außenamt nach Frankfurt.[234] »Ich hatte damals die Hoffnung«, erinnerte sie sich in einem persönlichen Bericht, »daß von Niemöller und der Gruppe von Theologen und Laien, die um ihn waren, die Erneuerung der Kirche ausgehen würde.«[235] In einem Brief aus dem Jahr 1948 an Brunotte lassen sich indes keine Eigeninitiative, stattdessen sogar ein Unterton des Bedauerns über den Wechsel herauslesen: »… mir (tut) das Herz weh, wenn ich an das Verfassungsreferat, an die Vorarbeiten für eine neue Disziplinarordnung und an viele andere Dinge denke. Aber es sieht so aus, als müsste das nun einmal sein, dass ich in das Kirchliche Außenamt übergehe. Vielleicht hätte ich wirklich, ehe ich mich in Eisenach auf die wiederholte Anfrage Niemöllers … zur Verfügung stellte, einmal mit Ihnen oder sonst wem sprechen sollen. Aber nun ist es geschehen und ich muss make the best of it.«[236] Nach

dieser Version war Schwarzhaupt wieder einmal zu einer Entscheidung über-
redet worden. Schließlich akzeptierte sie aber, da sich neue Aussichten für
die auf das Leben Neugierige boten. Ein persönlicher Abschied von Asmussen kam übrigens nicht mehr zustande. Aber Schwarzhaupt reichte trotz
erlittener Verletzungen ihrem ehemaligen Chef zumindest per Brief ver-
söhnlich die Hand.[237]

Das »Frankfurter Kind« war vorläufig heimgekehrt. Aber die Regelung
der privaten wie beruflichen Verhältnisse gestalteten sich alles andere als einfach. Im Alter von nunmehr 47 Jahren bezog Elisabeth Schwarzhaupt wieder
Quartier bei ihren Eltern in der Höllbergstraße. Trotz der großen Freude von
Frieda und Wilhelm Schwarzhaupt über ihre Anwesenheit empfanden alle
drei die Situation des erneuten Zusammenlebens nach so langer Zeit als problematisch. Die vielen Reisen und neuen Kontakte der erwachsenen Tochter
brachten schon bald erhebliche Unruhe in den kleinen Haushalt im Stadtteil
Eschersheim. Zudem erhielt die Familie in jenen Monaten die definitive
Nachricht vom Tode Adolf Schwarzhaupts, der noch in den letzten Tagen
des Zweiten Weltkriegs ums Leben gekommen war. Alle sehnlichen Hoffnungen auf ein Wiedersehen zerschlugen sich in diesem Moment. Der Soldat war
erst 1942 als Gefreiter zur Nachrichtenabteilung der 362. Bayerischen Infan-
terie-Division eingezogen worden und hatte sich im Februar 1945 vermutlich
wegen eines Furunkels in einem Krankenrevier aufgehalten. Die letzten Zeilen an seine Familie aus Lugo in Italien datierten vom März 1945.[238] Er war,
vermutete die Schwester später, »wie viele deutsche Soldaten, bei dem über-
stürzten Rückzug über den Po umgekommen«.[239] Adolf Schwarzhaupt hinterließ seine Ehefrau und einen 1940 geborenen Jungen, dem Patin Elisabeth
Schwarzhaupt immer sehr zugetan war. Die endgültige Gewissheit über den
Tod seines einzigen Sohnes verursachte bei Vater Wilhelm eine akute Herz-
schwäche, die eine ärztliche Behandlung notwendig machte.

Der Berufsalltag belastete Elisabeth Schwarzhaupt nicht minder. Die
Organisation eines geregelten Arbeitsablaufs im Kirchlichen Außenamt als
eigenständiger Dienststelle der EKD kostete anfänglich viel Kraft, obwohl
die positiven Eindrücke die Skeptikerin allen Zweifel, Stress und privaten
Kummer vergessen ließen. Es schwang noch Begeisterung mit, als sie im
hohen Alter berichtete: »Das Beglückendste an der Arbeit im Kirchlichen
Außenamt war, daß sich das Tor zur Welt für uns öffnete. Wieder über die
Grenzen des eigenen Landes hinauszusehen, mit Menschen aus aller Welt
zusammenzukommen, von ihren Problemen zu hören, war für uns, die wir
fast fünfzehn Jahre eingesperrt waren, ein bewegendes Erlebnis.«[240] Die Behörde arbeitete seit November 1947 notdürftig am Schaumainkai 23. Angesichts des Ausmaßes der Zerstörung waren gleich mehrere Institutionen gezwungen, sich die Räumlichkeiten am Sachsenhäuser Mainufer zu teilen:
Neben dem Außenamt fanden die Evangelische Frauenarbeit in Deutschland

(EFD), die Ökumenische Zentrale, der Kriegsgefangenendienst des Evangelischen Hilfswerks, die Heimkehrer- und Versehrtenhilfe sowie das Institut für Modeschaffen, Nachfolgeeinrichtung des 1933 gegründeten Modeamts, dort Unterkunft. Dauerhafte Improvisation bestimmte zunächst den Arbeitsalltag. Wie allerorten fehlte es an vielem: Kohlen zum Heizen, Papier, einer Schreibmaschine, Regalen, Lexika, Fachliteratur, und auch ein Telefon gab es nicht. Zum Teil wohnten und schliefen die Referenten – anfänglich waren es nur männliche Bedienstete – sogar in den Räumen der Behörde, da sie im kriegszerstörten Frankfurt keine Bleiben fanden.[241]

Wieder einmal musste Elisabeth Schwarzhaupt ins kalte Wasser springen, als sie im Oktober 1948 ihre Tätigkeit in Frankfurt als juristische Referentin aufnahm. Einige Wochen zuvor hatte sie noch im niederländischen Den Haag an einer mehrtägigen Besprechung mit Niemöller und evangelischen Pfarrern aus Südamerika zur Vorbereitung der Ersten Weltkirchenkonferenz in Amsterdam teilgenommen.[242] Auch in Amsterdam selbst war sie mit von der Partie. Die Erste Vollversammlung des Ökumenischen Rats der Kirchen fand vom 22. August bis 4. September 1948 statt und hinterließ bei Schwarzhaupt einen starken Eindruck: »Als etwas besonders Schönes habe ich mit großer Dankbarkeit immer wieder die Art empfunden, in der mir ... Christen aus einem von uns so schwer verletzten Volk wie den Holländern entgegengekommen sind.« Unmittelbar vor der Konferenz traf sie weibliche Delegierte evangelischer und orthodoxer Kirchen, um über die Stellung von Frauen in den verschiedenen Ländern und Gesellschaften zu diskutieren. Sofort nach ihrer Rückkehr plante Schwarzhaupt voller Enthusiasmus eine Vortragsreihe, um »möglichst viel von dem Geist dieser Tage in unsere Gemeinden zu tragen«.[243] Während ihrer fünfjährigen Tätigkeit im Kirchlichen Außenamt entwickelte sie sich auf dem internationalen Parkett allmählich zu einer Botschafterin der EKD. So besuchte die Referentin häufiger Gemeinden in England, Irland, Italien, Nord- und Südamerika oder nahm an den Tagungen des Ökumenischen Rats der Kirchen in Genf teil, wo sie auch Mitglied der Kommission »Zusammenarbeit von Mann und Frau in Kirche und Gesellschaft« wurde. Und ebenso wie ihre Eltern fehlte sie auf keinem evangelischen Kirchentag. Für die Zweite Vollversammlung, die 1954 in der Nordwest-University Evanston in Illinois (USA) stattfand, saß die Kirchenfrau im Vorbereitungskomitee der unter dem Motto »Christus – die Hoffnung der Welt« stehenden Tagung.[244] Damals war sie bereits der CDU beigetreten und Mitglied des Deutschen Bundestags.

Zu den zentralen Aufgaben des Amts gehörten die Wiederaufnahme der Beziehungen zum Ausland und zu ökumenischen Kreisen. Martin Niemöller, der im Herbst 1947 zum Präsidenten der gerade vereinigten Evangelischen Kirche Hessen und Nassau gewählt worden war, leistete hier als »kirchlicher Außenminister« den wichtigsten Beitrag. Während seiner vielen

Reisen, vor allem in die Vereinigten Staaten, knüpfte er auf theologischer, aber auch politischer Ebene zahlreiche persönliche Kontakte und warb glaubwürdig für die Rückkehr eines »anderen« Deutschlands in die Völkergemeinschaft. Die Gesten der Demut des berühmten Pfarrers wurden mit großer Resonanz aufgenommen, davon zeugten zahllose Briefe: Bereits 1948 erreichten das Amt täglich bis zu 250 Zuschriften aus dem In- und Ausland, Tendenz steigend. Die einzelnen Referenten bearbeiteten staats- und kirchenrechtliche Fragen sowie die Korrespondenz mit den alliierten Behörden zu tagespolitischen Themen, beispielsweise der Entnazifizierung, der Schuld- oder Kriegsverbrecherfrage. Desgleichen erledigten sie die internationale Pressearbeit, betreuten deutsche Gemeinden und ihre Vertreter im Ausland, prüften die Rechtsstellung zurückkehrender »Auslandsgeistlicher«, förderten den Austausch unter den Landeskirchen und kirchlichen Gliederungen, die Jugend- oder Bibelarbeit. Elisabeth Schwarzhaupt hatte mit Niemöller die Vereinbarung getroffen, im Kirchlichen Außenamt die von ihr seit 1946 versehene Geschäftsführung der EFD, die noch heute alle wesentlichen evangelischen Frauenwerke und Verbände zusammenfasst, und das Referat »Frauenarbeit« der Kirchenkanzlei beizubehalten.[245] Mit dieser Regelung legte sie einen Schwerpunkt der künftigen Tätigkeit selbst fest, dem seit jeher ihr Interesse galt: dem Ringen um die Gleichberechtigung der Frau.

Vorpolitischer Raum – Evangelische Frauenarbeit

Elisabeth Schwarzhaupt hatte bereits am 25. März 1946 eine Sitzung des Evangelischen Frauenwerks im Frankfurter Westendheim initiiert. Es handelte sich um »eine vertrauliche Vorbesprechung über die neuen Aufgaben«, die sich »nach dem politischen Zusammenbruch Deutschlands für unsere evangelischen Frauenverbände ergeben haben«, teilte die Gastgeberin in der Einladung mit.[246] In jener Zeit des Mangels um das leibliche Wohl der Gäste besorgt, bat sie die in Nürnberg ansässige Antonie Nopitsch, aus den »gesegneteren Gegenden etwas Nährmittel oder Mehl mitzubringen«.[247] Das Evangelische Frauenwerk, auch Frauenwerk der DEK genannt, war im Juli 1933 zwangsweise gegründet worden und löste zunächst mit »Reichsführerin« Agnes von Grone an der Spitze die 1918 ins Leben gerufene Vereinigung evangelischer Frauenverbände Deutschlands ab. Wegen der Gefahr einer namentlichen Verwechslung mit dem Deutschen Frauenwerk hieß die Einrichtung ab 1938 Evangelische Frauenarbeit für Kirche und Gemeinde. Unter dieser Bezeichnung hatten sich die Mitglieder mit den kirchlichen Zentralinstanzen mehr oder weniger zu arrangieren, um dann mit Kriegsende ihre Arbeit sofort wieder aufzunehmen, die seit der »Gleichschaltung« politisch beeinträchtigt worden war.[248] Aus dem nur stichwortartigen Protokoll der Frankfurter Zusammenkunft geht unter anderem hervor, dass die Anwesenden Schwarzhaupt die Geschäftsführung einer künftigen Evangelischen Frauenarbeit in Deutschland übertrugen – die Namenfindung stammte von ihr persönlich.[249] Die Teilnehmerinnen planten außerdem das erste offizielle Treffen des neuen Vereins, das für den 30. Juni und 1. Juli 1946 in Treysa anberaumt wurde und zu dem trotz beschwerlichster Reisebedingungen immerhin 35 Vertreterinnen den Weg fanden. Als Referenten wurden Hanns Lilje, hannoverscher Oberlandeskirchenrat und künftiger Präsident des Lutherischen Weltbunds, sowie die von Schwarzhaupt und ihren Eltern hochverehrte Schriftstellerin und Politikerin Gertrud Bäumer geladen, die zur Situation der Kirche beziehungsweise der evangelischen Frau sprachen. Bäumers Ruf in der Öffentlichkeit war allerdings inzwischen umstritten: Zwar hatte die 1933 aus dem Staatsdienst entlassene DDP-Politikerin Antisemitismus und Rassismus verbal abgelehnt, dem Nationalsozialismus indes stets einen »richtigen Kern« zugebilligt.[250]

Auf dieser Gründungstagung verfassten die Anwesenden eine Resolution, die Schwarzhaupt eine Woche später dem Rat der EKD zur Kenntnis übermittelte. Der Text erstaunt heute wegen seines unterwürfigen Charakters: »Wir wollen unseren Teil an der Verantwortung mittragen und bitten, unsere Mitarbeit durch Heranziehung von Frauen zu Ausschüssen und Arbeitsgemeinschaften, zu den kirchlichen Körperschaften und zur Vertretung in der ökumenischen Bewegung Raum zu geben und unsere Ausschaltung da, wo sie versucht wird, zu verhindern.«[251] Vor dem Hintergrund, dass Frauen während des Zweiten Weltkriegs in Familie und Beruf häufig mehrere Rollen allein gemeistert und daraus auch neues Selbstbewusstsein bezogen hatten, befremdet die devote Adresse an die – allerdings rein patriarchalisch organisierte – Institution Kirche um so stärker. Im überparteilichen Frankfurter Frauen-Ausschuss hingegen traten Schwarzhaupt und ihre Mitstreiterinnen aus CDU, SPD, LDP und KPD etwa zeitgleich wesentlich offensiver auf.

Die EFD übernahm sofort wieder ein breites Spektrum karitativer und beratender Tätigkeiten, die zunächst von Schwäbisch Gmünd, seit 1948 von Frankfurt am Main aus koordiniert wurden. Dazu gehörten die Einrichtung von Mütterheimen, die seelsorgerische und auch materielle Betreuung von Flüchtlingen in den Lagern, Hilfe für männliche und weibliche Kriegsgefangene oder die Unterstützung deutscher christlicher Waisenhäuser im Ausland durch Übernahme von Patenschaften. Das Büro plante Vortragsreihen und Tagungen, in denen der Verein selbst, die Verfassung der EKD, die Situation der Frauenarbeit im Osten, von Theologinnen und Gemeindehelferinnen, die Stellung der Frau in Staat und Gesellschaft, die Bildung von Frauenvertretungen in den Gemeinden und Ländern, aber auch Auseinandersetzungen über das Amt der Frau in der Kirche, genauer die rechtliche Gleichstellung der Vikarin gegenüber männlichen Kollegen, im Zentrum des Interesses standen. Elisabeth Schwarzhaupt benannte in einem Resümee zwei Pole, zwischen denen sich die Arbeit bewegte: die Sammlung von Frauen um die Bibel im engsten Kreis der Gemeinde und die Vertretung evangelischer Frauen in Staat und Gesellschaft.[252] Über seine Tätigkeit informierte der Verband in den *Mitteilungen der Evangelischen Frauenarbeit in Deutschland*, die – zunächst noch unregelmäßig – ab September 1946 erschienen. Neben Dagmar von Bismarck, Meta Eyl und Antonie Nopitsch gehörte auch Schwarzhaupt als Geschäftsführerin zum Gremium der Herausgeberinnen.

Vor allem in der Gründungsphase suchte Elisabeth Schwarzhaupt vorsichtig den Kontakt zu Theologinnen im Ausland: »Wir haben, nachdem wir jahrelang von jeder lebendigen Beziehung mit dem Ausland abgeschlossen waren«, wandte sie sich 1947 nach Schweden, »kaum eine Vorstellung davon, wie weit die ausländischen Kirchen und Frauenverbände mit ähnlichen Fragen befasst sind, und wo sie den richtigen Weg sehen.«[253] Ihr bescheidenes und freundliches Auftreten zeigte große Wirkung: Frauen aus der ganzen Welt reisten nach Frankfurt am Main, um sich Einblicke in die Arbeit der EFD und deren Verhältnisse zu verschaffen.

Ein wichtiges Thema war stets die Diskussion um die befürchtete Milderung des bestehenden restriktiven § 218 StGB. Elisabeth Schwarzhaupt und mit ihr die EFD plädierten entschieden gegen die Straflosigkeit des Schwangerschaftsabbruchs im Falle einer sozialen oder eugenischen Indikation. Sogar bei Vergewaltigungsdelikten riet der Verband »von jeder Lockerung des bestehenden Rechtes ab«.[254] Lediglich für eine Situation kamen die Frauen zu einem anderen Resultat. In einem vermutlich von Schwarzhaupt entworfenen Schreiben Hans Asmussens an den Kölner Erzbischof Joseph Kardinal Frings gestand der Chef der Kirchenkanzlei dem Adressaten zu, dass die soziale wie die eugenische Indikation als ein Verstoß gegen das fünfte Gebot »Du sollst nicht töten« zu betrachten wäre. Echte »Pflichtenkollisionen« würden erst auftreten, wenn das Leben der Mutter durch die Schwangerschaft beziehungsweise die Geburt gefährdet wäre. In diesem Falle müsse einer Erhaltung des Lebens der Mutter Vorrang eingeräumt werden, auch wenn damit ein Vergehen gegen Gottes Gebot vorläge.[255] Diese Einschätzung entsprach voll und ganz der Haltung der EFD.

Als juristische Referentin der Kirchenkanzlei und später des Kirchlichen Außenamts auf der einen und Geschäftsführerin der EFD auf der anderen Seite bekleidete Elisabeth Schwarzhaupt die Funktion einer Mittlerin zwischen amtlicher Kirchenleitung und einem freien Werk der Kirche. So bat sie zum Beispiel 1948 im Auftrag der EFD den Staatsrechtler Rudolf Smend, dafür Sorge zu tragen, dass in die Synode, in der sie selbst ein Jahr später als stellvertretendes Mitglied sitzen sollte, Frauen in hinreichender Zahl gewählt würden. Denn sonst zeigte das Gremium »als Ganzes ein Bild, das die Rolle der Frau im Leben der evangelischen Gemeinde nur in ganz unvollkommener Weise wiedergibt«.[256] Diese nicht immer einfache Position erforderte oftmals diplomatischen Spürsinn und vor allem Energie. Die Akten enthalten zahllose Einladungen zu Gesprächen, Vorträgen und Tagungen der verschiedenen Kircheninstitutionen und -verbände, die sie meist trotz umständlichster Reisebedingungen annahm. Geschickt organisierte die umtriebige Protestantin ihre Termine in den verschiedenen Bereichen. Oftmals unterbrach sie ihre Fahrt zu einer Verpflichtung, nahm Umwege in Kauf, verlängerte oder verkürzte einige Tage, um ganz spontan eine Veranstaltung, einen ehemaligen Mitarbeiter, eine Kollegin oder Freundin treffen zu können – und sei es für ein Stündchen im Bahnhofscafé. Musste sie doch einmal absagen, ist aus den stets freundlichen Schreiben beinahe untröstliches Bedauern herauszulesen.

Nach fünfjähriger erfolgreicher Arbeit gründete die EFD einen aus eigenen Mitteln finanzierten Rechtsausschuss, dessen Leitung sich anfänglich aus sieben Mitgliedern zusammensetzte.[257] Wie das Kirchliche Jahrbuch 1960 vermerkte, wurde er ins Leben gerufen, »um die Meinung der evangelischen Frauen in Fragen zu Gehör zu bringen, die sich aus der Realisierung der vom Grundgesetz geforderten Gleichberechtigung zwischen Mann und Frau ergeben«.[258] Die im Ausschuss vertretenen Juristinnen, Volkswirtinnen, Theologinnen, Sozialarbeiterinnen und auch Abgeordnete – Frauen wie Männer – formulierten Gutachten und Eingaben an den Deutschen Bundestag, seine Gremien oder die Ministerien. Das Engagement kreiste in den ersten 20 Jahren beispielsweise um die Reform des Mutterschutzgesetzes, die Reform gesetzlicher Bestimmungen über die Absicherung von Ehefrauen im Alter oder bei Krankheit, Probleme der Teilzeitarbeit, die Stellung des nichtehelichen Kindes, die Unterhaltssicherung verheirateter, jedoch noch in Ausbildung befindlicher Kinder, eine Anpassung der steuerlich absetzbaren Beträge für Haushaltskräfte von erwerbstätigen Müttern mit mindestens zwei Kindern, die Verbesserung der Witwenversorgung, die Notzuchtindikation in § 218 StGB und nicht zuletzt um die Strafrechtsreform insgesamt. Mit den meisten dieser Themen setzte sich Elisabeth Schwarzhaupt lange Zeit und mehrfach auseinander: Als Vorsitzende und Mitglied des Rechtsausschusses der EFD sowie als Abgeordnete im Deutschen Bundestag für die Union.[259] Dabei griff sie nach eigenen Aussagen wieder auf ihre Erfahrungen in der »Städtischen Rechtsauskunftsstelle« und auf die Auseinandersetzungen mit den Nationalsozialisten über deren Verständnis von der Rolle der Frau zurück.[260] Bestimmte Fragen wurden im Rechtsausschuss der EFD überhaupt erst angestoßen, bevor sie schließlich auf Bundesebene in den Fachgremien diskutiert wurden. Bezogen auf ausgewählte gesellschaftspolitische

Themen gingen von ihm bedeutende Impulse aus. In dieser Phase der Berufstätigkeit begann Elisabeth Schwarzhaupt – inhaltlich abgestimmt auf ihre Arbeit – regelmäßig über spezifische Frauenfragen zu publizieren. Neben dem Aufbau der EFD befasste sie sich beispielsweise mit Berufsaussichten von Theologiestudentinnen, der Frau als Wählerin, mit dem Thema Frauen und Berufstätigkeit oder dem Status von Akademikerinnen in der Gesellschaft.[261]

Ihre Zeit in der EFD bilanzierend war Schwarzhaupt überrascht, wie viel diskutiert und erreicht wurde. Gleichzeitig bedauerte sie, dass »wir mit der Beteiligung der Frauen am politischen Einfluß in den Parlamenten und an Aufstiegschancen in höhere Verwaltungsstellen kaum weitergekommen (sind), obgleich der rechtliche Anspruch auf gleiche Rechte damals so selbstverständlich war wie heute«.[262]

Mut zur Unpopularität –
Bundestagsabgeordnete der CDU für Wiesbaden

»Ich glaube doch, daß es sich lohnt, als jemand in die Politik zu gehen, der unabhängig ist. Ich selbst befand mich immer in der glücklichen Situation, unabhängig zu sein, hatte es nie nötig, an meinem Mandat zu kleben, weil ich immer durch meine frühere Tätigkeit abgesichert war.«[263]

Prolog oder Seiteneinstieg

Neben den persönlichen Kontakten, die sich aus der kirchlichen Frauenarbeit ergaben, nahm Schwarzhaupt in den ersten Nachkriegsjahren Verbindungen zu politischen Frauenorganisationen auf. Diese hatten sich unmittelbar nach der Befreiung Deutschlands in allen vier Besatzungszonen gebildet. Frauen repräsentierten in dieser Zeit die Mehrheit im Land: So zählte Hessen 1946 circa 2,2 Millionen weibliche und 1,8 Millionen männliche Einwohner; damit waren 57,2 Prozent der Wahlberechtigten Frauen.[264] Die Interessenvertretungen strebten an, dieses statistische Übergewicht proportional in eine politische Teilhabe der Frauen münden zu lassen. Neben der traditionellen Parteiarbeit bot die Mitgliedschaft in sogenannten überparteilichen Frauenausschüssen die Möglichkeit, vornehmlich auf kommunaler Ebene Einfluss zu nehmen. Allein in Hessen existierten um 1947 neun solcher Organisationen,[265] wobei der Frankfurter Ausschuss, seit 1947 heißt er Frankfurter Frauenverband, mit seinen prominenten Mitgliedern eine Vorreiterfunktion und auch den größten Bekanntheitsgrad besaß.[266]

Der Frankfurter Frauen-Ausschuss war bereits am 25. Januar 1946 mit dem Gründungsappell »Ruf an die Frauen!« aktiv geworden. Neben der Journalistin Helli Knoll (SPD) und der »oberste(n) deutsche(n) Hausfrau«[267] Fini Pfannes als Hauptinitiatorinnen gehörten die Liberale Aenne Bringezu, die Christdemokratinnen Carola Barth, Else Eptein und Elfriede Ketzer, die Sozialdemokratinnen Marie Bittorf und Elisabeth Wetzel, die Kommunistin Friedel Jung sowie Erica Küppers, Emily Kraus-Nover, Isabella Rohrbach, Titty Schwerin und – nicht zuletzt – Elisabeth Schwarzhaupt zu den Unterzeichnerinnen. Sie alle engagierten sich für den Wiederaufbau eines demokratischen Gemeinwesens unter angemessener Berücksichtigung weiblicher

Interessen. Zentrale Forderung war die völlige Gleichberechtigung, »wie dies den Frauen durch die Weimarer Verfassung gesetzmäßig zugesichert« worden war. Dass der alte Artikel 109 WRV jene auf die staatsbürgerlichen Rechte beschränkt hatte, ignorierten die Kämpferinnen in ihrer Euphorie. Die meisten verband untereinander der Status, als Gegnerin oder Verfolgte des Nationalsozialismus bekannt und schon in der Weimarer Zeit politisch aktiv gewesen zu sein. Erklärtes Ziel war die Gründung eines Dachverbands gleich dem 1894 ins Leben gerufenen Bund Deutscher Frauenvereine (BDF). Damit stellten sich die Mitglieder bewusst in die Tradition von Pionierinnen der bürgerlichen Frauenbewegung. Die Interessenvertretung wurde mehrheitlich von älteren und gebildeten Persönlichkeiten dominiert, die eher traditionelle Vorstellungen von Weiblichkeit und Familie als höchstem Wert, als Symbol für Ordnung in jenen chaotischen Zeiten bewahrt wissen wollten.[268] Werte, denen sich auch Elisabeth Schwarzhaupt immer verpflichtet fühlte.

Durch ihre langjährige Tätigkeit in exponierten Positionen der Evangelischen Kirche und der Frauenorganisationen hatte Elisabeth Schwarzhaupt inzwischen eine gewisse, weit über die Frankfurter Stadtgrenzen hinaus reichende Bekanntheit erlangt. Vielen Menschen unvergessen geblieben war auch ihr mutiges Eintreten gegen den Nationalsozialismus vor 1933. Da lag es nahe, dass jetzt immer wieder Politikerinnen und Politiker »der ersten Stunde« die Oberkonsistorialrätin umwarben, sich künftig in einer Partei zu engagieren. Mit CDU und LDP, der späteren FDP, standen theoretisch gleich zwei Gruppierungen als mögliche geistige Heimat zur Auswahl. Dennoch zögerte Schwarzhaupt die Entscheidung lange hinaus, so als wollte sie die aufregenden Nachkriegsjahre erst einmal von einem politisch neutralen Standpunkt aus beobachten.

Die Kirchenfrau war noch mit der Abwicklung der Kanzlei in Göttingen befasst, als am 15. September 1945 die Christlich-Demokratische Partei (CDP) Frankfurt bei der amerikanischen Militärregierung ihre Zulassung beantragte.[269] Der lokale Parteiausschuss rekrutierte sich aus Mitgliedern des früheren Zentrums, der ehemaligen DDP, der Bekennenden Kirche, der christlichen Gewerkschaften sowie katholischen und evangelischen Bürgern. Zu ihnen gehörten so renommierte Persönlichkeiten wie die beiden späteren Herausgeber der *Frankfurter Hefte* Walter Dirks und Eugen Kogon oder der kurze Zeit später zum Parteivorsitzenden der CDU Hessen gewählte Werner Hilpert.[270] Frauen waren nicht vertreten. Etwa gleichzeitig mit der erworbenen Lizenz verabschiedete das Gremium die sogenannten *Frankfurter Leitsätze*, in denen die CDP beziehungsweise CDU ihre einem christlichen Sozialismus verpflichteten Vorstellungen von Staat, Gesellschaft, Kirche, Recht und Wirtschaft programmatisch darlegte. Dieser linken Ausrichtung folgte zunächst auch die am 25. November 1945 gegründete CDU Hessen unter

Vorsitz Hilperts, der – sehr zum Verdruss Adenauers – eine enge Zusammenarbeit mit der SPD anstrebte, letzteres allerdings ohne Erfolg. Sein Nachfolger, der Frankfurter Jurist Wilhelm Fay, richtete ab 1952 seine Kraft darauf, das christliche Profil der Union zu schärfen. Zusammen mit dem Rechtsanwalt Hans Wilhelmi, Präses der Synode der Evangelischen Kirche in Hessen und Nassau und ab 1957 Mitglied des Deutschen Bundestags, warb der Katholik öffentlich für den interkonfessionellen Charakter der Partei und nahm dabei sogar Verluste aus eher liberalen, nichtkirchlichen Wählerkreisen in Kauf. Zudem galt Fay als begeisterter Anhänger Ludwig Erhards und dessen Konzepts der sozialen Marktwirtschaft.[271]

Fay wie auch Wilhelmi gehörten den Kreisen der Union an, die Elisabeth Schwarzhaupt schließlich zu einer CDU-Kandidatur bei der Bundestagswahl 1953 überreden sollten. Doch zunächst mussten deren grundsätzliche Zweifel ausgeräumt werden: Wie viele kritische Zeitgenossen, darunter die evangelischen Theologen Karl Barth und Hellmut Gollwitzer, rang die Oberkirchenrätin lange mit dem »C« im Parteinamen, für das sich in Frankfurt interessanterweise gerade Protestanten stark gemacht hatten. In einem Interview danach gefragt, erläuterte sie, nicht in eine Partei eintreten zu können, die sich christlich nennt, da für sie Christentum etwas anderes bedeute als Politik.[272] Schon im Januar 1946 war der von dem Katholiken Paul Friedrich Weber verantwortete Aufruf *An alle Frauen Groß-Hessens!* erschienen, der im Vorfeld der ersten Kommunalwahlen versuchte, Wählerinnen für die CDU zu mobilisieren und dabei an deren religiöse Gefühle appellierte. »Wir wollen vor allem wieder ein christliches Volk sein«, das sich in »brüderlicher Gemeinschaft die Hände« reicht, hieß es dort an zentraler Stelle. Nur »aus christlicher Grundhaltung kann die tiefe Erneuerung kommen, die wir brauchen«.[273] Nach zwölf Jahren NS-Diktatur und menschlicher Barbarei setzten viele Deutsche ihre Hoffnungen wieder stärker auf die Religion und deren humane Werte. So war es umsichtig, dass eine Volkspartei das Attribut »christlich« als positiven gemeinsamen Nenner aussuchte, mit dem sich möglichst viele künftige Wählerinnen und Wähler identifizieren konnten. Hermann Ehlers[274] als profiliertester Sprecher des evangelischen Flügels der CDU überzeugte Elisabeth Schwarzhaupt schließlich davon, dass die Zuschreibung »christlich« zunächst die »Union von Katholiken und Protestanten zum Ausdruck bringen sollte«, und dass es für Politiker eine Selbstverpflichtung bedeute, ihre Aufgaben als Christen zu erfüllen.[275] Ein weiterer Beweggrund mag die Ansicht gewesen sein, den katholischen Exklusivanspruch auf die Definition christlicher Politik brechen zu wollen.[276] Auch der spätere Begriff »Union« wurde im übrigen sehr bewusst gewählt: Denn noch schien dem Wort »Partei« in der Öffentlichkeit der schlechte Ruf der allmächtigen NSDAP anzuhaften, von dem sich die Gründer der CDU auch in der Namengebung distanzieren wollten.[277]

Große Ereignisse warfen nun ihre Schatten voraus: Nur vier Jahre nach Kriegsende beschloss der Parlamentarische Rat am 8. Mai 1949 in Bonn das Grundgesetz. Bei der ersten Bundestagswahl am 14. August 1949 wurde die CDU mit 31 Prozent Stimmenanteil stärkste Partei. Knapp einen Monat später, am 7. September, konstituierten sich das erste Parlament der Bundesrepublik Deutschland und der Bundesrat in Bonn, fünf Tage darauf wurden Theodor Heuss (FDP) auf Vorschlag Konrad Adenauers zum ersten Bundespräsidenten und am 15. September 1949 Adenauer selbst zum Bundeskanzler gewählt.

Bereits im Vorfeld der Wahl zum ersten Deutschen Bundestag hatten verschiedene Persönlichkeiten vornehmlich aus Kreisen der CDU versucht, die zu diesem Zeitpunkt noch parteilose Elisabeth Schwarzhaupt für eine Kandidatur zu gewinnen. Dazu zählten auch die Katholikinnen Elisabeth Rhabanus und Charlotte Schiffler, beide Mitglieder der Frankfurter Union. Obwohl die Damen einen sicheren Listenplatz in Aussicht stellten, lehnte Schwarzhaupt spontan ab. Wenigstens zu diesem Zeitpunkt wollte sie ihre Tätigkeit im Kirchlichen Außenamt noch nicht aufgeben.[278] Als nächster versuchte es Hermann Ehlers. Der Christdemokrat, der seit Oktober 1950 als Bundestagspräsident amtierte, bot Schwarzhaupt die Übernahme des Frauenreferats im Innenministerium an. Doch auch diese Avance lehnte sie ab und empfahl eine andere: Dorothea Karsten aus Hannover, die diesen Posten tatsächlich auch besetzte. Dabei war für die Protestantin vor allem die Frage konfessioneller Parität in Bonn ausschlaggebend: »Nachdem das juristische Frauenreferat im Justizministerium mit einer Katholikin besetzt worden ist, wie ich gehört habe, sollte das Referat im Innenministerium doch wirklich von einer evangelischen Frau besetzt werden«, schrieb sie entschlossen an ihren Fürsprecher.[279] Ehlers ließ nicht locker. Im Vorfeld der zweiten Bundestagswahl trat er wieder an Schwarzhaupt heran, und dieses Mal war sein geduldiges Werben erfolgreich. Zusammen mit Wilhelmi und Elfriede Ketzer vom Frankfurter Frauen-Ausschuss gelang es ihm, die Unentschlossene nicht nur zum Eintritt in die CDU, sondern auch zur Kandidatur im Wiesbadener Wahlkreis 138 zu überreden. Erneut fiel eine Entscheidung mit erheblichen Konsequenzen für ihren weiteren Lebensweg, die stark von anderen Menschen beeinflusst worden war. Sie selbst betrachtete sich später im Mosaik der Union als »ein ganz gut passendes Steinchen, eine Frau und evangelisch«.[280]

Im März 1953 trat Elisabeth Schwarzhaupt der CDU bei.[281] Eine positive Begründung zu dieser Entscheidung fiel ihr auch später nicht ein. Nach dem Auslöser für den plötzlichen Sinneswandel befragt, antwortete sie ausweichend, dass ihr die Freien Demokraten damals »zu rechts« erschienen wären.[282] Im Gegensatz zur CDU definierte sich die LDP von ihrem Selbstverständnis her tatsächlich als »die Rechtspartei« und »entschiedene Gegnerin jeder Art von Kollektivismus und Sozialismus«.[283] Indes gehörte Vater Wilhelm Schwarzhaupt – zuletzt sogar als Ehrenvorsitzender – der Frankfurter LDP an, die im September 1945, etwa zeitgleich mit der CDU, von der amerikanischen Militärbehörde genehmigt worden war.[284] Zudem wirkte er ab März 1946 auch als Mitglied des Landesausschusses in Wiesbaden.[285] Ein Mandat übernahm der 75-Jährige allerdings nicht mehr: »Man muß als alter Mann wissen, wann es Zeit ist zu gehen, sonst sagen es einem die anderen«, bemerkte Wilhelm Schwarzhaupt in seinen Lebenserinnerungen.[286] Diskussionen über den Eintritt in eine der beiden Parteien hatte es zwischen Vater und Tochter sicherlich gegeben. Bisweilen kritisierte sie dessen Entscheidung, sich für die LDP zu engagieren. Sie stieß sich vor allem an den nationalistischen Tönen des Vorsitzenden August Euler.[287] Aber auch Wilhelm Schwarzhaupt hegte mit der Zeit Zweifel an der demokratischen Grundeinstellung der Partei. Als die Nachfolgeorganisation FDP 1955 beschloss, den früheren NS-Studentenführer Derichsweiler in die hessische Landtagsfraktion aufzunehmen, war die Toleranzgrenze für ihn überschritten, und er verließ umgehend die Organisation.[288]

Was hatte Elisabeth Schwarzhaupt tatsächlich dazu bewegt, die Skepsis gegenüber der CDU zu überwinden? Ein entscheidendes Motiv war der von ihr beobachtete Idealismus, mit dem Adenauer und Heuss den Neuanfang des »moralisch wie materiell zerstörten Landes« begleiteten: »Bei diesem Aufbau mitzuhelfen war eine Aufgabe, die mich so reizte, daß ich bereit war, meine interessante Arbeit im kirchlichen Außenamt und einen großen Teil meiner bisherigen Frauenarbeit aufzugeben«, erzählte sie noch im Rückblick voller Enthusiasmus.[289] Hinzu kam, dass die Tätigkeit in der Kirchenbehörde offensichtlich auch von Enttäuschungen und Problemen überschattet war.[290] Zu empfindlichen Auseinandersetzungen schien es mit Martin Niemöller gekommen zu sein, den sie menschlich zwar schätzte, dessen kategorische Ablehnung der Adenauerschen Sicherheits- und Außenpolitik aber keinesfalls von ihr geteilt wurde.[291] Auch wirtschaftliche Fragen hatten sie vor einem Wechsel in die Politik lange zögern lassen. Die Diäten waren in den 50er Jahren nicht so üppig bemessen, dass die Abgeordneten sorglos ihren Lebensunterhalt daraus bestreiten konnten. Elisabeth Schwarzhaupt musste genau prüfen, ob sie sich ein Mandat in Bonn finanziell überhaupt leisten konnte. Schließlich war sie gezwungen, gegebenenfalls auf eine Hälfte ihres kirchlichen Referats und damit auch des monatlichen Gehalts zu verzichten.[292] Am Ende der Rechnerei stand ihr Entschluss jedoch fest, und sie wandte sich an den Rat der EKD: »Die Christlich-Demokratische Union hat mich auf ihrer Landesliste für Hessen zur Bundestagswahl nominiert. Ich habe dieser Nominierung zugestimmt. Ich bitte um die Erlaubnis für den Fall, dass ich gewählt werden sollte, die Wahl anzunehmen.«[293]

An ihren ersten Wahlkampf dachte Schwarzhaupt oft und mit Kopfschütteln zurück. Völlig in Unkenntnis darüber, welche Probleme die Menschen in Wiesbaden und der Region in ihrem Alltag beschäftigten, versuchte die Idealistin auf Veranstaltungen in rauchigen Dorfkneipen für die freiheitliche Demokratie zu werben, die Bewältigung des Nationalsozialismus oder die Interkonfessionalität der Union anzusprechen. Das Interesse an diesen Themen war äußerst dürftig, und so debattierte sie schließlich mit den Anwesenden ernüchtert über Umgehungsstraßen, Unkrautvertilgungsmittel oder den Import von Billigobst und Wein aus Südeuropa.[294] Im Nachhinein erschienen ihr die Hintergründe der Kandidatenkür ein wenig suspekt. Sie vermutete sogar taktische Erwägungen für ihre Aufstellung, um die Chancen eines anderen zu verbessern. So fühlte sie sich gleich doppelt funktionalisiert, zum einen als Frau, zum anderen als Neuling auf landespolitischem Terrain gegenüber dem von bestimmten Kreisen der CDU favorisierten Gegenkandidaten Victor-Emmanuel Preusker (FDP). Tatsächlich gewann der Liberale 1953 das Direktmandat, aber die 52-Jährige schaffte den Sprung in den Bundestag über einen vorderen Listenplatz.[295] Als Seiteneinsteigerin hatte sie nicht vermocht, eine Hausmacht innerhalb der Partei hinter sich zu versammeln. Vielmehr war es wohl das Prestige in der Öffentlichkeit, das zu ihrem guten Wahlergebnis beitrug.[296]

Nach 17 Jahren Kirchenarbeit stand Elisabeth Schwarzhaupt jetzt vor der beruflichen Wende in ihrem Leben. Es galt, Abschied zu nehmen von Martin Niemöller sowie den Kollegen und Kolleginnen im Kirchlichen Außenamt. Was folgte, war eine für Frauen überdurchschnittlich lange Abgeordnetentätigkeit im Deutschen Bundestag, die in der Übernahme eines Ministerpostens gipfelte. Erst 1969 sagte die Christdemokratin der politischen Bühne in Bonn Adieu.

Für die Reform des Ehe- und Familienrechts – Kärrnerarbeit in den Ausschüssen

Westintegration, Sicherheits- und Europapolitik waren die großen Themen, mit denen sich Bundesregierung und Parlament zu Beginn der 50er Jahre intensiv beschäftigten. Als Neuling anfänglich auf dem Bonner Parkett noch unsicher war Elisabeth Schwarzhaupt glücklich, im Bundestag zunächst mit rechtspolitischen Fragen betraut zu werden. Erfolgreich hatte sich die Abgeordnete um eine Mitgliedschaft im Rechtsausschuss beworben, in den sie ihr juristisches Wissen und ihre Erfahrungen aus der Tätigkeit in der Frankfurter »Rechtsauskunftsstelle«, dem Rechtsausschuss der EFD und der Familienrechtskommission der EKD einbringen konnte.[297]

Eine der dringlichsten Aufgaben erwuchs dem Bundestag aus der Umsetzung des in Artikel 3 Absatz 2 GG festgeschriebenen Gleichberechtigungssatzes. Ein künftiges Gesetz sollte die Gleichstellung von Mann und Frau verwirklichen und die familienrechtliche Benachteiligung der Frau aufheben. Seinen eindeutigen Wortlaut – »Männer und Frauen sind gleichberechtigt« – hatte die Kasselanerin Elisabeth Selbert (SPD) als eine der vier »Mütter« der Verfassung erstritten.[298] Weil dieser Norm eine Vielzahl weitergeltender Bestimmungen besonders im BGB widersprachen, war in Artikel 117 GG festgelegt, dass dem Gleichberechtigungsgrundsatz entgegenstehendes Recht bis spätestens 31. März 1953 angepasst werden müsse. Die Frist für diesen Stichtag war inzwischen ohne Gesetzesänderung abgelaufen. Im Dezember 1953 stellte das Bundesverfassungsgericht fest, dass seit dem 1. April Mann und Frau im Bereich von Ehe und Familie gleichberechtigt seien. Bis zum Inkrafttreten des *Gleichberechtigungsgesetzes* am 1. Juli 1958 sollte diese Phase der nunmehr in die Hand der Gerichte gelegten Verwirklichung des Gleichberechtigungsgrundsatzes andauern.

Die Vorbereitungen dieser großen Gesetzgebungsarbeit reichten bis in das Jahr 1950 zurück. Damals hatte Justizminister Thomas Dehler (FDP) die Kölner Oberlandesgerichtsrätin Maria Hagemeyer mit der Erstellung einer Denkschrift zur notwendigen Gesetzesanpassung beauftragt. Diese sah die Abschaffung der §§ 1354 und 1628 BGB vor, stellte allerdings bei Konflikten der Eheleute die Möglichkeit neutraler Beratung in Aussicht. In § 1354 BGB, berühmt-berüchtigt als »Gehorsamsparagraph«, war festgelegt, dass allein der Ehemann in allen das eheliche Leben betreffenden Angelegenheiten zu bestimmen hätte und die Frau der Entscheidung des Mannes Folge leisten müsse. § 1628 BGB betraf die elterliche Gewalt und wies dem Vater das Letztentscheidungsrecht in strittigen Fragen der Kindererziehung zu. Der Text Hagemeyers wurde 1950 auf dem 38. Deutschen Juristentag in Frankfurt am Main diskutiert, der unter dem Motto »Die Gleichberechtigung der Frau« stand. Teilnehmer um die künftige Bundesverfassungsrichterin Erna Scheffler und Landesverwaltungsgerichtsrätin Hildegard Krüger traten für die Streichung beider Paragraphen zugunsten einer gemeinsamen Entscheidungsbefugnis ein. Andere stimmten kategorisch für deren Beibehaltung. Eine letzte Gruppierung schlug den Wegfall des ehemännlichen Entscheidungs-, jedoch die Bewahrung des väterlichen Letztentscheidungsrechts vor. Der Argumentation Schefflers folgend erging schließlich eine Empfehlung des Juristentags an den Gesetzgeber, die bei der künftigen Familienrechtsreform berücksichtigt werden sollte.

Nachdem Dorothea Karsten vom Frauenreferat im Innenministerium die einzelnen Interessenvertretungen und (Frauen-)Organisationen über den Entwurf informiert hatte, kamen vor allem aus den beiden christlichen Kirchen unterschiedliche Reaktionen auf die Denkschrift: Während der liberale Flügel innerhalb der EKD den Kompromiss – Abschaffung § 1354, Beibehaltung § 1628 BGB – befürwortete, warb die katholische Kirche demonstrativ für die Belassung patriarchalischer Strukturen. Durch die Gleichstellung sahen die Vertreterinnen und Vertreter um den Kölner Erzbischof Joseph Kardinal Frings die »natürliche Ordnung« von Ehe und Familie gefährdet. Auch der gefürchteten außerhäuslichen Erwerbstätigkeit von Müttern erteilten sie bei dieser Gelegenheit eine Absage. Nach monatelangen Debatten unter Politikern, Juristen, Kirchen und Frauenorganisationen ging endlich ein Referentenentwurf aus dem Justizministerium an Adenauer, den das Kabinett am 18. Dezember 1953 auch billigte. Danach sollten die §§ 1354 und 1628 BGB zum »Wohl der Familie« beibehalten werden.[299] Dieser Text wurde als Regierungsentwurf nun in den Ausschüssen Recht und Innere Angelegenheiten beraten, um schließlich in den Unterausschuss »Gleichberechtigung von Mann und Frau« delegiert zu werden. Spätestens ab dieser Phase nahm Elisabeth Schwarzhaupt an der inhaltlichen Ausgestaltung des Reformwerks teil.

Am 12. Februar 1954 fand die erste Lesung des überarbeiteten Entwurfs im Bundestag statt. SPD- und FDP-Fraktion präsentierten jeweils eigene Vorschläge, die ebenfalls verhandelt wurden. Erneut entbrannten die Kontroversen auch innerhalb der vertretenen Parteien. Eine, die sich ausdrücklich nicht an die Fraktionsdisziplin halten und gegen den Entwurf argumentieren sollte, war Elisabeth Schwarzhaupt. Sie sprach an diesem Tag zum ersten Mal im Plenum. Mit Spannung wurden daher ihre Ausführungen erwartet. Sie begann ihre Rede mit einer grundsätzlichen Feststellung, nämlich, dass vom Staat gesetztes Recht die Familie in ihrer inneren, privaten Struktur nicht gestalten dürfte. Erst wenn diese versagte, könnten die vom staatlichen Gesetzgeber angeordneten Regeln in Kraft treten. Die »innere Ordnung« der Familie beruhte nicht auf Macht, sondern auf dem »gegenseitigen Willen zu einer verbindlichen Gemeinsamkeit, auf der Liebe zwischen den Ehegatten und zwischen Kindern und Eltern«. Das Protokoll vermerkte an dieser Stelle Zustimmung aus den Lagern »Mitte und rechts«. Gestärkt durch das positive Echo aus dem Plenum wandte sich die Rednerin nun der Frage der Unterordnung von Frauen zu und griff dabei das neutestamentarische Paulus-Wort auf. Das war ihr Terrain, auf dem konnte der Bibelkundigen niemand etwas vormachen. Zwar benenne die Schrift den »Mann als Haupt der Frau, wie Christus Haupt der Gemeinde war«, fuhr sie fort, dieses Gleichnis sei jedoch nur im Sinne eines »freiwilligen und gegenseitigen Opfers« zu interpretieren. Ebenso wie die Vertreter der liberalen protestantischen Richtung stellte sie damit in Abrede, aus biblischen Weisungen Rechtspflichten abzuleiten, die für die staatliche Gesetzgebung verbindlich seien. Aus diesem Grund plädierte die Juristin auch darauf, jene Passagen aus dem Regierungsentwurf zu streichen, »die ein überwiegendes Entscheidungsrecht des Mannes als einen Rechtsanspruch statuieren«. Das Protokoll vermerkte an dieser Stelle »Beifall bei der SPD und bei Teilen der

Mitte«. Deutlich und ohne Umschweife äußerte sie nun ihre ganz persönliche Meinung. Sie wäre, sagte sie, »für eine Streichung von § 1354 und für eine Änderung der §§ 1628 und 1629«.[300]

Zu Wort kamen in dieser Sitzung unter anderen auch ihre Fraktionskollegin und Kontrahentin Helene Weber sowie der von Adenauer gerade berufene Familienminister Franz-Josef Wuermeling (CDU), beide Katholiken.[301] Während Weber Front gegen »Fanatiker, ja Fanatikerinnen der Gleichberechtigung« machte und es als »Löwenmut« pries, für den § 1354 BGB einzutreten, malte Wuermeling – dabei die Deutsche Demokratische Republik im Visier – wahre Schreckensszenarien an die Wände des Hohen Hauses, indem er einen Zusammenhang zwischen Gleichberechtigung und Zwangsarbeit herzustellen versuchte. »Ich meine«, so warnte der Minister, »wir sollten unsere Frauen und Mütter nicht nur vor solchen Neuerern schützen, sondern wir sollten auch den Weg zu solchen Entwicklungen nicht eröffnen oder freigeben.« Diese endeten nach seiner Auffassung in letzter Konsequenz im Kohlen- oder Uranbergwerk.[302]

Es wurde eine lange, emotional geführte Auseinandersetzung, die jedoch von den sachlich-fundierten Darlegungen Elisabeth Schwarzhaupts dominiert war. Dafür ließen ihr viele Mitglieder der Opposition faire Anerkennung zuteil werden. Auch die Presse überschüttete den Parlamentsneuling mit Lob. So urteilte noch am selben Abend die *Neue Zeitung:* »Und siehe da: es funkte. Frau Oberkirchenrätin Dr. Schwarzhaupt … sorgte dafür, daß die Debatte mit einem Schlag ein Niveau erreichte, wie es der Beobachter in diesem neuen Bundestag bisher nicht zu registrieren vermochte.« Und die *Neue Zürcher Zeitung* sprach gar von »einem parlamentarischen Talent ersten Ranges«, dessen hervorragende Rede »die Diskussion vom unfruchtbaren Streit der Ideologien herab auf den Boden der praktischen Probleme« gebracht habe.[303] Schwarzhaupt selbst schien ebenfalls zufrieden mit ihrer Premiere.[304]

Die nächste Runde tagte ab Februar 1955 im neuen Unterausschuss »Familienrechtsgesetz«, der sich aus acht Abgeordneten der CDU/CSU, fünf der SPD und jeweils einem der FDP, Deutschen Partei (DP) und Bund der Heimatvertriebenen und Entrechteten (BHE) zusammensetzte. Zu den sechs berufenen Frauen gehörten neben Elisabeth Schwarzhaupt unter anderen Helene Weber (CDU), Friederike Nadig (SPD) und Marie-Elisabeth Lüders (FDP). Bei der Abstimmung über die Streichung des § 1354 BGB zeigte Schwarzhaupt taktisches Geschick und zog prompt den Zorn Helene Webers auf sich. Die Juristin hatte die eigentlich verhinderte Margot Kalinke (DP) dringend gebeten, über den Stichentscheid des Ehemannes mitzustimmen, denn sie kannte deren Einstellung. Kalinke kam tatsächlich und votierte gegen eine Beibehaltung des § 1354 BGB. Mit dem denkbar knappen Ergebnis von 8:7 beschlossen die 15 Stimmberechtigten die Streichung des Stichentscheids. Helene Weber geißelte Schwarzhaupts Vorstoß als »hinterlistig«. Ihr im rheinischen Tonfall vorgebrachter Kommentar – »dat is doch sehr bedenklich für eine Oberkirchenrätin!« – wurde häufig kolportiert.[305] Im Falle des § 1628 BGB ging die Rechnung nicht auf: Nach einer Pattsituation von 8:8 wurde die Debatte in den Gesamtausschuss überwiesen, wo die Befürworter der Streichung schließlich mit 13:15 Stimmen unterlagen.[306]

Anfang Mai 1957 fand im Bundestag die zweite und dritte Lesung des Gesetzes zur Reform des Ehe- und Familienrechts statt. Erneut brachte die CDU-Fraktion einen Änderungsantrag ein, um den Stichentscheid nach § 1354 BGB doch noch zu retten, erneut widersetzte sich Elisabeth Schwarzhaupt couragiert der Argumentation ihrer Partei. Es war schließlich ihrer großen Überzeugungskraft und Sachkenntnis zu verdanken, dass nach der Aussprache der Stichentscheid mit 186 gegen 172 Stimmen bei sechs Enthaltungen in namentlicher Abstimmung fiel. Kurze Zeit später berieten die Gremien des Bundesrats den Text, der jetzt unter dem Titel *Gesetz über die Gleichberechtigung von Mann und Frau auf dem Gebiet des bürgerlichen Rechts*, kurz *Gleichberechtigungsgesetz*, geführt wurde. Am 24. Mai 1957 erfolgte endlich die Zustimmung des Bundesrats. Fast achteinhalb Jahre hatte der »Marathon« nunmehr von der Annahme des Rechtsgrundsatzes aus Artikel 3 Absatz 2 GG durch den Parlamentarischen Rat bis zur Verabschiedung des *Gleichberechtigungsgesetzes* am 18. Juni 1957 gedauert. Nach weiteren zwölf Monaten trat es zum 1. Juli 1958 in Kraft. Weniger erfolgreich war die Argumentation gegen den Letztentscheid des Vaters nach § 1628 BGB verlaufen, den erst das Urteil des Bundesverfassungsgerichts vom 29. Juli 1959 wegen Verstoßes gegen Artikel 6 und Artikel 3 Absatz 2 GG für verfassungswidrig und nichtig erklärte.

Das *Gleichberechtigungsgesetz* von 1957 stärkte die Position der Ehefrau und beschnitt die des Mannes. Seine bislang geltenden Vorrechte sowie das Verwaltungs- und Nutznießungsrecht am Vermögen der Ehefrau entfielen. Durch Einführung der Zugewinngemeinschaft als gesetzlichem Güterstand war die Ehefrau an den während der Ehe erworbenen materiellen Gütern zu beteiligen. Damit wurde nicht zuletzt einer alten Forderung der Frauenbewegung zu Beginn des 20. Jahrhunderts Rechnung getragen, wie Schwarzhaupt später befriedigt feststellte. Allerdings beinhaltete das neue Gesetz, wie sich zeigte, auch erhebliche Schwachpunkte. So hatte sich die Legislative weder zu einem Ausgleich der während der Ehe erworbenen Versorgungs- und Rentenansprüche noch zu einer Reform des Namenrechts entschließen können. Der Name des Mannes blieb Familienname; der Ehefrau wurde jetzt lediglich die Möglichkeit zugestanden, ihren Mädchennamen anzuhängen. Erst seit 1994 können beide Partner ihren jeweiligen Geburtsnamen nach der Heirat beibehalten.[307] Auch in Fragen der Berufstätigkeit besaß die Ehefrau noch immer eingeschränkte Rechte. So durfte sie eine außerhäusliche Arbeit nur

annehmen, wenn dies sich mit ihren Pflichten in Ehe und Familie vereinbaren ließ.[308] Elisabeth Schwarzhaupt war sich dieser Mängel durchaus bewusst. Gerade ihr künftiges Engagement um eine Verbesserung der Versor-
gungsansprüche oder der Rechte für berufstätige Ehefrauen sollte dazu
beitragen, diese Defizite des neuen Gesetzes auszugleichen.

Die langwierigen Auseinandersetzungen seit den 50er Jahren zusammenfassend kam Rita Süssmuth, Vorsitzende der Frauen-Union, 1989 zu
der ernüchternden Feststellung, dass »die Debatten des Deutschen Bundestags über die Gleichberechtigung von Männern und Frauen keine Sternstunden« waren.[309] Zu der Diskussion über den Wegfall der §§ 1354 und
1628 BGB gesellten sich aber noch zwei weitere familienrechtliche Themen,
mit denen Elisabeth Schwarzhaupt als Abgeordnete intensiv befasst war: Die
Änderung des § 48 Absatz 2 des Ehegesetzes (EheG) von 1946, der schließlich im *Familienrechtsänderungsgesetz* vom 11. August 1961 in einer modifi-
zierten Form Aufnahme fand, und – im Anschluss an ihr Ministeramt – die
Reform des Nichtehelichenrechts. Nach den Debatten um die Gleichberechtigung steigerten sich sowohl das Medien- als auch das öffentliche Interesse
an dem Gegenstand. Die Reaktionen wurden im Ton schärfer, gelegentlich
auch polemisch.

Bestrebungen, das Scheidungsrecht zu reformieren, gab es mit unterschiedlichen Zielen bereits in der Weimarer Republik und zu Beginn der
NS-Zeit. Der »Anschluss« Österreichs an Deutschland im März 1938 hatte
schließlich eine Anpassung der Rechtsordnungen beider Länder unumgänglich gemacht, die auch die Reform des Eherechts umfasste. Im August 1938
war das *Gesetz zur Vereinheitlichung des Rechts der Eheschließung und der
Ehescheidung im Lande Österreich und im übrigen Reichsgebiet* in Kraft getreten. Die darin enthaltene Bestimmung aus § 48 EheG erzürnte die Gemüter
noch bis in die 60er Jahre hinein. Ganz im Sinne nationalsozialistischer
Bevölkerungspolitik konnte danach die Scheidung eingereicht werden, wenn
ein Ehegatte sich weigerte, Kinder zu erzeugen, oder wenn er rechtswidrig
Mittel zur Verhinderung der Geburt anwandte.[310] Als Ausnahme von der
Norm wurde allein der Tatbestand akzeptiert, dass die Nachkommen gemäß
der Erbgesundheitsgesetzgebung oder der *Nürnberger Gesetze* im nazistischen Sprachgebrauch als nicht »vollwertig« anzuerkennen wären.

Bereinigt von Vorschriften typischen NS-Inhalts ersetzte das Kontrollratsgesetz Nr. 16 vom 20. Februar 1946 das EheG, ohne an seiner grundsätzlichen Struktur etwas zu ändern.[311] Als Scheidungsgrund galt nun, wenn das
Gericht den Tatbestand der Zerrüttung feststellte, nicht jedoch Verweigerung der Fortpflanzung oder Unfruchtbarkeit. Neu eingeführt wurde § 48
Absatz 2 EheG (1946), der aufgrund der negativen Erfahrungen während
der Zeit des »Dritten Reiches« dem beklagten Gatten ein Widerspruchsrecht
einräumte; allerdings konnte er die tatsächliche Verstoßung durch die kla-

gende Seite rechtlich nicht verhindern. Dieses Widerspruchsrecht zu stärken war nicht nur ein Anliegen Elisabeth Schwarzhaupts, sondern auch des Bundesjustiz- und vor allem des Familienministeriums. Der Katholik Wuermeling hatte bereits Anfang 1954 gefordert, das Scheidungsrecht dürfe keinen Anreiz bilden, »bei Schwierigkeiten gleich zum Scheidungsrichter zu laufen und alle Aussicht auf Erfolg zu haben«.[312]

Die Familienrechtskommission der EKD regte 1959 an, bei der Neuregelung des *Familienrechtsänderungsgesetzes* § 48 Absatz 2 Satz 2 EheG so abzufassen, dass ein Widerspruch des beklagten Gatten künftig nur dann abgelehnt werden dürfe, wenn er rechtsmissbräuchlich erhoben würde.[313] Diese Formulierung, an der Elisabeth Schwarzhaupt als Mitglied beteiligt war, entsprach auch den Reformplänen der CDU/CSU-Fraktion im Bundestag. Der Vorschlag war einerseits der klerikal-konservativen Haltung weiter Teile der Union geschuldet, die von der grundsätzlichen Unauflöslichkeit der Ehe ausging. Andererseits spielten aber auch die negativen Erfahrungen aus der Zeit des Nationalsozialismus, als besonders Ehefrauen schutzlos dem NS-Recht ausgeliefert waren, bei der Argumentation eine Rolle. Elisabeth Schwarzhaupt selbst hatte sich schon während ihrer Tätigkeit in der Kirchenkanzlei intensiv mit dem Ehegesetz befasst, das, so brachte sie es rückblickend knapp auf einen Nenner, »offensichtlich führenden Nationalsozialisten dazu verhelfen sollte, ihre alten Ehefrauen loszuwerden«.[314] Solchen Un-Rechtsbestimmungen suchte sie in guter Absicht zukünftig einen Riegel vorzuschieben. Im Fortgang der Diskussion sprach sich die Christdemokratin 1961 im zuständigen Bundestagsausschuss dafür aus, den an der Zerrüttung schuldlosen Gatten wirksamer zu schützen. Wieder folgten Sitzungen, Stellungnahmen, neue Entwürfe und Änderungsanträge, bis schließlich im Juli 1961 die folgende Fassung die Zustimmung des Bundesrats fand: »Hat der Ehegatte, der die Scheidung begehrt, die Zerrüttung ganz oder überwiegend verschuldet, so darf die Ehe gegen den Widerspruch des anderen Ehegatten nicht geschieden werden, es sei denn, daß dem widersprechenden Ehegatten die Bindung an die Ehe und eine zumutbare Bereitschaft fehlen, die Ehe fortzusetzen.«[315]

Dieser die Scheidung erschwerende Zusatz entfachte eine lebhafte Debatte in der Öffentlichkeit. Während Elisabeth Schwarzhaupt die Ansicht vertrat, dass mit dieser sinnvollen Frauenschutznorm künftig ein »Mindestmaß an Stabilität und Sicherheit« für die Ehegatten gewährleistet sei, schalt die Presse Franz-Josef Wuermeling als »Familien-Bewacher«, und die Zeitschrift *Der Spiegel* titelte nach Bekanntmachung der Änderung in Anspielung auf die Schwurformel gar: »In Untreue fest«.[316] Die Haltung beider Unions-Politiker wie auch die der Kirchen in dieser Frage war repräsentativ für die Bundesrepublik der 50er und 60er Jahre. Die Ehe galt damals nicht als ein personenrechtliches Verhältnis, das Selbstbestimmung der Eheleute kennzeichnete, sondern als unauflösbare Institution, in der die Persönlichkeiten der Gatten kaum berücksichtigt wurden. Im Dezember 1976, ein halbes Jahr nach Verkündung des *Ersten Gesetzes zur Reform des Ehe- und Familienrechts*, fühlte sich Elisabeth Schwarzhaupt herausgefordert, noch einmal Stellung zu beziehen. Zu diesem Zeitpunkt hatte sie sich längst aus der Bundespolitik verabschiedet. Ihr Beitrag in der Zeitschrift *Evangelische Verantwortung*, dem Organ des Evangelischen Arbeitskreises der CDU/CSU, begann mit den etwas gönnerhaften Worten »Man soll nicht nachkarten«, was die 75-Jährige im folgenden dann aber doch meisterlich vollbrachte. Darin wies sie die vermutlich von der SPD im Wahlkampf 1976 erhobenen Vorwürfe zurück, die CDU hätte seinerzeit im Falle des *Familienrechtsänderungsgesetzes* »eine reaktionäre und klerikale Auffassung von Ehe und Ehescheidung« demonstriert. Noch einmal erläuterte sie, dass das neue Widerspruchsrecht in § 48 Absatz 2 EheG vor dem Hintergrund des Missbrauchs während der NS-Zeit formuliert worden war. Eine Antwort, warum Mitte der 70er Jahre eine neuerliche Reform notwendig wurde, blieb sie allerdings schuldig. Initiiert durch die Studentenproteste und das Erstarken einer selbstbewussten Neuen Frauenbewegung befand sich die bundesrepublikanische Gesellschaft zu diesem Zeitpunkt in einem Umbruch, der auch familienrechtliche Fragen berührte. Unter anderem trat mit der Reform an die Stelle vorherrschender Rollenfixierung in der sogenannten Hausfrauenehe die Funktionsteilung in Haushalt und Familie nach dem freien Willen der Ehepartner. Scheidungen erfolgten seither nicht mehr nach dem Verschuldens-, sondern nach dem Zerrüttungsprinzip, bei dem das Scheitern der Ehe unwiderlegbar zu vermuten war, wenn die Gatten drei Jahre von Tisch und Bett getrennt lebten. In ihren Erinnerungen schlug Elisabeth Schwarzhaupt indes moderatere Töne an. Noch einmal die Debatten zu Beginn der 60er Jahre reflektierend, räumte sie nachdenklich ein, jetzt wohl anders als damals zu votieren. Und ähnlich wie in der hitzigen Debatte um den Stichentscheid des Ehemannes nach § 1354 BGB argumentierte sie, dass staatliches Recht angesichts eines gewandelten Eheverständnisses den formellen Fortbestand einer Ehe nicht erzwingen könne: »Ich glaube sogar, daß es heute einem Ehegatten, von dem sich der andere getrennt hat, leichter wird, sich ein eigenes Leben aufzubauen, wenn die Ehe rechtlich gelöst ist, so hart das oft zunächst sein mag.«[317]

Als Elisabeth Schwarzhaupt Mitte der 80er Jahre nach den wichtigsten Erfolgen ihrer Tätigkeit in Bonn gefragt wurde, stellte sie die Arbeit an den Reformen des Eherechts und des Nichtehelichenrechts besonders heraus.[318] Beide hatten effektiv zum Abbau von Diskriminierungen und zur allgemeinen Liberalisierung beigetragen, was die kritische Zeitgenossin im Rückblick auf ihre Zeit als Mitglied des Deutschen Bundestags wohlwollend registriert haben mochte.

Das »Kirchenfräulein« im Männerkabinett

*»Also übernahm ich ein Ministerium, das es noch gar nicht gab, in dem Bewußt-
sein, eine von meinen Kolleginnen schwer erkämpfte Alibifrau zu sein.«*[319]

Eine Frau Minister?

Schwarzhaupts bisweilen kontrovers diskutierten Auftritte im Bundestag hatten die Abgeordneten beeindruckt. Ihre Ausdrucksweise war stets prägnant,
und komplexe rechtliche Vorgänge verstand sie, aus der Geschichte heraus
trefflich zu verdeutlichen. Um zum Beispiel 1962 die Vielschichtigkeit des
deutschen Krankenhauswesens zu erläutern, bot sie zunächst einen historischen Überblick zu Funktionen mittelalterlicher Hospitäler.[320] Immer pflegte sie einen sehr menschlichen Stil. Auf Titel und Funktionen legte sie keinen
Wert, sondern sprach vor weiblichem Publikum schlicht »unter Frauen als
Frau«.[321] Die über Parteigrenzen hinweg geschätzte fachliche Kompetenz, ihr
Engagement für die gesetzliche Verankerung der Gleichberechtigung und
der große Bekanntheitsgrad hatten die Unions-Frauen bereits während der
zweiten Legislaturperiode davon überzeugt, dass die erfahrene Juristin die
ideale Persönlichkeit sei, das weibliche Geschlecht auf höchster politischer
Ebene zu repräsentieren. Allerdings machten die Damen die Rechnung ohne
den Wirt in Person Konrad Adenauers, der auch nach der dritten Bundestagswahl keinerlei Bereitschaft signalisierte, eine Frau an der Regierung zu
beteiligen. »Adenauer verehrte Frauen, er war immer ritterlich gegen sie«,
urteilte Schwarzhaupt später aus eigener Erfahrung, »aber Frauen in der
Politik betrachtete er als lästige Notwendigkeit.«[322]

Die CDU präsentierte bei der Bundestagswahl am 15. September 1957
erneut ihren mittlerweile 81-jährigen Spitzenkandidaten, der den stetigen
Erfolg der Union eindrucksvoll personifizierte: Unter seiner Ägide waren
im Bereich der Wirtschafts- und Außenpolitik bis dahin klare Weichenstellungen vollzogen worden, dazu gehörten vor allem das Bekenntnis zur sozialen Marktwirtschaft und die eindeutige Westbindung. Dieses Programm
gepaart mit dem positiven Image Adenauers verhalfen der Union zu insgesamt 270 Mandaten, das hieß zur absoluten Mehrheit.[323] War Elisabeth
Schwarzhaupt 1953 noch über die Landesliste in den Deutschen Bundestag

eingezogen, so erkämpfte sie 1957 mit 65.702 Stimmen im Wiesbadener Wahlkreis eines der insgesamt 194 Direktmandate.[324] Mit ihrem Triumph stand Schwarzhaupt als Frau nicht ganz allein. So hatten die Christdemokratinnen Aenne Brauksiepe für den Wahlkreis Köln I, Maria Probst für den Wahlkreis Karlstadt oder Luise Rehling für den Wahlkreis Hagen ebenfalls Direktmandate gewonnen.[325] Adenauer wusste sehr genau: Ob dieser Erfolge hätte die Beteiligung von Frauen an der Regierung zwingend angestanden. Zusagen in diese Richtung soll er im Vorfeld des Urnengangs unter Erwähnung von Elisabeth Schwarzhaupt und Luise Rehling auch ausgesprochen haben.

Den damaligen Wahlkampf-Slogan der CDU/CSU »Keine Experimente!« konnten die Unions-Frauen durchaus auf sich beziehen, denn im Ergebnis wurden ihre Forderungen nach einem Kabinettsressort abgelehnt. Was das Geschlechterverhältnis anbetraf blieb alles beim Alten: Am 28. Oktober 1957 präsentierte Adenauer der Öffentlichkeit seine neue Mannschaft, eine Koalitionsregierung bestehend aus männlichen Ministern der Fraktionen von CDU/CSU und DP. An Initiativen seitens der Frauen hatte es zwar nicht gemangelt, aber die Proteste waren zu spät gekommen, zu zögerlich formuliert und das gewiefte Taktieren des Regierungschefs unterschätzt worden. Erst am 22. Oktober 1957, Adenauer war gerade zum dritten Mal vom Deutschen Bundestag als Bundeskanzler bestätigt worden, regte sich vehementer Unmut im »Büro für Staatsbürgerliche Frauenarbeit e. V.« in Wiesbaden. Er richtete sich zunächst gegen die geplante Wiederbesetzung des in der Öffentlichkeit umstrittenen Familienministeriums unter Leitung von Franz-Josef Wuermeling. Dessen Berufung 1953 war besonders von Frauen als bewusster Schachzug Adenauers gegen die etwa zeitgleich geführte Gleichberechtigungsdebatte gewertet worden.[326] In einem Schreiben an Elisabeth Schwarzhaupt erklärte die Leiterin Erna Schlepper stellvertretend für »die überwiegende Mehrheit der CDU-Wählerinnen und Wähler«, das Ressort müsse »auf jeden Fall mit einer Frau« besetzt werden »und keinesfalls mit Herrn Dr. Wuermeling«.[327] Eine, die diese Meinung damals gar nicht teilte, war die Alterspräsidentin des Deutschen Bundestags Marie-Elisabeth Lüders (FDP). Da ein »völlig autoritärer« Kanzler die Republik regiere, sähe sie für eine Ministerin keinen Handlungsspielraum. Sie befürchtete vielmehr, dass diese am Ende für etwaige Misserfolge noch von den Frauen verantwortlich gemacht würde.[328]

Helene Weber ließ sich indes nicht beirren und blies zur Offensive. Stellvertretend für den Bundesfrauenausschuss der CDU wandte sie sich an Adenauer persönlich, um ihn an sein Versprechen zu erinnern, eine Frau in das dritte Bundeskabinett aufzunehmen. Im Falle einer negativen Entscheidung sähe sie die Zusammenarbeit mit CDU-Politikerinnen und den Frauenorganisationen bei künftigen Landtagswahlen gefährdet.[329] Solch leises Säbelgerassel brachte den Kanzler kaum in Verlegenheit. Arrogant und ohne eine Begründung bügelte er Weber schriftlich ab, es sei zu seinem Bedauern nicht möglich »bei der Bildung der Bundesregierung eine Frau für ein Ministeramt vorzusehen«.[330] Beleidigt versah Weber den despektierlichen Bescheid mit ihrem Aktenvermerk: »Zu unser[e]m Material.«

Um weder die weiblichen Abgeordneten völlig zu düpieren noch CDU-Wählerinnen bei künftigen Urnengängen zu vergraulen, entschied sich die Union rasch zu alternativen Zugeständnissen an die Frauen; so wenigstens sind zwei unmittelbar auf die Absage folgende Initiativen zu deuten. Anfang November 1957, nur neun Tage nach der Kabinettsbildung, wurde Elisabeth Schwarzhaupt mit 153 von 199 Stimmen zur stellvertretenden Vorsitzenden des sechsköpfigen Vorstandes der CDU-Fraktion gewählt. In diesem Gremium, dem sie bis November 1961 angehörte, war sie die »First Lady« – im doppelten Sinne.[331] Etwa zeitgleich bot ihr Wuermeling den Posten einer Staatssekretärin im Bundesfamilienministerium an – auch in dieser Stellung wäre sie die erste Frau gewesen. »Ich habe abgelehnt«, berichtete Schwarzhaupt nüchtern der Rechtsanwältin und Vorsitzenden der »Vereinigung weiblicher Juristen und Volkswirte e. V.«[332] Hildegard Gethmann, »weil ich mein Mandat nicht aufgeben will.«[333]

Die Stunde Elisabeth Schwarzhaupts schlug erst nach der Wahl zum vierten Deutschen Bundestag am 17. September 1961. Mit nur 45,3 Prozent fiel der Stimmenanteil von CDU/CSU etwa auf den Wert von 1953 zurück. Die Unionsparteien verloren die absolute Mehrheit. SPD und FDP legten im Vergleich zur Wahl von 1957 um 4,4 beziehungsweise 5,1 Prozentpunkte zu und lagen jetzt bei 36,2 beziehungsweise 12,8 Prozent.[334] Für das schlechte Wahlergebnis, das die CDU in eine regelrechte Krise stürzte, wurde Adenauer verantwortlich gemacht. Kritiker, allen voran Franz Josef Strauß (CSU), hielten ihm sein wankelmütiges Verhalten während der Bundespräsidentenwahlen 1959 vor, für die er zunächst selbst kandidieren wollte, um im letzten Moment seine Aufstellung zugunsten Heinrich Lübkes (CDU) wieder zurückzuziehen. Außerdem wurde seine angeblich unzulängliche Reaktion auf die Berlin-Krise gerügt, die ab dem 13. August 1961 im Bau der Mauer gipfelte. Für die Liberalen war die Situation besonders delikat, da sie mit der Aussage »Koalition mit der Union, aber ohne Adenauer« in den Wahlkampf gezogen waren, jetzt aber zum potentiellen Partner in einer von der CDU/CSU geführten Regierung avancierten. Eine weitere Kanzlerschaft Adenauers, der inzwischen im 86. Lebensjahr stand, war aber nicht nur innerhalb der FDP, sondern auch in den Reihen der Union umstritten. Durch die Fraktion ging ein Riss. Zu jenen, die Wirtschaftsminister Ludwig Erhard für die Position favorisierten, zählte auch Elisabeth Schwarzhaupt. Um größeren Schaden von der Partei abzuwenden, hoffte sie optimistisch auf einen freiwilligen Rücktritt Adenauers oder – etwas realitätsnäher – auf eine be-

Elisabeth Schwarzhaupt

grenzte Amtszeit.[335] Adenauer versicherte schließlich den Fraktionsvorsitzenden Heinrich Krone (CDU) und Erich Mende (FDP), vor dem Ende der Legislaturperiode zurückzutreten, um seinem künftigen Nachfolger genügend Raum zur Einarbeitung zu gewähren. Im Oktober 1963 übernahm Ludwig Erhard die Regierungsgeschäfte.

Elisabeth Schwarzhaupt hatte bei dieser Wahl kein Direktmandat errungen, sondern war wieder über die Landesliste in den Bundestag eingezogen. Aber sie empfand einen gewissen Stolz, mit 58.830 Erststimmen etwa 3.000 Stimmen mehr als ihre Partei erhalten zu haben.[336] Vermutlich hätte sie ganz pflichtbewusst ihre Arbeit in den Ausschüssen sofort wieder aufgenommen, wenn es nicht zu jener unerhörten Begebenheit gekommen wäre, die für Frauen in der Bundespolitik eine definitive Wende einleitete und erstmals deren Zugang zu höchsten Staatsämtern öffnete.

Der Erinnerung nach hielt Schwarzhaupt im November 1961 gerade einen Vortrag in der Evangelischen Akademie Arnoldshain, als sie mitten in der Veranstaltung ein Anruf ihrer Bonner Mitarbeiterin Marie-Luise Schneider zur Unterbrechung zwang. Unter den CDU-Frauen »ginge etwas vor«, teilte diese der angeblich völlig Ahnungslosen mit: Die Damen wären bei Adenauer zusammengekommen, um ihm endlich ein Ministeramt abzutrotzen, das die Christdemokratin übernehmen solle. Schwarzhaupt ließ sich durch die Neuigkeiten nicht aus der Ruhe bringen, setzte ihre Rede fort und »nahm die Sache nicht gar so ernst«.[337] Was hatte sich im Kanzleramt abgespielt? Über eines waren sich die Abgeordneten um die »Mutter« der Fraktion Helene Weber nach der schmählichen Niederlage des Jahres 1957 klar geworden: Ein zweites Mal würden sie von ihrer Forderung nach einem weiblichen Minister im neuen Kabinett nicht ablassen. Des demütigenden Wartens war es endgültig genug, und schließlich hatten sie ja bereits eine qualifizierte Kandidatin in petto: Dr. Elisabeth Schwarzhaupt.[338] Am 10. November 1961 versammelte sich die Truppe zu einer Strategiesitzung im Damenruheraum des Bundestags. Nach Absprache ihrer Taktik zogen sie vor den Kabinettssaal im Bundeskanzleramt, in dem gerade die schwierigen Koalitionsverhandlungen zwischen CDU/CSU und FDP stattfanden. Nach dem Bericht von Elisabeth Pitz-Savelsberg, die einige Zeit mit ihrer Fraktionskollegin Schwarzhaupt das Büro geteilt und sich an diesem denkwürdigen Tag den Frauen angeschlossen hatte, orderte Helene Weber erst einmal Stühle, Getränke und eine Platte mit Schnittchen, um für dieses »Sit-in« hinreichend gewappnet zu sein: Man stellte sich auf längere Wartezeiten ein. In gewissen Abständen ließ Weber durch einen Saaldiener Zettelchen an Adenauer überbringen. Erst nach dem dritten Botengang soll der Kanzler persönlich in der Tür erschienen sein, doch nur, um nach einem aufgeregten Vortrag der äußerlich etwas Derangierten zu spotten: »Frau Weber, wat haben Sie für ein schick' Hütchen auf!« Die eigentliche Frage, wie es um die

Ministerin stünde, beantwortete er knapp: »Kein Kommentar.« Nach der Sitzung jedoch lag das bahnbrechende Ergebnis vor: Das Kabinett würde um das Ressort Gesundheitswesen erweitert, und die neue Leiterin hieße Elisabeth Schwarzhaupt. In ihren Aufzeichnungen lobte Pitz-Savelsberg den Kanzler, er allein hätte den »Gordischen Knoten« durchtrennt.[339] Noch am selben Abend empfing Adenauer mit Aenne Brauksiepe, Emmi Welter, Irma Blohm und Margot Kalinke (inzwischen CDU) eine weitere Delegation von CDU-Bundestagsabgeordneten, um die Berufung einer Ministerin offiziell zu bestätigen.[340]

Nach Elisabeth Pitz-Savelsberg wäre der Regierungschef als »Fürsprecher« der Frauen in die Geschichtsbücher eingegangen. Seine Entscheidung, das neue Ressort mit Elisabeth Schwarzhaupt zu besetzen, war indes keineswegs uneigennützig und entsprang taktischem Kalkül.[341] Adenauer kannte die Christdemokratin inzwischen seit acht Jahren; auf seiner ersten Moskaureise 1955 hatte Schwarzhaupt ihn begleitet. Nicht allein ihre sachlichen, niemals polemischen Reden im Bundestag hinterließen einen positiven Eindruck beim Chef, sondern auch ihr Engagement im Vorstand der CDU/CSU, wo sie auf höchster Ebene Politik für die Union mitgestaltete. Dort hatte sie sich in der Debatte um das Notdienstgesetz, das Frauen im Verteidigungsfall zum Dienst in den Streitkräften verpflichten sollte ebenso profiliert wie in der Vorbereitung des Bundestagswahlkampfs 1961.[342] Seinen autoritären politischen Stil stellte die 60-Jährige nicht in Frage; das war bequem für den Alten. Zudem witterte er die Chance, mit der künftigen Ministerin als Frau und Protestantin neues Wählerpotential zu erschließen. Das persönliche Verhältnis untereinander scheint aber eher nüchtern gewesen zu sein. Als Schwarzhaupt für eine Mitarbeit im Kabinett ins Gespräch gebracht wurde, soll Adenauer entsetzt gefragt haben: »Kann ich mit einer Tiefkühltruhe zusammenarbeiten?«[343]

Den Frauen war es letztlich einerlei, ob Kalkül oder Überzeugung hinter des Kanzlers Entscheidung steckte. Sie triumphierten und wandten sich mit der sensationellen Nachricht umgehend an Rundfunk und Presse. Elisabeth Schwarzhaupt, die jetzt schlagartig in das Zentrum des allgemeinen Interesses rückte, reagierte zunächst reserviert auf die Entscheidung, die ihr Adenauer einige Tage später im persönlichen Gespräch eröffnete. Gesundheitsministerin? Viel lieber hätte die Juristin das Justiz- oder das Familien- und Jugendressort übernommen, denn für beide Leitungsaufgaben besaß sie eindeutig die fachliche Qualifikation. Aber diese Posten hatte der Kanzler bereits Wolfgang Stammberger (FDP) und Franz-Josef Wuermeling versprochen. Adenauer war natürlich schlau genug, sich weitere ablehnende Begründungen zurechtzulegen, um eventuelle Einwände der Designierten zu entkräften. So äußerte er unbekümmert, der Justizminister müsse für ein strengeres Strafrecht eintreten, das »sei von einer Frau nicht zu erwarten«.[344]

Elisabeth Schwarzhaupt

Und er führte die Konkurrenz mit der DDR-Justiz ins Feld, die damals in Händen der als unnachgiebig geltenden Hilde Benjamin lag. Seine Gesprächspartnerin ließ er wissen, »da können wir hier nich eine Frau als Jejenüber brauchen; gerade wo ich meine, dat hier die Justiz strenger werden muß«.[345] Dass der »roten Hilde« ein Mann besser Paroli bieten könne, war natürlich ein Scheinargument des Kanzlers. Als völlig indiskutabel erachteten einige Abgeordnete Schwarzhaupts Wunsch, das »katholische« Familien- und Jugendministerium zu leiten, da die Ledige und Kinderlose angeblich keine praktischen Erfahrungen für dieses Amt mitbrächte. Vermutlich lag es letztlich jedoch an der gefürchteten Liberalität der Protestantin.[346]

In ihren Erinnerungen ist nachzulesen, dass Elisabeth Schwarzhaupt mit der Ernennung zur Gesundheitsministerin haderte, aus Loyalität zu den Unions-Frauen das Amt aber annahm. »Wenn ich abgesagt hätte«, so schilderte sie den persönlichen Konflikt, »war es wieder mit einer Frau im Kabinett aus, und ich hätte dafür die Verantwortung getragen. Das konnte ich den Frauen nicht antun, diese Möglichkeit zu einem kleinen Schritt vorwärts in ihrer Beteiligung an führenden politischen Aufgaben auszuschlagen.«[347]

»In diesem Kreis sind auch Sie ein Herr!«[348]

Am 14. November 1961 wurde Elisabeth Schwarzhaupt als »Minister« für Gesundheitswesen vereidigt und war damit das erste weibliche Mitglied einer demokratisch gewählten Regierung in Deutschland. Obgleich sie bereits seit acht Jahren im Bundestag saß und dabei nicht selten im Rampenlicht gestanden hatte, schienen die Medien erst jetzt von der Christdemokratin richtig Notiz zu nehmen. Erleichtert stellte die Presse fest, dass Schwarzhaupt »keine Suffragette« sei, »keine aus jenem streitbaren Frauenrechtlertum, dass ohnehin bald ausgestorben sein dürfte«.[349] Eine buchstäbliche Debatte, an der sich Leserinnen und Leser in der ganzen Republik beteiligten, provozierte die von ihr mit Nachdruck gewünschte Anrede: Frau Ministerin. Auslöser war vermutlich der Kanzler persönlich, der trotz ihrer Anwesenheit im Kabinett weiterhin die Sitzungen mit der bequemen Begrüßungsformel »Morjen, meine Herren« eröffnete. Auf ihren leisen Protest hin soll er Schwarzhaupt zurechtgewiesen haben: »In diesem Kreis sind auch Sie ein Herr!« Dieser plumpe Versuch der Geschlechtsvereinnahmung amüsiert heute; die Ministerin empfand ihn damals jedoch als bitteren Affront. Schließlich setzte sie sich aber durch und erreichte, als Dame angesprochen zu werden.

Erstmals in der Geschichte der Bundesrepublik wurden zudem alle gesundheitspolitischen Aufgaben in einem selbständigen Ressort vereinigt.[350]

Damit folgte die Regierung einerseits dem Beispiel von Mitgliedsstaaten der Europäischen Wirtschaftsgemeinschaft und erfüllte andererseits auch langjährige Forderungen der Ärzteschaft sowie der Deutschen Zentrale für Volksgesundheitspflege.[351] Die Schaffung einer eigenen Behörde lag quasi in der Luft und war keine »Verlegenheitslösung«, um eine Frau im Kabinett unterzubringen, wie böse Zungen damals stichelten.

Elisabeth Schwarzhaupt stand vor einer immensen Herausforderung. Zum Zeitpunkt ihrer Vereidigung waren weder die Aufgaben für das neue Ressort definiert noch existierten Personal und Räumlichkeiten. In einem barackenartigen Teil des Innenministeriums erhielt sie ein Zimmer zugewiesen. Schreibtisch und Chauffeur waren zunächst alles, was sie zur Verfügung hatte.[352] Misstrauen schlug ihr aus sämtlichen Fraktionen entgegen, da sie als Nichtmedizinerin und Frau angeblich keine fachliche Qualifikation für das Amt mitbrächte. Solche Vorurteile wusste sie schlagfertig zu parieren: »Mein Handwerk ist das der Juristin. Als Bundesgesundheitsministerin muß ich nicht wissen, wie man einen Blinddarm herausnimmt.«[353] Auch Neid bekam das neue Kabinettsmitglied zu spüren, denn andere Behörden waren gehalten, künftig Kompetenzen an sie abzutreten, so die Ministerien des Innern, für Ernährung, Wirtschaft, Arbeit und Sozialordnung. Wegen dieser schwierigen Startbedingungen präsentierte Schwarzhaupt erst nach zwölf Monaten intensiver Einarbeitungszeit ein vorläufiges Organisationsschema, das in seinem Kernbereich zwei Abteilungen vorsah.[354] Schon bald entwickelte sie den Aufbau weiter, so dass ab Juni 1963 die etwa 250 Mitarbeiterinnen und Mitarbeiter in drei Abteilungen – 1. Humanmedizin, Arznei- und Apothekenwesen; 2. Lebensmittelwesen, Veterinärmedizin; 3. Wasserwirtschaft, Reinhaltung der Luft, Lärmbekämpfung – jeweils mit Unterbau die umfangreichen und ständig wachsenden Aufgaben wahrnehmen konnten.[355]

In sehr schlechter Erinnerung behielt Schwarzhaupt das »Gezockel mit dem Staatssekretär«,[356] das sie jedoch souverän und mit langem Atem zu ihren Gunsten entschied. Auf diese Personalentscheidung versuchte die FDP, die während der Koalitionsverhandlungen vergeblich um das Gesundheitsressort gerungen hatte, nun verstärkt Einfluss zu nehmen. Mit Rückendeckung Adenauers und gegen den Willen der Ministerin wollte die Fraktion einen Arzt aus Kreisen der Berliner Liberalen auf den Posten lancieren.[357] Schwarzhaupt hielt den Mediziner »für völlig unbedeutend«. Da er nach ihrer Einschätzung zudem keine Verwaltungserfahrung vorweisen konnte, lehnte sie ihn nach Rücksprache mit Hans Globke kurzentschlossen ab. Der Parteivorsitzende Erich Mende und sein Stellvertreter Knut Freiherr von Kühlmann-Stumm sprachen daraufhin persönlich bei der Ministerin vor und präsentierten einen zweiten, den Freien Demokraten nahestehenden Kandidaten; aber auch dieser sagte Elisabeth Schwarzhaupt nicht zu. Deutlich erklärte sie den Herren, dass es besonders bei ihrem engsten Mitarbeiter darauf ankäme, »mit ihm klarzukommen«, und verlangte einen neuen Vorschlag. Im dritten Anlauf empfahl die Partei Jan Eilers, den Vorgänger von Kühlmann-Stumm. Gerne hätte Schwarzhaupt mit dem kompetenten Juristen zusammengearbeitet; der sagte ihr jedoch ab, da ihm in Niedersachsen das Amt des Justizministers in Aussicht gestellt wurde. Die leidige Personaldebatte währte bereits ein Jahr, als Hans Globke plötzlich Walter Bargatzky ins Spiel brachte. »Sofort, Herr Globke, sofort«, reagierte Schwarzhaupt spontan; sie hatte den für Bevölkerungsschutz zuständigen Ministerialdirektor aus dem Innenministerium bereits zu schätzen gelernt. Bargatzky erhielt also den Posten des Staatssekretärs, und letztlich konnte sich auch die FDP-Fraktion mit dieser Entscheidung anfreunden.[358] Bei Adenauer indes war die widerspenstige Ministerin derweil in Ungnade gefallen; der Kanzler soll wegen jener Personaldiskussion mehrere Monate grußlos an ihr vorüber gegangen sein und strafende Blicke im Kabinett auf die selbstbewusste »Querulantin« geworfen haben.[359]

Vorsorge, Aufklärung und Öffentlichkeitsarbeit

Nur wenige Tage nach dem Amtsantritt Elisabeth Schwarzhaupts wurde der Contergan-Skandal bekannt. Einem Hamburger Professor war der Nachweis gelungen, dass die regelmäßige Einnahme des gleichnamigen, rezeptfrei erhältlichen Schlaf- und Beruhigungsmittels bei Schwangeren schwere Missbildungen ihrer Embryos verursacht hatte.[360] Das Schicksal der betroffenen Kinder und ihrer Eltern erschütterte die Christdemokratin zutiefst. »Ich glaube, das waren in meiner gesamten beruflichen Tätigkeit meine schwersten Wochen«, erinnerte sie sich in einem späteren Interview. Hart trafen sie deshalb die ungerechtfertigten Anschuldigungen, persönlich für das Unglück verantwortlich gewesen zu sein. Eine Bekannte hatte beispielsweise im Zugabteil folgende Bemerkung einer Mitreisenden aufgeschnappt: »Da hat doch diese Frau Minister nicht aufgepasst!«[361] Elisabeth Schwarzhaupt musste akzeptieren, dass an der Situation nichts mehr zu ändern war. Wie aber konnte sie den Opfern möglichst rasch und unbürokratisch Hilfe leisten? Das neue Gesundheitsressort verfügte ja noch nicht einmal über einen eigenen Etat. In dieser festgefahrenen Lage half ihr Franz-Josef Wuermeling kollegial mit einer Million Mark aus der Kasse des Familienministeriums, um zunächst die Einrichtung von Sonderstationen zur medizinischen Behandlung der Kinder und die Förderung der Prothesenforschung finanzieren zu können.[362] In der Folgezeit verwandte Elisabeth Schwarzhaupt ihre Energie verstärkt darauf, solche Desaster zu vermeiden. Als Ergebnis präsentierte sie ein novelliertes Arzneimittelgesetz, das vorschrieb, Medikamente, die vorgeburtliche Schädigungen verursachen könnten, auf Nebenwirkungen zu prüfen und diese auch für die Konsumentinnen auszuweisen.[363] Außerdem wurden an einigen Fachkrankenhäusern, zum Beispiel im Frankfurter Friedrichsheim, im Anna-Stift in Hannover oder in der Universitätsklinik Münster, Modellinstitute zur Behandlung der kleinen Patientinnen und Patienten eingerichtet. Die Ministerin informierte sich häufiger selbst vor Ort über den Stand der Forschung. Insgesamt stellte ihr Ressort in den Jahren 1962 bis 1965 rund 8,4 Millionen Mark für die Contergan-geschädigten Kinder und ihre Eltern bereit.[364]

Es waren nicht zuletzt die Erfahrungen aus dieser Katastrophe, die Elisabeth Schwarzhaupt veranlassten, während ihrer Amtszeit einen Schwerpunkt auf die Ausweitung der Gesundheitsvorsorge sowie die Öffentlichkeitsarbeit und Aufklärung zu legen. Im Bereich der Vorsorge erreichte sie, dass die Krankenversicherungen die Krebsprävention für Frauen und die Polio-Schluckimpfung für Kinder als Pflichtleistungen anerkannten. Um Einblicke in die Arbeit der Behörde zu geben, publizierte die Ministerin regelmäßig in Fachzeitschriften und Zeitungen, etwa über ihre neuen Aufgaben, den Contergan-Fall oder die Bedeutung von Krankenhäusern im Rahmen staatlicher Gesundheitspolitik.[365] Daneben hielt sie Vorträge in den Verbänden und Frauenorganisationen, in Schulen oder auf Kongressen. Es gab kaum ein Sachgebiet, über das die Ministerin nicht referierte: von Giftstoffen im Haarspray, die Jugendzahnpflege, den Kampf gegen das Nikotin, die Notwendigkeit eines Geflügelhygienegesetzes, die Abschaffung von Gemeinschaftshandtüchern in öffentlichen Toiletten bis hin zu allgemeinen Ernährungsfragen. Auch des Themas Geburtenkontrolle nahm sie sich an, benutzte dafür aber den ihrer Meinung nach freundlicheren Ausdruck »bewusste Elternschaft«.[366]

Als ein »highlight« auf dem Gebiet der Öffentlichkeitsarbeit galt der im Januar 1964 von der CDU veranstaltete erste Gesundheitspolitische Kongress in Oberhausen. Die von Ludwig Erhard als Symbolfigur des »Wirtschaftswunders« 1957 erhobene Forderung vom »Wohlstand für alle« hatte eben auch ihre Kehrseiten mit inzwischen unübersehbaren Auswirkungen: Bequemlichkeit, Übergewicht sowie zunehmender Alkohol- und Zigarettenkonsum ließen die Tagung nach Auffassung der Union notwendig werden. Ihr Motto lautete: »Gesundheit kann man nicht für Geld kaufen oder in der Lotterie gewinnen.«[367] Entsprechend eröffnete Josef Hermann Dufhues, Geschäftsführer CDU-Bundesvorsitzender, den Kongress mit einem Grußwort Konrad Adenauers, verbunden mit dessen Wunsch, die Deutschen mögen doch »weniger trinken und rauchen«.[368] Elisabeth Schwarzhaupt schlug in ihrem Vortrag den Bogen weiter und mahnte, eine gesunde Umwelt sei für das Wohlergehen des Menschen weitaus wichtiger als materieller Gewinn.[369] Noch im selben Jahr verabschiedete die CDU auf dem 12. Bundesparteitag in Hannover ihre *Grundsätze christlich demokratischer Gesundheitspolitik.*[370]

Ein Zankapfel war stets die Abgrenzung der Gesetzgebungskompetenz für die Gesundheitspolitik zwischen Bund und Ländern. Vor der Errichtung des neuen Ressorts war die Gesetzgebung in diesem Bereich weitgehend von den Länderregierungen ausgefüllt worden. Auf diesem Sektor trat Elisabeth Schwarzhaupt nun für eine Stärkung des Bundes ein, was sie innerhalb ihrer Partei und in der Öffentlichkeit offensiv thematisierte. Sie tat dies nicht ohne taktische Überlegungen, denn im Vorfeld der Bundestagswahl 1965 beobachtete sie bei den Sozialdemokraten die Tendenz, den Wahlkampf mit innenpolitischen Themen, »vor allem den sogenannten versäumten Gemeinschaftsaufgaben« zu führen.[371] Ohnehin konkurrierte die Union in dieser Zeit stark mit der SPD, die sich – nach Einschätzung Schwarzhaupts – auf dem Sektor Gesundheits- und Umweltpolitik in der Öffentlichkeit als die kompetentere Partei zu präsentieren vermochte. Allerdings musste die Streiterin für mehr Bundesrecht auch Rückschläge einstecken. Im Frühjahr 1964 entschied beispielsweise der Bundesrat, das zuvor im Gesundheitsausschuss beratene und vom Bundestag einstimmig angenommene *Gesetz über Jugendzahnpflege* nicht passieren zu lassen. Es sollte die Gesundheitsämter einheitlich unter anderem dazu verpflichten, Kindern und Jugendlichen im Alter von drei bis 18 Jahren einmal jährlich eine Prophylaxe zu garantieren.[372] In einem Schreiben an Rainer Barzel, damals stellvertretender Vorsitzender der CDU/CSU-Fraktion, beschwerte sich Schwarzhaupt über die Argumentation des Bundesrats, wonach dem Bund lediglich die Kompetenz zur Bekämpfung ansteckender und übertragbarer Krankheiten zustände, Früherkennung, Aufklärung und Gesundheitserziehung hingegen in den Zuständigkeitsbereich der Länder gehörten. Die Ministerin kam zu dem Ergebnis, dass durch dieses Verständnis der ihr zugewiesene »Auftrag in wesentlichen Teilen unerfüllbar« geworden sei. Energisch kämpfte sie für eine Ergänzung des Artikels 74 Nr. 7 GG, die festlegen sollte, dass der Bund künftig nicht nur die Zuständigkeit für die öffentliche Fürsorge, sondern auch für das Gesundheitswesen habe,[373] um endlich einheitliche Regelungen in der Bundesrepublik zu gewährleisten. Diese Vorschrift wurde nicht geändert, aber wenigstens dankte die Zunft für das Engagement und verlieh der Ministerin die Ehrenplakette der Deutschen Zahnärzteschaft.[374] In der Diskussion um die Krankenhausfinanzierung scheiterte Schwarzhaupt ebenfalls am Widerstand der Länder. Vergeblich hatte sie versucht, eine Grundgesetzänderung zu erreichen, um dem Bund die Möglichkeit einzuräumen, in einem *Krankenhausfinanzierungsgesetz* die freien und gemeinnützigen Träger angemessen zu berücksichtigen.[375]

»Sauberes Wasser, klare Luft, reiner Wein« – Offen für Zukunftsaufgaben

Elisabeth Schwarzhaupt stellte Adenauer die Bedingung, auch die Zuständigkeit für Umweltfragen zu erhalten, was der Kanzler widerspruchslos zugestanden hatte.[376] Nach ihrer Auffassung war die Frau als besonders schutzbedürftiges Wesen geradezu prädestiniert, Tiere und Pflanzen zu betreuen, da ihr die Eigenschaften des Pflegens und Erhaltens »in einer anderen Weise und in größerer Unmittelbarkeit gegeben (sind) als dem Mann«.[377] Die in der »Abteilung 3« des Gesundheitsressorts zusammengefassten Aufgaben bildeten somit die eigentliche Herausforderung für die Ministerin. Und sie nahm sich zu einem Zeitpunkt dieses Themas an, als Ökologie in der Bundesrepublik noch als ein Fremdwort galt! Seit Kriegsende war eine ständig ansteigende Umweltbelastung zu beobachten. Die sukzessive wieder aufgebauten und in Betrieb genommenen Industrieanlagen pumpten ihre Schadstoffe ungefiltert in die Luft, in Flüsse und Seen. Fabrikqualm verdunkelte den Himmel besonders über dem Ruhrgebiet; Schaumkronen auf Gewässern und das Fischsterben waren unübersehbar geworden. Hinzu kamen vor allem in den Ballungsräumen die alltäglichen Belastungen durch Autoabgase und Fluglärm. Zwar war staatliches Eingreifen dringend geboten, unreflektierter Aktionismus gehörte indes nicht zum Stil Elisabeth Schwarzhaupts. Zunächst ließ sie daher sichere Messungen anstellen und vergab Forschungsaufträge zum Problem Auspuffabgase. Um sich Anregungen auf dem Gebiet der Schadstoffbekämpfung zu holen, besuchte die Ministerin eigens das technologische Institut von Cincinnaty (USA). Nach gründlicher Auswertung der gesammelten Fakten legte sie Ende 1962 nach nur zwölfmonatiger Amtszeit die erste Umweltschutzverordnung vor, die unter anderem die Produktion von Schaum verursachenden Waschmitteln untersagte.[378] Im April 1965 fand in Düsseldorf der Kongress »Reinhaltung der Luft« mit der gleichnamigen Informationsschau statt, auf dem Schwarzhaupt die Pflicht zum Einbau von Filtern in Kraftfahrzeugen ankündigte. Bereits zwei Jahre zuvor hatte sie in einer spektakulären Aktion die Dienstwagen ihres Ministeriums mit einer Art Katalysator ausstatten lassen, um künftig »entgiftet« zu fahren.[379] Engagiert wie Schwarzhaupt in Umweltangelegenheiten war, lehnte sie sich manchmal mit ihren Plänen zu weit aus dem Fenster. So brachte ihr der realitätsferne Vorschlag, zur effektiven Lärmbekämpfung in der Bundesrepublik künftig nur zwei zentrale Flughäfen weitab der Ballungsräume zu unterhalten, Kopfschütteln und sogar öffentliche Schelte ein. Ein Vorstandsmitglied der Frankfurter Flughafen AG warnte vor einem »Schildbürgerstreich«, und die SPD-Stadtverordnetenfraktion der Mainmetropole konnte nicht umhin, der Politikerin mangelnde Kenntnis der Zusammenhänge von Wirtschaft und Verkehr zu attestieren.[380]

Elisabeth Schwarzhaupt erkannte frühzeitig, dass die Bundesrepublik Deutschland über den eigenen Tellerrand schauen und in Fragen der Umwelt- und Gesundheitspolitik rasch eine europäische Kooperation anstreben müsse. So drängte sie darauf, die Bekämpfung von Zivilisationsschäden gemeinsam zu betreiben. Besonders in den Grenzgebieten sei ohne eine internationale Zusammenarbeit sinnvolle Gesundheitspolitik nicht mehr möglich.[381] Großen Einsatz zeigte sie zum Beispiel bei der Erarbeitung des von Österreich initiierten *Codex Alimentaris*, eines Lebensmittelbuches, das richtungweisend für die künftige Harmonisierung eines europäischen Lebensmittelrechts werden sollte.[382] Ihren Forderungen nach mehr Internationalität im Bereich der Gesundheits- und Umweltpolitik verlieh die Ministerin durch zahlreiche Reisen in die USA, nach Japan oder Ägypten sichtbaren Ausdruck, wo sie sich in großen Industrieanlagen über den Stand der Forschung und neue technische Möglichkeiten informierte.

Zerreißproben

Der Auf- und Ausbau des Bundesgesundheitsministeriums zählte zu den großen Verdiensten Elisabeth Schwarzhaupts. In der Phase zwischen 1961 und 1966 brachte sie trotz schwierigster Startbedingungen zehn Gesetze und 23 Verordnungen allein in den Bereichen Medizin sowie Arznei- und Lebensmittelrecht auf den Weg.[383] Dazu gehörten das *Bundesseuchengesetz*, eine Änderung der Ausbildungsverordnung für eine Reihe von Heilberufen oder das neue *Lebensmittelbuch*. Durch Kongresse, Programme und Reisen gelang es ihr, in der bundesrepublikanischen und internationalen Öffentlichkeit wirkungsvoll für eine christdemokratisch geprägte Gesundheits- und Umweltpolitik zu werben. Trotz dieser augenscheinlichen Erfolge hatte Elisabeth Schwarzhaupt häufiger mit der Missachtung ihrer Arbeit aus den Reihen der eigenen Partei zu kämpfen und persönliche Verletzungen zu ertragen. Diese eskalierten mit fortschreitender Amtszeit, so dass sie mehrfach mit dem Gedanken spielte, das Handtuch zu werfen. Hinweise auf Namen oder konkrete Anfeindungen gab sie auch später nie preis, das widersprach ihrem integren Charakter. Im Oktober 1963 – Ludwig Erhard hatte gerade die Amtsgeschäfte von Adenauer übernommen – beklagte sich die Ministerin bitter bei Hermann Dufhues über das mangelnde Verständnis ihrer Fraktions-Kollegen und deren Versuche, die Gesundheitspolitik »als Sektierertum« zu diffamieren. Sie fragte sich deshalb ernsthaft, »ob die Gründung des Bundesgesundheitsministeriums nicht besser unterblieben wäre«.[384] Zwei Jahre später im Vorfeld der Wahl zum fünften Deutschen Bundestag lancierte Dufhues einen Bericht an die Presse, in dem er über die personelle Umbesetzung des Kabinetts spekulierte. Einige Mitglieder fühlten sich ob des Artikels persönlich verletzt, darunter auch Elisabeth Schwarzhaupt, die sich umgehend bei Konrad Adenauer beschwerte. Der Parteivorsitzende antwortete postwendend aus seinem Urlaubsort Cadenabbia am Comer See, um zu beschwichtigen: »Lassen Sie sich, darum bitte ich Sie herzlich, in Ihrem Arbeitseifer auch für die Wahl nicht stören.«[385] Er wusste, was die Partei an der Ministerin hatte.

Nach der Bundestagswahl 1965 setzte Kanzler Ludwig Erhard die Koalition zwischen CDU/CSU und FDP fort. Allerdings kam es zu einer Umbildung des Kabinetts, bei der die Freien Demokraten Ansprüche auf das Gesundheitsressort geltend machten. Der Bundeskanzler stimmte zu und informierte Frau Minister »in fairer Weise« – so charakterisierte sie es später diplomatisch. Kampflos stellte Schwarzhaupt ihr Amt zur Disposition. Dieses Verzichtsangebot, das unter Umständen vorerst das Aus für Frauen im Kabinett bedeutet hätte, rief prompt die Christdemokratinnen und Frauenverbände auf den Plan. Aenne Brauksiepe, Vorsitzende der CDU-Frauenvereinigung und Stellvertretende Vorsitzende der CDU/CSU-Fraktion, soll sich gerade auf der Heimreise von Bonn nach Köln befunden haben, als sie die Hiobsbotschaft erreichte. Zum Äußersten entschlossen machte sie kehrt, fuhr zurück in die Hauptstadt und setzte mit Hilfe der CDU-Frauen energisch alle Hebel in Bewegung, die Entscheidung des Kanzlers zu revidieren. Mit Erfolg! Elisabeth Schwarzhaupt blieb – mehr oder weniger glücklich – im Amt. Sie selbst glaubte allerdings, dass der FDP-Kandidat Ewald Bucher keine besonderen Ambitionen hinsichtlich des Gesundheitsministeriums gehegt und sie das Ressort vermutlich auch ohne Rebellion der Frauen behalten hätte.[386]

Im Oktober 1966 beendete die FDP die Koalition mit den Unionsparteien; die vier liberalen Minister Erich Mende, Rolf Dahlgrün, Ewald Bucher und Walter Scheel traten zurück. Auslöser für die Regierungskrise war unter anderem die von der CDU/CSU-Fraktion geplante, von der FDP hingegen strikt abgelehnte Steuererhöhung, mit der die Union das Haushaltsdefizit ausgleichen wollte. Eine Verhandlungskommission aus Mitgliedern von CDU/CSU und SPD einigte sich schließlich auf die Bildung einer »Großen Koalition« unter Kurt Georg Kiesinger (CDU) als Regierungschef und Willy Brandt (SPD) als Vize. Am 1. Dezember 1966 wählte der Bundestag Kiesinger zum Kanzler. Das neue Kabinett bestand aus zehn CDU/CSU- und neun SPD-Ministern. Elisabeth Schwarzhaupt verlor ihr Ressort an die Sozialdemokratin Käte Strobel. Zwei Ministerinnen in einem Kabinett wären der (Männer-)Gesellschaft damals nicht vermittelbar gewesen. Bereits im Vorfeld des Koalitionsbruchs hatte die Christdemokratin Bundeskanzler Ludwig Erhard in einem Schreiben angeboten, im Falle einer Regierungsumbildung ihren »Platz einer anderen geeigneten Persönlichkeit« zu übertragen. Haderte sie doch schon lange mit den Umgangsformen unter den Kollegen,

Elisabeth Schwarzhaupt

die sie nicht länger gewillt war zu akzeptieren.[387] Schon im Oktober 1962 im Zusammenhang mit der sogenannten *Spiegel*-Affäre hatte Schwarzhaupt den Verbleib von Verteidigungsminister Franz Josef Strauß (CSU) im Kabinett gefürchtet, von dessen – wie sie sagte – »unkontrollierter Impulsivität« sie sich zutiefst abgestoßen fühlte.[388] Offenkundig hatte Erhard generell erwogen, das Gesundheitsressort aus Gründen der Ersparnis mit einem anderen Ministerium zusammenzulegen, was Schwarzhaupt spöttisch als »Illusion« bezeichnete.[389] Ihr Schreiben an den Bundeskanzler schloss sie mit der inständigen Bitte, er möge wieder eine Frau »der CDU an der Kabinettsarbeit« beteiligen.[390]

Obgleich Elisabeth Schwarzhaupt in ihren Erinnerungen meist betonte, dass ihr die Abtretung des Gesundheitsministeriums an Käte Strobel kaum etwas ausgemacht habe, ja, dass sie sogar nicht unglücklich darüber gewesen wäre, so lässt sich doch zwischen den Zeilen und anhand kleinerer Andeutungen eine tiefe Demütigung herauslesen, die ihr allen voran Bundeskanzler Kiesinger zufügte. Dieser hatte ihr wenige Tage vor der Regierungsbildung noch jovial bestätigt: »Mit ihnen, das geht in Ordnung.« So musste es Elisabeth Schwarzhaupt wie ein Blitz getroffen haben, als plötzlich – quasi in einem Akt – sie verabschiedet und Käte Strobel in das Amt eingeführt wurden, ohne dass Kiesinger die Christdemokratin noch einmal über seine Personalpläne informiert hatte. Käte Strobel wollte ursprünglich das Ministerium für Familie und Jugend übernehmen, was der Chef ihr auch zusicherte. Aber dann warf Bruno Heck (CDU), ein naher Mitarbeiter des neuen Kanzlers, sein begehrliches Auge auf das Ressort, und Strobel wurde in das Gesundheitsministerium abgeschoben. Die alte und die neue Ministerin klärten die hässliche Angelegenheit bei einem gemeinsamen Mittagessen untereinander kollegial und fair. Dennoch bedauerte es Elisabeth Schwarzhaupt, viele angefangene Projekte nicht beenden zu können. Aber die tapfere Verliererin lobte Strobel als »eine gute Nachfolgerin«, der sie ihren Schreibtisch reinen Gewissens übergab.[391]

Nachdenklich und etwas ratlos blickte sie später auf ihre Amtszeit als Bundesministerin zurück. Inhaltlich wusste sie sich nichts vorzuwerfen. »Was ich anders machen würde«, räsonierte sie, »betrifft das Bemühen um Kontakt mit meiner Fraktion. Dafür habe ich mir zuwenig Zeit genommen. Ich habe zu wenig … Propaganda für die Arbeit des Ministeriums getrieben.«[392] Diese Selbstkritik traf vermutlich nicht den Kern der Sache. Elisabeth Schwarzhaupt, für die immer Inhalte im Vordergrund gestanden hatten, war einfach zu wenig politische Strategin gewesen, um über das Fachliche hinaus die innerparteilichen Einflussstrukturen zu durchschauen. Als Seiteneinsteigerin und Einzelkämpferin, die mit Ausnahme der Unions-Frauen über keine Lobby verfügte, hatte sie nie gewagt, die Machtfrage zu stellen.

Wieder im Plenum

Nach fünf Jahren kehrte Elisabeth Schwarzhaupt als Abgeordnete zurück in den Bundestag. Thematisch knüpfte die Juristin dort an, wo sie vor ihrer Berufung in das vierte Kabinett Adenauers aufgehört hatte. Nun widmete sie sich wieder mit ganzer Kraft familienrechtlichen Fragen und übernahm den Vorsitz im Unterausschuss des Rechtsausschusses zur Reform des Nicht-ehelichenrechts. »Dieser Ausschuß«, merkte die Ministerin a. D. rückblickend in der ihr eigenen Bescheidenheit an, »blühte etwas im Verborgenen in der Zeit, in der es um wesentliche weltpolitische Probleme, um die Möglichkeiten und Unmöglichkeiten einer Entspannung zwischen Ost und West ging.«[393] Doch was die elf Abgeordneten von CDU/CSU, SPD und FDP dort ab Oktober 1968 erarbeiteten, war ein Gesetzentwurf, der endlich gesellschaftlichen Realitäten Rechnung trug und eine unerträgliche Diskriminierung aufhob. Er regelte das Nichtehelichenrecht grundlegend neu, beseitigte die bürgerlich-rechtlichen Benachteiligungen und stellte das nichteheliche dem ehelichen Kind nach Artikel 6 Absatz 5 GG gleich.[394] Die Unterhaltsansprüche nichtehelicher Kinder gegenüber ihren Vätern wurden denen ehelicher Kinder angeglichen und die Erbberechtigung in Anlehnung an das gesetzliche Erbrecht überhaupt erst begründet. Auch konnte die nichteheliche Mutter mit wenigen Einschränkungen nunmehr die volle elterliche Gewalt über das Kind erhalten.[395] Das *Gesetz über die rechtliche Stellung der nichtehelichen Kinder*[396] wurde am 19. August 1969 verabschiedet und trat am 1. Juli 1970 in Kraft.

Ähnlich wie im Falle des *Familienrechtsänderungsgesetzes* reagierte die Öffentlichkeit gespalten. Eine regelrechte Flut des Protests entlud sich über Elisabeth Schwarzhaupt, die sich in der Debatte stark exponiert hatte. Als für das Gesetz Mitverantwortliche erhielt sie in dieser Zeit zahllose, zum Teil erschütternde Zuschriften empörter Wählerinnen aller Parteien, deren Männer in außerehelichen Verhältnissen Kinder gezeugt hatten, die nach der neuen Rechtsprechung nun den ehelichen gleichgestellt waren. So beschwerte sich beispielsweise eine verzweifelte Stuttgarterin, deren Mann »einer gewissenlosen Person wegen aus dem Haus gegangen« war: »Wir haben uns, mit meinem Fleiss und [meiner] Sparsamkeit ein Haus bauen können. Das soll nun mein Sohn mit einem ausserehelichen Kind teilen!«[397] Solche existentiellen Probleme nahm Schwarzhaupt sehr ernst. Geduldig und um Versachlichung bemüht antwortete die Angegriffene auf nahezu alle Schreiben; zuweilen entwickelte sich sogar eine intensive, recht persönliche Korrespondenz.[398] In ihren öffentlichen Verlautbarungen jedoch blieb die Juristin hart und hielt an dem Tabubruch fest.[399] Sie forderte ein Umdenken innerhalb der gesamten Gesellschaft, das künftig auch zu mehr Ehrlichkeit in Ehe und Familie führen sollte: »Es ist nötig, über das Vorhandensein nichtehelicher

Elisabeth Schwarzhaupt

Kinder zu sprechen und die Familie davor zu bewahren, sich im Erbfall mit einem Kind auseinandersetzen zu müssen, von dem man nichts wußte.«[400]

Trotz dieser Erfolge fehlte aber der alte Elan und irgendwie schien es, als hätte die inzwischen 65-Jährige den Kontakt zur Partei verloren. Viele Frauen, mit denen sie noch in den 50er Jahren im Plenum gewesen war, hatten den Bundestag inzwischen verlassen, dazu zählten Luise Rehling, Hedwig Jochmus, Emmi Welter oder Friederike Nadig. Und Marie-Elisabeth Lüders und Helene Weber waren gestorben. »Ich fühle mich seit meiner Rückkehr aus dem Ministeramt in der Fraktion etwas fremder als vorher«, berichtete sie irritiert an die frühere CDU-Bundestagsabgeordnete und Freundin Else Brökelschen, die 1961 ebenfalls ausgeschieden war.[401] Mit ausreichendem zeitlichen Abstand sah sie ihre letzte Legislaturperiode jedoch gelassener; in den Erinnerungen sprach sie gar von einer »Zeit der Erleichterung« und des »harmonischen Abschieds«.[402] Bereits 1965 hatte Schwarzhaupt in ihrem Wahlkreis Wiesbaden angekündigt, bei den nächsten Wahlen zum Deutschen Bundestag nicht mehr zu kandidieren, damit rechtzeitig ein Nachfolger aufgebaut werden könne.[403] Sie wollte der jüngeren Generation Platz machen und beherrschte – wie einst ihr Vater – perfekt die Kunst des Loslassens.

In der Laudatio anlässlich ihres Abschieds aus Bonn im Jahre 1969 lobte der damalige Vorsitzende der CDU/CSU-Fraktion Rainer Barzel Elisabeth Schwarzhaupts politische Tätigkeit als im besten Sinne »progressiv«. Und an die ehemalige Ministerin persönlich gewandt fügte er dankbar hinzu: »Wir haben uns mit Ihnen stets auf dem richtigen Weg gewusst, der nicht in noch mehr Vermännlichung, sondern in die Vermenschlichung von Staat und Gesellschaft hineinführt.«[404]

»So viele Fragen bleiben unbeantwortet« –
Ein neuer Lebensabschnitt

*»Ich bereite mich in diesen Monaten auf ein etwas ruhigeres Leben vor. Ich habe
nicht vor, noch einmal für den Bundestag zu kandidieren, habe aber noch einige
Ämter in Verbänden und Ausschüssen, die ich mit etwas mehr Ruhe und Gründlichkeit versehen werde als bisher. Ich werde also noch beschäftigt sein, ohne dass
die Beschäftigung in Arbeit ausartet.«*[405]

Langsamer Abschied von der Politik

In einem Brief an Else Brökelschen, kurz nach ihrem 68. Geburtstag verfasst,
bekannte Elisabeth Schwarzhaupt, etwas müde zu sein und keine Freude
mehr am politischen Geschäft zu empfinden.[406] Doch mit diesem Einge-
ständnis konnte allenfalls ihr Engagement als aktive CDU-Bundespolitikerin
gemeint sein, denn auf regionaler Ebene und in den verschiedenen Arbeitskreisen der Union blieb die Ruheständlerin umtriebig wie eh und je.

Bevor sie sich allerdings endgültig »mit etwas mehr Ruhe und Gründlichkeit« der Parteiarbeit an der Basis und in den Gremien widmen konnte,
wurde es noch einmal turbulent. Die Medien brachten Elisabeth Schwarzhaupt als Bundestagspräsidentin und Nachfolgerin Eugen Gerstenmaiers
(CDU) ins Gespräch, der am 31. Januar 1969 sein Amt niedergelegt hatte.
Dieser war durch eine Kampagne unter anderem wegen geltend gemachter
Wiedergutmachung für seine während der NS-Zeit aus politischen Gründen
vereitelte akademische Laufbahn unter Druck geraten.[407] Max Schulze-Vorberg von der *Bonner Rundschau* wollte mit seinem Personalvorschlag an die
bedeutende Tradition des 1954 so plötzlich verstorbenen Amtsinhabers Hermann Ehlers erinnern. Dem Journalisten erschien die ehemalige Ministerin
geradezu prädestiniert, im Sinne Ehlers zu wirken. Beinahe im selben Atem-
zug hob er ausdrücklich die Eignung von Frauen »für große, ausgleichende
Funktionen« hervor und traute dabei im besonderen Schwarzhaupt zu, »un-
beschwert und unbefangen verkrustete Fragen zu lösen«.[408] Um die Debatte
über eine mögliche Kandidatur gleich im Keim zu ersticken, wehrte sich
Schwarzhaupt vehement gegen diese Spekulationen. Ihre ablehnende Entscheidung begründete sie mit dem geplanten Rückzug aus der Politik und

dem halb stolz, halb entrüstet vorgetragenen Argument des Alters: »Schließlich bin ich Jahrgang 1901.«[409] Damit war der Fall erledigt. Der Deutsche Bundestag wählte im Februar 1969 Kai-Uwe von Hassel (CDU) zum Nachfolger Gerstenmaiers.

Von jetzt an, da keine ernsthaften Offerten aus Bonn mehr zu erwarten waren, arbeitete Elisabeth Schwarzhaupt intensiver im Vorstand des CDU-Stadtbezirksverbands Frankfurt-Eschersheim mit, dem sie 1961 beigetreten war. Der Ortsteil im Norden der Main-Metropole war schon lange ihr Viertel; dort bewohnte sie seit Beginn der 50er Jahre ein »Häuschen von der Stange«, wie sie bescheiden zu sagen pflegte. Schwarzhaupt kümmerte sich nun um politische und soziale Probleme ihrer Heimatstadt, lernte aber auch die Licht- und Schattenseiten des Parteilebens an der Basis kennen. Sie selbst bezeichnete die neue Tätigkeit als »ein lehrreiches Kapitel zum Thema Demokratie für jemanden, der ohne nennenswerte Beteiligung in örtlichen Parteigruppen in den Bundestag« gewählt worden war.[410] In den nur lückenhaft überlieferten Akten finden sich keine konkreten Hinweise auf ihre Arbeit und diese geheimnisvollen Anspielungen. Vermutlich setzte der Verband vor allem im Wahlkampf auf Schwarzhaupt als prominentes Zugpferd und integrierte die Seiteneinsteigerin ansonsten weniger in das politische Alltagsgeschäft. Eine Hausmacht oder Mannschaft hatte sie nicht hinter sich, bestätigt heute der frühere Frankfurter CDU-Stadtkämmerer Ernst Gerhardt.[411] Trotzdem schlug sie an der Basis rasch feste Wurzeln, denn spätestens seit Anfang der 70er Jahre kandidierte Elisabeth Schwarzhaupt als Delegierte für den CDU-Kreisparteitag und wurde auch regelmäßig gewählt. Ende 1979, im Alter von 78 Jahren, übertrug die Partei der Frankfurterin schließlich den Ehrenvorsitz im Stadtbezirksverband.[412]

Auch der Kontakt nach Wiesbaden zur CDU Hessen riss nach ihrem Rückzug aus der Bundespolitik nicht ab. Schon längere Zeit hatte Schwarzhaupt als Mitherausgeberin des Parteiorgans *Aktueller Wahldienst des hessischen CDU-Landesverbandes* verantwortlich gezeichnet, in dem sie bisweilen auch eigene Kommentare publizierte.[413] Noch 1967 fungierte sie als Beisitzerin im CDU-Landesvorstand, dessen Ehrenvorsitz zu diesem Zeitpunkt ihr alter Förderer Wilhelm Fay inne hatte.[414] Sehr genau beobachtete sie natürlich die Kandidatenkür in ihrem früheren Wahlkreis. Auf den Nachfolger August Weimer reagierte sie mit Zurückhaltung, da dieser ihrer Meinung nach zu einseitig die sozialpolitischen Themen bei der Vorbereitung seines Mandats akzentuierte.[415]

Selbstverständlich blieben die persönlichen Bindungen zur Bundeshauptstadt ebenfalls bestehen. Vor allem bei schwierigen juristischen Themen war die fachliche Kompetenz Elisabeth Schwarzhaupts häufig gefragt. So wirkte die Ministerin a. D. beispielsweise im 1979 gegründeten Ältestenrat der CDU, der versuchte, in beratender Tätigkeit Erfahrungen an jüngere

Unions-Politiker und -Politikerinnen zu vermitteln. Umgekehrt erhielt das Gremium von diesen auch Informationen zu aktuell diskutierten Gegenständen. Weitere prominente Mitglieder waren alte Bekannte, zu denen Franz-Josef Wuermeling, Aenne Brauksiepe, Heinrich Krone oder Eugen Gerstenmaier gehörten. Die tatsächlichen Einflussmöglichkeiten auf den Nachwuchs schätzte Schwarzhaupt realistisch ein. »Man hört uns zwar immer höflich an«, berichtete sie augenzwinkernd, »aber ob man unseren Rat beherzigt oder gar befolgt, das weiß ich nicht.«[416]

Eine wichtige Rolle spielte die frühere Kirchenbeamtin auch weiterhin im Evangelischen Arbeitskreis der CDU/CSU (EAK), dem sie seit 1955 angehörte.[417] Das drei Jahre zuvor gegründete Gremium hatte sich zur Aufgabe gestellt, die geistige Position des Protestantismus innerhalb der CDU zu definieren und wegen des anfänglichen katholischen Übergewichts die gemeinsame Verantwortung beider Konfessionen für das politische Handeln der Union deutlich zu machen. Auf Arbeitstagungen und mittels seines Organs *Evangelische Verantwortung* bemühten sich die EAK-Mitglieder um Gespräche mit der Kirche, erörterten christliche Grundsatzfragen und deren Auswirkungen auf das öffentliche Leben. Schon in den 60er Jahren hatte Schwarzhaupt – stets als einzige Frau – Vorträge auf den Bundestagungen gehalten, beispielsweise zu dem Thema *Frau und Familie in der Industriegesellschaft* oder über den Aspekt *Gesundheitspolitik in der Gesellschaft von morgen*.[418] Dort und auch bei anderen Gelegenheiten appellierte sie immer wieder an die Verantwortung von Staat und Kirchen für die Familie sowie im besonderen für die Mütter und Hausfrauen. Sicherlich flossen eigene negative Erfahrungen aus der Kindheit ein, wenn die Rednerin feststellte, eine leidende Mutter vergifte die Atmosphäre der gesamten Familie. Im Kreise aufgeschlossener Protestantinnen und Protestanten kratzte sie dann schon einmal sanft an der traditionellen Männerrolle und warb vorsichtig für den »Abbau von Vorurteilen«, die Söhne und Väter daran hinderten, in ihrer Freizeit etwas zur Entlastung der Hausfrau beizutragen.[419] Auch in ihren Artikeln für die Zeitschrift *Evangelische Verantwortung* diskutierte sie mit Vorliebe familien- und eherechtliche Fragen oder reflektierte die Stellung der Frau im modernen Staat.[420] Am Beispiel der geplanten Reform der Hinterbliebenenversorgung wies sie noch 1980 die erhebliche Benachteiligung von Witwen im Vergleich zu männlichen Hinterbliebenen nach.[421] Im Ruhestand engagierte sie sich regelmäßig für die Frankfurter Sektion des EAK und übernahm Vorträge oder Veranstaltungsmoderationen, wie etwa im April 1976 bei der Diskussion *Enttäuschen uns die Kirchen?*.[422]

Elisabeth Schwarzhaupt war seit der Konstituierung im Jahr 1968 Mitglied der Eherechtskommission beim Bundesministerium der Justiz. Außerdem hatte sie zusammen mit dem Unionspolitiker Friedrich Vogel den stellvertretenden Vorsitz im ebenfalls 1968 gegründeten Bundesarbeitskreis

Christlich Demokratischer Juristen inne; dort stand sie der Fachkommission »Sittlichkeitsdelikte« vor.[423] Gleichberechtigung der Frau sowie Schutz von Ehe und Familie waren ihr auch in diesem Gremium die wichtigsten Anliegen. Bei den Diskussionen vertrat sie stets eigenständige und unangepasste Auffassungen. Die Gespräche mit der Juristin wären meist ein großer Gewinn gewesen, würdigte Vogel heute die frühere Kollegin. Ihm habe sich das Bild »einer prinzipienfesten, engagierten und kompetenten Frau« eingeprägt.[424]

Außerdem beteiligte sich Schwarzhaupt 1977 an der Gründung der Vereinigung ehemaliger Mitglieder des Deutschen Bundestags e. V., deren Vorsitzender damals Eugen Gerstenmaier hieß.

Mit ganz besonderem Interesse partizipierte Elisabeth Schwarzhaupt jedoch an der Arbeit der CDU-Bundesvereinigung der Frauen, ab 1988 umbenannt in Frauen-Union, deren Mitglied sie als weibliche Bundestagsabgeordnete automatisch geworden war.[425] In Bonn zählte sie zu den Pionierinnen dieses Kreises: Seit Inkrafttreten der Satzung 1958 hatte die Christdemokratin als Beisitzerin im Vorstand der Vereinigung mitgewirkt und war gemeinsam mit den Vorsitzenden Aenne Brauksiepe (katholisch) und Hedwig Jochmus (evangelisch) sowie der Geschäftsführerin Ilse Bab an der Entwicklung eines *Frauenprogramms der CDU* beteiligt gewesen. Vor dem Hintergrund des gerade in Kraft getretenen *Gleichberechtigungsgesetzes* warb Elisabeth Schwarzhaupt auf dem im selben Jahr abgehaltenen CDU-Bundesparteitag in Kiel entschieden für das partnerschaftliche Miteinander von Mann und Frau in allen Bereichen des staatlichen und öffentlichen Lebens. Gleichzeitig forderte sie vorausschauend Teilzeitarbeitsplätze und Maßnahmen zur Wiedereingliederung von Müttern in den Beruf.[426]

Die CDU-Frauen, allen voran ihre Galionsfigur Helene Weber, hatten das Gesundheitsressort erkämpft, das Schwarzhaupt ab 1961 fünf Jahre lang als einzige Frau in den Kabinetten Adenauers und Erhards leitete. Wie beliebt und verehrt sie in der Frauen-Union war, mag man auch an einem Vorschlag ablesen, der aus den Reihen der Christdemokratinnen gekommen war. Danach wurde Ministerin Schwarzhaupt anlässlich ihres 65. Geburtstags zum 7. Januar 1966 durch Bundespräsident Heinrich Lübke das Großkreuz des Bundesverdienstordens verliehen, das Kanzler Ludwig Erhard im Palais Schaumburg feierlich überreichte.[427]

Die Bundesvereinigung veranstaltete Delegiertentage, auf denen Entschließungen beispielsweise zur Ausbildungsförderung von Jugendlichen, zur Intensivierung des sozialen Wohnungsbaus oder zur Rückkehr von Frauen in das Berufsleben gefasst wurden. Dort referierte auch Elisabeth Schwarzhaupt regelmäßig. Auf der vierten Tagung, die 1964 in Stuttgart stattfand, hielt die Ministerin einen Vortrag zu gesundheitspolitischen Fragen. Das Motto des Treffens *Sicherung der Gesundheit zu Hause, am Arbeits-*

platz, in der industriellen Umwelt scheint aus heutiger Sicht ganz auf den prominenten Gast aus den eigenen Reihen zugeschnitten gewesen zu sein.[428] Darüber hinaus warben die Mitglieder in Seminaren, Vorträgen oder Publikationen für mehr Partnerschaft innerhalb der CDU, ein aktives Engagement in der Union oder versuchten, ihre Geschlechtsgenossinnen allgemein stärker für Politik zu interessieren. Innerhalb der hessischen Vereinigung der Frauen-Union gehörte Schwarzhaupt dem Vorstand an und war noch bis Mitte der 70er Jahre als Landesdelegierte im Einsatz. Bereits 1965 hatten sie ihre Mitstreiterinnen zur Ehrenvorsitzenden gekürt.

Alles in allem konnten die Christdemokratinnen zu Beginn der 80er Jahre mit Stolz auf einige Erfolge zurückblicken.[429] Umso mehr ärgerte sich Elisabeth Schwarzhaupt, als sie im Vorfeld der »Wende«, dem Bruch der sozial-liberalen Koalition 1982, in einer CDU-Publikation über Helmut Kohl und die Geschichte der Union entdecken musste, dass Frauen darin so gut wie nicht vorkamen,[430] es sei denn als »Schlangesteherinnen«, »Jubelfrauen am Straßenrand« und »Flüchtlingsfrauen im größten Elend«. Empört wandte sie sich an die damalige Bundesvorsitzende der Frauenvereinigung Helga Wex. »Sind die Frauen in der CDU wirklich nur als gesellschaftliche Garnitur, als Zujublerinnen zu gebrauchen, … als namenlose Ornamente?«, fragte Schwarzhaupt tief enttäuscht und kam zu dem Resultat, dass sich die Politik der CDU noch immer in einer »ungebrochenen Männerwelt« vollziehe.[431] Vor diesem deprimierenden Hintergrund empfand es Elisabeth Schwarzhaupt sicherlich als angenehm und aufmunternd, neben der Bundes- und Landesvereinigung der Frauen-Union für überparteiliche Frauenorganisationen tätig zu sein, wo der Wert ihres politischen und persönlichen Einsatzes für weibliche Belange ohne Einschränkung gewürdigt wurde.

Frauenverbandsarbeit

Nach Schwarzhaupts Rückkehr in ihre Heimatstadt schätzten sich vor allem bürgerliche Frauenvereinigungen glücklich, die prominente Streiterin stärker in ihre Lobbyarbeit einbinden zu können. Dabei existierte ein wechselseitiges Interesse: Die einnehmende Persönlichkeit der Politikerin trug entscheidend dazu bei, den Bekanntheitsgrad und die Attraktivität dieser Einrichtungen zu erhöhen; umgekehrt stützte sich die ehemalige Ministerin selbst gerne auf überparteiliche Foren, die ihr einen unmittelbaren Kontakt zur weiblichen Bevölkerung ermöglichten. So amtierte Schwarzhaupt beispielsweise zwischen 1968 und 1970 als zweite und von 1970 bis 1974 als erste Vorsitzende des Deutschen Akademikerinnenbunds (DAB). Sie trat damit die Nachfolge Erna Schefflers an, der ersten Richterin am Bundesverfassungsgericht. Der bereits 1926 in Berlin als »jüngstes Kind«[432] der bürger-

Elisabeth Schwarzhaupt

lichen Frauenbewegung gegründete Verein hatte in der Weimarer Republik vornehmlich für eine qualifizierte Ausbildung von Frauen und deren uneingeschränkte Zulassung zu deutschen Universitäten gekämpft. Wichtige Themen der 70er und 80er Jahre, die auf Tagungen oder im Verbandsorgan *Mitteilungsblatt des Deutschen Akademikerinnenbundes* erörtert wurden, waren unter anderen eine bessere Alterssicherung für Frauen, Tarifordnungen bei den Rundfunkgesellschaften, Scheidungsrecht und Scheidungsfolgerecht oder Teilzeitbeschäftigung für Arbeitnehmerinnen. Im Rahmen ihrer Möglichkeiten engagierte sich Elisabeth Schwarzhaupt besonders für die Vergabe von Stipendien an bedürftige Studentinnen. Lange Zeit wirkte sie auch im Rechtsausschuss der Vereinigung mit.[433] Von großer Einfühlungsgabe und Menschlichkeit zeugten ihre Würdigungen von Verbandsmitgliedern, die sie – mittlerweile als Ehrenvorsitzende – in den 80er Jahren verfasste, etwa ihre Laudatio auf Magda Staudinger, eine prominente Delegierte der UNESCO-Kommission, und ihr Nachruf auf Erna Scheffler.[434]

Ähnliche Anliegen wie im DAB vertrat Elisabeth Schwarzhaupt zwischen 1970 und 1972 als Präsidentin des Deutschen Frauenrats. Diese Dachorganisation für heute 52 Verbände mit rund elf Millionen Einzelmitgliedern pflegt engen Kontakt mit den jeweils zuständigen Bundesministerien, um die Interessen ihrer Mitglieder effektiver vertreten zu können. Diese rekrutieren sich seit der Gründung aus unterschiedlichen Zusammenschlüssen: von konfessionellen und berufsorientierten Verbänden über Frauengruppen der politischen Parteien bis hin zu überkonfessionell und überparteilich arbeitenden Organisationen. Hier konnte Schwarzhaupt ihr fachliches Know-how in den Dienst der Sache stellen und ihre persönlichen Beziehungen zu Politikern in Bonn nutzen.[435] Als der Rat 1973 sein 20-jähriges Jubiläum feierte, hielt das prominente Mitglied natürlich die Festansprache. Die Rednerin freute sich vor allem darüber, dass durch den Zusammenschluss die seit der Weimarer Zeit bestehende Trennung zwischen bürgerlichen, sozialistischen und konfessionellen Frauenverbänden weitgehend aufgehoben werden konnte.[436]

Trotz ihrer 16-jährigen zeitintensiven Abgeordnetentätigkeit war Elisabeth Schwarzhaupt auch der Evangelischen Frauenarbeit in Deutschland eng verbunden geblieben. Noch immer arbeitete sie für den Rechtsausschuss, dessen Mitglieder Vorschläge zu wichtigen Rechtsreformen entwickelten und diese aus protestantischer Sicht erörterten, aber auch sehr konkret etwa zu Problemen des Steuersplittings, der Förderung ehrenamtlicher Tätigkeiten oder des Unterhalts für nichteheliche Kinder oder Kinder aus geschiedenen Ehen Stellung bezogen. Daneben war sie Vorstandsmitglied im Evangelischen Frauenbund e. V., ab 1981 Ehrenmitglied des Deutschen Juristinnenbunds e. V. und seit den 50er Jahren bis 1983 einfaches Mitglied der Soroptimistinnen in Frankfurt am Main.[437] Auf der Jahreshauptversamm-

lung des Frankfurter Frauenverbands wurde Schwarzhaupt 1978 zur Ehrenvorsitzenden gewählt. Bescheiden hoffte sie in einem ihrer letzten Interviews, »mit einem gewissen Erfolg um Verständnis für die Probleme berufstätiger Frauen« geworben zu haben.[438]

Eine Episode mag verdeutlichen, wie stark sich Elisabeth Schwarzhaupt
zeitlebens mit den bürgerlichen Frauenverbänden identifizierte. Galt sie ge-
meinhin als eine sehr beherrschte und zurückhaltende Persönlichkeit, so bewies eine mehrjährige Auseinandersetzung mit dem Historischen Museum
Frankfurt, dass sie auch hartnäckig streiten konnte. Alles hatte ganz harmlos
angefangen. Die wissenschaftliche Leiterin der im Aufbau befindlichen Abteilung *Frauenalltag und Frauenbewegung in Frankfurt 1890–1980* wandte
sich 1979 mit der Bitte an Schwarzhaupt, als prominente Zeitzeugin ihre
Biografie niederzuschreiben, die auszugsweise in die neue Ausstellung inte-
griert werden sollte.[439] Die Politikerin kam dem Wunsch gerne nach, ging sie
doch davon aus, die Darstellung eigener Erfolge und das Wirken ihrer Mitstreiterinnen aus der CDU etwa in Sachen Gleichberechtigung dort später
hinreichend gewürdigt zu finden.[440] Es sollte anders kommen. Das Konzept
sah vor, die vergessene Frauengeschichte vom Kaiserreich bis in die Gegenwart erstmals aufzuarbeiten und anschaulich, bisweilen auch provokant zu
vermitteln. Dabei beschränkte es sich bewusst auf Aspekte, die durch Insze-
nierungen oder begehbare Environments zu visualisieren waren. Eher Text-
lastiges hingegen, zu dem auch die Reform des Ehe- und Familienrechts in
den 50er und 60er Jahren gehörte, wurde in die Begleitdokumentation ver-
bannt. Die Frauenverbände und ihre Sprecherin Schwarzhaupt waren
darüber empört. Nach eingehender Beschäftigung mit den Inhalten der im
übrigen sehr erfolgreichen Präsentation beklagten sie die angebliche Einsei-
tigkeit der Themenauswahl und eine tendenziöse Darstellung. Wegen einer
Fotomontage, die Adenauer mit Hitler-Bärtchen zeigte, sahen sie sich von
den Vertreterinnen der Neuen Frauenbewegung zudem »in die Ecke des
Faschismus« geschoben.[441]

Besonders Elisabeth Schwarzhaupt fühlte sich in ihrem langjährigen
Kampf um die Gleichberechtigung missverstanden. Wie konnte die Ausstellung die Adenauer-Ära als Zeit »finsterer Reaktion« darstellen, fragte sie
sich, obgleich doch damals auf dem Gebiet der Gesetzgebung tatsächlich
»erste und entscheidende Schritte zur Verbesserung der Rechte der Frau«
angestoßen worden waren?[442] Die ausgeklammerten Themen – so forderten
die Verbände – müssten unbedingt nachbereitet und ergänzt werden.
Schwarzhaupt, die bereits im neunten Lebensjahrzehnt stand, scheute in
den folgenden 48 Monaten keine Mühen, dieses Anliegen durchzusetzen.
So wandte sie sich an die Direktoren des Historischen Museums, an den
Oberbürgermeister der Stadt Frankfurt Walter Wallmann und sogar an Kul-
turdezernent Hilmar Hoffmann, um eine thematische Ergänzung der Aus-

stellung zu erwirken. Schließlich zeigte sich die Kuratorin kompromiss-
bereit. Der Unnachgiebigen wurde eine zusätzliche Stellwand genehmigt,
auf der die Verbände zum Thema »Nachkriegszeit und Wirtschaftswunder«
namentlich gezeichnete Texte anbringen konnten. Ob die Frauen diese
Möglichkeit der Ergänzung schließlich nutzten, geht nicht aus den Quellen
hervor.

Aus heutiger Sicht dokumentiert diese Auseinandersetzung gleich mehrere Konflikte. Es prallten nicht nur die grundsätzlichen Vorstellungen von
Vertreterinnen der bürgerlich-konservativen und der eher linken Neuen
Frauenbewegung, sondern auch die unterschiedlicher Altersgruppen und
Prägungen aufeinander. Eine in der Weimarer Republik erwachsen gewordene Frauengeneration, zu der die Sozialdemokratin Elisabeth Selbert ebenso zählte wie die spätere Christdemokratin Elisabeth Schwarzhaupt, hatte
mit dem Gleichberechtigungssatz und den daraus folgenden Reformen in
der Tat wichtige Grundlagen für die Emanzipation der Frauen geschaffen.
Die Wurzeln des Patriarchats, also traditionelle Männerrollen und gesellschaftliche wie politische Machtverhältnisse zwischen den Geschlechtern
hatten sie jedoch nicht angetastet oder in Frage gestellt. Vermutlich war auch
die Zeit noch nicht reif zu diesem Schritt. Die klassische Doppelbelastung
vieler Frauen, die in den 60er Jahren dem Leitbild der halbtags beschäftigten
Ehefrau und Mutter gefolgt waren, entsprang diesem Defizit. Ganz anders
agierte die Neue Frauenbewegung seit Ende der 60er Jahre, die vor dem
Hintergrund der Studentenproteste die bislang fehlende Auseinandersetzung der Eltern mit der NS-Zeit anprangerte und deren Autorität radikal
in Frage stellte. Die jungen Frauen forderten sowohl Selbstbestimmung über
ihren Körper als auch die Einlösung der Rechte, die ihnen laut Grundgesetz
zustanden. Die Frankfurter Ausstellung bot ein Forum, diese unterschiedlichen Sichtweisen, auch auf die noch immer als männerdominiert zu be-
trachtende Geschichte der Bundesrepublik Deutschland, zu diskutieren. Der
Konflikt zwischen Elisabeth Schwarzhaupt und den Museumsfrauen war dabei exemplarisch für das Aufeinandertreffen der unterschiedlichen Lebenserfahrungen von Müttern und ihren Töchtern.

Von der Kunst des Loslassens

Elisabeth Schwarzhaupt träumte davon, sich im Ruhestand intensiver ihrem
Privatleben widmen zu können. Da Profession und Freizeit stets eng miteinander verzahnt gewesen waren, Kolleginnen und Kollegen gleichzeitig zu
ihrem Freundeskreis gehörten, gelang wirkliches Abschalten vom tagespolitischen Geschehen eher selten. Echte Refugien boten da nur die Familie und
die abgeschiedene Sphäre ihres Frankfurter Zuhauses.

Die Eltern waren 1961 hochbetagt verstorben. Bis zuletzt hatten sie in der Höllbergstraße im Westen Eschersheims gewohnt, nicht weit von der Tochter entfernt. Beide durften es nicht mehr erleben, dass ihre Ise als erste Frau der Republik zur Leiterin eines Bundesministeriums ernannt wurde. Elisabeth Schwarzhaupt hatte immer Verantwortung innerhalb der Familie übernommen und sich auch materiell um Angehörige gekümmert, so gut sie konnte. Es war ihr zum Beispiel eine Selbstverständlichkeit, Ehefrau und Sohn ihres im Zweiten Weltkrieg ums Leben gekommenen Bruders finanziell unter die Arme zu greifen. Auch ihrem Onkel Adolf Schwarzhaupt half sie, den es nach Halle an der Saale verschlagen hatte. Mit dem Beistand der Nichte gelang es ihm und seiner Ehefrau, noch vor dem Bau der Mauer aus der Deutschen Demokratischen Republik nach Frankfurt am Main überzusiedeln; der einzige Sohn des Ehepaares war ebenfalls im Krieg gefallen.[443] Wenn sie auch von Herzen kamen, so fielen Schwarzhaupt diese Zuwendungen keinesfalls leicht. Umso größer war ihre Verärgerung darüber, dass sie ganz offensichtlich allein wegen ihres Status als Unverheiratete während ihrer früheren Tätigkeit im Beamtenverhältnis bei Beförderungen häufig übergangen worden war.[444] Dahinter steckte die Unterstellung des kirchlichen Dienstherrn, eine ledige Frau käme mit einem geringeren Gehalt aus als ein verheirateter Mann.

In ihrer so knapp bemessenen Freizeit befasste sich die Literaturliebhaberin gerne mit Texten von Golo Mann und Carl Friedrich von Weizsäcker oder mit Lyrik. Außerdem sammelte sie die Schriften Gertrud Bäumers und betrieb genealogische Forschungen zur Geschichte der »Schwarzhäupter«. Es war deshalb schmerzlich, als sie in den letzten Lebensjahren den allmählichen Verlust ihrer Sehkraft hinnehmen und diesen Hobbys entsagen musste. Rechtzeitig hatte sie die Kinder aus der unmittelbaren Nachbarschaft angeleitet, ihr dann und wann etwas vorzulesen. Immer schon pflegte Schwarzhaupt gerne die Beziehung zur Jugend. Der gedankliche Austausch mit jüngeren Generationen hielt die alte Dame geistig rege. Natürlich war sie mit den geäußerten Ansichten nicht immer einverstanden, vor allem was die zunehmende Liberalisierung der Sexualität anbetraf.[445] Um sich zu entspannen, hörte sie Musik, bevorzugt Mozart, oder widmete sich einfach den Blumen in ihrem kleinen Gärtchen. So lange es ihr die Gesundheit gestattete, verreiste sie mehrfach im Jahr, am liebsten in die Schweiz, die sie seit frühester Jugend besucht hatte und bestens kannte. Meist wurde sie dabei von Freundinnen begleitet. Noch 1977 brach sie zu einem mehrwöchigen Aufenthalt in die USA auf, um alte Bekannte zu treffen.

Elisabeth Schwarzhaupt war eine leidenschaftliche Briefschreiberin. Bis in die 80er Jahre hinein führte sie mit Freunden und Kollegen aus Zeiten der Schule, des Studiums, der Kirche und Politik aktenfüllende Schriftwechsel. Erst die Augenkrankheit zwang sie, den Deckel ihrer Schreibmaschine zuzuklappen. Mit der Fotografin Ilse Bing korrespondierte sie zeitlebens. Deren Bild *Rosen im Glas* schmückte eine Wand ihres Hauses.[446] Regelmäßig, im Ruhestand noch intensiver, unterrichtete sie die Freundin im fernen Amerika darüber, was in deren ehemaliger Heimatstadt passierte. Beider Lieblingsthema war die Zeit, die sie gemeinsam auf der Schillerschule in Frankfurt am Main verbracht hatten. Dann schwelgte das Duo in Erinnerungen. Schwarzhaupt engagierte sich rührig für die »Ehemaligen«-Treffen, zu denen sie natürlich immer auch Ilse Bing einlud. Als es 1975 wieder einmal soweit war, freute sich diese riesig, die »Kinder aus unserer Klasse« zu sehen.[447] Elisabeth Schwarzhaupt versuchte aber auch, einen Beitrag zur Wiederentdeckung der als Fotografin inzwischen vergessenen Freundin zu leisten und ihre Arbeiten in Frankfurt bekannter zu machen. So informierte sie 1976 die Bibliotheken über deren Neuerscheinung *Numbers in Images*, eine künstlerische Auseinandersetzung mit der Mathematik, und warb für den Ankauf des Buchs. Auf ihre Anregung hin präsentierte die Frankfurter Heussenstamm-Stiftung drei Jahre später eine kleine Ausstellung der Künstlerin,[448] und 1984 hielt Bing im Historischen Museum sogar einen Vortrag. Vielleicht waren diese Freundschaftsdienste Schwarzhaupts ganz persönliche Form, eine »Wiedergutmachung« der während der NS-Zeit im Namen Deutschlands vor allem an der jüdischen Bevölkerung begangenen Verbrechen zu versuchen. Im Falle Bings war schließlich durch Ausgrenzung und Verfolgung eine so vielversprechend begonnene Karriere in Europa zerstört worden. Im Frühjahr 1986 brach die Korrespondenz plötzlich ab, sechs Monate vor Schwarzhaupts Tod. Ilse Bing starb 1998 im Alter von 99 Jahren in New York.[449]

Die Christdemokratin war nicht nur als Korrespondenzpartnerin eine gefragte Persönlichkeit. Zu Beginn der 80er Jahre wandten sich häufig Politiker, Autoren, Journalisten oder Historiker – vornehmlich weiblichen Geschlechts – mit der Bitte an die ehemalige Ministerin, für Sammelbände Beiträge zu ihrer Lebensgeschichte oder bestimmten Aspekten daraus zu verfassen.[450] Viele dieser Publikationen basierten auf vorher geführten Interviews. Bisweilen waren ihr die Anfragen auch lästige Pflicht, besonders wenn Schwarzhaupt wie im Falle einer historischen Darstellung über die hessische CDU den Eindruck gewinnen musste, als weibliche Autorin instrumentalisiert zu werden. So begann sie ihren dort unter dem Titel *Als Frau in der Politik. Hoffnung und Wirklichkeit* veröffentlichten Aufsatz mit der desillusionierenden Erkenntnis, wieder einmal die Rolle der »Alibi-Frau« übernommen zu haben, »in einem Buch, das überwiegend von Männern geschrieben ist und hauptsächlich von Männern handelt«.[451] Spielverderberin war sie nie gewesen; aber in diesen, am Ende eines Lebenswerks für die Gleichberechtigung verfassten Worten, spiegelte sich tiefe Resignation.

Mit den unbequemen Themen Alter, Gebrechlichkeit und Tod setzte sich Elisabeth Schwarzhaupt bewusst frühzeitig auseinander. Fest im christlichen Glauben verankert, bereitete sie sich auf das Abschiednehmen vor. Bereits seit Ende der 70er Jahre kündigte sie nach und nach ihre Mitgliedschaft in den zahlreichen Verbänden und erteilte denen, die sie noch für ein spätes Engagement gewinnen wollten, eine Absage. Noch meisterte sie den Alltag in ihrem Häuschen weitgehend allein; nur zum Putzen und Kochen kam regelmäßig eine Haushaltshilfe vorbei. Schwarzhaupt blickte den Tatsachen realistisch ins Auge: Würde sie für längere Zeit erkranken oder gar pflegebedürftig werden, müsste sie ihr Domizil verlassen und in ein Altenstift ziehen. Aber, so schrieb sie im Alter von 79 Jahren an eine Bekannte, »ich schiebe die Entscheidung, etwas zu ändern, ... zunächst vor mir her«.[452] Damit sie trotz eines Bandscheibenvorfalls und einer Augenoperation noch regelmäßig am sonntäglichen Gottesdienst teilnehmen konnte, wechselte sie zuletzt in die Französisch-Reformierte Gemeinde, da deren Kirche nicht weit von ihrem Haus entfernt lag.[453]

Anlässlich ihres 85. Geburtstags im Januar 1986 lud die *Frankfurter Allgemeine Zeitung* die Christdemokratin ein, den berühmten Proustschen »Fragebogen« auszufüllen. Um eine knappe Einschätzung ihrer gegenwärtigen Geistesverfassung gebeten, antwortete sie freundlich ausweichend: »Heiter auf dunklem Hintergrund.«[454] Elisabeth Schwarzhaupt starb wenige Monate später am 29. Oktober 1986 in einem Frankfurter Krankenhaus. Die Trauerfeier für diese bedeutende Persönlichkeit der Zeitgeschichte, die eigentlich die Öffentlichkeit scheute und doch so oft im Mittelpunkt gestanden hatte, fand in aller Stille und im engsten Familienverband auf dem Hauptfriedhof statt. »Die Wurzel, die ich hier habe, verliert man nicht so leicht«, hatte Schwarzhaupt in einem länger zurückliegenden Gespräch ihre Bindung zu Frankfurt am Main charakterisiert. Mit dem Tod in der Heimatstadt sollte dieser Satz einen ganz eigenen Sinn erhalten und sich der Lebenskreis schließen.[455]

Ein Leben für Gesellschaft, Kirche und Politik –
Versuch einer Bilanz

»Mein Leben war nicht immer leicht, aber ich war in guter Hut.« [456]

Der Politikerin war in in den Medien große Aufmerksamkeit zuteil geworden, wenn sie einen runden Geburtstag feiern konnte, eine Auszeichnung wie 1966 das Großkreuz des Bundesverdienstordens oder 1976 die vom Hessischen Ministerpräsidenten Albert Osswald verliehene Wilhelm-Leuschner-Medaille in Empfang nahm. Nach ihrem Tod verfassten parteiübergreifend Vertreter und Vertreterinnen von Bund, Land Hessen, der Stadt Frankfurt am Main, der Evangelischen Kirche sowie der zahlreichen Verbände, in denen Schwarzhaupt Mitglied gewesen war, eine Fülle von Nachrufen und Würdigungen. Darin formulierten sie ausnahmslos ihre Trauer um eine außergewöhnlich kluge und integre Frau, die der Bundesrepublik Deutschland in besonderer Weise gedient habe und dabei Humanität, Wärme wie auch christliche Nächstenliebe auszustrahlen vermochte. Was ihr einst von Rainer Barzel und Holger Börner attestiert worden war, nämlich zur »Vermenschlichung von Staat und Gesellschaft« beigetragen beziehungsweise »ein Lebenswerk für den demokratischen Staat« geschaffen zu haben, bestätigten andere jetzt. Rita Süssmuth lobte Elisabeth Schwarzhaupt als Vorbild »für Menschen, die politisch handeln«, und die Liberale Liselotte Funcke stellt noch heute ihre »Kraft zu unabhängigem Denken« heraus. [457]

All diese positiven Zuschreibungen ließen die Zäsur im Jahre 1933 außer Acht, durch die sich in privater wie beruflicher Hinsicht unfreiwillig entscheidende Weichenstellungen für ihre Zukunft ergeben hatten. Und dennoch benannten die Politikerinnen und Politiker sehr treffend die wesentlichen Eigenschaften Elisabeth Schwarzhaupts und Kontinuitäten der Vita in ihren Würdigungen.

Elisabeth Schwarzhaupt war eine typische, von Helene Lange und Gertrud Bäumer beeinflusste Vertreterin der bürgerlichen Frauenbewegung. Gleich ihren Vorbildern setzte sie sich in Kirche und Politik sowie in zahlreichen Verbänden für höhere Mädchenbildung, das Frauenstudium, die Berufstätigkeit von Frauen und die Realisierung der Gleichberechtigung in ehe- und familienrechtlichen Zusammenhängen ein. Als Bundestagsabgeordnete kämpfte sie gegen das damals im BGB geregelte Bestimmungsrecht des Ehemannes über die Frau und gehörte damit zu einer Minderheit in ihrer Fraktion. Sachkundig und weitsichtig bezog sie immer wieder Stellung zu damals durchaus modernen Fragen, wie zur Altersvorsorge für Frauen, Teilzeitarbeit oder Bewertung von Frauenarbeit.

Die Hinführung zu diesen Themen verdankte sie den Eltern Frieda und Wilhelm Schwarzhaupt, die ihre Tochter seit frühester Kindheit intellektuell gefördert, ihr eine qualifizierte Schulausbildung ermöglicht und sie zu einer akademischen Laufbahn ermutigt hatten. Positiv schien sie sich allerdings fast ausschließlich mit dem im Geiste liberalen, im Verhalten aber konservativen Vater identifiziert zu haben. Dieser trat zwar für die Emanzipation der Frauen und auch seiner eigenen Tochter ein, zog jedoch eine Veränderung der traditionellen Männerrolle in diesem Prozess nicht in Betracht. Zu Wilhelm Schwarzhaupt, der durch seine Funktionen als Lehrer, Politiker, engagierter Christ und Freimaurer stets ein anregender und interessanter Gesprächspartner war, blickte Elisabeth liebe- und respektvoll auf. Er – ganz Patriarch der Familie – war es, der ihr die Welt erklärte und auch ihr Bild vom Mann prägte. Da konnte die Mutter, die sich für Familie und Haushalt aufrieb, vor den Augen ihres Kindes kaum Pluspunkte sammeln. Im Gegenteil: Das Mädchen war sich ganz sicher, dass sie auf dieses trostlose, von zahllosen Gattinnen und Müttern geteilte Schicksal später gut und gerne verzichten wollte.

In ihren Erinnerungen behauptete Elisabeth Schwarzhaupt dagegen, die patriarchalische Rechts- und Gesellschaftsordnung, die letztlich bis weit in die 60er Jahre – auch in ihrer eigenen Familie – bestand, nicht kennen gelernt zu haben und dass sie nichts hätte erkämpfen müssen.[458] Als »höhere« Tochter, die ihre Sozialisation im bildungsbürgerlichen Milieu erfahren hatte, stellte sie – den Vater vor ihrem geistigen Auge und ganz »Kind ihrer Zeit« – daher die patriarchalischen Strukturen nie grundsätzlich in Frage. Mochte die Protestantin mit ihrem für die Verhältnisse der 50er und 60er Jahre fortschrittlichen Denken ihre eigene Partei, die eher katholisch geprägte CDU, bisweilen auch provoziert haben, so gab es doch selten Kontroversen mit Fraktionskollegen. Polemischen Auseinandersetzungen ging Elisabeth Schwarzhaupt aus dem Weg. Zu Konflikten führte ihr insgesamt eher traditionelles Verständnis von Gleichberechtigung später aber mit der selbstbewusster auftretenden Neuen Frauenbewegung, die genau jenen von ihr akzeptierten Strukturen radikal den Kampf angesagt hatte. Den Vorbildcharakter ihres Engagements als »Türöffnerin« für die Töchter- und Enkelinnengeneration wird Elisabeth Schwarzhaupt dennoch niemand absprechen können.

In einem autobiografischen Text schrieb Elisabeth Schwarzhaupt einmal, das meiste in ihrem Leben hätte sich ohne ihr Zutun ereignet.[459] Diese Einschätzung traf tatsächlich gleich auf mehrere Situationen zu: Sei es die

Entscheidung, im Berliner Bund für Kapital- und Kleinrentner, in der Kirchenkanzlei oder für das Kirchliche Außenamt zu arbeiten. Auch bei den Überlegungen, der CDU beizutreten, sich für ein Bundestagsmandat zu bewerben oder gar ein Ministeramt zu übernehmen, – stets waren andere Personen an die gelernte Juristin herangetreten, um sie für die neue Aufgabe zu gewinnen. Elisabeth Schwarzhaupt war nicht der Typ einer verbissenen Karrierefrau. Sie musste auch nicht kämpfen, konnte im Gegenteil die Dinge entspannt auf sich zukommen lassen. Neben der allseits bestätigten Fachkompetenz zeichnete sich die Frankfurterin durch eine optimistische Lebenseinstellung aus, die auf Menschen große Ausstrahlung entfaltete. Und war sie erst einmal von einem Projekt überzeugt, entwickelte sich die Leidenschaft für die Sache fast von allein. Bei dieser glücklichen Paarung besonderer Qualitäten ist es verständlich, dass sie immer neue Angebote erhielt und Persönlichkeiten aus ganz unterschiedlichen gesellschaftspolitischen Bereichen sie als Mitstreiterin oder Mitglied werben wollten.

Elisabeth Schwarzhaupt wurde intensiv im christlichen Glauben protestantisch-reformierter Ausrichtung erzogen. Das Bibelwort nahm sie ernst. Einzelne Verse oder Geschichten dienten ihr später nicht selten auch in politischen Debatten als Grundlage der Argumentation. Ihr menschliches Handeln folgte nicht nur dem Prinzip der Nächstenliebe, sondern auch der Zivilcourage, die nicht zuletzt der festen Verankerung im Glauben entsprang. Noch 1932 wandte sich Elisabeth Schwarzhaupt beherzt gegen den Nationalsozialismus, als ein großer Teil der deutschen Bevölkerung Adolf Hitler bereits zujubelte und bei Wahlen die Stimme gab. Große Hilfsbereitschaft bewies sie als Mitarbeiterin der Berliner Kirchenkanzlei, von wo sie während der NS-Zeit unter anderem weiblichen Kirchenbediensteten Rechtsbeistand und sonstige Unterstützung gewährte. Mut zu unabhängigem Denken bewies die Christdemokratin auch nach dem Krieg. In wichtigen Bundestagsdebatten, zum Beispiel im Jahre 1954 über die Streichung des Stichentscheids des Ehemannes nach § 1354 BGB, scheute sie sich nicht, die Fraktionsdisziplin zu durchbrechen und vor dem Plenum ihre ganz persönliche Meinung zu vertreten. Selbst während der leidigen Diskussion um einen qualifizierten, aber vom Koalitionspartner FDP unerwünschten Staatssekretär bewies Ministerin Schwarzhaupt Standfestigkeit. Gegen den Willen Adenauers und der Liberalen setzte sie ihren Wunschkandidaten durch und ertrug monatelang stoisch des Kanzlers Groll.

Der Geburtsstadt Frankfurt am Main blieb Elisabeth Schwarzhaupt bis zu ihrem Tod treu. Immer pflegte sie den Kontakt zu Freundinnen und Bekannten, die sie bereits seit der Schul- und Studienzeit kannte. Von Kindesbeinen an war sie auch mit kommunalpolitischen Themen vertraut, die auf Grund der verschiedenen beruflichen und parteilichen Funktionen des Vaters in der Familie regelmäßig diskutiert wurden. Während der Abgeordnetentätigkeit in Bonn behielt sie als Wohnsitz den Stadtteil Eschersheim bei, was ihr große Sympathien bei den Frankfurterinnen und Frankfurtern einbrachte. Sei es über das Engagement im dortigen CDU-Stadtbezirksverband oder in den lokalen Sektionen verschiedener Frauenverbände: Elisabeth Schwarzhaupt mischte sich ein und war als Persönlichkeit in der Stadt präsent.

* * *

Und wie sieht es heute mit der Erinnerung an die erste Bundesministerin aus? In Frankfurt-Eschersheim wurde 1988 die Elisabeth-Schwarzhaupt-Anlage eingeweiht. Auch in Linden nahe Gießen heißt seit 1996 eine Verbindungsstraße nach der Politikerin. Die Deutsche Post AG entschloss sich ein Jahr später, ihr Porträt in die Briefmarkenserie *Frauen in der deutschen Geschichte* aufzunehmen. Das hätte die leidenschaftliche Schreiberin sicherlich gefreut. Eine nach Elisabeth Schwarzhaupt benannte Bildungsstätte gibt es in Hessen merkwürdigerweise bislang noch nicht. Dabei läge es nahe, auf diese Weise an die vorbildhafte Streiterin für Mädchenbildung, Gleichberechtigung, Frauenrechte und eine gesündere Umwelt dauerhaft und zukunftsweisend zu erinnern.

Anmerkungen

1   Elisabeth Schwarzhaupt, Als Frau in der Politik. Hoffnung und Wirklichkeit, in: Werner Wolf (Hg.), CDU Hessen 1945–1985. Politische Mitgestaltung und Kampf um die Mehrheit, Köln 1986, S. 180.
2   Vgl. W. G., Der Start der Frau Ministerin, in: Die Zeit, 8. Dezember 1961.
3   Ursula Salentin, Elisabeth Schwarzhaupt – erste Ministerin der Bundesrepublik, Freiburg i. Br. 1986., S. 60.
4   Elisabeth Schwarzhaupt, in: Wolf (1986), S. 180.
5   Vgl. Heike Mundzeck, Elisabeth Schwarzhaupt, in: Deutscher Juristinnenbund (Hg.), Juristinnen in Deutschland. Eine Dokumentation (1900–1984), München 1984, S. 109 f.
6   Vgl. Elisabeth Schwarzhaupt, in: Gabriele Metzler, Frauen die es geschafft haben. Porträts erfolgreicher Karrieren, Düsseldorf 1985, S. 217 f.
7   Vgl. Heide-Marie Lauterer, Gottesbildlichkeit des Menschen und Gleichberechtigung von Frau und Mann. Elisabeth Schwarzhaupt (1901–1986), in: Joachim Mehlhausen (Hg.), … und über Barmen hinaus. Studien zur kirchlichen Zeitgeschichte. Festschrift für Carsten Nicolaisen zum 4. April 1994, Göttingen 1995, S. 145 f.; dies., Elisabeth Schwarzhaupt, in: Manfred Asendorf/Rolf von Bockel (Hg.), Demokratische Wege. Deutsche Lebensläufe aus fünf Jahrhunderten. Ein Lexikon, Stuttgart/Weimar 1997, S. 578 f.
8   Vgl. Hanna-Renate Laurien, Elisabeth Schwarzhaupt (1901–1986), in: Hans Sarkowicz (Hg.), Sie prägten Deutschland. Eine Geschichte der Bundesrepublik in politischen Portraits, München 1999, S. 69 f.
9   Vgl. Elisabeth Schwarzhaupt, in: Regine Marquardt, Das Ja zur Politik. Frauen im Deutschen Bundestag 1949–1961, Opladen 1999, S. 143 f.
10 Vgl. Salentin (1986). Weitere Beiträge der Autorin zur Biografie Schwarzhaupts vgl. dies., Ein demokratischer Lebensweg. Am 7. Januar [1986] wird Elisabeth Schwarzhaupt 85 Jahre alt, Frankfurter Allgemeine Zeitung (FAZ), 4. Januar 1986; dies., Erste Ministerin der Bundesrepublik Deutschland: Die Frankfurterin Elisabeth Schwarzhaupt (1901–1986), in: Hessische Landeszentrale für politische Bildung (Hg.), Republik, Diktatur und Wiederaufbau. Hessische Persönlichkeiten des 20. Jahrhunderts, o. O. und o. J. [Wiesbaden 1995], S. 108 f.; dies., Elisabeth Schwarzhaupt, in: Klaus Böhme/Walter Mühlhausen (Hg.), Hessische Streiflichter. Beiträge zum 50. Jahrestag des Landes Hessen, Frankfurt am Main 1995, S. 166 f.
11 Vgl. Elisabeth Schwarzhaupt, Meine Welt brach zusammen, in: Als Hitler kam. 50 Jahre nach dem 30. Januar 1933. Erinnerungen prominenter Augenzeugen, Freiburg i. Br. 1982, S. 162 f.; dies., Bericht Elisabeth Schwarzhaupt, in: Schillerschule Frankfurt am Main 1908–1983, Frankfurt am Main 1983, S. 32 f.; dies., Jahrgang 1901 – als Frau in Beruf und Politik, in: Renate Hellwig (Hg.), Frauen in der Politik. Die Christdemokratinnen. Unterwegs zur Partnerschaft, Stuttgart/Herford 1984, S. 225 f.; dies., Als Frau in der Politik. Hoffnung und Wirklichkeit, in: Wolf (1986), S. 175 f.
12 Vgl. Elisabeth Schwarzhaupt, in: Deutscher Bundestag (Hg.), Abgeordnete des Deutschen Bundestags. Aufzeichnungen und Erinnerungen, Bd. 2, Boppard am Rhein 1983, S. 241 f.
13 Vgl. u. a. Sarkowicz (1999); Marquardt (1999).
14 Vgl. u. a. Wolfgang Benz, Deutschland seit 1945. Chronik und Bilder, München 1999; Brockhaus 1949–1999. 50 Jahre Deutsche Geschichte. Ereignisse, Personen, Entwicklungen, Leipzig/Mannheim 1999; Eckhart Conze/Gabriele Metzler (Hg.), Deutsch-

land, Daten und Diskussionen, Stuttgart 1999; Jupp H. Darchinger/Carl-Christian Kaiser, Die Köpfe. Achtzig Porträts zur Geschichte der Republik, Bonn 1996; Georg Fülberth, Berlin-Bonn-Berlin. Deutsche Geschichte seit 1945, Köln 1999; Manfred Görtemaker, Geschichte der Bundesrepublik Deutschland. Von der Gründung bis zur Gegenwart, München 1999; Torsten Oppelland (Hg.), Deutsche Politiker 1949–1969. Biografische Skizzen aus Ost und West, 2 Bde., Darmstadt 1999.

15 Zitiert nach Mundzeck (1984), S. 124.
16 Frankfurter Gesichter, FAZ, 1. Februar 1975.
17 Elisabeth Schwarzhaupt zitiert nach Salentin (1986), S. 8.
18 Vgl. Frankfurter Rundschau (FR), 20. November 1961.
19 Zitiert nach Klaus Hildebrand, »Was das 19. Jahrhundert Alles brachte« oder »Die gute neue Zeit«, in: Lothar Gall (Hg.), Das Jahrtausend im Spiegel der Jahrhundertwenden, Berlin 1999, S. 348.
20 Elisabeth Schwarzhaupt, in: Deutscher Bundestag (1983), S. 241.
21 Wilhelm Schwarzhaupt, [Lebenserinnerungen] Erster Teil bis zum Ausbruch des 1. Weltkrieges, Frankfurt am Main 20. Juli 1960, S. 48, BA Koblenz.
22 Vgl. ebd., S. 56.
23 Vgl. Elisabeth Schwarzhaupt, in: Deutscher Bundestag (1983), S. 241.
24 Angelehnt an den Titel des autobiografischen Werks von Simone de Beauvoir, Memoiren einer Tochter aus gutem Hause.
25 Vgl. Salentin (1986), S. 10.
26 Elisabeth Schwarzhaupt, Mein Leben, S. 1, BA Koblenz, N 1177/37.
27 Vgl. ebd., S. 2.
28 Vgl. Elisabeth Schwarzhaupt, in: Deutscher Bundestag (1983), S. 242.
29 Fragebogen, 1. Dezember 1945, Bl. 9, HHSTA Wiesbaden, Abt. 505/406. Irrtümlich ist dort 1919 als Jahr des Abiturs angegeben.
30 Lebenslauf, 14. Januar 1925, EZA Berlin, Bestand 2, P 36.
31 Vgl. Doris Schmidt, Goldenes Jubiläum der Schillerschule, FAZ, 10. Januar 1959.
32 Mundzeck (1984), S. 110.
33 Vgl. Wilhelm Schwarzhaupt, Lebenserinnerungen, Teil II, S. 13, ACDP, I-048 001/1.
34 Aufruf, abgedruckt in: Kurt Schäfer, Schulen und Schulpolitik in Frankfurt am Main 1900–1945, Frankfurt am Main 1994, S. 41.
35 Am 4. Dezember 1906 stimmte die Stadtverordnetenversammlung einer Empfehlung des Magistrats zu, die Lehrveranstaltungen zu übernehmen, diese für das kommende Jahr mit 11.500 Mark zu bezuschussen und ab April 1908 der neu errichteten Schillerschule anzugliedern.
36 Zitiert nach Schäfer (1994), S. 40.
37 Die »Deutsche Oberschule« kam 1925 als dritte Richtung hinzu und förderte schwerpunktmäßig die Fächer Deutsch, Geschichte, Erdkunde, moderne Fremdsprachen und Naturwissenschaften.
38 Vgl. Schillerschule (1983), S. 4.
39 Elisabeth Schwarzhaupt, in: Deutscher Bundestag (1983), S. 244.
40 Vgl. Wolfgang Klötzer, Frankfurter Biographie, Bd. 1, Frankfurt am Main 1994, S. 39.
41 Sämtliche Informationen zur Geschichte der Schillerschule vgl. Schillerschule Frankfurt a[m] M[ain]. Rückblick auf das Jubiläum 1958, Jahresberichte 1959–1961, Frankfurt am Main 1961; Fünfzig Jahre Schillerschule Frankfurt a[m] M[ain], Frankfurt am Main 1958; Schillerschule (1983); Schäfer (1994), besonders S. 37 f. und 224 f.
42 Elisabeth Schwarzhaupt an Ilse Bing, 10. April 1978, BA Koblenz, N 1177/43.
43 Biografische Informationen zu Ilse Bing vgl. u. a. Ilse Bing, in: Herlinde Koelbl, Jüdi-

sche Portraits. Photographien und Interviews, Frankfurt am Main 1998, S. 33 f.; Ilse Bing. Fotografien 1929–1956 (Ausstellungskatalog), Aachen 1996; Annemarie Tröger, Zwischen Kunst und Zeitungsmarkt. Ein Ausschnitt aus dem Leben der Fotografin Ilse Bing, in: Diethart Kerbs/Walter Uka/Brigitte Walz-Richter (Hg.), Die Gleichschaltung der Bilder. Zur Geschichte der Pressefotografie 1933–36, Berlin 1983, S. 91 f.; Modellieren mit Licht. Ein Gespräch mit Ilse Bing, in: Photographie 9/89, S. 82 f.; Kurt Wettengl, Ilse Bing – Martha Hoepffner – Abisag Tüllmann. Drei Fotografinnen in Frankfurt, Frankfurt am Main 1995.

44 Vgl. Fried Lübbecke, Fünfhundert Jahre Buch und Druck in Frankfurt am Main, Frankfurt am Main 1948, S. 188 ff.; Klötzer, Frankfurter Biographie, Bd. 2, Frankfurt am Main 1996, S. 263.

45 Elisabeth Schwarzhaupt, Mein Leben, S. 2, BA Koblenz, N 1177/37.

46 Vgl. Wilhelm Schwarzhaupt, [Lebenserinnerungen] Erster Teil (1960), S. 72 f.

47 Vgl. Wolfgang Klötzer (Hg.), Frankfurt am Main in Fotografien von Gottfried Vömel 1900–1943, München 1992, S. 135 und 152.

48 Vgl. Salentin (1986), S. 17.

49 Vgl. Elisabeth Schwarzhaupt, in: Deutscher Bundestag (1983), S. 243.

50 Elisabeth Schwarzhaupt, in: Metzler (1985), S. 230.

51 Salentin (1986), S. 13.

52 Elisabeth Schwarzhaupt, in: Deutscher Bundestag (1983), S. 243.

53 Ebd.

54 Philipp Scheidemann, Memoiren eines Sozialdemokraten, Dresden 1930, S. 312.

55 Elisabeth Schwarzhaupt zitiert nach Salentin (1986), S. 118 f.

56 Zitiert nach Ute Gerhard, Unerhört. Die Geschichte der deutschen Frauenbewegung, Reinbek bei Hamburg 1990, S. 324.

57 Vgl. u. a. Hessische Landesregierung (Hg.), »Ein Glücksfall für die Demokratie«. Elisabeth Selbert (1896–1986) – Die große Anwältin der Gleichberechtigung, Frankfurt am Main 1999.

58 Vgl. Fünfzig Jahre Schillerschule (1958), S. 152.

59 Vgl. Mundzeck (1984), S. 111.

60 Elisabeth Schwarzhaupt zitiert nach Metzler (1985), S. 218.

61 Vgl. Schäfer (1994), S. 44 f.

62 Elisabeth Schwarzhaupt zitiert nach Mundzeck (1984), S. 111.

63 Elisabeth Schwarzhaupt zitiert nach ebd.

64 Vgl. Elisabeth Schwarzhaupt, in: Hellwig (1984), S. 226.

65 RGBl 1922 I, S. 573 f.

66 Elisabeth Schwarzhaupt, in: Hellwig (1984), S. 226.

67 Elisabeth Schwarzhaupt, in: Deutscher Bundestag (1983), S. 245.

68 Vgl. Elisabeth Schwarzhaupt, Mein Leben, S. 2 f., BA Koblenz, N 1177/37.

69 Telefonische Auskunft, 15. Mai 2000, Archiv der Humboldt-Universität Berlin.

70 Fragebogen, 1. Dezember 1945, Bl. 9, HHSTA Wiesbaden, Abt. 505/406.

71 Vgl. Salentin (1986), S. 20.

72 Wilhelm Schwarzhaupt, Lebenserinnerungen, Teil II, S. 12, ACDP, I-048 001/1.

73 Vgl. Salentin (1986), S. 22.

74 Vgl. Elisabeth Schwarzhaupt, in: Hellwig (1984), S. 226.

75 Vgl. Zeugnis der Beschwerdekammer, 24. Juli 1930 (Abschrift), Bl. 6, HHSTA Wiesbaden, Abt. 505/406. In dieser Position wurde sie besoldet, vgl. Dienstlaufbahn, EZA Berlin, Bestand 2, P 37.

76 Elisabeth Schwarzhaupt, Mein Leben, S. 5, BA Koblenz, N 1177/37.

77 Vgl. Zeugnis der Städtischen Rechtsauskunftsstelle (Abschrift), Bl. 6, HHSTA Wiesbaden, Abt. 505/406.

78 Vgl. Rückblick auf die Tätigkeit der Städtischen Rechtsauskunftsstelle, in: Städtisches Anzeigeblatt, 16. Dezember 1933, IFSG Frankfurt am Main, Akten der STVV 190; Gerhard, Unerhört (1990), S. 176 f.; Beatrix Geisel, Wovon die Miete bezahlen? Vor hundert Jahren gab es eine »Rechtsschutzstelle für Frauen« in Frankfurt, FR, 10. Mai 1997.

79 Rückblick (1933).

80 Vgl. Vortrag des Magistrats an die Stadtverordneten-Versammlung, 28. Februar 1918, S. 7, IFSG Frankfurt am Main, Akten der STVV 190.

81 Vgl. Elisabeth Schwarzhaupt, in: Deutscher Bundestag (1983), S. 245.

82 Vgl. Elisabeth Schwarzhaupt im Gespräch mit Heribert Koch, 11. März 1976, S. 3, ACDP, I-048 001/2.

83 Vgl. Elisabeth Schwarzhaupt, in: Deutscher Bundestag (1983), S. 246.

84 Elisabeth Schwarzhaupt im Gespräch mit Koch (1976), S. 4.

85 Fragebogen, 1. Dezember 1945, Bl. 9, HHSTA Wiesbaden, Abt. 505/406.

86 IFSG Frankfurt am Main, Magistratsakten 4.021, Bl. 41.

87 Rückblick (1933).

88 Elisabeth Schwarzhaupt, Meine Welt (1982), S. 162.

89 Vgl. Zeugnis des Amtsgerichtsdirektors Frankfurt, 4. Juli 1932 (Abschrift), HHSTA Wiesbaden, Abt. 505/406.

90 Vgl. Mundzeck (1984), S. 113. Vgl. auch Dienstlaufbahn, EZA Berlin, Bestand 2, P 37.

91 Elisabeth Schwarzhaupt, in: Metzler (1985), S. 219.

92 Fragebogen, EZA Berlin, Bestand 2, P 35. Nach der 1957 angefertigten Dienstlaufbahn endete das letzte Kommissorium am 17. Juli 1933, EZA Berlin, Bestand 2, P 37.

93 Vgl. Elisabeth Schwarzhaupt, in: Metzler (1984), S. 220.

94 Vgl. Fragebogen zur Erforschung der wirtschaftlichen Lage der Referendare und Assessoren, EZA Berlin, Bestand 2, P 35. Seit 1936 hieß dieser der NSDAP angeschlossene Verband NS-Rechtswahrerbund.

95 Korrespondenz, vgl. EZA Berlin, Bestand 2, P 35.

96 Mundzeck (1984), S. 113.

97 Elisabeth Schwarzhaupt, in: Deutscher Bundestag (1983), S. 241.

98 Vgl. Willi Emrich, Ein Vierteljahrhundert Stadtgeschichte Frankfurt am Main 1919–1945, Bd. 2, o.O. und o.J., S. 333, IFSG Frankfurt am Main, S 6a/109.

99 Vgl. Heike Drummer, Friedrich Krebs – nationalsozialistischer Oberbürgermeister in Frankfurt am Main. Rekonstruktion eines politischen Lebens, in: Hessisches Jahrbuch für Landesgeschichte, Bd. 42, Marburg 1992, S. 219 f.; dies., Der »Brunnen des deutschen Handwerks« – Ein Beitrag zum Selbstverständnis der Stadt Frankfurt am Main im Nationalsozialismus, in: Kritische Berichte 2/95, S. 58 f.; Konrad Schneider, Neue Quellen zur Tätigkeit des Frankfurter Oberbürgermeisters Friedrich Krebs 1933–1945, in: AFGK 65 (1999), S. 350 f.

100 Vgl. Elisabeth Schwarzhaupt, Als Frau in der Politik, in: Wolf (1986), S. 175.

101 Vgl. ebd.

102 Vgl. Elisabeth Schwarzhaupt im Gespräch mit Koch (1976), S. 1.

103 Zur DVP-Jugend vgl. Wolfgang R. Krabbe, Parteijugend in der Weimarer Republik. Ein typologischer Vergleich am Beispiel der Zentrums- und DVP-Jugend, in: ders. (Hg.), Politische Jugend in der Weimarer Republik, Bochum 1993, S. 38 f.; ders., Die gescheiterte Zukunft der Ersten Republik. Jugendorganisationen bürgerlicher Parteien im Weimarer Staat, Opladen 1995.

104 Wilhelm Schwarzhaupt [Lebenserinnerungen]. Erster Teil (1960), S. 113.
105 Vgl. Wilhelm Schwarzhaupt, Gustav Stresemann. Sein Vermächtnis, Frankfurter Nachrichten, 4. Oktober 1929.
106 Vgl. Salentin (1986), S. 21.
107 Vgl. u. a. Armin und Renate Schmid, Frankfurt in stürmischer Zeit 1930–1933, Stuttgart 1987, S. 117 f.; Karl Dietrich Erdmann, Die Weimarer Republik (Gebhardt, Handbuch der deutschen Geschichte, Bd. 19), München 1980, 9. Auflage, S. 291 f.
108 So lautete ein gleichnamiger Artikel aus ihrer Feder, Berlin o. J. [1932], 5. Auflage. Innerhalb einen Jahres soll der Text 14 Auflagen erfahren haben, vgl. Cornelia Wenzel, Elisabeth Schwarzhaupt (1901–1986), in: Ariadne. Almanach des Archivs der deutschen Frauenbewegung, Heft 18, November 1990, S. 23. Der Text ist im IV. Teil dieser Publikation nachgedruckt, vgl. S. 236 f.
109 Vgl. Elisabeth Schwarzhaupt, Mein Leben, S. 4 a, BA Koblenz, N 1177/37.
110 Generalsekretär [der DVP] an Elisabeth Schwarzhaupt, 5. April 1932 (Abschrift), ACDP, I-048 012/5,.
111 Helli Knoll, Und dennoch: die Wahrheit siegt., in: 4. Beiblatt der Frankfurter Nachrichten, Aus dem Reich der Frau, 20. März 1921, ACDP, I-048 013/4.
112 Elisabeth Schwarzhaupt zitiert nach ebd.
113 Elisabeth Schwarzhaupt, Was hat die deutsche Frau vom Nationalsozialismus zu erwarten?, Berlin o. J. [1932], 5. Auflage.
114 Elisabeth Schwarzhaupt, Die Stellung der Frau im Nationalsozialismus, o. O. und o. J. [1932], S. 22, ACDP, I-048 012/5.
115 Vgl. Klaus Schönhoven/Hans-Jochen Vogel (Hg.), Frühe Warnungen vor dem Nationalsozialismus. Ein historisches Lesebuch, Bonn 1998. Das Engagement von Elisabeth Schwarzhaupt wird darin nicht erwähnt.
116 Zitiert nach Klaus Schönhoven, Streitbare Demokraten in der Weimarer Republik, in: ebd., S. 24.
117 Vgl. Antje Dertinger, Marie Juchacz (1879–1956). Die erste Frau, die im Parlament zum Volke sprach, in: Dieter Schneider (Hg.), Sie waren die ersten. Frauen in der Arbeiterbewegung, Frankfurt am Main 1988, S. 228 f.
118 Vgl. Angela Keller-Kühne, 50 Jahre Frauen-Union. Katalog zur Ausstellung, Archiv für Christlich-Demokratische Politik der Konrad-Adenauer-Stiftung e. V. (Hg.), Meckenheim 1998, S. 35 f.
119 Elisabeth Pitz-Savelsberg, in: Deutscher Bundestag (Hg.), Abgeordnete des Deutschen Bundestags. Aufzeichnungen und Erinnerungen, Bd. 3, Boppard am Rhein 1985, S. 204.
120 Vgl. Elisabeth Schwarzhaupt, Die Frau als Wählerin, in: Hulda Zarnack (Hg.), Wir Frauen im Staat, Gelnhausen/Berlin 1953, S. 45. Der Text ist im IV. Teil der Publikation vollständig abgedruckt, S. 247 f.
121 Hans Mayer, Der Widerruf. Über Deutsche und Juden, Frankfurt am Main 1996, S. 429.
122 Elisabeth Schwarzhaupt, Meine Welt (1982), S. 167.
123 Elisabeth Schwarzhaupt, in: Deutscher Bundestag (1983), S. 248.
124 Zur Biografie Klausings vgl. Bernhard Diestelkamp, Friedrich Klausing (1887–1944), in: ders./Michael Stolleis (Hg.), Juristen an der Universität Frankfurt am Main, Baden-Baden 1989, S. 171 f.
125 Vgl. Wilhelm Schwarzhaupt, Lebenserinnerungen, Teil III, S. 56, ACDP I-048 001/1.
126 Direktionsabteilung der I.G.-Farben AG an Elisabeth Schwarzhaupt, 28. März 1938 (Abschrift), BA Berlin, Bestand R 8128/119.

127 Vgl. RGBl 1935 I, Gesetz »zum Schutze des deutschen Blutes und der deutschen Ehre«, 15. September 1935, §§ 1 und 2, S. 1146 f.
128 Elisabeth Schwarzhaupt, Meine Welt (1982), S. 167.
129 Elisabeth Schwarzhaupt an G. G., 15. März 1973 (Abschrift), BA Koblenz, N 1177/51.
130 Schreiben, 31. Juli 1933 zitiert nach Schäfer (1994), S. 285.
131 Vgl. Wilhelm Schwarzhaupt an das Schulamt, 2. August 1933, IFSG Frankfurt am Main, Personalakte 29.795.
132 Vgl. Wilhelm Schwarzhaupt, Lebenserinnerungen, Teil III, S. 55, ACDP, I-048 001/1.
133 Frankfurter Volksblatt, 12. und 20. April 1933.
134 Vgl. Wilhelm Schwarzhaupt, Lebenserinnerungen, Teil III, S. 67 f., ACDP, I-048 001/1.
135 Elisabeth Schwarzhaupt, in: Hellwig (1984), S. 231.
136 Vgl. Klötzer (Hg.), Frankfurter Biographie (1996), S. 263.
137 Koelbl (1998), S. 34.
138 Vgl. ebd.
139 Vgl. Datenbank Gedenkstätte Neuer Börneplatz, Jüdisches Museum Frankfurt.
140 Vgl. ebd.
141 Vgl. Schillerschule (1983), S. 30 f.
142 Elisabeth Schwarzhaupt, 24. September 1934, EZA Berlin, Bestand 2, P 35.
143 Vgl. Wilhelm Schwarzhaupt, Lebenserinnerungen, Teil III, S. 56, ACDP, I-048 001/1.
144 Elisabeth Schwarzhaupt, in: Hellwig (1984), S. 231.
145 Elisabeth Schwarzhaupt, Meine Welt (1982), S. 166.
146 Vgl. Der Rentner. Bundesblatt des Reichsbundes der Deutschen Kapital- und Kleinrentner, 14. Jg., Juni 1933, Nr. 6, S. 41.
147 Vgl. Werbe- und Propagandabeilage, in: Der Rentner, 15. Jg., April 1934.
148 Elisabeth Schwarzhaupt, in: Metzler (1985), S. 220.
149 Elisabeth Schwarzhaupt zitiert nach Mundzeck (1984), S. 114.
150 Elisabeth Schwarzhaupt, 24. September 1934, EZA Berlin, Bestand 2, P 35.
151 Das Treuegelöbnis musste sie noch zweimal ablegen, am 16. April 1936 zum Eintritt in die Kirchenkanzlei und am 6. April 1939 zur Vereidigung als Konsistorialrätin, vgl. EZA Berlin, Bestand 2, P 37.
152 Vgl. Der Rentner, 15. Jg., April 1934, S. 30.
153 So oblag es ihr, bestimmte Gruppen, etwa Pfandbriefgläubiger oder Kriegsanleihenbesitzer, an den Ablauf von Fristen zu erinnern, die Aufwertung von Sparkassenguthaben bekannt zu geben, auf Sonderregelungen, wie Ermäßigung der Rundfunkgebühren, Befreiung von der Bürgersteuer, Mietzinssteuernachlässe, Umsatzsteuerbefreiung für Zimmervermieter oder Härtebeihilfen hinzuweisen, Informationen über gesetzliche Neuregelungen, beispielsweise der Erbschaftsteuer oder immer wieder des Bürgersteuergesetzes, Steuerermäßigungen und Mietschutzbestimmungen in das Blatt zu bringen.
154 Vgl. Der Rentner, 17. Jg., Dezember 1936, Nr. 12, S. 89.
155 Der Rentner, 19. Jg., Dezember 1938, Nr. 12, S. 92.
156 Vgl. Der Rentner, 16. Jg., Juli 1935, Nr. 7, S. 49.
157 Ebd., S. 51.
158 Elisabeth Schwarzhaupt, Meine Welt (1982), S. 168.
159 Vgl. auch den Beitrag von Heide-Marie Lauterer im III. Teil dieser Publikation, S. 194 f.
160 Vgl. Bewerbung vom 22. Februar 1936, EZA Berlin, Bestand 2, P 37.
161 Gehaltsangaben, vgl. EZA Berlin, Bestand 2, P 35.
162 Vgl. Elisabeth Schwarzhaupt, in: Metzler (1985), S. 221.

163 Raymund Kottje/Bernd Moeller (Hg.), Ökumenische Kirchengeschichte, Bd. III: Neuzeit, München/Mainz 1983, 3. Auflage, S. 306.

164 Elisabeth Schwarzhaupt an Heinz Brunotte, 29. Juni 1971 (Abschrift), BA Koblenz, N 1177/45. Aus Brunottes Feder stammte die ausführliche Darstellung: Der kirchenpolitische Kurs der Deutschen Evangelischen Kirchenkanzlei von 1937 bis 1945, in: ders., Bekenntnis und Kirchenverfassung. Aufsätze zur kirchlichen Zeitgeschichte, Göttingen 1977, S. 1 f.

165 Martin Greschat, Die Haltung der deutschen evangelischen Kirchen zur Verfolgung der Juden im Dritten Reich, in: Ursula Büttner (Hg.), Die Deutschen und die Judenverfolgung im Dritten Reich, Hamburg 1992, S. 275.

166 Clemens Vollnhals, Die evangelische Kirche zwischen Traditionswahrung und Neuorientierung, in: Martin Broszat/Klaus-Dietmar Henke/Hans Woller (Hg.), Von Stalingrad zur Währungsreform. Zur Sozialgeschichte des Umbruchs in Deutschland, München 1989, S. 116.

167 Kundgebung zur Gründung der Deutschen Evangelischen Kirche am 26./27. Mai 1933, zitiert nach Otto Friedrich, Die kirchenrechtliche Entwicklung des deutschen evangelischen Kirchentums seit 1933, in: Joachim Beckmann (Hg.), Kirchliches Jahrbuch für die Evangelische Kirche in Deutschland 1945–1948, Gütersloh 1950, S. 416.

168 These 1 zitiert nach Gerhard Wehr, Karl Barth: Theologe und Gottes fröhlicher Partisan, Gütersloh 1979, S. 52. Hervorhebung im Original.

169 Vgl. Vollnhals (1989), S. 116.

170 Vgl. Leonore Siegele-Wenschkewitz, Auseinandersetzungen mit einem Stereotyp: Die Judenfrage im Leben Martin Niemöllers, in: Büttner (1992), S. 298.

171 Vgl. u. a. Ulrich von Hehl, Die Kirchen in der NS-Diktatur. Zwischen Anpassung, Selbstbehauptung und Widerstand, in: Karl Dietrich Bracher/Manfred Funke/Hans-Adolf Jacobsen (Hg.), Deutschland 1933–1945. Neue Studien zur nationalsozialistischen Herrschaft, Bonn 1993, 2. Auflage, S. 166 f.

172 Vgl. Elisabeth Schwarzhaupt, Erklärung vom 5. Mai 1947, EZA Berlin, Bestand 600/34.

173 Vgl. Elisabeth Schwarzhaupt, Mein Leben, S. 5, BA Koblenz, N 1177/37.

174 Vgl. Lauterer (1995), S. 151 f.; BA Berlin, Bestand R 5101 Reichsministerium für die kirchlichen Angelegenheiten 23448–23449, 23453, 23542, 23550, 23788.

175 Vgl. dazu auch die spätere Reflektion Elisabeth Schwarzhaupts zu dem Thema, die im Februar 1970 in der Zeitschrift Frau und Politik erschien und im IV. Teil dieser Publikation, S. 270 f., nachgedruckt ist.

176 Vgl. Elisabeth Schwarzhaupt, in: Renate Hellwig (1984), S. 232.

177 Elisabeth Schwarzhaupt, in: Deutscher Bundestag (1983), S. 249.

178 Elisabeth Schwarzhaupt, in: Metzler (1985), S. 221.

179 Vgl. Elisabeth Schwarzhaupt, in: Hellwig (1984), S. 233.

180 Vgl. Maria Weigle an Hans Asmussen, 22. Oktober 1945, EZA Berlin, Bestand 2, P 37.

181 Vgl. Elisabeth Schwarzhaupt, in: Hellwig (1984), S. 233.

182 D. Wilhelm Brandt an Elisabeth Schwarzhaupt, 23. August 1944, EZA Berlin, Bestand 2/339.

183 Vgl. Elisabeth Schwarzhaupt im Gespräch mit Koch (1976), S. 38 f.

184 Vgl. ebd. S. 39.

185 Vgl. u. a. Carl Ordnung, Martin Niemöller, in: Manfred Asendorf/Rolf von Bockel (Hg.), Demokratische Lebenswege. Deutsche Lebensläufe aus fünf Jahrhunderten, Stuttgart/Weimar 1997, S. 451 f.; Matthias Schreiber, Martin Niemöller, Reinbek bei Hamburg 1997.

186 Jochen-Christoph Kaiser, Das Frauenwerk der Deutschen Evangelischen Kirche. Zum Problem des Verbandsprotestantismus im Dritten Reich, in: Heinz Dollinger/ Horst Gründer/Alwin Hanschmidt (Hg.), Weltpolitik, Europagedanke, Regionalismus. Festschrift für Heinz Gollwitzer zum 65. Geburtstag am 30. Januar 1982, Münster 1982, S. 500.

187 Vgl. Kurt Nowak, Der deutsche Protestantismus und die Unfruchtbarmachung der Erbkranken, in: Günther van Norden (Hg.), Zwischen Bekenntnis und Anpassung. Aufsätze zum Kirchenkampf in rheinischen Gemeinden, in Kirche und Gesellschaft, Köln 1985, S. 178.

188 Der Reichskirchenausschuss an die obersten Behörden der deutschen Evangelischen Landeskirchen, 25. August 1936 (gez[eichnet] Mahrenholz), EZA Berlin, Bestand 1, C 3/102.

189 Zitiert nach Kottje/Moeller (1983), S. 309.

190 Vgl. Meldungen aus dem Reich Nr. 240, Berlin, 24. November 1941, in: Heinz Boberach (Bearb.), Berichte des SD und der Gestapo über Kirchen und Kirchenvolk 1934–1944, Mainz 1971, S. 597 f.

191 Vgl. Interview zum Thema Frauen im Nationalsozialismus, u. a. mit Elisabeth Schwarzhaupt, Gertrud Heißmeyer, Ernst Glaser [1974] (Manuskript), S. 31, BA Koblenz, N 1177/55.

192 Salentin (1986), S. 40.

193 Vgl. Der Reichsminister für die kirchlichen Angelegenheiten an den Leiter der Kirchenkanzlei, 22. März 1939 (Entwurf), BA Berlin, Bestand R 5101, 23710.

194 Friedrich Werner an den Reichsminister für die kirchlichen Angelegenheiten, 6. Januar 1939, BA Berlin, Bestand R 5101, 23710.

195 Wilhelm Schwarzhaupt, Lebenserinnerungen, Teil III, S. 71, ACDP, I-048 002/1.

196 Der Reichsminister für die kirchlichen Angelegenheiten an den stellvertretenden Leiter der Kirchenkanzlei, 16. September 1944 (Entwurf), BA Berlin, Bestand R 5101, 23710.

197 Undatierter Presseausschnitt [April 1940], EZA Berlin, Bestand 1, A 4/577.

198 Zitiert nach Brunotte (1977), S. 31.

199 Meldungen aus dem Reich Nr. 20, Berlin, 20. Oktober 1939, in: Boberach (1971), S. 360.

200 Zitiert nach Kottje/Moeller (1983), S. 308.

201 Vgl. Der Krieg zog seine grausame Spur bis auf die Friedhöfe, FR, 25. Juli 2000.

202 Vgl. Niederschriften über die Sitzungen des Geistlichen Vertrauensrats vom 31. März 1941 bis 19. Januar 1943, EZA Berlin, Bestand 1, A 4/579.

203 Vgl. Elisabeth Schwarzhaupt, Mein Leben, S. 6, BA Koblenz, N 1177/37.

204 Ebd.

205 Elisabeth Schwarzhaupt an ihre Eltern, 10. Mai 1945 (Abschrift), S. 5, ACDP, I-048 001/1.

206 Vgl. ebd., S. 6.

207 Elisabeth Schwarzhaupt, in: Deutscher Bundestag (1983), S. 250.

208 Heinz Brunotte an Elisabeth Schwarzhaupt, 10. Juli 1971, BA Koblenz, N 1177/45.

209 Elisabeth Schwarzhaupt an Justizminister Georg August Zinn, 17. Dezember 1945, HHSTA Wiesbaden, Abt. 505/406, Bl. 3.

210 Der Hessische Minister der Finanzen an Justizminister Georg August Zinn, 19. November 1945, HHSTA Wiesbaden, Abt. 505/406, Bl. 1.

211 Bestätigung des Office of Military Government, 30. Januar 1946, HHSTA Wiesbaden, Abt. 505/406, Bl. 14.

212 Vgl. Elisabeth Schwarzhaupt an den Justizminister, 18. Juli 1946, HHSTA Wiesbaden, Abt. 505/406, Bl. 18.

213 Hans Asmussen an Elisabeth Schwarzhaupt, 23. November 1945, EZA Berlin, Bestand 2, P 37.

214 Vgl. Maria Weigle an Hans Asmussen, 22. Oktober 1945, EZA Berlin, Bestand 2, P 35; Bericht Heinz Brunottes an Theophil Wurm, 30. Oktober 1945, in: Die Protokolle des Rates der Evangelischen Kirche in Deutschland, Bd. I: 1945/46, Göttingen 1995, S. 255.

215 Vgl. EZA Berlin, Bestand 2, P 37.

216 Vgl. Bericht Brunottes, in: Die Protokolle (1995), S. 247 f. und 261 f.

217 Vgl. Martin Niemöller an Otto Fricke, 18. Juli 1945, zitiert nach Gerhard Besier (Hg.), Kirche nach der Kapitulation. Das Jahr 1945 – eine Dokumentation, Köln 1990, S. 11.

218 Elisabeth Schwarzhaupt, in: Deutscher Bundestag (1983), S. 251.

219 Vgl. Notker Hammerstein, Die Johann Wolfgang Goethe-Universität Frankfurt am Main. Von der Stiftungsuniversität zur staatlichen Hochschule, Band I: 1914 bis 1950, Neuwied/Frankfurt am Main 1989, S. 276 f.

220 Elisabeth Schwarzhaupt an Hans Asmussen, 4. Januar 1946, EZA Berlin, Bestand 2, P 37. Das hervorgehobene Wort ist im Original unterstrichen.

221 Schreiben Hans Asmussens, 11. Januar 1946, ebd.

222 Vgl. Wolf-Dieter Hauschild, Der Rat der Evangelischen Kirche in Deutschland als Vertretung des deutschen Protestantismus der Nachkriegszeit, in: Die Protokolle (1995), S. IXf. (Vorwort).

223 Erklärung des Rates an die Ökumene, Stuttgart 18./19. Oktober 1945, in: ebd., S. 60.

224 Hans Asmussen zitiert nach Vollnhals (1989), S. 133.

225 Abgedruckt in: Beckmann (1950), S. 224 f. Auf der Synode der EDK im November 2000 diskutierten die Vertreter die Vorlage »Christen und Juden«, ein nunmehr erweitertes Schuldbekenntnis, vgl. FR, 8. November 2000.

226 Vgl. Salentin (1986), S. 40.

227 Vgl. zu diesem Thema Brunotte, Die Grundordnung der Evangelischen Kirche in Deutschland. Ihre Entstehung und ihre Probleme, Berlin 1954.

228 Elisabeth Schwarzhaupt an Pastor Rudolf Damrath, 12. Februar 1948 (Abschrift), Archiv der EFD, Ordner Frauenarbeit (Schriftwechsel mit Einzelpersonen).

229 Vgl. Wolf-Arno Kropat, Hessen in der Stunde Null, Wiesbaden 1979, S. 236.

230 EZA Berlin, Bestand 2/57, abgedruckt in: Die Protokolle (1995), S. 502 f.

231 Clemens Vollnhals, Evangelische Kirche und Entnazifizierung 1945–1949. Die Last der nationalsozialistischen Vergangenheit, München 1989, S. 94; vgl. auch Elisabeth Schwarzhaupt, Die evangelische Kirche und das Befreiungsgesetz, in: Frankfurter Hefte, 1. Jg., Dezember 1946, Heft 9, S. 872 f.

232 Elisabeth Schwarzhaupt, Die evangelische Kirche (1946), S. 874. Hervorhebung im Original.

233 Vgl. Salentin (1986), S. 41 f.

234 Vgl. den Beitrag von Heinz Joachim Held im III. Teil dieser Publikation, S. 164 f.

235 Elisabeth Schwarzhaupt, Mein Leben, S. 6, BA Koblenz, N 1177/37.

236 Elisabeth Schwarzhaupt an Heinz Brunotte, 27. September 1948, EZA Berlin, Bestand 600/34.

237 Vgl. Elisabeth Schwarzhaupt an Hans Asmussen, 4. November 1948 (Abschrift), ebd.

238 Archiv der EFD, Ordner Frauenarbeit (allgemein).

239 Elisabeth Schwarzhaupt, Mein Leben, S. 6, BA Koblenz, N 1177/37.

240 Elisabeth Schwarzhaupt zitiert nach Salentin (1986), S. 48.

241 Vgl. Tätigkeitsbericht des kirchlichen Außenamtes, o. D. [etwa April 1948], EZA Berlin, Bestand 6/85, Nr. 2262.
242 Vgl. Elisabeth Schwarzhaupt an Heinz Brunotte, 27. September 1948, EZA Berlin, Bestand 600/34.
243 Elisabeth Schwarzhaupt an W. S. da Wiardi-Beckmann, 23. September 1948, Archiv der EFD, Ordner Frauenarbeit (Schriftwechsel mit Einzelpersonen).
244 Vgl. EZA Berlin, Bestand 6/85, Nr. 1591–1592.
245 Vgl. Elisabeth Schwarzhaupt, 7. August 1948, EZA Berlin, Bestand 2, P 38.
246 Elisabeth Schwarzhaupt an Jella Lepmann, 14. Februar 1946 (Abschrift), Archiv der EFD, Ordner Frauenarbeit (Schriftwechsel mit Einzelpersonen).
247 Vgl. Elisabeth Schwarzhaupt an Antonie Nopitsch, 18. Februar 1946, Archiv der EFD, Ordner Frauenarbeit 1946 ff.
248 Vgl. zu dem Thema u. a. Kaiser (1982), S. 483 f.
249 Vgl. Sitzung des Evangelischen Frauenwerks am 25. März 1946, Archiv der EFD, Ordner Frauenarbeit (allgemein).
250 Vgl. Margit Göttert, Bäumer, Gertrud, in: Asendorf/von Bockel (1997), S. 41.
251 Elisabeth Schwarzhaupt an den Rat der EKD, 8. Juli 1946, EZA Berlin, Bestand 2, Nr. 336.
252 Vgl. Elisabeth Schwarzhaupt, Aufbau der Evangelischen Frauenarbeit in Deutschland, in: Amtsblatt der Evangelischen Kirche in Deutschland, 1. Jg., Nr. 24/25, 1. und 15. Dezember 1947, S. 170.
253 Elisabeth Schwarzhaupt an Anna Söderblom, 13. März 1947 (Abschrift), Archiv der EFD, Ordner Frauenarbeit (Schriftwechsel mit Einzelpersonen).
254 Vgl. Elisabeth Schwarzhaupt und Antonie Kraut (EFD) an den [Alliierten] Kontrollrat, 21. Februar 1947 (Abschrift), EZA Berlin, Bestand 2, Nr. 336.
255 Vgl. Hans Asmussen an Erzbischof Joseph Kardinal Frings, 10. Mai 1947, EZA Berlin, Bestand 2, Nr. 302.
256 Elisabeth Schwarzhaupt an Rudolf Smend, 20. November 1948, in: Die Protokolle des Rates der Evangelischen Kirche in Deutschland, Bd. 2: 1947/48, Göttingen 1997, S. 624 f.
257 Vgl. Elisabeth Schwarzhaupt an den Rat der EKD, 5. März 1951, EZA Berlin, Bestand 2, Nr. 5382. Vertiefende Informationen enthält der Beitrag von Hildburg Wegener im III. Teil dieser Publikation, S. 227 f.
258 Kirchliches Jahrbuch 1960, zitiert nach Hilde Snoek, Aus der Arbeit des Rechtsausschusses der Evangelischen Frauenarbeit in Deutschland, in: Neue Evangelische Frauenzeitung, 14. Jg., Januar/Februar 1970, Heft 1, S. 66.
259 Außerdem war Schwarzhaupt Mitglied der Strafrechtskommission der Forschungsstätte der Evangelischen Studiengemeinschaft (Christophorus-Stift), der Familienrechtskommission der Evangelischen Kirche in Deutschland und der Kammer für öffentliche Verwaltung der EKD.
260 Vgl. Elisabeth Schwarzhaupt, in: Deutscher Bundestag (1983), S. 252.
261 Elisabeth Schwarzhaupt, Aufbau der Evangelischen Frauenarbeit (1947), S. 158 f.; dies., Berufsaussichten der Theologiestudentinnen, in: Beilage zur Halbmonatsschrift für Arbeit und Besinnung. Ausgabe für die Württembergische Evangelische Landeskirche, 1. Jg., 15. Dezember 1947, Nr. 12, S. 1 f.; dies., Trag' bei zur richtigen Ordnung!, in: Der Wähler, Jg. 1952, Heft 3, S. 79 f. (Antwort auf den Artikel von Ulla Illing, Frau – möcht' ich sein, sonst nichts. Gespräch einer unpolitischen Frau mit einem klugen Mann, ebd., S. 77 f.); dies., Die Frau als Wählerin, in: Hulda Zarnack (Hg.), Wir Frauen im Staat, Gelnhausen/Berlin 1953, S. 42 f.; dies., Die verschiedenen Lebensformen der Frau, Die Mitverantwortung der Frau im öffentlichen Leben,

Die Industriearbeiterin, in: Die Frau im Beruf. Tatbestände, Erfahrungen und Vor-schläge zu drängenden Fragen in der weiblichen Berufsarbeit und in der Lebens-gestaltung der berufstätigen Frau, Hamburg 1954, S. 29 f., S. 68 f.; dies., Aufgaben und Stellung der Akademikerin in der heutigen Gesellschaft, in: Informationsdienst für Frauenfragen e. V. (Anlage), 10 (1954), o. S.

262   Elisabeth Schwarzhaupt, Als Frau in der Politik, in: Wolf (1986), S. 176.
263   Elisabeth Schwarzhaupt, in: Metzler (1985), S. 233.
264   Vgl. Elke Schüller, »Keine Frau darf fehlen!« – Frauen und Kommunalpolitik im ersten Nachkriegsjahrzehnt in Hessen, in: Ulla Wischermann (Hg.), Staatsbürgerin-nen zwischen Partei und Bewegung, Frankfurt am Main 1993, S. 88.
265   In Frankfurt am Main, Offenbach, Wiesbaden, Bad Nauheim, Marburg, Wetzlar, Darmstadt, Kassel und im Untertaunuskreis.
266   Vgl. Schüller (1993), S. 90. Die hessischen Frauenausschüsse schlossen sich am 17./18. Januar 1947 zu der Dachorganisation Frauen-Verband Hessen zusammen.
267   Hamburger Abendblatt, 12. Dezember 1955, zitiert nach ebd., S. 92.
268   Vgl. Nori Möding, Die Stunde der Frauen?, in: Broszat/Henke/Woller (1989), S. 640.
269   Zur Geschichte der Frankfurter CDU vgl. u. a. Joachim Rotberg, Zwischen Links-katholizismus und bürgerlicher Sammlung. Die Anfänge der CDU in Frankfurt am Main 1945–1946, Frankfurt am Main 1999; Heinrich Rüschenschmidt, Gründung und Anfänge der CDU in Hessen, Darmstadt/Marburg 1981, S. 39 f.
270   Vgl. Rotberg (1999), S. 148 f.
271   Vgl. Rüschenschmidt, Gründung und erste Jahre. Die CDU Hessen unter Werner Hilpert 1945–1952, in: Heidenreich/Wolf (1995), S. 13 f.; Reinhard Frommelt, Mit-regieren-Wollen und Opponieren-Müssen. Die CDU Hessen unter Wilhelm Fay 1952–1967, in: ebd., S. 37 f.
272   Vgl. Gespräch Elisabeth Schwarzhaupts mit Koch (1976), S. 6.
273   Aufruf »An alle Frauen Groß-Hessens«, Januar 1946, ACDP, III-020 127/1.
274   Zur Biografie von Hermann Ehlers vgl. u. a. Gerhard Besier, Hermann Ehlers. Ein evangelischer CDU-Politiker zur Frage der deutschen Einheit, in: Wolfgang Huber (Hg.), Protestanten in der Demokratie. Positionen und Profile im Nachkriegs-deutschland, München 1990, S. 93 f.
275   Vgl. Elisabeth Schwarzhaupt, in: Deutscher Bundestag (1983), S. 257.
276   Vgl. Robert G. Moeller, Geschützte Mütter. Frauen und Familien in der westdeut-schen Nachkriegspolitik, München 1997, S. 319.
277   Pitz-Savelsberg, in: Deutscher Bundestag (1985), S. 195.
278   Vgl. Elisabeth Schwarzhaupt, Mein Leben, S. 7, BA Koblenz, N 1177/37.
279   Elisabeth Schwarzhaupt an Hermann Ehlers, 15. Juni 1950 (Abschrift), EZA Berlin, Bestand 600/34.
280   Elisabeth Schwarzhaupt, in: Hellwig (1984), S. 235.
281   Vgl. Aufstellung über Mitgliedschaften, BA Koblenz, N 1177/70.
282   Vgl. Gespräch Elisabeth Schwarzhaupts mit Koch (1976), S. 1.
283   LDP-Kurier. Mitteilungsblatt Liberal-Demokratische Partei Hessen, 3. Jg., Nr. 13, 29. März 1948.
284   Vgl. Aufruf zum Beitritt zur Liberal-Demokratischen Partei, IFSG Frankfurt am Main, S 3/O 3844.
285   Liste der Mitglieder, vgl. Jochen Lengemann, Das Hessen-Parlament 1946–1986. Bio-graphisches Handbuch des Beratenden Landesausschusses, der Verfassungberaten-den Landesversammlung und des Hessischen Landtags (1.–11. Wahlperiode), Frank-furt am Main 1986, S. 71 f.

286 Wilhelm Schwarzhaupt, Lebenserinnerungen, Teil III 1933–1951, S. 83, ACDP, I-048 001/1.
287 Vgl. Gespräch Elisabeth Schwarzhaupts mit Koch (1976), S. 1.
288 Vgl. Aus der FDP ausgetreten, FR, 7. Februar 1955, ISFG, S 2/227.
289 Elisabeth Schwarzhaupt, in: Deutscher Bundestag (1983), S. 258.
290 Vgl. Elisabeth Schwarzhaupt, Mein Leben, S. 7, BA Koblenz, N 1177/37.
291 Vgl. Erwin Wilkens, Elisabeth Schwarzhaupt wird 85 Jahre alt, in: Zeitschrift für das gesamte Familienrecht, 1986, Heft 1, S. 26.
292 Vgl. Elisabeth Schwarzhaupt, in: Deutscher Bundestag (1983), S. 258.
293 Elisabeth Schwarzhaupt an den Rat der EKD, 29. Juli 1953, EZA Berlin, Bestand 2, P 37. In den folgenden Jahren war sie von der EKD beurlaubt, um Ende Februar 1958 in den Ruhestand versetzt zu werden.
294 Vgl. Elisabeth Schwarzhaupt, in: Deutscher Bundestag (1983), S. 258 f.; vgl. auch dies., Ein Wort an die Frauen, in: Das Extrablatt. Kleine Zeitung für Südhessen, Nr. 5, 3. September 1953, S. 2, der im IV. Teil dieser Publikation, S. 250, nachgedruckt ist.
295 Vgl. Gespräch Elisabeth Schwarzhaupts mit Koch (1976), S. 8; Elisabeth Schwarzhaupt, in: Wolf (1986), S. 177.
296 Mündliche Einschätzung von Dr. Otto Wagner gegenüber zeitsprung, 15. August 2000.
297 Vgl. Elisabeth Schwarzhaupt, in: Deutscher Bundestag (1983), S. 260. Laut Aufstellung des Parlamentsarchivs des Deutschen Bundestags war sie in der 2. Wahlperiode (1953–1957) ordentliches Mitglied im Ausschuss für Wahlprüfung und Immunität, im Wiedergutmachungs- und Richterwahlausschuss sowie stellvertretendes Mitglied in den Ausschüssen für Geschäftsordnung, für Angelegenheiten der inneren Verwaltung und des Beamtenrechtsausschusses.
298 Zu Biografie Elisabeth Selberts vgl. u. a. Heike Drummer/Jutta Zwilling, Elisabeth Selbert. Eine Biografie, in: Hessische Landesregierung (1999).
299 Vgl. Gabriele Müller-List, Gleichberechtigung als Verfassungsauftrag. Eine Dokumentation zur Entstehung des Gleichberechtigungsgesetzes vom 18. Juni 1957, Düsseldorf 1996, S. 54.
300 Vgl. Elisabeth Schwarzhaupt, Verhandlungen des Deutschen Bundestags, 2. Wahlperiode, 15. Sitzung, 12. Februar 1954, S. 498 f.
301 Zum Verhältnis zwischen Elisabeth Schwarzhaupt und Helene Weber vgl. auch den Beitrag von Angela Keller-Kühne im III. Teil dieser Publikation, S. 186 f.
302 Verhandlungen des Deutschen Bundestags, 2. Wahlperiode, 15. Sitzung, 12. Februar 1954, zitiert nach Marielouise Janssen-Jurreit, Sexismus. Über die Abtreibung der Frauenfrage, München/Wien 1976, S. 317 f.
303 Wilhelm K. Papenhoff, in: Neue Zeitung, 14. Februar 1954, und Neue Zürcher Zeitung, 16. Februar 1954, beide zitiert nach Salentin (1986), S. 55.
304 Vgl. Elisabeth Schwarzhaupt, in: Deutscher Bundestag (1983), S. 263.
305 Vgl. u. a. Marianne Feuersenger, Die garantierte Gleichberechtigung. Ein umstrittener Sieg der Frauen, Freiburg i. Br. 1980, S. 110.
306 Vgl. Müller-List (1996), S. 58 f.
307 Vgl. Jutta Limbach, Elisabeth Selbert und ihre Sternstunde im Parlamentarischen Rat am 18. Januar 1949, in: Hessische Landesregierung (1999), S. 243 f.
308 Es handelt sich begrifflich um die sogenannte Hausfrauenehe, vgl. Klaus-Jörg Ruhl, Hierarchie oder Anarchie? Der Streit um die Familienrechtsreform in den fünfziger Jahren, in: Aus Politik und Zeitgeschichte. Beilage zur Wochenzeitung Das Parlament, 30. Oktober 1992, Nr. 45, S. 41.

309 Rita Süssmuth, Gleichberechtigung der Frau im Parlament, in: Rainer Barzel (Hg.), Sternstunden des Parlaments, Heidelberg 1989, S. 330.
310 Vgl. Meike Hetzke, Die höchstrichterliche Rechtsprechung von 1948–1961 zum Scheidungsgrund des § 48 EheG 1946 wegen unheilbarer Zerrüttung, Frankfurt am Main 2000, S. 31.
311 Vgl. Kontrollratsgesetz Nr. 16, 20. Februar 1946.
312 Franz-Josef Wuermeling, Bedeutung und Sicherung der Familie. Revision des Scheidungsrechts erforderlich – Gefährdung der sozialen Sicherheit – Ernste Forderungen des Bundesministeriums für Familienfragen, in: Bulletin des Presse- und Informationsamts der Bundesregierung, Nr. 10, 16. Januar 1954, S. 74, zitiert nach Ruhl (1992), S. 42.
313 Vgl. Hetzke (2000), S. 204.
314 Elisabeth Schwarzhaupt, in: Deutscher Bundestag (1983), S. 264.
315 Zitiert nach Hetzke (2000), S. 217.
316 Vgl. ebd., S. 219.
317 Elisabeth Schwarzhaupt, in: Deutscher Bundestag (1983), S. 264.
318 Vgl. Salentin (1986), S. 78.
319 Elisabeth Schwarzhaupt zitiert nach ebd., S. 64.
320 Vgl. Elisabeth Schwarzhaupt, Das Krankenhaus im Rahmen der Gesundheitspolitik des Staates, in: Der Krankenhausarzt, 35. Jg., Heft 7, Juli 1962, S. 1.
321 Vgl. Elisabeth Schwarzhaupt, Gesetzliche Schutzmaßnahmen für werdende Mütter, Iserlohn 1963, S. 2.
322 Elisabeth Schwarzhaupt in einem Interview mit Madlen Lorei, Frankfurter Neue Presse (FNP), 6. Januar 1976.
323 Zahlen, vgl. Chronik des 20. Jahrhunderts, Augsburg 1996, S. 843.
324 Vgl. Deutscher Bundestag, Zusammenstellung der Erst- und Zweitstimmen der weiblichen Abgeordneten bei den Bundestagswahlen 1953 und 1957, 14. August 1968, ACDP, I-048 013/2.
325 Vgl. ebd.
326 Vgl. Angela Dellile/Andrea Grohn, Blick zurück aufs Glück. Frauenleben und Familienpolitik in den 50er Jahren, Berlin 1985, S. 130 f.
327 [Erna] Sch[lepper] an Elisabeth Schwarzhaupt, 22. Oktober 1957 (Abschrift), HHSTA Wiesbaden, Abt. 2034/81.
328 Vgl. Marie-Elisabeth Lüders an Erna Schlepper, 28. Oktober 1957, HHSTA Wiesbaden, Abt. 2034/81.
329 Telegramm Helene Webers, Stephanie Roegers und Käthe Staudingers für den Bundesfrauenausschuss an Konrad Adenauer, 25. Oktober 1957 (Abschrift), HHSTA Wiesbaden, Abt. 2034/81.
330 Konrad Adenauer an Helene Weber, 20. Dezember 1957, ADCP, I-048 002/3.
331 Vgl. Westfalenpost, 12. Dezember 1957; Wiesbadener Kurier, 17. November 1957, ACDP, Presseausschnittsammlung.
332 Seit 1977 heißt der Verein Deutscher Juristinnenbund (Vereinigung der Juristinnen, Volkswirtinnen und Betriebswirtinnen) e. V.
333 Elisabeth Schwarzhaupt an Hildegard Gethmann, 22. November 1957 (Abschrift), BA Koblenz, N 1177/108. Mit Gabriele Wülker wurde schließlich die erste Staatssekretärin im Familienministerium ernannt.
334 Zahlen, vgl. Peter Schindler, Datenhandbuch zur Geschichte des Deutschen Bundestags 1949 bis 1999, Bd. 1, Baden-Baden 1999, S. 158.
335 Vgl. Elisabeth Schwarzhaupt an Eberhard Amelung, 5. November 1961 (Abschrift), ACDP, I-048 012/1.

336 Vgl. Deutscher Bundestag, Aufstellung der Erst- und Zweitstimmen der weiblichen Abgeordneten bei den Bundestagswahlen 1961 und 1965, 16. Juni 1968, ACDP, I-048 013/2; Laurien (1999), S. 78.

337 Vgl. Elisabeth Schwarzhaupt, in: Deutscher Bundestag (1983), S. 266.

338 Vermutlich waren auch Aenne Brauksiepe und Luise Rehling für das Amt im Gespräch, vgl. Kabinettsvereidigung am Dienstag. 20 Regierungsmitglieder / Frau Schwarzhaupt Gesundheitsminister?, FR, 13. November 1961; Giselherr Schmidt, Erste Frau im Bundeskabinett, in: Das Parlament, Nr. 2, 11. Januar 1986.

339 Vgl. Pitz-Savelsberg, in: Deutscher Bundestag (1985), S. 276 f.

340 Vgl. CDU Deutschland, Bundesgeschäftsstelle, Frauenreferat (Ilse Bab), an die weiblichen Bundestagsabgeordneten der CDU-Bundestagsfraktion, 11. November 1961, BA Koblenz, N 1177/19.

341 Vgl. Marquardt (1999), S. 165.

342 Vgl. Günter Buchstab (Bearb.), Adenauer: »... um den Frieden zu gewinnen«. Die Protokolle des Bundesvorstands 1957–1961, Düsseldorf 1994, S. 849 f.; vgl. auch den Beitrag Elisabeth Schwarzhaupts, Dienstverpflichtung von Frauen, in: Frau und Politik, Nr. 6, Juni 1968, S. 5, der im IV. Teil dieser Publikation, S. 267 f., nachgedruckt ist.

343 Kieler Nachrichten, 7. Januar 1966, BA Koblenz, N 1177/2.

344 Elisabeth Schwarzhaupt, Mein Leben, S. 7, BA Koblenz, N 1177/37.

345 Konrad Adenauer, zitiert nach Laurien (1999), S. 70.

346 Vgl. Hans-Peter Schwarz, Die Ära Adenauer. Epochenwechsel 1957–1963, Stuttgart/ Wiesbaden 1983, S. 239.

347 Elisabeth Schwarzhaupt zitiert nach Wege in die Politik, in: Die Frau in unserer Zeit, 3/1987, S. 10.

348 Exministerin Dr. Schwarzhaupt wird heute 70 Jahre, FNP, 7. Januar 1971.

349 Walter Henkels, Den Anschauungsunterricht vor der Tür. Bonner Köpfe: Dr. Elisabeth Schwarzhaupt, FAZ, 25. November 1961.

350 Vgl. auch den Beitrag von Ursula Salentin im III. Teil dieser Publikation, S. 220 f.

351 Vgl. »Meine Freunde sind in Frankfurt«. Telefoninterview mit Bundesministerin Dr. Schwarzhaupt, FNP, 16. November 1961.

352 Vgl. Gespräch Elisabeth Schwarzhaupts mit Koch (1976), S. 20.

353 Elisabeth Schwarzhaupt zitiert nach Salentin (1986), S. 76.

354 Vgl. Konrad Adenauer an die Bundesminister, 29. Januar 1962 (beglaubigte Abschrift), BA Koblenz, B 142/5082.

355 Vgl. Organisationsübersichten im Repertorium Bundesministerium für Gesundheitswesen, BA Koblenz, B 142. Das letzte Schema behielt auch Käte Strobel (SPD) nach ihrer Amtsübernahme am 1. Dezember 1966 bei.

356 Gespräch Elisabeth Schwarzhaupts mit Koch (1976), S. 19.

357 Vgl. die Vermerke Elisabeth Schwarzhaupts vom 10. Februar und 24. Mai 1962, ACDP, I-048 002/6.

358 Gespräch Elisabeth Schwarzhaupts mit Koch (1976), S. 19, 21 und 24.

359 Vgl. Salentin (1986), S. 68.

360 Zum Contergan-Skandal vgl. Beate Kirk, Der Contergan-Fall: eine unvermeidbare Arzneimittelkatastrophe? Zur Geschichte des Arzneistoffes Thalidomid, Stuttgart 2000.

361 Elisabeth Schwarzhaupt, in: Deutscher Bundestag (1983), S. 269.

362 Vgl. Feuersenger (1980), S. 130.

363 Vgl. Maria Frisé, Die erste Dame im Männerkabinett. Elisabeth Schwarzhaupt wird fünfundachtzig, FAZ, 4. Januar 1986.

364 Vgl. Salentin (1986), S. 70.
365 Vgl. u. a. Elisabeth Schwarzhaupt, Gesundheitspolitik heute, in: CDU/CSU Deutsch-
     lands (Hg.), Politisches Jahrbuch der CDU/CSU 1963/64, 6. Jg., Bonn 1964, S. 101 f.,
     nachgedruckt im IV. Teil dieser Publikation, S. 258 f.
366 Vgl. Elisabeth Schwarzhaupt, Gesetzliche Schutzmaßnahmen für werdende Mütter,
     Iserlohn 1963, S. 7.
367 Vgl. Keller-Kühne (1998), S. 108 f.
368 Vgl. CDU gegen »verplante Gesundheit«, FR, 30. Januar 1964.
369 Vgl. Keller-Kühne, Frauen im demokratischen Aufbau. Die Gründungsgeschichte
     der CDU in Hessen, in: Historisch-politische Mitteilungen. Archiv für Christlich-
     Demokratische Politik, 4. Jg., 1997, S. 26.
370 Abgedruckt in: Gesunde Umwelt – Gesunde Menschen. 1. Gesundheitspolitischer
     Kongreß der CDU, Bonn 1964, S. 503 f.
371 Elisabeth Schwarzhaupt an Konrad Adenauer, August 1964 (zweiter Entwurf), BA
     Koblenz, N 1177/23. Artikel 91 a Absatz 1 GG definiert als Gemeinschaftsaufgaben
     den Aus- und Neubau von Hochschulen und Hochschulkliniken, die Verbesserung
     der regionalen Wirtschaftsstruktur sowie die Agrarstruktur und den Küstenschutz.
372 Vgl. Elisabeth Schwarzhaupt, Keine Bundeszuständigkeit? Das Beispiel des Gesetzes
     über Jugendzahnpflege, o. D. [um 1964] (Entwurf), BA Koblenz, N 1177/21.
373 Elisabeth Schwarzhaupt an Rainer Barzel, 5. Mai 1964 (Abschrift), BA Koblenz,
     N 1177/21.
374 Vgl. Elisabeth Schwarzhaupt, in: Köpfe. 400 Porträts namhafter Persönlichkeiten aus
     dem Gesundheitswesen, Bonn 1981, S. 213.
375 Vgl. Laurien (1999), S. 70.
376 Gespräch Elisabeth Schwarzhaupts mit Koch (1976), S. 19.
377 Elisabeth Schwarzhaupt, Die Mitverantwortung der Frau im öffentlichen Leben, in:
     Die Frau im Beruf. Tatbestände, Erfahrungen und Vorschläge zu drängenden Fragen
     in der weiblichen Berufsarbeit und in der Lebensgestaltung der berufstätigen Frau,
     Hamburg 1954, S. 40.
378 Verordnung über die Abbaubarkeit von Detergentien in Wasch- und Reinigungsmit-
     teln vom 1. Dezember 1962, BGBl 1962 I, S. 698 f.; vgl. Gespräch Elisabeth Schwarz-
     haupts mit Koch (1976), S. 26.
379 Vgl. Frau Minister fährt »entgiftet«, FR, 23. Dezember 1963.
380 Vgl. u. a. Artikel der FR, 6., 10. und 19. April 1962.
381 Vgl. Elisabeth Schwarzhaupt, Gesundheitspolitik heute (1964), S. 105.
382 Vgl. Elisabeth Schwarzhaupt, Warum ein Deutsches Lebensmittelbuch?, in: Bundes-
     gesundheitsblatt, 6. Jg., Nr. 2, 25. Januar 1963, S. 19.
383 Vgl. Keller-Kühne (1997), S. 26.
384 Elisabeth Schwarzhaupt an Hermann Dufhues, 18. Oktober 1963 (Abschrift), BA
     Koblenz, N 1177/93.
385 Konrad Adenauer an Elisabeth Schwarzhaupt, 15. April 1965, BA Koblenz,
     N 1177/93.
386 Vgl. Elisabeth Schwarzhaupt, in: Deutscher Bundestag (1983), S. 274. Bucher über-
     nahm schließlich das Ministerium für Wohnungswesen und Städtebau, das er bis
     28. Oktober 1966 leitete.
387 Vgl. Elisabeth Schwarzhaupt an Ludwig Erhard, 26. September 1966 (Abschrift), BA
     Koblenz, N 1177/23.
388 »Ich sagte, ich bleibe nicht im Kabinett mit Strauß …«, vgl. Gespräch Elisabeth
     Schwarzhaupts mit Koch (1976), S. 32. Strauß verzichtete am 30. November 1963
     auf sein Ministeramt.

389 Im ersten Kabinett Brandt (ab 21./22. Oktober 1969) wurde das Gesundheitsministerium dem Ressort für Jugend und Familie angegliedert; seit Juni 1986 heißt es
Bundesministerium für Jugend, Familie, Frauen und Gesundheit.
390 Elisabeth Schwarzhaupt an Ludwig Erhard, 26. September 1966 (Abschrift), BA Koblenz, N 1177/23.
391 Gespräch Elisabeth Schwarzhaupts mit Koch (1976), S. 36.
392 Elisabeth Schwarzhaupt, Mein Leben, S. 8, BA Koblenz, N 1177/37.
393 Elisabeth Schwarzhaupt, in: Deutscher Bundestag (1983), S. 265.
394 Vgl. Protokoll vom 27. September 1968, ACDP, I-048 009/2.
395 Elisabeth Schwarzhaupt, in: Deutscher Bundestag (1983), S. 265.
396 BGBl 1969 I, S. 1243 f.
397 Schreiben an Elisabeth Schwarzhaupt, 28. März 1969, ACDP, I-048 009/1.
398 Vgl. Briefwechsel, ADCP, I-048 009/1 und 009/2.
399 Vgl. Sollen nichteheliche Kinder miterben, FR, 8. April 1969.
400 Elisabeth Schwarzhaupt, Grundzüge des Nichtehelichenrechts, in: Nichtehelichenrecht und Jugendhilfe. Bericht über die Hauptausschußtagung am 4. und 5. Juni
1970 in Bremen, Frankfurt am Main 1970, S. 11.
401 Elisabeth Schwarzhaupt an Else Brökelschen, 9. Februar 1968 (Abschrift), ADCP,
I-048 001/6.
402 Elisabeth Schwarzhaupt, in: Deutscher Bundestag (1983), S. 274.
403 Als Nachfolger wurde der Sozialpolitiker August Weimer bestimmt.
404 Die Laudatio Rainer Barzels ist abgedruckt in: Neue Evangelische Frauenzeitung,
14. Jg., Heft 1, Januar/Februar 1970, S. 11.
405 Elisabeth Schwarzhaupt an W. Heck, 21. April 1969 (Abschrift), BA Koblenz,
N 1177/106.
406 Vgl. Elisabeth Schwarzhaupt an Else Brökelschen, 10. Januar 1969 (Abschrift),
ADCP, I-048 001/6.
407 Vgl. Thomas Sauer, Eugen Gerstenmaier (1906–1986), in: Oppelland (1999), S. 39.
408 Vgl. Max Schulze-Vorberg, Wählt Frau Schwarzhaupt zum Bundestagspräsidenten!,
Bonner Rundschau, 3. Februar 1969.
409 Vgl. M[adlen] L[orei], »Eine reine Kombination«. Dr. Elisabeth Schwarzhaupt will
nicht kandidieren, FNP, 27. Januar 1969.
410 Elisabeth Schwarzhaupt, in: Deutscher Bundestag (1983), S. 280.
411 Mündliche Auskunft an zeitsprung, 6. Juli 2000.
412 Vgl. Protokolle zur Hauptversammlung des CDU-Stadtbezirksverbands Eschersheim, ACDP, II-045 400/7 sowie 042/2.
413 Vgl. verschiedene Nummern des Aktuellen Wahldienstes, ACDP, I-048 437/4.
414 Vgl. Werner Wolf, Neubeginn und Kampf um die Mehrheit. Die CDU Hessen unter
Alfred Dregger 1967–1982, in: Heidenreich/Wolf (1995), S. 94.
415 Vgl. Elisabeth Schwarzhaupt an Käthe Kühl, o.D. [um 1967] (Abschrift), BA Koblenz, N 1177/106.
416 Elisabeth Schwarzhaupt zitiert nach Salentin (1986), S. 81.
417 Zum Wirken Elisabeth Schwarzhaupts im Evangelischen Arbeitskreis der CDU/CSU
vgl. auch den Beitrag von Werner Dollinger im III. Teil dieser Publikation, S. 158 f.;
allgemein Peter Egen, Die Entstehung des Evangelischen Arbeitskreises der CDU/
CSU, Inaugural-Dissertation, Bamberg, o. J. [um 1971] .
418 Vgl. Evangelischer Arbeitskreis, ACDP, IV-001 12/3 und 018/1.
419 Vgl. Elisabeth Schwarzhaupt, Frau und Familie in der Industriegesellschaft. Referat,
gehalten auf der 8. Bundestagung des Evangelischen Arbeitskreises der CDU/CSU,
in: Evangelische Verantwortung, Nr. 5, Mai 1960, S. 6.

420 Vgl. u. a. Elisabeth Schwarzhaupt, Warum Frauenvereinigungen in Parteien?, in: Evangelische Verantwortung, Nr. 7/8, Juli/August 1959, S. 3 f. (nachgedruckt im IV. Teil dieser Publikation, S. 251 f.); dies., Frau und Familie in der Industriegesellschaft, in: Evangelische Verantwortung, Nr. 5, Mai 1960, S. 3f.; dies., Die Legende von der klerikalen CDU. Eine Nachlese zum Ehegesetz § 48.2, in: Evangelische Verantwortung, Nr. 12, Dezember 1976, S. 10 f.; dies., Die Gesellschaft ändert sich – der Gesetzgeber antwortet – oft zu spät und als Mann. Dargestellt am Beispiel der Witwenversorgung in der Sozialversicherung, in: Evangelische Verantwortung Nr. 10, Oktober 1980, S. 10 f.

421 Vgl. Elisabeth Schwarzhaupt, Die Gesellschaft ändert sich – der Gesetzgeber antwortet – oft zu spät und als Mann, in: Evangelische Verantwortung, Nr. 10, Oktober 1980, S. 10 f.

422 Vgl. ACDP, II-045 139.

423 Für diese Angaben vgl. ACDP, I-048 0048 und 011/2.

424 Vgl. Friedrich Vogel an zeitsprung, 8. Juli 2000.

425 Zur Geschichte der Frauen-Union vgl. u. a. Keller-Kühne (1998).

426 Vgl. ebd., S. 129; vgl. auch Elisabeth Schwarzhaupt, Die Frau in der Demokratie, in: Politisch-Soziale Korrespondenz, März 1963, S. 13 f., nachgedruckt im IV. Teil dieser Publikation, S. 253 f.

427 Vgl. ACDP, II-045 010/1.

428 Vgl. ebd.

429 Vgl. zu diesem Thema auch die Beiträge von Marie-Luise Recker, Renate Hellwig und Angela Merkel im III. Teil dieser Publikation.

430 Dem stehen aktuellere Publikationen nicht nach. In seinem zweibändigen mehr als 2000 Seiten umfassenden Werk über Konrad Adenauer (Bd. 1: Der Aufstieg 1876–1952 und Bd. 2: Der Staatsmann 1952–1967, München 1994) weist der Autor Hans-Peter Schwarz Helene Weber und Elisabeth Schwarzhaupt im Index jeweils mit einem Eintrag nach, von den anderen Unions-Frauen ist keine erwähnt.

431 Elisabeth Schwarzhaupt an Helga Wex, 22. Dezember 1981 (Abschrift), BA Koblenz, N 1177/70.

432 Salentin (1986), S. 80.

433 Vgl. ebd., S. 78 f.

434 Vgl. Elisabeth Schwarzhaupt, Dr. Magda Staudinger wurde 80 Jahre, in: Mitteilungsblatt des Deutschen Akademikerinnenbundes e. V. International Federation of University Women 63 (1983), S. 5 f.; dies., Zum Tod von Erna Scheffler, in: ebd., 64 (1983), S. 5 f. Letzterer Beitrag ist nachgedruckt im IV. Teil dieser Publikation, S. 272 f.

435 Vgl. Laurien (1999), S. 82.

436 Vgl. Elisabeth Schwarzhaupt, Zusammenarbeit deutscher Frauenorganisationen, in: Die Christliche Frau, 62. Jg., Heft 1, 1973, S. 26 f.

437 Josefine Stevens an zeitsprung, 11. Mai 2000. Die Soroptimistinnen verliehen 1996 erstmals den Erna-Scheffler-Förderpreis, benannt nach der ersten Bundesverfassungsrichterin und Gründungspräsidentin des Verbands.

438 Elisabeth Schwarzhaupt zitiert nach Salentin (1986), S. 80 f.

439 Viktoria Schmidt-Linsenhoff an Elisabeth Schwarzhaupt, 19. September 1979, BA Koblenz, N 1177/142.

440 Vgl. insgesamt Elisabeth Schwarzhaupt, Wie stellt die Frankfurter Frauenausstellung Geschichte dar?, in: Geschichtsdidaktik. Probleme, Projekte, Perspektiven, 9. Jg., 1984, Heft 3, S. 291 f.

441 Elisabeth Schwarzhaupt an Viktoria Schmidt-Linsenhoff, 28. August 1980 (Abschrift), BA Koblenz, N 1177/142.
442 Elisabeth Schwarzhaupt, in: Deutscher Bundestag (1983), S. 265.
443 Vgl. Elisabeth Schwarzhaupt an Präsident Adolf Wischmann, 30. Oktober 1957 (Abschrift), EZA Berlin, Bestand 2, P 38.
444 Ebd.
445 Vgl. zu dem Thema den Beitrag von Christa Meves im III. Teil dieser Publikation, S. 209 f.
446 Vgl. BA Koblenz, N 1177/43.
447 Ilse Bing an Elisabeth Schwarzhaupt, 9. Mai 1975, BA Koblenz, N 1177/43.
448 Vgl. Elisabeth Schwarzhaupt an Ilse Bing, 10. April 1978 und 3. April 1979 (Abschriften), BA Koblenz, N 1177/43.
449 Vgl. Ilse Bing, in: Koelbl (1998), S. 33.
450 Eine Auflistung findet sich in der Bibliografie.
451 Elisabeth Schwarzhaupt, Als Frau in der Politik, in: Wolf (1986), S. 175.
452 Elisabeth Schwarzhaupt an Anneliese Heck, 27. Februar 1980, BA Koblenz, N 1177/52.
453 Vgl. die Würdigung von Herbert Krauss, Reformiertes Kirchenblatt 87/II.
454 Vgl. Fragebogen Elisabeth Schwarzhaupt, FAZ-Magazin, 10. Januar 1986, S. 10.
455 Vgl. Frankfurter Gesichter, FAZ, 1. Februar 1975.
456 Elisabeth Schwarzhaupt; in: Deutscher Bundestag (1983), S. 280.
457 Vgl. die Laudatio Rainer Barzels, in: Neue Evangelische Frauenzeitung, 14. Jg. Heft 1, Januar/Februar 1970, S. 11; Holger Börner in seiner Begrüßungsansprache auf dem Empfang zu Schwarzhaupts 85. Geburtstag, 6. März 1986, HHSTA, Abt. 502/6123, S. 1; Rita Süssmuth, in: Mitteilungsblatt des Deutschen Akademikerinnenbundes e. V. International Federation of University Women, Bd. 69 (1987), S. 7, sowie den Beitrag Liselotte Funckes im III. Teil dieser Publikation, S. 162 f.
458 Vgl. Mundzeck (1984), S. 110.
459 Elisabeth Schwarzhaupt, Mein Leben, S. 4a, BA Koblenz N 1177/37.

Teil II

Elisabeth Schwarzhaupt – Ein Leben in Bildern

Ausgewählt und kommentiert
von Heike Drummer und Jutta Zwilling

Der Vater: Wilhelm Schwarzhaupt (1871–1961)   (Abb. 1)

Die Mutter: Frieda Schwarzhaupt, geb. Emmerich (1873–1961)   (Abb. 2)

Elisabeth und Adolf Schwarzhaupt   (Abb. 3)

Elisabeth Schwarzhaupt im
Alter von 18 Jahren (Abb. 4)

Preis 10 Pf.

Was
hat die deutsche Frau vom
Nationalsozialismus
zu erwarten?

5. Auflage.

Deutsche Erneuerung, Zeitungs- und Buch-Verlag,
G. m. b. H., Berlin SW 68.
420. 4. 32. 15.

Elisabeth Schwarzhaupt gehörte zu den frühen Warnerin-
nen vor dem Nationalsozialismus. Ihre Schrift fand große
Verbreitung und erschien 1932
in 14 Auflagen. (Abb. 5)

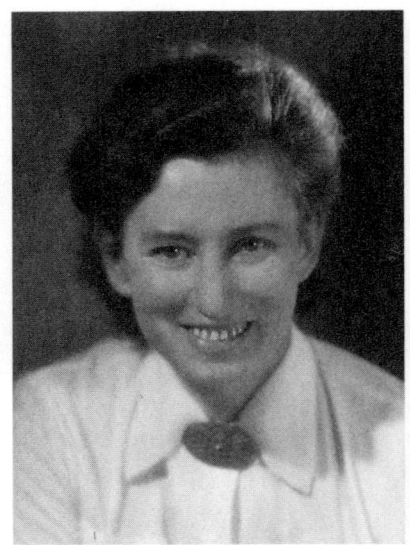

Die Geschwister Elisabeth und Adolf Schwarzhaupt in den 30er Jahren   (Abb. 6/7)

Von 1934 bis 1936 arbeitete Elisabeth Schwarzhaupt für den Reichsbund der Deutschen Kapital- und Kleinrentner in Berlin. Beim I. Bundesgebietsleiter-Treffen im Juli 1935 erwies der Verband dem »Führer« seine Ergebenheit (links: Elisabeth Schwarzhaupt).   (Abb. 8)

Durch ihre Tätigkeit beim Kirchlichen Außenamt in Frankfurt am Main hatte Elisabeth Schwarzhaupt weltweit Kontakte geknüpft, die sie auch als Politikerin pflegte. Im Dezember 1954 empfing die Christdemokratin Inamullah Khan aus Karatschi (Pakistan) auf dem Frankfurter Flughafen. (Abb. 9)

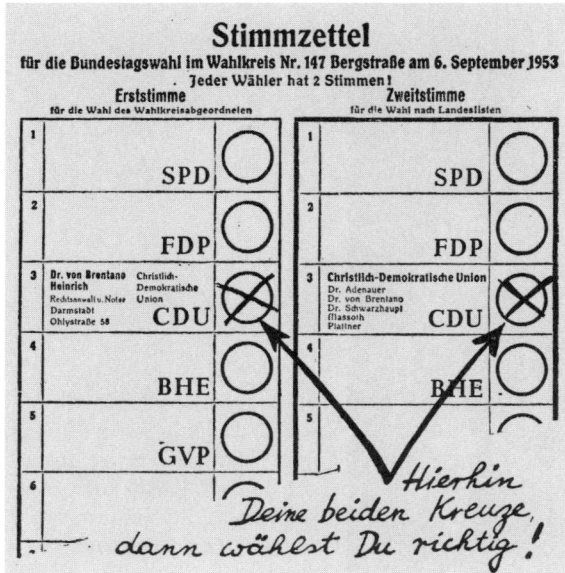

Bei der Bundestagswahl 1953 kandidierte Elisabeth Schwarzhaupt erstmals für die CDU und erhielt einen sicheren Listenplatz (aus: Das Extrablatt. Kleine Zeitung für Südhessen, 3. September 1953). (Abb. 10)

Ihre erste Bundestagsrede
hielt Elisabeth Schwarzhaupt
im Februar 1954 zum Thema
Gleichberechtigung. Bis 1969
sollte sie noch oft vor das
Mikrofon treten und das
Plenum von ihrer fachlichen
Kompetenz überzeugen.
(Abb. 11)

Als Rednerin war Elisabeth
Schwarzhaupt in ihrem Element.
Ihre Ausdrucksweise zeichnete
sich durch Prägnanz aus. Selbst
komplexe rechtliche Vorgänge
konnte sie allen verständlich
erläutern.   (Abb. 12)

Schon im Vorfeld der Bundestagswahl 1957 hatten Christdemokratinnen die Besetzung eines Ressorts mit einer Frau gefordert. Adenauer sagte zu, brach jedoch bei der Bildung des Kabinetts sein Wort (aus: Sieben Tage, Karlsruhe, 23. November 1957). (Abb. 13)

Es war die Politik Bundeskanzler Konrad Adenauers, die Elisabeth Schwarzhaupt begeisterte und schließlich zum aktiven politischen Engagement bewegte. Sie hat den »Alten« stets bewundert. Er dagegen äußerte sich des öfteren respektlos über das »Kirchenfräulein«. (Abb. 14)

Der große Tag: Am 14. November 1961 wurde Elisabeth Schwarzhaupt von Bundestagspräsident Eugen Gerstenmaier (CDU) als Gesundheitsministerin und erste Frau
für die Bundesregierung vereidigt.   (Abb. 15)

Er öffnete der Politikerin viele Türen:
Dienstausweis der Ministerin Schwarzhaupt.   (Abb. 16)

Elisabeth Schwarzhaupt

Nur zwei Tage nach ihrer Vereidigung machte Elisabeth Schwarzhaupt einen »Blitz-
besuch« in Berlin, den ihr die Bevölkerung der gerade geteilten Stadt hoch anrechnete
und Bürgermeister Franz Amrehn mit einem kleinen Präsent honorierte.   (Abb. 17)

Ob in der hohen Politik oder beim täglichen Einkauf: Elisabeth Schwarzhaupt war
stets freundlich. Ihre optimistische Lebenseinstellung entfaltete auf viele Menschen
große Ausstrahlung.   (Abb. 18)

Am 26. Juni 1963 nahm Elisabeth Schwarzhaupt an der Grundsteinlegung für eine
MS-Klinik in Asbach (Westerwald) teil.   (Abb. 19)

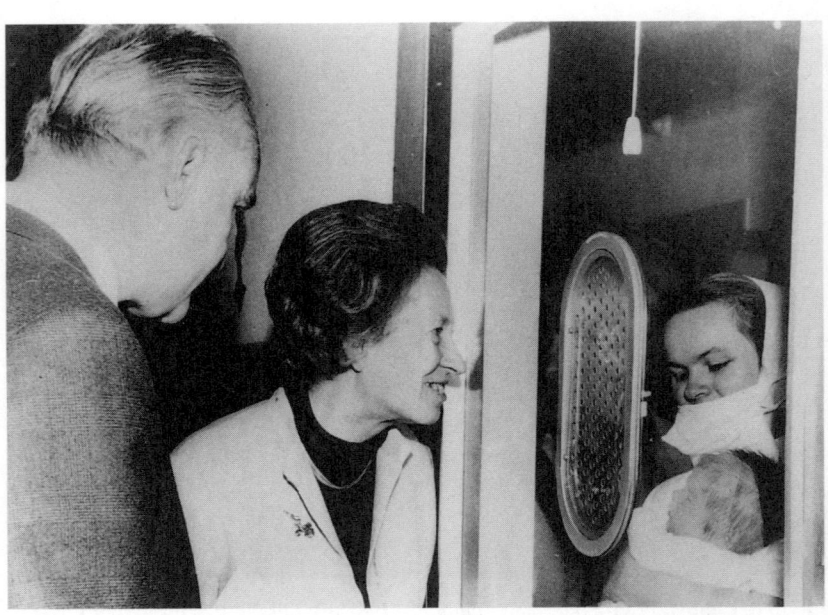

Besuch der Säuglingsstation im Evangelischen Krankenhaus Oberhausen – selten
wich die Presse Frau Ministerin Schwarzhaupt von der Seite.   (Abb. 20)

Wahlkampf: Im Sommer 1965 besuchte die Christdemokratin das Zementwerk Dyckerhoff in Wiesbaden-Amöneburg und ließ sich von Wilhelm Dyckerhoff die Produktionsabläufe genau erklären. (Abb. 21)

Die Ministerin fuhr umweltfreundlich. In die Dienstwagen ihrer Behörde ließ sie bereits 1963 eine Art Katalysator einbauen. (Abb. 22)

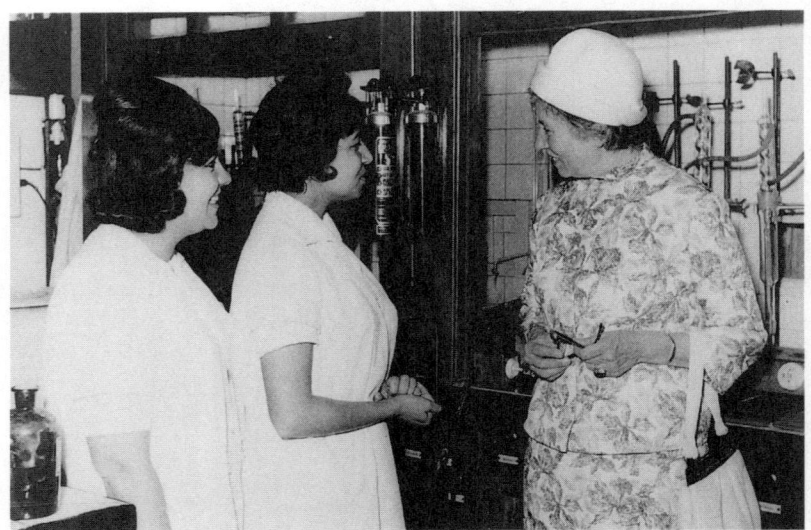

Um sich über den internationalen Stand von Technik und Forschung in gesundheits- und umweltpolitischen Fragen zu informieren, unternahm Elisabeth Schwarzhaupt viele Reisen, wie im Mai 1962 nach Ägypten. Dabei interessierte sie sich immer auch für die Arbeitsbedingungen von Frauen.   (Abb. 23)

Auch in Japan wurde die Ministerin aus der Bundesrepublik Deutschland 1963 herz- lich empfangen. Das für Elisabeth Schwarzhaupt ungewohnte Essen mit Stäbchen sorgte für ausgelassene Heiterkeit ...   (Abb. 24)

Elisabeth Schwarzhaupt

Allein unter Männern auch im ersten Kabinett Ludwig Erhards 1963 (links neben Elisabeth Schwarzhaupt: Ludwig Erhard und Heinrich Lübke, 2. Reihe 5. v. links: Werner Dollinger)   (Abb. 25)

Im Kabinett von Bundeskanzler Kurt Georg Kiesinger war Elisabeth Schwarzhaupt nicht mehr vertreten.   (Abb. 26)

Die Gesundheitsministerin am Schreibtisch ihres Bonner Büros. Ab 1966 nahm die Sozialdemokratin Käte Strobel dort Platz.   (Abb. 27)

Die Lokalpatriotin Elisabeth Schwarzhaupt konnte auch fröhlich feiern, zum Beispiel, wenn es bei der Prunksitzung im Zoo-Gesellschaftshaus wieder hieß: »Frankfurt, helau!« (von links nach rechts: Irmgard Brundert, Oberbürgermeister Willi Brundert, Elisabeth Schwarzhaupt, Werner Hess).   (Abb. 28)

Elisabeth Schwarzhaupt

Zwei Frankfurter im Gespräch: Elisabeth Schwarzhaupt und
Walter Wallmann   (Abb. 29)

Elisabeth Schwarzhaupt engagierte sich stark in der Bundesfrauenvereinigung der
CDU, der späteren Frauen-Union. Keine Frage, dass sie auf keiner wichtigen
Veranstaltung, wie dem CDU-Frauenkongress 1969 in Ludwigshafen, fehlte
(vorne rechts: Annemarie Griesinger, 2. Reihe: Konrad Kraske).   (Abb. 30)

Die Arbeit in den Frauenverbänden war Elisabeth Schwarzhaupts Steckenpferd (mit Marga Anders auf einer Sitzung des Deutschen Akademikerinnenbunds in Heidelberg am 25. Mai 1963).　　(Abb. 31)

In ihrem Häuschen im Frankfurter Stadtteil Eschersheim fand Elisabeth Schwarzhaupt Zeit zur Entspannung.　　(Abb. 32)

Der Kontakt zur Jugend war Elisabeth Schwarzhaupt immer wichtig (hier mit einem Nachbarkind in ihrem Garten). (Abb. 33)

Elisabeth Schwarzhaupt ganz privat im Kreise enger Freundinnen (links: Anni Rudolph, in der Mitte: Edda Neele) (Abb. 34)

Im Juni 1976 erhielt Elisabeth Schwarzhaupt die Wilhelm-Leuschner-Medaille. Der Hessische Ministerpräsident Albert Osswald verlieh sie auf dem Hessentag in Bensheim.　(Abb. 35)

Elisabeth Schwarzhaupt

Anlässlich des 85. Geburtstags von Elisabeth Schwarzhaupt lud Ministerpräsident Holger Börner 1986 zu einem Empfang in das Biebricher Schloss ein.   (Abb. 36)

Elisabeth Schwarzhaupt
und Heinz Riesenhuber
bei der Verabschiedung
von Oberbürgermeister
Walter Wallmann am
20. Juni 1986   (Abb. 37)

Seit 1997 gehört Elisabeth Schwarzhaupts
Porträt zur Briefmarkenserie *Frauen in der
deutschen Geschichte*.   (Abb. 38)

Teil III

Erinnerungen, Würdigungen, Wirkungsgeschichte

Mit Beiträgen von

Werner Dollinger
Liselotte Funcke
Heinz Joachim Held
Renate Hellwig
Angela Keller-Kühne
Heide-Marie Lauterer
Angela Merkel
Christa Meves
Marie-Luise Recker
Ursula Salentin und
Hildburg Wegener

Gemeinsame Zeiten im Bundeskabinett und im Evangelischen Arbeitskreis der CDU/CSU mit Elisabeth Schwarzhaupt

Von Werner Dollinger

Kandidatenlisten sollen, ja müssen attraktiv sein. Möglichst viele Menschen sollen sich in den Kandidaten wiederfinden. Für eine Volkspartei ist dies besonders wichtig. Deshalb ist eine breite Streuung über möglichst alle Berufsschichten notwendig. Früher kam hinzu, dass auch die Konfessionen in einer Union entsprechend berücksichtigt werden mussten. Es ging darum, sich aufgrund der gegebenen Verhältnisse glaubwürdig als Union darzustellen: Mit bewussten Christen beider Konfessionen, Protestanten und Katholiken. Dabei waren die Schwierigkeiten für den evangelischen Bereich groß. Die politische Vertretung des Protestantismus in Weimar in der Partei Christlicher Volksdienst war relativ schwach gewesen; dagegen hatten Zentrum und die Bayerische Volkspartei den katholische Bevölkerungsteil stark repräsentiert. Die Aufstellung der Kandidaten war deshalb problematisch, und man musste versuchen, aus Paritätsgründen das evangelische Gewicht zu stärken.

Immer lauter wurde zudem die Frage gestellt nach dem Thema: »Wie haltet ihr es mit den Frauen in der Politik?« Frauen waren in den ersten Nachkriegsjahren sehr schwer für politische Positionen zu gewinnen. Ich weiß dies aus eigener Erfahrung. Heute ist das anders. Bei den Wahlen zum Deutschen Bundestag im Jahre 1949 wurde Elisabeth Schwarzhaupt zum ersten Mal wegen einer Nominierung angesprochen. Charlotte Schiffler und Elisabeth Rhabanus von der Frankfurter CDU unternahmen den Versuch, Frau Schwarzhaupt für eine Kandidatur zu gewinnen. Sie hatte damals eine gute Position im Kirchlichen Außenamt und die Geschäftsführung der Evangelischen Frauenarbeit in Deutschland. Beides wollte sie nicht aufgeben. Hinzu kamen Bedenken wegen des Namensbestandteiles »Christlich« der Union. Dies war für Elisabeth Schwarzhaupt problematisch. Man könne als Christ Politik machen oder sich als Christ verpflichtet fühlen, in bestimmter Weise Politik zu betreiben. Aber eine große Partei mit dem »C« im Namen konnte es nach ihrer Meinung nicht geben. Dieses Thema hat uns übrigens immer begleitet. Auch heute wird diese Frage noch erörtert. Die einen sahen in dem Wort »christlich« eine Anmaßung, weil es bewusste Christen auch in anderen Parteien gibt; die anderen sahen es als eine Notwendigkeit an, im Hinblick auf die Jahre von 1933 bis 1945 das christliche

Menschenbild herauszustellen. Ohne Zweifel war die Bezeichnung damals attraktiv. Aktuell wird immer wieder darüber diskutiert, ob es noch zeitgemäß sei, sich christlich zu nennen.

Elisabeth Schwarzhaupt wuchs in einer bewusst evangelischen Familie auf, die allerdings starke liberale Prägungen im Sinne von Friedrich Naumann aufwies. Ihr Vater war politisch aktiv; er gehörte dem preußischen Landtag für die Deutsche Volkspartei an. Schon als Studentin beschäftigte sie sich mit dem Buch Adolf Hitlers *Mein Kampf* und mit Rosenbergs *Mythus des 20. Jahrhunderts*. Die Lektüre führte dazu, dass sie den Nationalsozialismus ablehnte. Dabei interessierte sie sich besonders für das Thema »Der Nationalsozialismus und die Frau«. Somit geriet sie automatisch in Opposition zur NSDAP, was sich im Bezug auf ihre berufliche Zielsetzung auswirkte. Das Richteramt wurde ihr verweigert. Ein weiterer Konfliktstoff war das Verlöbnis mit einem Arzt jüdischer Herkunft. Dieser hatte sich selbständig gemacht; die Nationalsozialisten entzogen ihm die Kassenzulassung, und er emigrierte in die Schweiz. Von dort ging er nach Amerika.

Im Jahre 1952 traten erneut maßgebliche Persönlichkeiten an Frau Schwarzhaupt heran, um sie zu einer Kandidatur für den Deutschen Bundestag zu bewegen. Allen voran gehörte zu ihnen der Bundestagspräsident Hermann Ehlers, den sie vom Verfassungsausschuss der Evangelischen Kirche in Deutschland her kannte. Er legte großen Wert auf ihre Kandidatur und stellte ihr die parlamentarische Arbeit sinnvoll und lebendig dar. Auch der spätere Bundesschatzminister Hans Wilhelmi gehörte zu den Befürwortern dieser Kandidatur. Schließlich entschloss sie sich und wurde Mitglied der CDU. Elisabeth Schwarzhaupt machte ihre Arbeit nicht wegen einer Karriere, sondern aufgrund der allgemeinen Aufbruchstimmung in einer besonderen Zeit nach dem Krieg. Der Ruf nach Reformen war weit verbreitet, gerade auch im juristischen Bereich.

Frau Schwarzhaupt kam 1953 mit einem ausgezeichneten Ergebnis über die Landesliste in den Bundestag; dort wurde sie Mitglied des Rechtsausschusses. Sie konnte aufgrund ihrer beruflichen Erfahrungen sehr viel aus der Praxis einbringen. Nach kurzer Zeit hatte sie eine führende Position im Rechtsausschuss. Eine Frau, gebildet, mit Sachverstand und mit praktischen Erfahrungen aus dem Alltag – ganz anders als heute, wo es vielfach heißt: vom Hörsaal in den Plenarsaal. Sie war in diesem Sinne nie eine Berufspolitikerin, sondern aufgrund des Verantwortungsbewusstseins, das sie beseelte, bereit, politisch tätig zu sein. Die Beobachtungen des Bundestages von 1949 bis 1953 hatten sie bewegt. Der Idealismus und die große Einsatzbereitschaft beim Neuaufbau des zerstörten Landes und die Persönlichkeiten von Heuss und Adenauer beeindruckten sie sehr. Dennoch fiel es ihr schwer, den bisherigen Teil der Frauenarbeit aufzugeben. Finanziell kamen auch Sorgen hinzu, weil durch die Annahme des Bundestagsmandats sich ihre Bezüge etwa halbierten.

Die juristischen Beiträge von Elisabeth Schwarzhaupt zeichneten sich vom Beginn ihrer kirchlichen und politischen Tätigkeit durch Klarheit, Sachlichkeit und profundes Wissen aus. Sie verfügte über große rechtshistorische Kenntnisse und konnte stets die Entwicklung von Gesetzgebungen aufzeigen, wie auch die veränderten gesellschaftlichen Rahmenbedingungen anschaulich erklären. Schwerpunkt war damals im Rechtsausschuss die Diskussion um die Gleichstellung von Mann und Frau, wie es das Grundgesetz vorgesehen hatte.

Gerne denke ich an die gemeinsame Zeit im Kabinett unter Bundeskanzler Konrad Adenauer zurück. Die Sitzungen waren geprägt durch strenge Führung und sachbezogene Diskussionen. Der Kanzler rief die Punkte auf, gab den einzelnen zuständigen Ressortchefs Gelegenheit, die Tagesordnung zu begründen, forderte dann zur Diskussion auf, die aber immer straff war. Sachlichkeit war absolut angesagt. Da der Kanzler wusste, was zu beschließen sei, wurde ganz klar in diese Richtung gezielt. Die Diskussionen uferten daher nicht aus, sondern wurden nach relativ kurzer Zeit beendet.

Die sachlichen Beiträge kamen der Ministerin für Gesundheitsfragen sehr entgegen. Es gab oft schwierige Situationen, gerade im Eherecht, aber sie konnten immer – dank der guten Vorbereitungen durch die Ressortchefs, die beteiligten Ministerien und durch den Chef des Kanzleramtes – rasch zu Ergebnissen geführt werden. Nach der Adenauer-Ära war das nicht mehr ganz so!

Die Arbeit im Evangelischen Arbeitskreis war sehr stark von den Problemen der Union bestimmt. Immer spielte natürlich die Frage des Verhältnisses zu den Katholiken eine Rolle, wobei man sich um Verständnis füreinander bemühte. Allgemein wurde der Grundsatz vertreten, dass beide Konfessionen sich nicht überfordern sollten. Auch Elisabeth Schwarzhaupt teilte diese Meinung und protestierte aus diesem Grunde gegen unsachgerechte Personalentscheidungen. Ihren reichen Erfahrungen kamen hier sehr zur Geltung. Es gab natürlich häufig lange Diskussionen, aber es war immer das Ziel, zu konkreten Ergebnissen zu kommen. Unter dem damaligen Außenminister Gerhard Schröder – Nachfolger von Hermann Ehlers im Vorsitz des Evangelischen Arbeitskreises – behielt er politisches Gewicht. Wir wollten den evangelischen Bevölkerungsanteil für die Union gewinnen und einen guten Kontakt zur evangelischen Kirche pflegen, die ja nicht immer mit den Vorstellungen der Regierung übereinstimmte. Das Verhältnis der Parteien CDU und CSU spielte dagegen im Evangelischen Arbeitskreis nie eine Rolle. Man war immer der Auffassung, dass beide zusammengehören, um politisches Gewicht zu besitzen. Elisabeth Schwarzhaupt hat hier großes Verständnis für die gemeinsame Linie zum Ausdruck gebracht. Sicher waren

Elisabeth Schwarzhaupt

manche Äußerungen aus dem CSU-Bereich nicht in ihrem Sinne, aber sie hat das gut ertragen.

Eine Frau im Bundeskabinett. Das war eine alte Zielsetzung, besonders der Frauen. Elisabeth Schwarzhaupt hat diese Position nie angestrebt. Sie sagte selbst, Karrieredenken sei ihr fremd. Sie wurde aber schließlich durch das Gewicht der Christdemokratinnen, die sich bei Adenauer durchsetzten, für diese Funktion vorgesehen. Dabei spielten Frauen der Union – an ihrer Spitze Helene Weber, eine erfahrene Politikerin des Zentrums aus dem Deutschen Reichstag und überzeugte Katholikin – eine entscheidende Rolle. Es war ein Risiko für sie, denn ein neues Ministerium zu gründen, das aus Teilen anderer Ressorts zusammengesetzt wurde, bedeutete selbstverständlich in jeder Beziehung ein Problem, zumal die Minister, die etwas abgeben sollten – der Innen-, der Arbeits- und der Landwirtschaftsminister – dafür im allgemeinen wenig Verständnis zeigten. Die Aufgabe bestand darin, hier etwas Vernünftiges zu gestalten. Die Zeit war knapp, denn das 1961 neu gegründete Gesundheitsministerium musste möglichst rasch beweisen, dass es notwendig ist. Und dies gelang in überzeugender Art und Weise, nicht zuletzt deshalb, weil Elisabeth Schwarzhaupt auch hier klare Verhältnisse wünschte. Sie ließ sich keinen Staatssekretär aufdrängen, sondern suchte lange Zeit und fand schließlich in dem Ministerialdirektor Walter Bargatzky vom Innenministerium eine geeignete Persönlichkeit, mit dem sie dann gut zusammenarbeitete.

Als 1966 die Große Koalition gebildet wurde, verlor Elisabeth Schwarzhaupt ihr Amt an die Nachfolgerin Käte Strobel von der SPD. Frau Schwarzhaupt hat diese Entscheidung mit Würde getragen. Sie hat schließlich wieder ihre Arbeit im Rechtsausschuss fortgesetzt und dabei wichtige Aspekte in der Gesetzgebung realisieren können. Als sie nach den Bundestagswahlen 1969 aus dem Parlament ausschied, hat sie sich nicht zurückgezogen, sondern blieb der Union und dem Evangelischen Arbeitskreis verbunden. Sie brachte auch weiterhin ihre Erfahrungen in Frauenverbände ein.

Elisabeth Schwarzhaupt hat Maßgebliches mitgestaltet. Sowohl ihre Person als auch ihr Engagement fehlen heute im Deutschen Bundestag. Ich wünschte, wir hätten mehr Frauen, die in der Art und Weise Politik betreiben, wie dies Elisabeth Schwarzhaupt getan hat. Frauen haben heute viel mehr Chancen als früher, vor allem dann, wenn sie sich als Persönlichkeiten beweisen und mit konkreten politischen Zielsetzungen innerparteiliches und öffentliches Ansehen gewinnen.

Elisabeth Schwarzhaupt kann in diesem Sinne auch heute oder besonders heute als Vorbild einer Politikerin gelten.

Erinnerungen an Elisabeth Schwarzhaupt

Von Liselotte Funcke

Zwei besondere Schwerpunkte bestimmten das vielfältige Wirken von Elisabeth Schwarzhaupt: Die Arbeit in der evangelischen Kirche und die Bemühungen um die Gleichstellung der Frauen in Familie, Beruf, Gesellschaft und Politik. In beide Bereiche konnte sie ihre juristischen Kenntnisse einbringen, die sie sich als eine der frühen Akademikerinnen dieses Fachs erworben hat zu einer Zeit, als den Frauen der Weg zum Richteramt noch verschlossen war.

Ich lernte Elisabeth Schwarzhaupt kennen, als ich 1961 vom nordrhein-westfälischen Landtag in den Bundestag wechselte. Sie wurde gerade als erste Frau zum »Bundesminister« ernannt, und zwar für das neu geschaffene Gesundheitsministerium. Ihren Namen kannte ich allerdings schon, hatte sie sich doch bei der Beratung der Familienrechtsreform anders als ihre Partei – die CDU – gegen den Letztentscheid des Vaters bei Meinungsverschiedenheiten der Eltern ausgesprochen und das Modell empfohlen, das später nach einem Urteil des Bundesverfassungsgerichts Rechtskraft erhielt. In ihrer damaligen Rede im Bundestag wie auch bei sonstigen Vorlagen scheute sie sich nicht, die evangelische Position gegen die vom Katholizismus beherrschten Auffassungen der CDU zu vertreten. Zwar erkannte sie die besondere Rolle der Frau in der Familie an, doch sah sie auch in dem Wandel der Zeiten, dass den Frauen über den enger gewordenen Wirkungskreis in der Kleinfamilie hinaus Aufgaben in Beruf, Gesellschaft und Politik zugewachsen waren. In diesem Bereich setzte sie sich für Erleichterungen bei der Bewältigung der Doppelrolle ein. So stritt sie 1969 mit Annemarie Renger und mir für die Teilzeitarbeit der Beamtin. In der Wirtschaft hatte man längst erkannt, dass junge Frauen mit Familie nur in eingeschränktem Maße berufstätig sein können und deshalb entsprechende Teilzeitarbeitsplätze angeboten. Doch für Beamtinnen war dieser Weg verschlossen, weil – wie man im Innenministerium argumentierte – Teilzeitarbeit nicht mit den grundgesetzlich garantierten »hergebrachten Grundsätzen des Beamtentums« in Einklang zu bringen sei. Da war es gut, dass Elisabeth Schwarzhaupt mit ihren juristischen Kenntnissen gegenhalten konnte. Und so gelang es uns gemeinsam, die Widerstände zu überwinden und den Weg für die heute selbstverständliche Regelung der Teilzeitarbeit im Beamtenrecht freizumachen.

Elisabeth Schwarzhaupt wurde 1961 zum »Minister für Gesundheitswesen« berufen und hatte damit in dem neu geschaffenen Ressort ein weites Feld zu bestellen. Es war die Zeit, in der Umweltschutz an Bedeutung gewann. So verwundert es nicht, dass sie im Plenum des Bundestages besonders zu Fragen der Luftverschmutzung, des Strahlenschutzes, der Wasserwirtschaft und der Müllbeseitigung Stellung nahm. Doch letztlich waren diese nicht ihr ureigenes Gebiet, und so glaube ich, dass sie nicht sehr getrauert hat, als sie Ende 1966 bei der Bildung der Großen Koalition ihr Amt an Käte Strobel verlor. In jener Ende der 60er Jahre geführten Debatte um die Notstandsgesetze stand Elisabeth Schwarzhaupt auf Seiten der Regierung, die eine Dienstverpflichtung von Frauen allein in die Bundeswehr befürwortete. Wenn wir darin auch unterschiedlicher Meinung waren, hatten wir sonst ein gutes Verhältnis zueinander. Ich schätzte an ihr ihre Zuverlässigkeit, Offenheit, Menschlichkeit, ihre persönliche Bescheidenheit und ihren Mut, ihre Meinung auch gegen andere Vorstellungen ihrer Partei zu vertreten. Man merkte ihr an, dass sie in einem liberalen Elternhaus groß geworden war und daraus die Kraft zu unabhängigem Denken und Handeln bezog.

Bei der Bundestagswahl 1969 kandidierte Elisabeth Schwarzhaupt auf eigenen Wunsch nicht mehr. Sie widmete sich seitdem den zahlreichen ehrenamtlichen Aufgaben in Verbänden und Kommissionen. Ich erlebte sie von 1970 bis 1974 als Vorsitzende des Deutschen Akademikerinnenbundes, zu dessen Gründungsmitgliedern in Frankfurt sie gehörte. Mit ihren juristischen Kenntnissen und ihren politischen Erfahrungen setzte sie sich in vielfältiger Weise für rechtliche und faktische Verbesserung im Leben der Frauen ein, wobei dieses Bemühen nicht allein auf die Lage der akademischen Frauen gerichtet war. Dabei wusste sie bei allem Engagement sehr wohl die Grenzen zu beachten, die einem überparteilichen und überkonfessionellen Verband gesetzt sind. In Gremien der Evangelischen Kirche in Deutschland bin ich Elisabeth Schwarzhaupt nicht begegnet; weder in der Synode, der ich in den Jahren 1970 bis 1991 angehörte, noch in den verschiedenen kirchlichen Gremien. Sie arbeitete zum Teil auf internationaler Ebene in Ausschüssen und Konferenzen während und nach ihrer Bundestagszeit, und setzte sich auch dort für die Rechte und Wirkungsmöglichkeit der Frauen in Beruf, Kirche und Politik ein. Es war die Verwurzelung im christlichen Glauben, die Elisabeth Schwarzhaupts Denken und Handeln bestimmte und ihr die Unabhängigkeit gab zu tun und zu sagen, was sie für richtig hielt.

Rückschauend schrieb sie in ihrem Dankesbrief für die Glückwünsche zu ihrem 80. Geburtstag: »Wenn ich die Gesamtheit der Gratulanten, mit denen ich in verschiedenen Phasen meines Lebens verbunden war, überschaue, ist dies zugleich eine Rückschau auf meinen Lebensweg mit Höhen und Tiefen, Irrtümern, Freuden und Enttäuschungen. Und doch, so wie es war, war es gut. Ich habe viel Grund, dankbar zu sein.«

Elisabeth Schwarzhaupt im Außenamt der Evangelischen Kirche in Deutschland

Von Heinz Joachim Held

Im Tätigkeitsbericht, den das Kirchliche Außenamt der Synode der Evangelischen Kirche in Deutschland (EKD) Ende April 1958 in Berlin vorlegte, hieß es lapidar in der nüchternen Sprache der Verwaltungsbehörden: »Frau Dr. Schwarzhaupt wurde, nachdem sie auch in den 3. Bundestag gewählt wurde, am 1. März 1958 in den Ruhestand versetzt.« Das war eine rein besoldungstechnische Feststellung. Denn von einem Ruhestand konnte für die 57-jährige Juristin zu diesem Zeitpunkt keine Rede sein, als sie voll und ganz in die Politik überwechselte. Es wurde nur das Dienstverhältnis mit der EKD beendigt, in deren Kirchlichem Außenamt zu Frankfurt am Main sie seit 1948 als juristische Referentin tätig gewesen war.

Das Kirchliche Außenamt hatte seinen Sitz ursprünglich in Berlin gehabt. Dort war die Behörde durch eine Verordnung des damaligen evangelischen Reichsbischofs Ludwig Müller vom 21. Februar 1934 geschaffen worden. Sie bestand schon zuvor als eine Abteilung im Kirchenbundesamt, das die Geschäfte des Deutschen Evangelischen Kirchenbundes führte, der nach dem Ersten Weltkrieg gegründet worden war. In ihm hatten sich alle evangelischen Landeskirchen des Deutschen Reiches zusammengefunden, nachdem mit der Abdankung der deutschen Landesfürsten auch ihre kirchenregimentliche Oberhoheit fortgefallen war.

In dem auch kirchlich turbulenten Krisenjahr 1933 war anstelle des bisherigen föderalen Zusammenschlusses der Landeskirchen die Deutsche Evangelische Kirche (DEK) mit einem Reichsbischof an der Spitze gegründet worden. Dahinter stand bei allen politischen Einwirkungen durchaus der kirchliche Wille zu einer stärkeren Einigung des zersplitterten Protestantismus. Zunächst sollte dieses Amt der allseits hoch geachtete Pfarrer Fritz von Bodelschwingh, Leiter der diakonischen Anstalten in Bethel bei Bielefeld, bekleiden. Doch staatliche Pressionen und Manipulationen erzwangen die Wahl des vom »Führer« Adolf Hitler gewünschten Kandidaten. Damit war der bald einsetzende Kirchenkampf bereits vorgezeichnet. Im Sinne einer »kraftvollen kirchlichen Führung der Aufgaben im In- und Ausland«, wie es in der Sprache der Zeit hieß, sollte das ein Jahr später geschaffene Kirchliche Außenamt einen doppelten Auftrag erfüllen: »... die Verbundenheit mit den deutschen evangelischen Kirchen, Synoden und Gemeinden im

Elisabeth Schwarzhaupt

Ausland zu wahren und zu festigen« und »die Beziehungen zu den befreundeten Kirchen des Auslands zu pflegen.« Es ging um das, was wir heute die Mitverantwortung für die evangelischen Gemeinden deutscher Sprache im Ausland und die Wahrnehmung der internationalen zwischenkirchlichen Beziehungen nennen. Kurz: kirchliche Auslandsarbeit und weltweite ökumenische Bewegung.

Die Arbeit des damaligen Kirchlichen Außenamtes stand sehr stark in der Tradition des nationalkirchlichen Denkens. Im Bereich der internationalen kirchlichen Beziehungen versuchte es, dem Führungsanspruch des deutschen Protestantismus Geltung zu verschaffen. In seiner Fürsorge für die deutschsprachigen Gemeinden außerhalb der Reichsgrenzen, die im europäischen Raum zu einem großen Teil in den Gebieten lagen, die durch den ungeliebten Versailler Friedensvertrag von 1919 abgetrennt oder isoliert worden waren, wirkte es eng mit dem Verein für das Deutschtum im Ausland zusammen. Evangelischer Glaube, deutsche Sprache und Kultur wurden in einer engen Wechselbeziehung gesehen. Dabei fanden auch manche Gedankengänge des Nationalsozialismus Eingang und wurden in der traditionellen Gesamtausrichtung der Arbeit wirksam. Hier musste nach dem Ende der NS-Zeit ein von Grund auf neuer Anfang gemacht werden.

Elisabeth Schwarzhaupt war 1936 in den Dienst der Kirchenkanzlei der DEK in Berlin getreten, nachdem ihr die angestrebte Richterlaufbahn wegen ihrer klaren kritischen Einstellung gegen den Nationalsozialismus nicht mehr offen stand. Im Jahre 1948 trat sie im Zuge der Neuordnung der Amtsstellen der EKD als juristische Referentin in das Kirchliche Außenamt ein. Sie behielt freilich das von ihr schon bisher wahrgenommene Referat Frauenarbeit bei und übernahm zugleich die Geschäftsführung des Gesamtverbandes der Evangelischen Frauenarbeit in Deutschland.

In Frankfurt am Main stieß sie auf einen stark von der Bekennenden Kirche geprägten Kollegenkreis, darunter Pastor Martin Niemöller, Präsident des Kirchlichen Außenamtes. Niemöller war eine der führenden Gestalten im kirchlichen Widerstand gegen die Willkürherrschaft der NS-Regierung gewesen und hatte als »persönlicher Gefangener« des »Führers« sieben Jahre im Konzentrationslager verbringen müssen. Er galt im kirchlichen wie im politischen Ausland als der Repräsentant eines anderen Deutschlands und erhielt in den ersten Nachkriegsjahren zahlreiche Einladungen zu Auslandsreisen, als dies anderen Persönlichkeiten aus Politik und Wirtschaft noch nicht möglich war. Er wurde so in der Völkerwelt zu einem inoffiziellen Botschafter eines noch lange verfemten Deutschlands und war insofern gleichsam der kirchliche »Außenminister«.

Sein Stellvertreter und Vizepräsident Gerhard Stratenwerth war 1923/ 24 als Delegierter der Deutschen Studentenhilfe und Bevollmächtigter des Deutschen Roten Kreuzes in die Hungergebiete der Sowjetunion gereist, um

Unterstützungsmaßnahmen zu ermöglichen. Er wurde 1926 Mitarbeiter von Pastor Fritz von Bodelschwingh in Bethel und auf diese Weise mit Martin Niemöller bekannt, der das Amt des westfälischen Landespfarrers für Innere Mission in Münster innehatte, bevor er 1931 eine Pfarrstelle in Berlin-Dahlem erhielt. Stratenwerth hatte an dem »Betheler Bekenntnis« mitgewirkt, das noch vor der berühmten Barmer theologischen Erklärung von 1934 unter Bodelschwinghs Leitung in der zweiten Hälfte des Jahres 1933 entstanden und von Martin Niemöller herausgegeben worden war. Stratenwerth arbeitete später als Gemeindepfarrer in Dortmund und wurde nach dem Krieg zum Leiter des Sozialamtes seiner westfälischen Heimatkirche berufen. Zum kirchlichen Widerstand im »Dritten Reich« gehörte auch Hildegard Schaeder, die neu berufene Ostkirchenreferentin. Sie war promovierte Slawistin, Tochter eines Theologieprofessors in Kiel und Kennerin der russischen Orthodoxie. Wegen »Judenbegünstigung« war sie 1943 verhaftet und in das Frauenkonzentrationslager Ravensbrück verschleppt worden, aus dem sie bei Kriegsende von der Roten Armee befreit wurde.

Zu dem Kollegenkreis zählte ferner der Volkswirt und Sozialwissenschaftler Hans Schönfeld, der 1928 als Mitarbeiter und dann als Leiter des Internationalen Sozialwissenschaftlichen Instituts in Genf gewirkt hatte. Diese Einrichtung war von der durch den schwedischen Erzbischof Nathan Söderblom einberufenen Weltkonferenz für Praktisches Christentum 1925 in Stockholm in Aussicht genommen worden und gilt als Keimzelle des Ökumenischen Rates der Kirchen, der 1948 in Amsterdam erstmals zusammen trat. Schönfeld hatte während des Krieges die nicht ungefährliche Verbindung zu den kirchlichen Kreisen in Deutschland aufrecht erhalten. Als Finanzreferenten hatte Niemöller den früheren Admiral Johannesson gewonnen, der später wieder in den Dienst der neuen deutschen Streitkräfte trat. Der aus Pommern vertriebene Pfarrer Johannes Bartelt kam als theologischer Referent hinzu.

In diesen Kreis trat Elisabeth Schwarzhaupt 1948 ein und half in ihrer zurückhaltenden, doch bestimmten Art bei der Neuordnung der Arbeit des Kirchlichen Außenamtes. Die bisherige deutschnational geprägte Ausrichtung der Fürsorge um die Auslandsgemeinden musste nach den Verzerrungen und Verirrungen der jüngsten Vergangenheit einer vom Wesen des christlichen Glaubens bestimmten Orientierung weichen. Die evangelischen Christen deutscher Herkunft und Sprache waren unbeschadet geschichtlicher und kultureller Grenzen in die weltweite Gemeinschaft aller Kirchen einzuweisen und sollten sich nicht länger als bloße Außenstellen der EKD verstehen. Vielmehr galt es, sie als selbstverantwortliche Träger christlicher Predigt, kirchlicher Seelsorge und diakonischen Engagements in ihrem Lebensumfeld, ob in Europa oder in Übersee, möglichst im Verbund mit den Kirchen vor Ort zu stärken.

In der kirchlichen Auslandsarbeit gab es auch eine Reihe von juristischen Fragen zu klären. Im Zuge der Kriegsereignisse oder bei Kriegsende war das Eigentum deutscher evangelischer Auslandsgemeinden vielfach beschlagnahmt worden. Dies sollte, wie zum Beispiel die Christuskirche in Paris, wieder kirchlicher Nutzung zugeführt werden. Es bedurfte langwieriger Verhandlungen, in die sich auch die Vertreter der französischen evangelischen Kirchen einschalteten, bis die Pariser Gemeinde deutscher Sprache ihre Gottesdienste dort wieder feiern konnte. Ferner mussten verlässliche rechtliche Regelungen für die erneute Entsendung von Pfarrern in diese Auslandsgemeinden geschaffen werden. Gehaltsfragen, Krankenversicherung, Urlaubsansprüche und Altersversorgung standen zur Verhandlung an. Das galt vor allem auch für die Pfarrer und Diakonissen, die aus Deutschland zu einem Dienst in die Gemeinden oder Gemeindeverbände in Übersee nach Kairo, Brasilien und an den La Plata, nach Jerusalem oder Istanbul entsandt werden sollten. In Südamerika und in Südafrika waren viele aus Deutschland gekommene Pfarrer 1939 mit ihren Familien vom Kriegsausbruch überrascht worden und konnten nicht mehr zurückkehren. Sie warteten jetzt auf die Möglichkeit eines Urlaubs oder einer Wiedereingliederung in den heimischen Kirchendienst. Dies alles kostete Geld, das nicht im ausreichenden Maß zur Verfügung stand, und musste zudem juristisch für alle in einer gleichen und gerechten Weise, ebenso aber auch realistisch geregelt werden.

An der Klärung und Ordnung all dieser Fragen hatte Elisabeth Schwarzhaupt ohne Zweifel ihren Anteil. Ganz gewiss galt das bei der Ruhestands- und Hinterbliebenen-Versorgungsordnung für die im kirchlichen Auslandsdienst Stehenden, die 1958 in Kraft getreten war, also im Jahre ihres Ausscheidens aus dem Kirchlichen Außenamt. Der damals neu eingetretene juristische Assessor Hilmar Koch, der spätere Vizepräsident des Kirchlichen Außenamtes, erzählte mir, dass sie ihm die von ihr vorbereiteten Entwürfe zur endgültigen Bearbeitung übergeben habe. Wie die Sitzungsniederschriften des betreffenden Ausschusses ergaben, war sie als juristische Sachverständige auch an der Erstellung des sogenannten Auslandsgesetzes der EKD von 1954 beteiligt, das die rechtlichen Beziehungen zwischen ihr und ihren Auslandsgemeinden in oben dargelegtem Sinn ordnet. Während bisher die evangelischen Gemeinden und ihre Synodalverbände im Ausland der Heimatkirche angeschlossen und rechtlich unterstellt waren, wurden die gegenseitigen Verhältnisse nun in Sinne einer partnerschaftlichen Zusammenarbeit geregelt. Die Auslandsgemeinden wurden als eigenverantwortliche Träger kirchlichen Lebens und als Glieder in der Gemeinschaft der Kirchen des Gastlandes verstanden. Diese waren ihre primären Partner, und in ihren Kreis sollten sie sich immer mehr als Kirchengemeinden muttersprachlicher Prägung hineinfinden. Die EKD entzog sich damit nicht ihrer Pflicht. Doch verstand sie ihren Part jetzt vor allem im Sinne der Mitverantwortung. Sie gab ihre personelle, finanzielle und theologische Unterstützung als Hilfe zur Selbsthilfe. Es ging ihr um die Förderung der Eigenverantwortung und der Bodenständigkeit der evangelischen Gemeinden deutscher Sprache jenseits der Grenzen.

Doch sah Elisabeth Schwarzhaupt ihren Platz nicht nur am Schreibtisch ihres Dienstzimmers am Schaumainkai 23 in Frankfurt am Main. Vielmehr ging sie mit auf Reisen zu den Gemeinden im Ausland oder zu den Begegnungen mit den Kirchen in der ökumenischen Bewegung. So ist vermerkt, dass sie um die Pfingstzeit 1949 mit ihrem theologischen Kollegen Johannes Bartelt in der Gemeinde Meran in Südtirol weilte und anschließend auch das Pastorationsgebiet am Gardasee besucht hat. Dort befanden sich wie auch andernorts in Italien Kapellen für Gottesdienste und Seelsorgearbeit unter deutschsprachigen Kurgästen, die vom »Kurkapellenverein« unterhalten wurden, genauer gesagt vom »Verein für Einrichtung deutsch-evangelischer Gottesdienste in Kurorten e. V.«.

Im Jahre 1954 gehörte sie der Delegation der EKD für die zweite Vollversammlung des Ökumenischen Rates der Kirchen an, die vom 15. bis 31. August 1954 in Evanston bei Chicago in den Vereinigten Staaten stattfand. Schon 1949 war sie in dessen Kommission für Leben und Arbeit der Frauen in der Kirche berufen worden. Die Leitung oblag der Inderin Sarah Chakko, die 1951 als erste Frau in das Präsidium des Ökumenischen Rates gewählt wurde. Gegen Ende des Jahres 1954 reiste Elisabeth Schwarzhaupt als Angehörige der deutschen UNESCO-Delegation nach Südamerika zu ihrer 8. Vollversammlung, die vom 12. November bis 11. Dezember in Montevideo abgehalten wurde. Sie konnte diese Reise mit der Teilnahme an der zweiten Vollversammlung des Bundes der evangelischen Synoden deutscher Herkunft in Brasilien verbinden, die am 11. und 12. Dezember in São Leopoldo zusammentrat. Auf dieser Versammlung gab sich der Bund den Namen »Evangelische Kirche lutherischen Bekenntnisses in Brasilien« und brachte damit den schwierigen Einigungsprozess der verschiedenen Verbände von Kirchengemeinden zum Abschluss, die aus der deutschen Einwanderung seit 1824 hervorgegangen waren.

Als Teilnehmerin an einer politischen und einer kirchlichen Weltversammlung im selben Jahr 1954 – dort in Evanston und hier in Montevideo –, kam sie bei dem Vergleich ihrer Erfahrungen in einem Bericht für den monatlichen Informationsdienst *Die Evangelische Welt* zu dem Ergebnis: »So ähnlich das äußere Bild und das äußere Programm bei den Veranstaltungen war, so verschieden war der Gehalt. Während in Montevideo der weitaus größte Teil der Arbeit in Kommissionen über Fragen der Verwaltung, der Verfassung, des Programms und des Budgets vor sich ging, standen diese Kommissionen in Evanston im Hintergrund gegenüber denjenigen Arbeitsgruppen und Ausschüssen, in denen es um Substanzfragen kirchlicher Arbeit ging, um die theologische Frage nach Christus als der Hoffnung der Welt, um die Einheit der Kirche, um die verantwortliche Gesellschaft, um politische und völkische Spannungen, um den Menschen in seinem Beruf. Dazu kam, daß in Evanston die Atmosphäre im Zusammenleben der Menschen aus verschiedenen Völkern und Machtbereichen sehr viel intimer, sehr viel näher, im persönlichen Gespräch offener war, obgleich auch in Evanston ebenso wie in Montevideo die politischen Spannungen zwischen den Völkern immer lebendig und nie unbeachtlich waren.«

Im Frühsommer 1957 nahm sie an der Tagung des Deutsch-französischen Bruderrates in Etaules bei Royan teil, die sich dem Thema »Unsere Verantwortung für die junge Generation« widmete. Dort hielten der Vorsitzende der Jugendkammer der EKD, der Stuttgarter Oberkirchenrat Manfred Müller, und Frau Violaine de Montmollin aus Paris die Einführungsvorträge. Es ist sehr gut möglich, dass sie und Elisabeth Schwarzhaupt die einzigen Frauen unter lauter männlichen Teilnehmern waren.

Der Deutsch-französische Bruderrat war im Jahre 1950 im pfälzischen Speyer gegründet worden und diente dem Brückenschlag zwischen den Kirchen und damit auch der Versöhnung zwischen den Völkern beider Länder nach den furchtbaren Erlebnissen und tiefen Verwundungen der beiden blutigen Weltkriege. Er ging auf eine Initiative des pfälzischen Kirchenpräsidenten Hans Stempel von deutscher Seite und des früh verstorbenen französischen evangelischen Feldbischofs Marcel Sturm zurück, eines Elsässers, welcher der Kirchenbeauftragte der französischen Militärregierung gewesen war. In diesem Bruderrat begegneten sich regelmäßig hochrangige Vertreter aus den Kirchen beider Länder und besprachen Probleme von gegenseitigem Interesse.

Die Arbeit wird für Elisabeth Schwarzhaupt im Laufe der Jahre stetig zugenommen haben. In einer kirchlichen Monatsschrift fand sich die Notiz, sie habe am 1. April 1952 die Geschäftsführung der Evangelischen Frauenarbeit in Deutschland niedergelegt, »weil ihre Berufsarbeit als Juristin im Kirchlichen Außenamt ihre Arbeitskraft ganz beansprucht«. Das bedeutete für Schwarzhaupt freilich nicht, in ihrem Engagement für die Durchsetzung der Rechte und Anliegen der Frauen in Kirche und Gesellschaft und für deren Mitwirkung im öffentlichen Leben nachzulassen. Vor der Bundestagswahl am 6. September 1953 unterzeichnete sie eine Erklärung der Leitung der Evangelischen Frauenarbeit in Deutschland. Diese rief die Frauen, die »den größeren Teil unseres Volkes ausmachen«, zur Erfüllung ihrer Wahlpflicht auf und appellierte an deren »große Verantwortung«. Schwarzhaupt gehörte auch zu dem Vorbereitungsausschuss der Synode der Evangelischen Kirche in Deutschland im Jahre 1954, die sich mit dem Thema »Die Frau in der modernen Gesellschaft« befasste.

Im September 1954 berichtete sie auf der Hauptversammlung des Reformierten Bundes, des Zusammenschlusses der reformierten Kirchen und Gemeinden in Deutschland, über die Tagung der Internationalen Vereinigung Reformierter Frauen in den Vereinigten Staaten. Sie hatte daran im Zusammenhang mit ihrer Reise zur Vollversammlung des Ökumenischen Rates der Kirchen in Evanston teilnehmen können. Die Veranstaltung hatte vor der Generalversammlung des Reformierten Weltbundes vom 27. Juli bis 6. August 1954 in Princeton stattgefunden. Das Thema hieß: »Die Erneuerung der Kirche und ihr Auftrag«. So hatte sich die internationale Reformierte Frauentagung offenkundig auch mit der Bedeutung der Frauenverbände für die kirchliche Erneuerung befasst. Elisabeth Schwarzhaupt sagte dazu nach einem Bericht in der evangelischen Monatsschrift *Kirche in der Zeit:* »Die Struktur der amerikanischen Frauenverbände ist von der der europäischen verschieden. In Amerika existieren machtvolle, wohlhabende evangelische Frauenorganisationen, die aber ihr eigenes Leben neben dem der Kirche führen. Sie sind Träger einer sehr aktiven karitativen Arbeit und zugleich Träger der kirchlichen Erneuerung. Sie wecken unter den Frauen ein ganz neues Interesse und Verständnis für die Kirche. In Europa ist das Leben der Frau viel enger mit dem des Mannes verbunden als in Amerika. Die Emanzipation der Frau ist dort weiter fortgeschritten. (...) Bemerkenswert ist, daß nur die europäischen Kirchen die Ämter der Diakonisse und Gemeindehelferin kennen. Was die Stellung der Frau in der Gesellschaft angeht, so vollziehen sich überall in der Welt deutliche und schnelle Veränderungen.«

Inzwischen war Elisabeth Schwarzhaupt am 6. September 1953 als Abgeordnete für die CDU in den Deutschen Bundestag gewählt worden. Das Kirchliche Außenamt stellte 1954 in seinem Rechenschaftsbericht für die Synodaltagung der EKD fest: »Hierdurch entfällt für das Amt die reichliche Hälfte ihrer Arbeitskraft.« Ein zusätzlicher juristischer Mitarbeiter wurde eingestellt. Sie selbst wollte wohl zunächst im Dienst des Kirchlichen Außenamtes bleiben, was sicher den Wünschen seines Präsidenten Martin Niemöller entsprach. So berief auch der Rat der EKD sie noch im Jahre 1955 in seine Eherechtskommission, welche die Aufgabe hatte, ihn in den Fragen einer Neuordnung des Ehe- und Familienrechts zu beraten, bei der es damals um die Gleichstellung von Mann und Frau ging, und öffentliche Stellungnahmen dafür vorzubereiten.

Es wird offenkundig, dass die Christdemokratin immer stärker in die politische Arbeit hinein wuchs und darin ihren weiteren Berufsweg erkannte. Sie wurde zu Tagungen eingeladen, um Vorträge über aktuelle politische Fragen zu halten. In der bereits erwähnten evangelischen Monatsschrift *Kirche in der Zeit* fand sich der Bericht über ein »Grenzlandtreffen« des Frauenausschusses der CDU im Jahre 1955 für 300 Delegierte in Aachen. Thema war unter anderem die Auseinandersetzung um die Wiederbewaffnung Deutschlands. Es hieß: »Die an Höhepunkten reiche Tagung erhielt durch ein Diskussionsreferat von Oberkirchenrätin Dr. Elisabeth Schwarzhaupt (MdB), Frankfurt, eine besondere Note.« Von ihren Ausführungen wurde dort festgehalten: »Im wesentlichen würden gegen den Wehrdienst drei Argumente vorgebracht. Dabei sei der Einwand, die Möglichkeit zur Verhandlung mit dem Osten sei noch nicht ausgeschöpft, eine rein politisch begrenzte Frage und gehe nicht einmal auf die Ablehnung eines Verteidigungsbeitrages, sondern auf seine Verzögerung hinaus. Besonders verwirrend sei das zweite Argument, die Alternative einer ›Wiederaufrüstung oder Wiedervereinigung‹. Die Entscheidung hierüber stehe nicht bei den Deutschen, sondern bei anderen Mächten. Unbestritten bliebe jedoch die christliche Verpflichtung, die seelische Not der Menschen in der Sowjetzone mit zu tragen und ihnen aus Druck, Lüge und Angst heraus zu einer demokratischen Lebensform zu verhelfen. Der dritte und tiefste Vorbehalt gründe in der Scheu vor Gewaltanwendung überhaupt. Hier spiele die Erkenntnis und die Mitverantwortung des begangenen Unrechts eine wesentliche Rolle. Entscheidung zur Buße bedeute für den Christen zugleich den Entschluß, nicht mehr zu sündigen. Einen Weg dazu hoffe man aber im neuen Staat in der gegenwärtigen Politik und auch in der Wehrverfassung zu finden. Dr. Schwarzhaupt betonte zusammenfassend: ›Der Abwehr in unserem Volk gegen eine Verteidigung des eben begründeten neuen Lebens liegt zwar viel Verständliches zugrunde. Doch können uns durch diese Wirklichkeit ungeheure seelische und menschliche Anstrengungen zwischen den Machtblöcken nicht erspart bleiben. An uns Frauen liegt es, mit Verständnis und Liebe den Gegenargumenten nachzugehen und unklare Gefühle aufzufangen. Unsere Sorge sollte das Gebot des Friedens sein.‹«

Als Elisabeth Schwarzhaupt im Jahre 1957 zum zweiten Mal in den Deutschen Bundestag gewählt wurde, schied sie aus den Diensten des Kirchlichen Außenamtes aus, um sich ganz der Arbeit im öffentlichen politischen Leben zu widmen. Doch blieb sie ihrem bisherigen Wirkungskreis weiter verbunden. Wenn sie es einrichten konnte, kam sie in ihrem Ruhestand, den sie in ihrer Heimatstadt Frankfurt am Main verbrachte, zu den vorweihnachtlichen Feiern der Mitarbeiterschaft des Kirchlichen Außenamtes und zu besonderen Gelegenheiten. Auf diese Weise lernte ich sie kennen, nachdem ich im Februar 1975 die Leitung des Amtes von Präsident Adolf Wischmann übernommen hatte, der seinerseits um die Jahresmitte 1956 Nachfolger Martin Niemöllers geworden war.

Die Kollegen aus ihrer Zeit im Kirchlichen Außenamt schilderten sie als eine ruhige und selbstbewusste Frau, die Willenskraft mit menschlicher Wärme zu verbinden wusste. Sie galt ihnen als eine politische Persönlichkeit, freilich nicht so sehr im parteipolitischen Sinn. Ihr lag das allgemeine Wohl am Herzen. Sie erwog die verschiedenen Seiten einer Sache und wollte immer zu einem begründeten Urteil gelangen. Darin verhielt sie sich wie eine Richterin, die sie einst hatte werden wollen. Von ihrer zarten Gestalt ging eine bezwingende Ausstrahlungskraft aus. Ihr Wesen war von einer unaufdringlichen Vornehmheit, die im äußeren Auftreten Bescheidenheit und Zurückhaltung an den Tag legte, doch in der beruflichen Leistung hohen Ansprüchen zu genügen trachtete.

Elisabeth Schwarzhaupt wurde 1961 als Bundesministerin für Familienfragen im vierten Kabinett Konrad Adenauers ins Gespräch gebracht. Sie fragte ihren jungen juristischen Kollegen Hilmar Koch im Kirchlichen Außenamt, ob er nicht ihr persönlicher Referent in Bonn werden wollte. Dieser wäre sehr gern dazu bereit gewesen, nicht zuletzt, weil er eine wechselseitige persönliche Sympathie, aber zugleich eine Nähe in den Sachfragen spürte. Auch hatte es ihn beeindruckt, dass sie als Ministerin der CDU keine Probleme hatte, einen Mitarbeiter zu wählen, der erklärtermaßen der SPD nahe stand. Doch dann entschied der Bundeskanzler, Elisabeth Schwarzhaupt statt des Familienministeriums das Gesundheitsressort zu übertragen, angeblich, weil er meinte, dass eine unverheiratete Frau keinen vollen Zugang zu den Fragen der Familienproblematik habe. Dieser Entschluss machte die Absprache zwischen Frau Schwarzhaupt und Herrn Koch hinfällig. Sie griff aber nicht zum Telefon, um ihren schon gewonnenen künftigen Mitarbeiter über den unerwarteten Wechsel zu informieren, sondern machte sich die Mühe, selbst in seinen Wohnort im Taunus hinauszufahren, um mit ihm die neue Lage zu erörtern, in der ihre Zusammenarbeit nicht zustande kommen würde. Diese unmittelbare Weise, persönliche Fragen zu besprechen, ist vielleicht bezeichnend für die diskrete Handlungsweise von Elisabeth Schwarzhaupt, die genau wusste, was sie wollte, der aber auch bewusst war, wie man mit den Menschen umgeht. Letztlich war es diese vornehme Menschlichkeit ihrer feinen Erscheinung, mit der sie auch denen im Gedächtnis blieb, die sie – wie ich selbst – nur in ihren späten Jahren gekannt haben.

Alibifrauen? –
Die Union und ihre weiblichen Mandatsträgerinnen nach der Ära Adenauer

Von Renate Hellwig

Einleitung

Die zu untersuchende Phase von 1969 bis 2000 lässt sich in drei Abschnitte unterteilen, und zwar die Zeit der Opposition von 1969 bis 1983, die Regierungszeit bis zur Wiedervereinigung von 1983 bis 1990 und die Regierungszeit nach der Wiedervereinigung von 1990 bis 1998 sowie die Oppositionszeit von 1998 bis 2000.

Der Anteil der Frauen im Bundestag insgesamt konnte zwar von neun Prozent in der 1. Wahlperiode (1949 bis 1953) auf 31 Prozent zu Beginn der 14. Wahlperiode (WP) gesteigert werden, in der CDU/CSU-Fraktion stagnierte allerdings der Frauenanteil seit der 1. bis zur 11. WP bei rund 7,5 Prozent und steigerte sich erst ab der 12. bis zur 14. WP auf 18 Prozent; bei der SPD liegt er inzwischen bei 34 Prozent, bei der FDP bei 21 Prozent und bei den Grünen bei 59,2 Prozent. Schon vorweg lässt sich also feststellen, dass der Nachholbedarf an gleichberechtigter Teilhabe der Frauen in der CDU/CSU-Fraktion nach wie vor sehr beträchtlich ist.

Als Haupthindernis für einen Machtzuwachs der Frauen in der Politik stellt sich immer wieder die Frage der Vereinbarkeit von Familie und Beruf. Wenn es in der Regierungszeit der CDU von 1983 bis 2000 gelang, in diesem Bereich wichtige Gesetze zu verabschieden, dann ist dies erst eine der Voraussetzungen, um den Frauen die Teilhabe an der Macht in der Politik, aber auch in der Wirtschaft zu erleichtern. Eine weitere Voraussetzung ist, dass in den konservativen Parteien die Bereitschaft der Männer größer wird, Frauen als gleichberechtigte Partner in der Politik zu akzeptieren. Frauen stellen die Hälfte der Bevölkerung, schon daraus ergibt sich ein selbstverständlicher Anspruch auf die Hälfte der Mandate im Bundestag. Es geht gar nicht darum, ob Frauen eine andere oder bessere Politik als Männer machen würden. Entscheidend ist vielmehr, dass sie genauso wie Männer neben den Erziehungsaufgaben ein eigenes Recht auf Selbstentfaltung in Anspruch nehmen können. Dies setzt allerdings die Bereitschaft der Männer voraus, sich an den Familienaufgaben partnerschaftlich zu beteiligen und damit der Familienmutter den nötigen Freiraum zu gewähren. Verbesserte Gesetze könnten hierfür einen Rahmen schaffen. Ob dieser Rahmen entsprechend ausgefüllt wird, entscheiden allerdings die Partner im konkreten Leben selbst.

Durch vorliegenden Beitrag über Christdemokratinnen, die es geschafft haben, ihre Mitspracherechte in der Politik in Anspruch zu nehmen, sollen Frauen heute und in Zukunft ermutigt werden, sich politisch zu engagieren. Das schlechte Gewissen, womöglich die eigenen Familienpflichten zu vernachlässigen, möge dadurch ausgeräumt sein, dass es für die Zukunft der Kinder ebenso wichtig ist, wenn eine Frau den Rechtsrahmen unserer Gesellschaft familienfreundlicher mitgestaltet, als wenn sie selbst bei älteren Kindern immer nur diejenige in der eigenen Familie ist, die alle unangenehmen Pflichten aufgebürdet bekommt.

Natürlich können hier nicht sämtliche weiblichen Abgeordneten von 1969 bis heute namentlich genannt werden, sondern nur diejenigen, die in dieser Zeit besonders herausgehobene Positionen in der Partei, im Bundestag oder in der Regierung bekleideten. In der Partei sind dies die Funktionen des Parteivorsitzenden, der Stellvertreter und Präsidiumsmitglieder, des Generalsekretärs und des Schatzmeisters. Schon die Würdigung aller weiblichen Bundesvorstandsmitglieder würde den Rahmen dieses Beitrags sprengen. Im Bundestag sind es das Amt des Bundestagspräsidenten oder eines seiner vier Vizepräsidenten, das Amt eines Ausschussvorsitzenden sowie die wichtigsten Funktionen in der Fraktion. Innerhalb der Fraktion sind es der Vorsitzende, einer seiner vier Stellvertreter, einer der fünf Geschäftsführer oder der Arbeitsgruppenleiter. Die Fraktionsgeschäftsführer sind deswegen so bedeutend, weil sie praktisch die gesamte Organisation der Fraktion und des Plenarbetriebes in der Hand haben und manchmal direkter über die Anliegen eines Abgeordneten entscheiden, als der Vorsitzende oder einer seiner Stellvertreter. Die Leiter der Arbeitsgruppe sind gleichzeitig die Sprecher der Fraktion auf diesem Gebiet, und zwar sowohl in den Ausschusssitzungen als auch gegenüber der Öffentlichkeit. Die Funktion der sogenannten Landesgruppenvorsitzenden verdient besonders hervorgehoben zu werden, weil sie innerhalb der Fraktion eine Art Interessenvertretung, zum Beispiel für alle hessischen CDU-Abgeordneten, aber auch für die Anliegen der Hessischen Landesregierung sind. Diese Position hatte allerdings bisher noch nie eine Frau inne. In der Regierung sind es das Amt eines Ministers oder eines parlamentarischen oder beamteten Staatssekretärs.

Elisabeth Schwarzhaupt

1. Die Frauen in der CDU während der Zeit der Opposition 1969 bis 1983

In der Partei von 1969 bis 1983

Im Präsidium der Bundes-CDU war von 1983 bis 1987 unter den sieben Mitgliedern immer nur jeweils eine Frau vertreten. In dieser Phase gab es praktisch noch keine Kampfabstimmungen, da durch vorherige Absprachen die Zahl der Kandidaten auf die Zahl der Ämter begrenzt wurde und sich die Frauen mit dem ihnen gewährten einen Platz unter den sieben Stellvertretern begnügten.

Von 1969 bis 1977 war Helga Wex Präsidiumsmitglied. 1971 wurde sie Bundesvorsitzende der Frauenunion (damals noch Frauenvereinigung) als Nachfolgerin von Aenne Brauksiepe und blieb es bis zu ihrem Tode im Jahre 1986. Wex, 1924 in Buxtehude geboren, wirkte von 1953 bis 1957 als Ministerialreferentin in der Landesvertretung Nordrhein-Westfalens und seit 1969 als nordrhein-westfälische Bundestagsabgeordnete. Sie hat die Frauenpolitik der CDU in den siebziger Jahren entscheidend geprägt und der CDU gegen viele Widerstände zu einem modernen Frauenbild verholfen. Einerseits grenzte sie sich von den Konservativen in der Partei ab, die in erster Linie die Frau immer noch als Familienmutter und Dienerin ihres Ehemannes sehen wollten, andererseits widersprach sie auch den SPD Frauen, die eher auf Emanzipation durch Berufstätigkeit der Frau setzten. Sie prägte das Schlagwort »Wahlfreiheit für Männer und Frauen zwischen Familie und Beruf« und forderte, dass Ehepartner sich einvernehmlich die Aufgaben teilen sollen.

In der Ära Wex gab sich die Frauenunion erstmalig ein eigenes Grundsatzprogramm, das 1973 verabschiedet wurde und drei neue Forderungen enthielt: 1. Erziehungsgeld, 2. Partnerrente und Anrechnung von Kindererziehungszeiten im Rentenrecht und 3. Mitentscheidungsrecht der nichterwerbstätigen Ehefrau über das Familieneinkommen. Auf dem Mannheimer Parteitag der CDU 1975 gelang es, in Zusammenarbeit zwischen Frauenunion (FU), Sozialausschüssen und Junger Union (JU) diese Anliegen in das Parteiprogramm zu übernehmen. Daneben verlangten die Frauen mehr Teilzeitarbeitsplätze, auch in qualifizierten Berufen, und erklärten damals schon die Teilzeitarbeit zur Arbeitszeit der Zukunft. Natürlich wurde auch – wie schon seit Jahren – die Forderung nach gleichberechtigter Teilhabe der Frauen an den Führungspositionen in Wirtschaft und Politik erhoben. Helga Wex war in diesen Jahren die mit Abstand bedeutendste Vertreterin der CDU-Frauen, sowohl in der Partei wie auch in der Fraktion. Obwohl die Kanzlerkandidaten der CDU/CSU Rainer Barzel, Helmut Kohl, Franz Josef Strauß und wieder Helmut Kohl sie jeweils als einzige Frau in ihrer engsten Regierungsmannschaft präsentierten, war sie am Ende doch wohl zu unbequem, um bei der Regierungsbildung 1983 Ministerin werden zu dürfen.

Von 1977 bis 1989 saß Hanna-Renate Laurien im Präsidium der CDU. Sie war von 1957 bis 1963 Referentin im Kultusministerium in Düsseldorf, von 1970 bis 1976 Staatssekretärin im Kultusministerium Rheinland-Pfalz und von 1976 bis 1981 Kultusministerin in Rheinland-Pfalz. Zwischen 1981 und 1989 wirkte sie als Senatorin für Schulwesen, Jugend und Sport in Berlin und von 1991 bis 1995 als Präsidentin des Berliner Parlamentes.

Marlene Lenz war Präsidentin der Frauensektion der Europäischen Volkspartei (EVP/EUCD) und Abgeordnete des Europäischen Parlamentes. Als Vorsitzende des Ausschusses für Menschenrechte warb sie unter den CDU-Frauen unermüdlich für ein gesteigertes europäisches Engagement und wünschte sich dies besonders von den jüngeren Frauen, da in Europa die Zukunft liege.

Im Bundestag von 1969 bis 1983

Die Zahl der Frauen in der CDU/CSU-Fraktion entwickelte sich wie folgt: In der 6. WP (1969 bis 1972) waren es 15 und in der 9. WP (1980 bis 1983) 18 Frauen. Berücksichtigt man, dass bereits in der 3. WP 22 Frauen und in der 8. WP 19 Frauen in der Fraktion saßen, so hatte seit 1953 der Prozentsatz an CDU/CSU-Frauen im Bundestag praktisch stagniert. Die Frauen in der Fraktion hatten sich 1980 zur Frauengruppe zusammengeschlossen, die sich bis heute regelmäßig einmal in der Woche zum gemeinsamen Mittagessen trifft, um die Erfahrungen in den verschiedenen Arbeitsbereichen auszutauschen, besondere Anliegen der Frauen zu bündeln und gemeinsame Initiativen zu besprechen. Die Frauengruppe sieht sich neben den Landesgruppen und anderen Fachgruppen als eine Interessenvertretung, die unter anderem bei der Vergabe von Fraktionsämtern berücksichtigt werden muss. Erste Vorsitzende der Frauengruppe war von 1980 bis 1986 Roswitha Verhülsdonk, die dem Bundestag von 1969 bis 1994 angehörte. Ihr gelang es immer wieder, die auseinanderdriftenden Interessen der Frauen zusammen zu führen

In dieser Zeit gab es zwei Ausschussvorsitzende. Zunächst war Maria Jacobi Vorsitzende des Petitionsausschusses. Von 1972 bis 1987 übernahm Lieselotte Berger dieses Amt. Sie übte es derart energisch aus und war gleichzeitig so beliebt bei der Bevölkerung, dass man sie auch scherzhaft als »Mutter der Nation« bezeichnete.

In der Fraktion amtierte die baden-württembergische Abgeordnete Annemarie Griesinger von 1969 bis 1972 als stellvertretende Vorsitzende. Danach fungierte sie als Landesministerin, zunächst im Sozialministerium und

Elisabeth Schwarzhaupt

später in der Landesvertretung Baden-Württembergs in Bonn. Ihr folgte Helga Wex als stellvertretende Fraktionsvorsitzende. Auf ihre Initiative richtete der Bundestag 1974 die Enquete-Kommission »Frau und Gesellschaft« ein. Die Kommission erhielt den Auftrag, eine Analyse der unzureichenden Verwirklichung der Gleichberechtigung in Staat und Gesellschaft zu erarbeiten und Verbesserungsvorschläge zu machen. Der Vorsitz ging zunächst an die SPD. Später übernahm ihn die bayerische Bundestagsabgeordnete Ursula Schleicher, die seit 1979 Mitglied des Europäischen Parlamentes (EP) ist und auch Vizepräsidentin des EP war. Ursula Schleicher fungierte als Präsidentin der Europäischen Frauenunion (EFU), eines bereits 1957 gegründeten Zusammenschlusses der Frauen konservativer Parteien in Europa, lange bevor die konservativen Parteien selbst sich zur EVP zusammenschlossen. Sie arbeitet seit 1980 als Vorsitzende der Frauenkommission der Europäischen Bewegung Deutschland, die jedes Jahr eine Frau wegen ihrer besonderen Verdienste in Fragen der europäischen Integration auszeichnet.

Ebenso beispielhaft für eine kombinierte Bundes- und Europakarriere ist die Biografie von Doris Pack, die zunächst als saarländische Abgeordnete im Bundestag saß und seit 1989 im Europäischen Parlament mitarbeitet. Sie ist Präsidentin von »Europa in der Schule«. Ihr energischer Einsatz im Kosovo erlangte bundesweiten Bekanntheitsgrad. Die erste weibliche parlamentarische Geschäftsführerin der CDU Fraktion war von 1980 bis 1982 Dorothee Wilms. Ihre Nachfolge im Amt trat 1982/83 Agnes Hürland an.

Wie die Aufzählung ergibt, war die Vertretung der Frauen in wichtigen Funktionen der CDU in der Partei und im Bundestag in dieser Zeit besonders dünn.

2. Die Frauen in der CDU während der Regierungszeit von 1983 bis zur Wiedervereinigung 1990

In der Partei von 1983 bis 1990

Im Präsidium der Partei saßen bis 1987 Hanna-Renate Laurien und ab 1987 Rita Süssmuth als jeweils einzige Frauen unter den sieben Mitgliedern. 1989 wurde eine zweite Frau ins Präsidium gewählt: Christa Thoben. Zwischen 1994 und 1998 war Thoben beamtete Staatssekretärin im Bundesbauministerium und von 1999 bis 2000 Berliner Senatorin für Wissenschaft, Forschung und Kultur.

Nach dem Tod von Helga Wex wurde Rita Süssmuth zur Bundesvorsitzenden der FU gewählt, ein Amt, das sie bis heute inne hat. In der Frauenpolitik der CDU begann damit die Ära Süssmuth. Die Christdemokratin hat diese Aufgabe von Anfang an mit großem Engagement, Phantasie und der

Entschlossenheit, möglichst viel zugunsten der Frauen zu erreichen, in Angriff genommen. Sie scheute dabei auch nicht vor Konflikten zurück. Das gilt bis heute und macht es ihr nicht immer leicht, in der CDU akzeptiert zu werden. Aber Frauenpolitik war in der CDU noch nie ein einfaches Thema, selbst dann nicht, wenn sich, wie erstmals auf dem Karlsruher Bundesparteitag 1995 Helmut Kohl als Bundesvorsitzender dazu entschloss, die Forderung nach einer Quoten-Beteiligung der Frauen in führenden Partei- und Parlamentsämtern zu unterstützen. Fast alle im folgenden aufgeführten frauenrelevanten Gesetze der Regierungszeit von 1983 bis 1998 gehen auf den massiven Einsatz von Rita Süssmuth und der FU zurück. Bewegung in frauen- und familienrechtlichen Fragen ist (über alle Parteigrenzen hinweg) eben nur erreichbar, wenn die Frauen mit Nachdruck darum kämpfen. Rita Süssmuth wurde 1937 in Wuppertal geboren. Nach dem Abitur und einem Studium der Romanistik, Geschichte, Erziehungswissenschaft, Soziologie und Psychologie arbeitete sie zunächst als wissenschaftliche Assistentin, dann als Dozentin an der Pädagogischen Hochschule (PH) Ruhr. 1971 wurde sie ordentliche Professorin für Erziehungswissenschaften an der PH Ruhr und 1981 an der Universität Dortmund. Von 1982 bis 1985 war sie Direktorin des Instituts »Frau und Gesellschaft« in Hannover, dessen Gründung auf die Initiative von Helga Wex zurückgeht. 1981 trat sie in die CDU ein und ist seit 1987 niedersächsische Bundestagsabgeordnete.

Im Bundestag von 1983 bis 1990

Die Zahl der Frauen in der CDU/CSU-Fraktion stagnierte in der 10. WP (1983 bis 1987) mit 17 Frauen und in der 11. WP (1987 bis 1990) mit 18 Frauen (7,7 Prozent in der Fraktion) weiter. Dies ist besonders bedauerlich, wenn man vergleicht, dass die SPD ihre Zahl an weiblichen Abgeordneten immerhin von 21 auf 31 (16 Prozent in der Fraktion) steigern konnte und die Grünen ab 1983 mit zehn Frauen und 1987 mit 25 Frauen (56 Prozent in ihrer Fraktion) vertreten sind. Vorsitzende der Frauengruppe war von 1986 bis 1994 Ursula Männle, die anschließend Landesministerin der Bayerischen Landesvertretung in Bonn wurde und seit 2000 bayerische Landtagsabgeordnete ist. Sie genießt über die Parteigrenzen hinweg großes Ansehen, weil sie den Kampf um mehr Rechte für die Frauen mit großer Unerschrockenheit führt. Unter den Ausschussvorsitzenden gab es nur eine Frau der CDU/CSU und zwar Lieselotte Berger als Vorsitzende des Petitionsausschusses (s. o.). Die einzigen Frauen unter den sechs stellvertretenden Fraktionsvorsitzenden waren bis 1986 Helga Wex und dann Roswitha Verhülsdonk. Zu den fünf parlamentarischen Geschäftsführern zählte je eine Frau, zunächst Agnes Hürland und dann Ingrid Roitzsch. Nach dem Motto »Ohne Frauen

Elisabeth Schwarzhaupt

ist kein Staat zu machen« war Ingrid Roitzsch angetreten, um nicht nur die Politik zu kritisieren, sondern diese aktiv mitzugestalten. Ihr ging es, wie den meisten weiblichen Abgeordneten, keineswegs nur um die typischen Frauenfragen. Roitzsch musste allerdings die Erfahrung machen, wie unerlässlich es heute noch ist, dass sich die Frauen im Bundestag neben ihren speziellen Fachgebieten auch in den Frauenfragen engagieren.

Michaela Geiger, geboren 1943, war unter den 20 Arbeitsgruppenvorsitzenden der Fraktion von 1987 bis 1991 als Vorsitzende der Arbeitsgruppe Außenpolitik die einzige Frau.

In der Regierung von 1983 bis 1990

Insgesamt wurden in dieser Zeit fünf CDU-Frauen Ministerinnen: Dorothee Wilms, Ministerin für Bildung und Wissenschaft (1983 bis 1987) und Ministerin für innerdeutsche Beziehungen (1987 bis 1990); Rita Süssmuth, Ministerin für Jugend, Familie, Frauen und Gesundheit (1985 bis 1988); Ursula Lehr, Ministerin für Jugend, Familie, Frauen und Gesundheit (1988 bis 1990); Gerda Hasselfeldt, Ministerin für Raumordnung, Bauwesen und Städtebau (1989 bis 1990) und Sabine Bergmann-Pohl, Ministerin für besondere Aufgaben (3. Oktober 1990 bis zur Neuwahl im November 1990).

Bergmann-Pohl war 1981 der CDU beigetreten, 1990 wurde sie zur Präsidentin der Volkskammer und damit zum Staatsoberhaupt der DDR gewählt. Seit 1990 ist sie Bundestagsabgeordnete. Während ihrer Tätigkeit in der Volkskammer wie auch nach der Wiedervereinigung galt ihre ganze Kraft der Verwirklichung des Einigungsprozesses. Heute noch wirbt sie unaufhörlich für Verständnis und gegenseitige Anerkennung der Lebensleistungen der Menschen in Ost und West. Besonderes Engagement zeigte sie beim Aufbau des Gesundheitswesens in den neuen Bundesländern, um die möglichst rasche Angleichung der medizinischen Versorgung an das westdeutsche Niveau zu erreichen.

Drei Frauen waren in dieser Zeit Staatssekretärinnen: Irmgard Karwatzki, Lieselotte Berger und Agnes Hürland-Brüning. Karwatzki arbeitete als Staatssekretärin im Ministerium Jugend, Familie, Frauen und Gesundheit (1983 bis 1987) und im Ministerium für Bildung und Wissenschaft (1987 bis 1989). Sie ist stolz darauf, dazu beigetragen zu haben, dass Frauen jetzt, auf der Basis der Freiwilligkeit, in allen Disziplinen der Bundeswehr zugelassen sind. Lieselotte Berger war Staatssekretärin beim Bundeskanzler (1987 bis 1989) und Agnes Hürland-Brüning Staatssekretärin im Verteidigungsministerium (1987 bis 1990).

Es fällt schwer, aus der Fülle der Gesetze, die in diesen beiden Legislaturperioden verabschiedet wurden, jene abzugrenzen, bei denen in besonderem Maße die Belange der Frauen Berücksichtigung fanden. Die Frauen selbst haben in ihrer Broschüre *Parlamentarierinnen in 50 Jahren Deutscher Bundestag* unter anderen folgende Gesetze als besonders frauenrelevant hervorgehoben:

1984: Errichtung einer Stiftung »Mutter und Kind, Schutz des ungeborenen Lebens«, Erweiterung der Möglichkeit der Teilzeitbeschäftigung für alle Beamten auf zehn Jahre;

1985: gezielte Steuerentlastung für Alleinerziehende, arbeitsrechtliche Absicherung der Teilzeitarbeit und die Förderung variabler Arbeitszeiten, die hart umkämpfte Einführung von rentensteigernden Erziehungszeiten im Rentenrecht, die besonders deswegen soviel Unmut auslöste, weil aus Kostengründen eine stufenweise Einführung vorgesehen war und sich dadurch die Trümmerfrauen, also die Mütter der Kriegs- und Nachkriegsgeneration, benachteiligt fühlten, Einführung von Erziehungsgeld und Erziehungsurlaub, ein Markstein in der Gesetzgebung, womit endlich die Forderungen der CDU-Frauen von 1975 erfüllt wurden, Verbesserung des Versorgungsausgleichs Geschiedener;

1986: Verbesserung des Schutzes der Opfer von Sexualdelikten im Strafverfahren;

1987: Anrechnung der Kindererziehung in der Rente auch für die Mütter der Geburtsjahrgänge ab 1921;

1989: Anhebung der Höchstdauer von Beurlaubungen im öffentlichen Dienst auf zwölf Jahre und Ausdehnung der Beurlaubungs- und Teilzeitmöglichkeiten für Beamte, Verlängerung von Erziehungsgeld und Erziehungsurlaub von bisher zwölf auf 15 Monate und 1990 nochmals auf 18 Monate, Reform der Rentenversicherung mit Erweiterung der Anrechnung von Kindererziehungszeiten und weiteren Vergünstigungen zugunsten der Frauen (Mindestrente, verbesserte Anrechnung beitragsfreier Zeiten, Nachzahlung freiwilliger Beiträge);

1990: die Bundeswehr öffnete alle Laufbahnen des Sanitäts- und des Militärmusikdienstes für Frauen.

3. Die Frauen in der Regierungszeit nach der Wiedervereinigung von 1990 bis 1998 und in der Oppositionszeit bis 2000

In der Partei von 1990 bis 2000

Mit dem ersten gemeinsamen Parteitag der »West- und Ost-CDU« 1990 in Berlin wurde die Funktion des stellvertretenden Vorsitzenden eingeführt, die von 1991 bis 1998 Angela Merkel inne hatte. Seit 1990 waren im »7er Präsidium« vier Frauen vertreten gewesen, und zwar Rita Süssmuth, Christa Thoben, Sabine Bergmann-Pohl und Claudia Nolte. Im Jahr 1990 wurden Brigitte Baumeister zur Schatzmeisterin und 1998 Angela Merkel zur Generalsekretärin gewählt. Die 1954 geborene Hamburgerin arbeitete von 1973 bis 1978 als wissenschaftliche Mitarbeiterin am Zentralinstitut für physikalische Chemie der Akademie der Wissenschaften. Die Regierung de Maizière bestimmte sie zur stellvertretenden Sprecherin. 1989 wurde Merkel Mitglied des »Demokratischen Aufbruchs«, ein Jahr später trat sie der CDU bei. Seit 1993 ist sie Vorsitzende der CDU Mecklenburg-Vorpommern und seit 1990 Bundestagsabgeordnete für den Wahlkreis Stralsund. Annette Schavan wurde 1998 eine der jetzt vier stellvertretenden Vorsitzenden. Sie ist seit 1995 baden-württembergische Kultusministerin. Auf dem letzten Parteitag im Februar 2000 wurde Angela Merkel zur Bundesvorsitzenden gewählt. Damit ist ein vorläufiger Höhepunkt des »Marsches der Frauen durch die Institutionen« in der CDU erreicht. Annette Schavan blieb die eine Frau unter den vier Stellvertretern, und in das »7er Präsidium« wurden zwei Frauen gewählt: Dagmar Schipanski und Hildegard Müller. Schipanski saß von 1996 bis 1998 als erste Frau dem deutschen Wissenschaftsrat vor. 1999 war sie CDU-Kandidatin für das Amt des Bundespräsidenten und seit 2000 leitet sie das thüringische Ministerium für Wissenschaft, Forschung und Kunst. Hildegard Müller, geboren 1967, ist Bundesvorsitzende der JU Deutschlands.

In den 26-köpfigen Bundesvorstand wurden zehn Frauen gewählt. Allmählich greift die 1986 erstmals eingeführte »dynamische Quote«, die 1996 zur verbindlichen Drittelquote ausgebaut wurde. Der Mainzer Bundesparteitag 1986 beschloss nach mehrjährigem Drängen der FU endlich, dass der Anteil der Frauen in Führungsgremien und bei Mandaten dem Prozentsatz ihrer Mitgliederzahl entsprechen solle (»dynamische Quote«). Der Beschluss war jedoch zu unverbindlich und zeigte wenig Wirkung. In weiteren Beschlüssen auf den Bundesparteitagen in Wiesbaden 1988 und Hamburg 1994 wurden die guten Vorsätze der Partei bekräftigt. Als jedoch endlich auf dem Karlsruher Parteitag 1995 die Drittelbeteiligung der Frauen in allen Gremien verbindlich werden sollte, lehnten dies die Delegierten mit knapper Mehrheit ab. Erst 1996 auf dem Hamburger Parteitag wurde im sogenannten Quorumsbeschluss festgelegt, dass Frauen an Parteiämtern in der CDU und an öffentlichen Mandaten mindestens zu einem Drittel beteiligt sein sollen. Der erste Wahlgang ist jeweils ungültig, wenn das Quorum nicht erreicht wird. Bei der Aufstellung von Kandidatenlisten für Kommunal-, Landtags-, Bundestags- und Europawahlen muss bei je drei Listenplätzen immer mindestens eine Frau vertreten sein. Die Umsetzung dieses Beschlusses erfolgt zum Teil noch sehr zögernd; der entsprechende Frauenanteil in der Bundestagsfraktion ist zum Beispiel noch längst nicht erreicht.

Die Frauenunion befasste sich unter dem Vorsitz von Rita Süssmuth insbesondere mit den Umstellungsproblemen der Frauen aus den neuen Bundesländern und erarbeitete hierzu ein ganzes Paket von Vorschlägen.

Im Bundestag von 1990 bis 2000

Erst mit der Wiedervereinigung gelang ein gewisser Schub zugunsten der Frauen: In der 12. WP (1990 bis 1994) waren 44 Frauen und in der jetzigen 14. WP (ab 1998) sind 45 Frauen in der CDU/CSU-Fraktion (18 Prozent). Die CDU stellte mit Rita Süssmuth von 1990 bis 1998 die Bundestagspräsidentin. Michaela Geiger (CSU) amtierte von 1994 bis zu ihrem Tode 1997 als Vizepräsidentin des Bundestages. Ich selbst war von 1990 bis 1994 Vorsitzende des neu gegründeten Europa-Ausschusses, nachdem ich zehn Jahre lang gegen den heftigen Widerstand von Hans-Dietrich Genscher um dessen Einrichtung gekämpft hatte. Stellvertretende Fraktionsvorsitzende waren erst Maria Michalk und dann Hannelore Rönsch. 1999 übernahm Maria Böhmer das Amt. Sie initiierte 1994 die bundesweite Kampagne »Rote Karte für TV, gegen Gewalt im Fernsehen«.

Unter den vier parlamentarischen Geschäftsführern der CDU/CSU-Fraktion war »die Frau« zunächst Brigitte Baumeister. Seit 1999 ist es Birgit Schnieber-Jastram, die sich als engagierte Sozialpolitikerin dafür einsetzt, älteren Arbeitnehmer(inne)n wieder zu einem Job zu verhelfen.

Claudia Nolte wurde 1991 Vorsitzende der Arbeitsgruppe Frauen und Jugend und im Januar 1999 Beauftragte der CDU/CSU-Bundestagsfraktion für die Belange der Behinderten. Sie hat sich vorgenommen, Vorurteile gegenüber Menschen mit Behinderungen abzubauen und ihre Integration in die Gesellschaft zu fördern, um so ein gleichberechtigtes Miteinander zu schaffen. Seit 1994 ist Gerda Hasselfeldt (CSU) Vorsitzende des Arbeitskreises Finanzen. Maria Eichhorn (CSU) übernahm 1994 den Vorsitz des Arbeitskreises Familie.

Von 1990 bis 1998 hatte Bärbel Sothmann den Vorsitz der Frauengruppe in der Fraktion inne. Schwerpunkt ihrer politischen Arbeit war es, mehr Frauen den Einstieg in die bisher männerdominierten Bereiche von Forschung und Technik zu erleichtern. Die Kompetenz hochqualifizierter Frauen und die »weibliche Sicht der Dinge« wird ihrer Ansicht nach hier besonders gebraucht, um innovationsfähig zu sein. 1998 ging der Vorsitz in der Frauengruppe an Annette Widmann-Mauz. Sie ist auch Vorsitzende der Frauenunion Baden-Württemberg und setzt sich dafür ein, das besondere Umweltbewusstsein der Frauen, gegründet in der Sorge um die Welt ihrer Kinder, in Politik umzusetzen.

Elisabeth Schwarzhaupt

In dieser Zeit leiteten Hannelore Rönsch, Angela Merkel, Gerda Hasselfeldt und Claudia Nolte Ministerien: Hannelore Rönsch war Bundesministerin für Familie und Senioren (1990 bis 1994). Sie hat schon damals, gegen den geballten innerparteilichen und öffentlichen Widerstand, darum geworben, dass Kinderlose einen höheren Beitrag als Familien für ihre Alterssicherung erbringen sollten und kann heute erleben, wie die neue Rentenformel genau dies berücksichtigen wird. Angela Merkel arbeitete von1994 bis1998 als Ministerin für Frauen und Jugend und von 1994 bis 1998 als Ministerin für Umwelt, Naturschutz und Reaktorsicherheit. Gerda Hasselfeldt (CSU) leitete das Ministerium für Gesundheit (1990 bis 1994) und Claudia Nolte das Ministerium für Familie, Senioren, Frauen und Jugend (1994 bis 1998).

In diesen acht Jahren gab es also in der Regel immer zwei Ministerinnen und, wie im folgenden aufgezeigt, mindestens drei Staatssekretärinnen gleichzeitig. Als Staatssekretärinnen waren eingesetzt: Roswitha Verhülsdonk im Ministerium für Familie und Senioren (1990 bis 1994), Sabine Bergmann-Pohl im Gesundheitsministerium (1990 bis 1994), Ingrid Roitzsch im Ministerium der Verteidigung (1992 bis 1993), Michaela Geiger (CSU) im Ministerium für wirtschaftliche Zusammenarbeit (1990 bis 1993) und im Verteidigungsministerium (1993 bis 1994), Cornelia Ybser im Ministerium für Frauen und Jugend (1992 bis 1994) und im Ministerium Bildung und Wissenschaft (1994 bis 1998), Irmgard Karwatzki im Ministerium der Finanzen (1994 bis 1998), Gertrud Dempwolf im Ministerium für Familie, Senioren, Frauen und Jugend (1994 bis 1998), Christa Thoben im Ministerium für Raumordnung, Bauwesen und Städtebau (1995 bis 1998) und Elke Wülfing im Ministerium für Bildung, Wissenschaft, Forschung und Technik (1997 bis 1998).

Die Frauen im Bundestag sahen unter anderen folgende Gesetze in der 12. WP (1990 bis 1994) als besonders wichtig für die Frauen an:

1991: Einführung von Mütterunterstützung für Nichterwerbstätige in den neuen Bundesländern, Überleitung des Unterhaltsvorschussrechts auf das Gebiet der ehemaligen DDR;

1992: Förderung von Auszubildenden, deren Abschluss infolge von Erkrankung oder Schwangerschaft gefährdet ist, Verbesserung des Mutterschutzes beim Kündigungsschutz, Einführung des Rechtsanspruchs auf einen Kindergartenplatz vom vollendeten dritten Lebensjahr an, Verbesserung des strafrechtlichen Schutzes ausländischer Mädchen und Frauen vor sexueller Ausbeutung in Deutschland;

1993: Ehegatten können den Geburtsnamen trotz Eheschließung behalten, bei bestehenden Ehen den Geburtsnamen wieder annehmen, der Name der Kinder muss einvernehmlich bestimmt werden, notfalls können Doppelnamen verwendet werden, Frauen sind bei der Berufung von Mitgliedern des Rundfunkrates angemessen zu berücksichtigen;

1994: Gesetz zur Durchsetzung der Gleichberechtigung von Frauen und Männern mit folgenden Schwerpunkten: Verbesserung der Vereinbarkeit von Familie und Beruf für die Bediensteten der Bundesverwaltung, Verschärfung des Verbotes der Benachteiligung von Frauen im Arbeitsleben, erweiterte Mitwirkungsrechte von Betriebsrat und Personalrat bei der Frauenförderung und der Vereinbarkeit von Familie und Beruf, verbesserter Schutz der Beschäftigten vor sexueller Belästigung am Arbeitsplatz, Änderung des Artikels 3 Absatz 2 des Grundgesetzes: »Der Staat fördert die tatsächliche Durchsetzung der Gleichberechtigung von Frauen und Männern und wirkt auf die Beseitigung bestehender Nachteile hin.« Diese Gesetzesänderung kam aufgrund einer interfraktionellen Vorlage der Frauen im Bundestag zustande.

In der 13. WP (1994 bis 1998) wurden unter anderen folgende frauenrelevante Gesetze und Verordnungen beschlossen:

1995: Rechenschaftsberichte der zukünftigen Statistik zur Frauenförderung geben die tatsächlich erfolgte Förderung oder Nichtförderung von Frauen in allen Verwaltungsbereichen an;

1996: massive Erhöhung des Kindergeldes auf 200 Mark für das erste und zweite Kind, auf 300 Mark für das dritte Kind und auf 350 Mark für das vierte und jedes weitere Kind. Allerdings müssen Familien jetzt zwischen Kindergeld und Kinderfreibetrag wählen und können nicht mehr beides in Anspruch nehmen;

1997: das Kindergeld wird nochmals für das erste und zweite Kind auf jeweils 220 Mark erhöht, nach langen schwierigen Auseinandersetzungen in der CDU/CSU-Fraktion wird die Vergewaltigung in der Ehe unter Strafe gestellt und ausländische Ehefrauen, die Opfer ehelicher Gewalt wurden, erhalten ein eigenständiges Aufenthaltsrecht, die Leistung für Kindererziehung wird ab 1. Juli 2000 dem Durchschnittseinkommen und dem daraus berechneten Rentenwert gleichgesetzt, in einer Übergangsfrist erfolgt die Anpassung stufenweise von 75 auf 100 Prozent des Durchschnittslohnes. Auch die maßgebenden Rentenwerte (Ost) werden angepasst, bei der Reform des Kindschaftsrechts wird das gemeinsame elterliche Sorgerecht für unverheiratete Eltern bei gegenseitigem Einverständnis, die Gleichbehandlung ehelicher und nichtehelicher Kinder bei Trennung der Eltern, die gemeinsame elterliche Sorge bei Trennung der Eltern beziehungsweise Aufhebung der Ehe eingeführt. Eine Gerichtsentscheidung über das Sorgerecht erfolgt künftig nur noch auf Antrag eines Elternteils, wobei der Elternteil, bei dem die Kinder leben, in Dingen des täglichen Lebens das Allein-Entscheidungsrecht behält;

1998: an den Hochschulen wird die Durchsetzung der Gleichberechtigung durch Erweiterung der Mitwirkungsrechte der Frauen- und Gleichstellungsbeauftragten verbessert.

Alle diese Gesetze wären mit Sicherheit nicht verabschiedet worden, wenn sich die Frauen in CDU/CSU-Fraktion nicht gemeinsam dafür eingesetzt hätten. Die Doppelbelastung der Frauen in Beruf und Familie wird in der Politik fortgeschrieben: Sie können sich nicht einfach auf ein Fachgebiet, wie zum Beispiel »Finanzen«, konzentrieren. Ihre Aufgabe ist und bleibt es, sich auch um die frauen- und familienfreundlichere Ausgestaltung unserer Gesetze zu kümmern. Dies ist ein Grund, warum in Zukunft alle Anstrengungen darauf gerichtet sein müssen, den Anteil der Frauen in der CDU/CSU weiter zu erhöhen.

Ausblick

In diesem kurzen Überblick wurde die Frauen- und Familienpolitik in den Vordergrund gestellt, der inhaltliche Beitrag der Frauen auf anderen Fachgebieten nicht ausführlich gewürdigt. Das ist meines Erachtens auch nicht unbedingt notwendig. Es genügt festzustellen, dass Frauen auf allen Fachgebieten ebenso tüchtig und effizient sind wie Männer, und dass sie in der Regel, insbesondere in Umweltfragen, noch ein wenig mehr Zukunftsperspektive einbringen, weil sie sich eben besonders stark mit dem Leben ihrer Kinder und Enkel identifizieren. Hier wurde das langsame Wachsen des Anteils der CDU-Frauen in Führungsfunktionen und die dafür notwendige Verbesserung der Rahmenbedingungen dargestellt. Solche Artikel werden erst überflüssig werden, wenn bei uns wie in den skandinavischen Ländern die Gleichberechtigung der Frauen in der Politik selbstverständlich ist.

Zum Schluss kann nur die Anregung an die Leserinnen gegeben werden, sich mit den CDU-Parlamentarierinnen intensiver auseinander zu setzen und insbesondere die jungen Frauen, die das Berufsleben noch vor sich haben, mögen ermutigt sein, es den Vorgängerinnen gleichzutun. Wenn Sie Interesse an einem Einstieg in die Politik haben, wenden Sie sich an eine der amtierenden Abgeordneten und lassen Sie sich informieren, wie man eine politische Karriere »angeht«. Jede wird sich freuen, wenn sie darauf angesprochen wird. Auch wir haben in unserer Jugend auf der Erfahrung der Älteren aufgebaut. Bei mir war es Aenne Brauksiepe, die mir riet, von Bonn weg »in die Provinz« zu gehen, da es in Bonn zu viele Leute gäbe, die Bundestagsabgeordnete werden wollten ...

Protestantin Elisabeth Schwarzhaupt und Katholikin Helene Weber: Zwei weibliche Pole in der Union?

Von Angela Keller-Kühne

Das Debüt im Deutschen Bundestag – Pro und contra Stichentscheid

Am 12. Februar 1954 trat die neugewählte Wiesbadener Abgeordnete Elisabeth Schwarzhaupt in der Debatte um die Neuregelung des Familienrechts erstmals vor das Plenum des Deutschen Bundestages. Der Eintritt von Elisabeth Schwarzhaupt in den Deutschen Bundestag fiel in die Zeit einer grundlegenden Revision der familienrechtlichen Bestimmungen des Bürgerlichen Gesetzbuchs (BGB) nach dem Grundsatz der Gleichberechtigung von Mann und Frau. Die im BGB vorgesehenen Regelungen, wonach der Mann als Oberhaupt der Familie mit seiner Berufsarbeit die Familie unterhielt und die Frau Haushalt und Kinder versorgte, standen nicht nur im Widerspruch zum Gleichheitsgebot des Grundgesetzes, sondern waren auch nicht mehr im Einklang mit den gesellschaftlichen Verhältnissen nach dem Ende des Zweiten Weltkrieges. Die Zeiten, in denen ausschließlich die Frau und Mutter als ruhender Mittelpunkt in der Familie galt, waren nach 1945 endgültig vorbei. Viele Frauen hatten, da ihre Männer im Krieg vermisst oder gefallen waren, die alleinige Verantwortung für ihre Kinder. Sie mussten nicht nur die materiellen Sorgen tragen, sondern auch alle ihre Kinder betreffenden rechtlichen Entscheidungen alleine und in eigener Verantwortung bewältigen. Die Frauen hatten in der Zeit der Abwesenheit ihrer Männer gelernt, Verantwortung zu übernehmen und zum Lebensunterhalt der Familie beizutragen. Diese soziale und rechtliche Verantwortung stand jedoch im Gegensatz zum geltenden Familienrecht. Die Regelungen des BGB, die die Rollenverteilung und die rechtliche Position von Mann und Frau festschrieben, waren Ausfluss eines patriarchalischen Familienbildes des ausgehenden 19. Jahrhunderts. Danach hatte der Mann bei Meinungsverschiedenheiten zwischen den Eheleuten nicht nur das letzte und alleinige Entscheidungsrecht, er bestimmte auch den Wohn- und Aufenthaltsort, verwaltete das von der Frau in die Ehe eingebrachte Vermögen und zog die daraus fließenden Erträge ein. Zwar konnte dieses Verwaltungs- und Nutznießungsrecht durch einen Ehevertrag eingeschränkt werden, dies wurde aber nur in seltenen Fällen praktiziert. Das Recht des Mannes, einen Arbeitsvertrag seiner Ehefrau ohne deren Zustimmung zu kündigen, wurde nach 1945 von der Rechtssprechung nicht mehr angewandt und 1953 als verfassungswidrig erklärt. Bei der 1954 anstehenden Neuregelung hielt die Mehrheit der CDU/CSU-Fraktion im Rechtsausschuss des Bundestages am Prinzip des ehemännlichen Stichentscheides und des väterlichen Letztentscheidungsrechts fest. Die Debatte im Plenum wurde äußerst kontrovers geführt und für die Fraktion der CDU/CSU traten sowohl Gegner als auch Befürworter ans Rednerpult. Zu den Befürwortern zählte auch die politisch erfahrene Katholikin Helene Weber.

Helene Weber, die aufgrund ihres äußeren Erscheinungsbildes den Prototyp der Politikerin aus der Vorkriegszeit verkörperte, war durch die Tätigkeit in der katholischen Verbandsarbeit und ihr Mandat als Zentrumsabgeordnete im Reichstag politisch sozialisiert. Helene Weber, von Beruf Lehrerin, wurde 1919 in die Verfassunggebende Nationalversammlung gewählt und gehörte bis 1933 dem Reichstag an. Die Politikerin zählte zu den bedeutendsten Frauengestalten der Weimarer Republik. Als Vorsitzende des Reichsfrauenbeirats im Zentrum und auch im Reichstag trat sie für die Teilhabe der Frau im politischen Leben ein und machte sich für eine Aufhebung der rechtlichen und institutionellen Beschränkungen der Frauen in Beruf, Ausbildung und Politik stark. Allerdings betonte sie in zahlreichen Reden und Schriften die Verschiedenheit von Mann und Frau und begründete damit auch die Beschränkung der Frau auf bestimmte Politikfelder. Diese umfassten vornehmlich Fragen der Bildung und Ausbildung sowie den Sozialbereich. Helene Webers Erfahrungen aus der Weimarer Republik waren für den Aufbau eines demokratischen Systems nach dem Zweiten Weltkrieg einerseits eine wichtige Grundlage, andererseits wurden damit aber auch Leitbilder der Vergangenheit tradiert, die nicht mehr der sozialen Wirklichkeit entsprachen. Jüngere Frauen, die nach 1945 in die Politik traten und von ihrer beruflichen und persönlichen Biografie ein anderes Selbstverständnis aufwiesen, taten sich mit dem Frauen- und Gesellschaftsbild Webers äußerst schwer. Nach dem Zweiten Weltkrieg standen die Lösung des Flüchtlingsproblems, der Lastenausgleich, der Wohnungsbau und die Kriegsopferversorgung im Vordergrund. Schulgesetz und Elternrecht waren deshalb auch Schwerpunkte ihrer Arbeit im Parlamentarischen Rat, in den sie 1948 für die CDU gewählt wurde. Im Deutschen Bundestag arbeitete sie in den Ausschüssen für Soziales, Lastenausgleich und Familienrecht, sprach aber auch zu außen- und sicherheitspolitischen Themen. Vermenschlichung der Politik und eine positive Gestaltung des geistigen Klimas schrieb sie den Frauen als Hauptaufgabe zu.

In der Frage des Artikels 3 Absatz 2 GG, der die Gleichberechtigung von Mann und Frau festschreiben sollte, setzte sich Helene Weber nachhaltig für die Beibehaltung der Regelung der Weimarer Reichsverfassung ein, der

Männern und Frauen die gleichen Rechte und Pflichten zuschrieb, also lediglich eine staatsbürgerliche Gleichberechtigung der Geschlechter vorsah. Im Hinblick auf das Familienrecht sollten die im BGB von 1900 vorgesehenen Bestimmungen bestehen bleiben. Eine formale Gleichberechtigung von Mann und Frau lehnte Helene Weber mit dem Hinweis auf ihre unterschiedlichen, von der Natur vorgegebenen Aufgaben grundsätzlich ab. In der Ehe sah sie mehr als eine funktionierende Sozialform, sie war nach ihrer Auffassung die Urzelle der christlich-abendländischen Ordnung. In einem 1959 in der Zeitschrift *Die Christliche Frau* veröffentlichten Artikel über die Stellung des Vaters in der Familie führte Helene Weber aus, dass »beide Ehegatten verschiedene Pflichten zu erfüllen haben, damit die Einheit der Ehe und Familie möglichst erhalten bleibt«. Sie war sich in diesem Punkt nicht nur mit den katholischen Frauenverbänden einig, die gleichfalls für einen Erhalt des Stichentscheids plädierten, sondern auch mit der Mehrheit konservativer Kirchenführer beider Konfessionen. Helene Webers Frauen- und Familienbild und auch ihr vehementes Eintreten für den Stichentscheid wurzelten in der katholischen Tradition des 19. Jahrhunderts vom Mann als Haupt der Familie. In diesem Bild sah die Christdemokratin, wie sie im Februar 1954 vor dem Deutschen Bundestag ausführte, einen ruhenden Pol in einer sich wandelnden Welt »der Sünde und des Zerfalls«. Ehe und Familie waren für sie jenseits des gesellschaftlichen Wandels »von einer natürlichen Ordnung und von einer christlichen Ordnung. Sie sind nicht nur Wirklichkeit, nicht nur reale Tatsache des Lebens. Sie sind christliches Leben und Geheimnis«. Im Konfliktfall sollten nicht die Gerichte, sondern der Mann als Familienoberhaupt entscheiden. In dieser Entscheidungsgewalt sah Helene Weber eine »soziale Dienstverpflichtung des Mannes gegenüber seiner Familie«. Dieses Bild fußte auf den gesellschaftlichen Verhältnissen des ausgehenden 19. Jahrhunderts. Keine Berücksichtigung fanden darin die tiefgreifenden Veränderungen, die nach dem Zweiten Weltkrieg einsetzten und viele Frauen zur Aufnahme einer Erwerbstätigkeit zwangen und letztlich zu einem veränderten Rollenverständnis der Frauen beitrugen.

Die *Neue Zürcher Zeitung* lobte in ihrer Ausgabe vom Februar 1954 das hohe Niveau dieser sehr kontrovers und frei jeden Fraktionszwangs geführten Debatte im Deutschen Bundestag und entdeckte in Helene Webers Kontrahentin Elisabeth Schwarzhaupt, die für eine Abschaffung des Stichentscheides und des Letztentscheidungsrechts eintrat, ein parlamentarisches Talent ersten Ranges. »Sie, die profilierte Protestantin«, schrieb *Die Welt*, »stand gegen die Behauptung auf, die Bundesrepublik werde von Katholiken regiert.«

Elisabeth Schwarzhaupt stammte aus einem offenen und liberal geprägten protestantischen Elternhaus und befasste sich bereits als junge Frau mit der Rolle der Frau in einer sich wandelnden Gesellschaft. Die Idee der

Gleichberechtigung von Mann und Frau war für Elisabeth Schwarzhaupt selbstverständlich. »Meine Eltern«, berichtete sie später, »haben beide Helene Lange und Gertrud Bäumer gelesen und waren für eine Besserung der Mädchenbildung, für die Gleichberechtigung von Mann und Frau. Mein Vater hat meine Mutter immer gleichberechtigt in der Ehe behandelt … . Er hat nie etwas entschieden, ohne es mit meiner Mutter zu besprechen. Ich kann mich nicht erinnern, dass er jemals von seinem Letztentscheidungsrecht Gebrauch gemacht hätte.« Sie sah sich geprägt durch den demokratischen und liberalen Geist ihrer Heimatstadt Frankfurt am Main, »der bis in das familiäre Verhalten hineinwirkte«. Nach dem Abitur, 1920, entschied sich Elisabeth Schwarzhaupt nicht wie viele gebildete junge Frauen ihrer Generation für das Lehrerinnendasein, sondern für ein Jurastudium, und dies, obwohl Frauen damals noch nicht zum Richteramt zugelassen waren. Nach dem Ende ihres Studiums trat sie eine Stelle als Gerichtsassessorin bei der Städtischen Rechtsauskunftsstelle in Frankfurt am Main an und wurde in ihrem beruflichen Alltag mit den Nachteilen des geltenden Familienrechts für Frauen konfrontiert. Diese Erfahrung prägte nachhaltig ihre rechts- und familienpolitischen Vorstellungen.

Elisabeth Schwarzhaupt gehörte zu jener Generation von Frauen, die in den Anfangsjahren der Bundesrepublik den Weg in die aktive Politik fanden und den Frauenbildern und der Frauenarbeit der Parteien neue Impulse zu geben vermochten. Im Unterschied zu Helene Weber verkörperte sie rein äußerlich den Typ der modernen berufstätigen Frau. In der Bundestagsdebatte von 1954 plädierte sie für eine Neuregelung des Verhältnisses der Eheleute untereinander auf einer partnerschaftlichen Basis und hielt Helene Weber entgegen, dass dem Familienrecht zwar eine besondere Auffassung von der Familie zugrunde liege, der Staat aber kein Recht habe, die innere Ordnung der Familie zu gestalten und somit auch dem Mann kein Letztentscheidungsrecht zugebilligt werden könne. Sie führte aus, dass die innere Ordnung der Familie allein auf der Bereitschaft ihrer Mitglieder beruhe, sich in die Gemeinschaft einzufügen. Darüber hinaus machte sie deutlich, dass aus der Sicht der evangelischen Kirche keine verbindliche Lehrmeinung über die Ehe vorhanden sei und deshalb auch kein theologisch begründetes patriarchalisches Familienverhältnis abgeleitet werden könne. Das Bild vom Mann als Haupt der Familie bedeute keine Unterwerfung der Frau unter die Macht des Mannes, sondern ein freiwilliges und gegenseitiges Zusammenwirken von Mann und Frau. Einig war sich Elisabeth Schwarzhaupt auch mit den nicht-konfessionellen Frauenverbänden, die im Letztentscheidungsrecht des Vaters eine Zurücksetzung und Benachteiligung der Frau als Mutter sahen.

Zwar setzte sich der konservative Flügel der CDU im Bundestag mit knapper Mehrheit durch, doch 1959 erkannte das Bundesverfassungsgericht die Position von Elisabeth Schwarzhaupt für rechtens und führte in seiner Urteilsbegründung aus, dass es sich bei der hier in Rede stehenden Zurücksetzung der Mutter nicht um eine Grenzsituation handele, sondern um den Kern der Gleichberechtigung von Eltern. Elisabeth Schwarzhaupts Argumentation, und darin liegt der entscheidende Unterschied zu Helene Weber, fußte auf einer eingehenden Analyse des Wandels der Familie und der sich damit verändernden Rolle der Frau in der modernen Gesellschaft. Sie berücksichtigte sowohl die zunehmende Erwerbstätigkeit verheirateter Frauen, als auch die Situation der kriegsbedingt entstandenen Teilfamilien.

Pro und contra Vereinbarkeit von Familie und Beruf

Im konservativ geprägten Weltbild Helene Webers gab es für die verheiratete berufstätige Frau nur wenig Platz. Bezeichnend ist unter anderem ihr Plädoyer für die Beibehaltung des sogenannten Lehrerinnenzölibats. In einem 1950 veröffentlichten Artikel wandte sie sich gegen das »Doppelverdienertum mit Pensionsansprüchen«, da dadurch alleinstehende Frauen oder Witwen mit Kindern auf dem Arbeitsmarkt benachteiligt würden. Noch schwerwiegender als diese materiellen Gründe war für Helene Weber die Vereinbarkeit von Familie und Beruf. In der Berufstätigkeit der Frau sah sie eine Gefahr für den geistig-kulturellen Bestand der Familie, da die Frau durch die Doppelbelastung ihre Erziehungsaufgabe nicht mehr im vollem Umfang wahrnehmen könne. Helene Webers Auffassung zufolge kam dem Staat eine Fürsorgepflicht sowohl für die Familie, als auch für alleinstehende Frauen zu, die eine berufliche Tätigkeit verheirateter Frauen nicht zulasse.

Elisabeth Schwarzhaupt hingegen sah wachsende Scheidungsraten und Störungen in der Funktionsfähigkeit der Familie nicht in der Erwerbstätigkeit der Frau begründet, sondern in der Trennung der weiblichen und männlichen Lebenssphären in Beruf und Haushalt. Die Ausgrenzung der verheirateten Frau aus dem Berufsleben betrachtete Elisabeth Schwarzhaupt als Angriff auf den Gleichheitsgrundsatz, der so nicht hingenommen werden könne. Die Entlassung verheirateter Beamtinnen bedeutete aus ihrer Sicht die Zurückdrängung der gebildeten Frau aus dem öffentlichen Leben und aus Führungspositionen.

Überdies sprachen die Statistiken für sich. 1951 stellten Frauen etwa 21 Prozent der Studierenden an den sprachlichen und medizinischen Fakultäten: eine Verdoppelung gegenüber der Vorkriegszeit. Der Frauenanteil unter den Ärzten lag bei 12,5 Prozent (selbständige Praxis) beziehungsweise 22,7 Prozent (Angestelltenverhältnis). Unter den Lehrerinnen an höheren Schulen gab es etwa 30 Prozent Frauen. Wie eine Erhebung aus dem Jahr

1950 nachwies, war damals ein großer Teil der in akademischen Berufen tätigen Frauen verheiratet. Bei den Lehrerinnen lag der Anteil bei 16, bei den Anwältinnen und Ärztinnen mit selbständiger Praxis bei 50 Prozent, bei den angestellten Anwältinnen und Ärztinnen knapp darunter. Noch größer war der Anteil der verheirateten Industriearbeiterinnen. Für diese Gruppe von Frauen war die Erwerbstätigkeit aufgrund des geringen Einkommens ihrer Männer eine zwingende Notwendigkeit. Die politische Arbeit Elisabeth Schwarzhaupts war von dem Bemühen geprägt, zeitgemäße Antworten auf die Herausforderungen einer sich wandelnden Gesellschaft zu finden. Die Entlassung verheirateter Beamtinnen war für sie keine Lösung zur Bewältigung der Arbeitslosigkeit und zur Verbesserung der Stellung der Frau in der Gesellschaft. »Eins scheint mir allerdings klar zu sein, dass man mit gesetzlichen Maßnahmen, wie Entlassung von Beamtinnen und Haushaltsbesteuerung, die Entwicklung, die sich vollzieht, nicht aufhalten oder umlenken kann. Die Entlassung der Beamtin führt zur Unterlassung der Eheschließung. Die Haushaltsbesteuerung kann die gleiche Folge haben; außerdem trifft sie in der heute geltenden Form gerade die im Interesse der Familie erwünschte Art der Frauenberufsarbeit, nämlich die selbständige Tätigkeit, d[as] h[eißt] die elastischen Berufsarten.« Auch für die ledige Beamtin habe die Entlassung ihrer verheirateten Kollegin keine Vorteile, ganz im Gegenteil: »Die Bestimmung der Frau zu Ehe und Mutterschaft wirkt, je weniger üblich die Beibehaltung des Berufs während der Ehe ist, desto mehr auch auf die Stellung der unverheirateten Frau zurück. Dies gilt zunächst für das junge Mädchen, das während der ersten Berufsjahre die Ehe als eine von zwei Möglichkeiten seines künftigen Lebensweges vor sich sieht. Die Ungewissheit, diese Wegstrecke vor einer Gabelung, wirkt sich, wenn auch oft unbewusst, als ein Hindernis beim Einsatz der vollen Energie bei Ausbildung und Beruf aus. Für die ältere unverheiratete Frau gilt dann oft das gleiche Urteil … und führt zu einer ungerechten Unterbewertung ihrer Leistung.«

Nachdem Elisabeth Schwarzhaupt 1961, nicht zuletzt auch auf Druck ihrer alten Kontrahentin Helene Weber, als erste Frau in das Bundeskabinett berufen wurde, nutzte sie die Autorität ihres neuen Amtes, sich für die Belange der Frauen über ihre fachliche Zuständigkeit hinaus einzusetzen. Erstmals in der Geschichte der Bundesrepublik wurde ein Frauenbericht in Auftrag gegeben, der sich mit der rechtlichen und sozialen Lage der Frauen in Beruf und Familie befasste. Die Ministerin selbst bezeichnete sich als »Klagemauer der Frauen«. In ihrem schriftlichen Nachlass finden sich zahlreiche Eingaben von Frauen, die alltägliche Probleme wie die Benachteiligung am Arbeitsplatz, Rentenprobleme oder auch familiäre Schwierigkeiten schildern. Das Amt machte die neue Ministerin auch zur wichtigsten Ansprechpartnerin für die Frauenverbände. Auf zahlreichen Veranstaltungen gelang es Elisabeth Schwarzhaupt, ein an den Erfordernissen der modernen Zeit orientiertes Frauenbild zu vermitteln.

Die organisierte Frauenarbeit

Ihr frauenpolitisches Konzept und ihr Amtsbonus waren nicht ohne Folgen für die Programmatik der Frauenvereinigung der CDU. In den 60er Jahren fanden zwei große Kongresse zum Thema Frau und Gesellschaft statt. Die Union begann, wenn auch zögernd, vom traditionellen Bild, das die Frau auf Familienaufgaben reduzierte, Abschied zu nehmen. Helene Webers Nachfolgerin im Amt der Vorsitzenden, Aenne Brauksiepe, thematisierte die Diskrepanz zwischen gesellschaftlicher Norm und den Wünschen der Frauen auf eine eigene Lebensgestaltung. Sie trat energisch für das Recht der Ehefrau auf berufliche und persönliche Entfaltung ein und forderte wie Elisabeth Schwarzhaupt staatliche Maßnahmen für drei alternative Lebensformen der Frau: Hausfrau und Mutter, alleinstehende Frau, Mutter im Beruf.

Trotz unterschiedlicher Wertvorstellungen waren Helene Weber wie Elisabeth Schwarzhaupt von der Notwendigkeit der Frauenarbeit in Parteien und Verbänden überzeugt. Als Orientierungspunkt galt für Helene Weber die Arbeit in der katholischen Verbandsarbeit, an die sie nach 1945 anknüpfte. Als erste Aufgabe der sich 1948 konstituierenden Frauenarbeitsgemeinschaft von CDU und CSU sah sie die Bekämpfung des Kommunismus. Im Marxismus gewahrte sie eine Weltgefahr, die es auf der Basis eines christlich geprägten Menschenbildes zu bekämpfen galt. Im sozial- und bildungspolitischen Bereich schrieb sie den Frauen eine wichtige Aufgabe zu und mahnte ihre Partei, wie sie es bereits vor 1933 im Zentrum getan hatte, den Frauen ausreichende Chancen für ein politisches Engagement einzuräumen. Elisabeth Schwarzhaupt war frei von den durch Helene Weber gesetzten engen konfessionellen Schranken. 1946 gehörte sie zu den Unterzeichnerinnen des Gründungsaufrufs des überparteilichen Frankfurter Frauenausschusses, der in acht Punkten eine grundlegende Neuordnung der Stellung der Frau in der Gesellschaft forderte: 1. Gleichberechtigung der Frau, 2. Mitwirkung in der Verwaltung, 3. gleiches Recht auf Arbeit und gleicher Lohn, 4. gerechte Vertretung der Frau in den Berufsvertretungen, 5. Hinzuziehung im Rechtswesen, 6. Neuordnung des Familienrechts, 7. mehr Frauen in führenden Stellen und im Erziehungswesen und 8. höhere Wertschätzung der Frauenarbeit.

Elisabeth Schwarzhaupt betrachtete die Verbandsarbeit als Chance, in Parteien und im vorpolitischen Raum möglichst viele Frauen aus allen Schichten anzusprechen und politisch zu mobilisieren. »Die Frauenvereinigungen, wie sie heute sind, wären nicht nötig, wenn die Frauen schon so lange Zeit und so selbstverständlich für das politische Leben mitverantwortlich wären wie die Männer, wenn in den führenden Gremien der Parteien Frauen nicht nur Einzelerscheinungen, sondern selbstverständliche Partnerinnen wären, wenn die verschiedenen Lebenserfahrungen der Geschlechter und ihre verschiedene Art, Probleme des gesellschaftlichen Lebens anzusehen, mit annähernd gleicher Kraft zur Wirkung kämen.« Die Frauenvereinigung war für Elisabeth Schwarzhaupt die »Eingangstür für den Nachwuchs aus der jüngeren Frauengeneration«. Hier bestand nicht nur eine Möglichkeit, Frauen in Ämter und Mandate zu bringen, sondern auch neue Ideen zu grundsätzlichen Fragen, die die Interessen der Frauen im Besonderen berührten, wie beispielsweise die Vereinbarkeit von Familie und Beruf, zu entwickeln und Missstände zu beseitigen.

Im Gegensatz zu Helene Weber bedeutete für Elisabeth Schwarzhaupt die Verschiedenheit von Mann und Frau nicht die Zuweisung voneinander getrennter Politikfelder, sondern die Chance aus der männlichen und weiblichen Lebenserfahrung heraus zur gesellschaftlichen Weiterentwicklung beizutragen. »Wir werden nicht zur Großfamilie der vorindustriellen Gesellschaft zurückkehren können«, sagte sie auf dem Bundesparteitag der CDU 1958 in Kiel, »sondern wir werden neue Wege suchen müssen. Die Frauenbewegung hat in der geistigen Sprache ihrer Zeit mit der individualistisch gesehenen Forderung gleicher Rechte das erstrebt, was in der damaligen Zeit das Dringendste und Notwendigste war: Mutterschutz für die berufstätige Frau in der Fabrik und im Büro, Hebung der Frauenbildung, Beteiligung an politischen Rechten. Wir sehen heute die gesamten Fragen mehr vom Ganzen der Gesellschaftsordnung aus. Unser Ziel ist eine gerechte und menschliche Ordnung. Mann und Frau sind aber nur zusammen ›der Mensch‹. Jede menschliche Gesellschaft braucht den Beitrag beider in seiner Verschiedenheit. So sehr die Familie heute unter der Familienentfremdung des Vaters leidet, so sehr fehlt der Gesellschaft und dem Staat der wirksame Beitrag der Frau.«

Elisabeth Schwarzhaupt als juristische Mitarbeiterin der Evangelischen Kirchenkanzlei in den Jahren 1936 bis 1948

Von Heide-Marie Lauterer

Über ihre nicht unproblematische Tätigkeit in der obersten Verwaltungsbehörde der Deutschen Evangelischen Kirche (DEK) während der Zeit des NS-Regimes gab sich Elisabeth Schwarzhaupt wiederholt Rechenschaft. So schrieb sie zwei Jahre vor ihrem Tod: »Man lebte nur von einem Tag zum anderen in der Hoffnung, dass der NS-Spuk nicht zu lange dauern würde. Er dauerte aber lange, und auch die Kirchenkanzlei wurde von immer neuen Zugriffen des totalen Staates nicht verschont, wenn auch nicht voll ergriffen. Unter den Mitarbeitern der Kirchenkanzlei war eine Gruppe, die der Bekennenden Kirche zum Teil nahe stand, zum Teil angehörte. Wir, das heißt diese letzte Gruppe, versuchten in dem engen Spielraum, der uns gegeben war, Beschwerden aus den Gemeinden gegen Übergriffe von Staat, Partei und SS abzuhelfen, hier und da eine Lücke in dem immer enger werdenden Netz der totalitären Staatsgewalt zu finden, um in Einzelfällen eine Rücknahme von Gesetzeswidrigkeiten zu erreichen. Je enger das Netz wurde, desto kleiner wurde unser Spielraum.«[1]

Dieses »Netz« war bald nach der Machtergreifung Hitlers ausgelegt worden, um den evangelischen Kirchen den Atem zu nehmen. Während die katholische Kirche ein Reichskonkordat mit dem Deutschen »Dritten« Reich abschloss, gaben sich die evangelischen (Landes)-Kirchen, die seit 1922 im »Deutschen Evangelischen Kirchenbund« zusammengefasst waren, eine gemeinsame Verfassung. Sie wurde unter erheblichem Druck seitens der Reichskanzlei, der zuständigen Ministerien sowie von Parteistellen erarbeitet, beruhte aber auch auf dem Einverständnis einzelner Landeskirchen. Dass die evangelischen Kirchen in Deutschland ein gemeinsames Oberhaupt, einen »Reichsbischof« bestimmen wollten, entsprach nicht nur dem nationalsozialistischen Führerprinzip, sondern auch dem kirchlichen Selbstverständnis der 1930er Jahre. Noch vor der Verabschiedung der neuen Verfassung, die ein solches Amt vorsah, gelang es den Bevollmächtigten der deutschen Landeskirchen, sich auf einen gemeinsamen Kandidaten zu einigen. Auf Vorschlag der »Jungreformatorischen Bewegung«, der unter anderen Martin Niemöller, Walter Künneth und Hanns Lilje angehörten, wählten sie Friedrich von Bodelschwingh, den Leiter der Betheler Anstalten, als ihren Kandidaten. Die Bewegung hatte sich als Reaktion auf die Kirchenthesen der von den Nationalsozialisten unterstützten Deutschen Christen (DC) vom 4. Mai 1933 gegründet. Mit von Bodelschwingh beabsichtigte man der Kandidatur Ludwig Müllers, des Vertrauensmanns Adolf Hitlers, der den gemäßigten DC angehörte, entgegenzutreten. Die »Jungreformatorische Bewegung« verfolgte dabei theologische und kirchenpolitische Ziele, richtete sich jedoch nicht politisch gegen das NS-Regime. Unterstützung bekam die Bewegung von dem reformierten Schweizer Theologieprofessor Karl Barth, der sich im Sommer 1933 in seiner Schrift *Theologische Existenz heute* zur aktuellen kirchenpolitischen Situation äußerte. Barth wandte sich jedoch im Gegensatz zur »Jungreformatorischen Bewegung« vehement gegen das geplante Reichsbischofsamt, da er in ihm eine bloße Nachahmung einer »bestimmten staatlichen Form« sah. Damit war das nationalsozialistische Führerprinzip gemeint, dessen Einführung er für die protestantische Kirche ablehnte.

Noch vor der Anerkennung der Reichskirchenverfassung durch Hitler am 14. Juli 1933 trat von Bodelschwingh als designierter Reichsbischof aufgrund verschiedener Ereignisse, die ihm einen Amtsantritt unmöglich machten, im Juni 1933 zurück. Durch seinen Rücktritt wurde der Weg frei für den bisher nahezu unbekannten Königsberger Wehrkreispfarrer Ludwig Müller, der am 27. September 1933 von der Nationalsynode in Wittenberg zum neuen Oberhaupt der DEK gewählt wurde. Müllers Sieg war vorprogrammiert, da sich Hitler persönlich auf die Seite der DC gestellt und Müller als seinen Favoriten ausgegeben hatte. Den folgenden Konflikten mit polarisierender Wirkung war dieser vom Volksmund »Reibi« genannte Reichsbischof kaum gewachsen. Zu nennen ist zum einen die Gründung des Pfarrernotbundes nach der Einführung des staatlichen »Arier«-Paragraphen für den Bereich der preußischen Landeskirche im September 1933, die nicht nur Protest bei den Pfarrern hervorrief, sondern auch zu einem Anwachsen der Opposition innerhalb der Gemeinden führte; zum anderen die für die radikalen DC verhängnisvolle Großkundgebung im Berliner Sportpalast im November 1933, auf welcher sie die Abschaffung des Alten Testaments sowie die Verkündigung eines »heldischen Jesus« forderten, und nicht zuletzt im Dezember 1933 die mit Müllers Hilfe bewerkstelligte Überführung des evangelischen Jugendwerkes in die Hitlerjugend, die einen Sturm der Entrüstung in den evangelischen Verbänden und Gemeinden auslöste. Mit seiner Politik der gewaltsamen Eingliederung möglichst vieler Landeskirchen in die Reichskirche verstärkte Müller schließlich nur die innerkirchliche Opposition.

Im Mai 1934 trafen sich in Barmen Vertreter lutherischer, reformierter und unierter Kirchen, freie Synoden, Kirchentage und Gemeindekreise zur ersten Reichsbekenntnissynode. In der »Theologischen Erklärung von Barmen« sprachen diese konfessionell unterschiedlichen protestantischen Gruppen zum ersten Mal in der Geschichte des Protestantismus ein gemeinsames

Bekenntnis. Diese sogenannte »Barmer Erklärung« wurde zum maßgeblichen Dokument des Kirchenkampfes. Auf der zweiten Bekenntnissynode in Berlin-Dahlem im Oktober 1934 entschieden sich die Vertreter der Bekennende Kirche (BK) schließlich, die organisatorische Trennung von den deutsch-christlichen Kirchenleitungen zu vollziehen. Auf allen Ebenen der Kirche – den Gemeinden, Provinzen, Ländern sowie im Reich – bildeten sie neue Leitungsorgane, die »Bruderräte«, und forderten die Gemeinden auf, sich in Zukunft nur noch an deren Weisungen zu halten. Zusammen mit den drei »intakten« Landeskirchen von Bayern, Württemberg und Hannover, die sich der Gleichschaltungspolitik Müllers erfolgreich widersetzt hatten, bildeten die Bruderräte eine »Vorläufige Kirchenleitung der Deutschen Evangelischen Kirche« (VKL). Vom NS-Staat wurde dieses Kirchenregiment freilich nicht anerkannt. Die Kirchenfinanzen blieben deshalb weiterhin in der Verfügung der offiziellen deutsch-christlichen Kirchenleitungen. Diese bezahlten jetzt auch solche Pfarrer, die eine feste Anstellung innehatten, jedoch zur BK hielten. An der nun vollzogenen Spaltung der protestantischen Kirche zeigte sich jedoch, dass die gewaltsame Gleichschaltungspolitik Hitlers im Raum der Kirche am Widerstand der BK gescheitert war.

Als sich Elisabeth Schwarzhaupt zum Jahresbeginn 1936 die Möglichkeit bot, eine Stelle als Juristin in der Verfassungs- und Rechtsabteilung der Kirchenkanzlei der DEK zu übernehmen, hatte sich die festgefahrene Situation in der Evangelischen Kirche bereits entscheidend geändert. Hanns Kerrl war im Juli 1935 durch einen Führererlass als Reichskirchenminister eingesetzt worden. Das Gesetz zur Sicherung der DEK vom September 1935 übertrug Kerrl die Vollmacht, Verordnungen mit rechtsverbindlicher Kraft für alle evangelischen Kirchen zu erlassen; es bedeutete faktisch die Entmachtung des bisher amtierenden deutsch-christlichen Reichsbischofs Ludwig Müller. Kerrl, ein alter Mitkämpfer Hitlers, hatte von diesem den Auftrag erhalten, die Auseinandersetzungen um die Evangelische Kirche zu beenden. Er berief deshalb nicht nur Vertreter der großen kirchenpolitischen Mittelgruppe, sondern auch einzelne Mitglieder der gemäßigten BK in einen nur ihm verantwortlichen »Reichskirchenausschuss« zur Führung der DEK und übertrug dem über 70-jährigen Generalsuperintendenten a. D. Wilhelm Zoellner, der sich zur kompromissbereiten BK zählte, die Leitung. Auch Elisabeth Schwarzhaupt entschloss sich in dieser Situation zur Mitarbeit und damit zur Anerkennung der staatskirchenrechtlich gesetzten DEK, ebenso wie die VKL der bekennenden Gemeinden der intakten sowie der zerstörten Landeskirchen. Diese Kompromissbereitschaft freilich bewirkte das endgültige Auseinanderfallen der BK in zwei Lager.

Was bewog die Juristin, die sich bis zum Jahresbeginn 1936 weder auf der einen noch auf der anderen Seite kirchlich engagiert hatte, zur Mitarbeit in einer Kirchenkanzlei, die auf Grund der staatskirchenrechtlichen Bestim-

Elisabeth Schwarzhaupt

mungen sowie der ideologischen Überzeugungen der Mehrheit ihrer Mitarbeiter eng mit dem NS-Regime zusammen arbeitete, vor dem sie selbst noch vier Jahre zuvor gewarnt hatte? Die kirchliche Dienststelle sei ihr wie eine Insel in dem sonst von Nationalsozialisten beherrschten öffentlichen Leben erschienen, schrieb Schwarzhaupt später in ihrem Lebensbericht.[2] Mit ihrem Vater, der Mitglied der BK in Frankfurt war, hatte sie ihren Schritt besprochen. Beide setzten, wie große Teile des gemäßigten Flügels der BK, gewisse Hoffnungen in den von Hanns Kerrl berufenen und von Zoellner geleiteten Reichskirchenausschuss. Vater und Tochter versprachen sich – freilich ohne Illusionen – die Möglichkeit »einer leidlich freien kirchlichen Arbeit«.

Dies war die eine Seite. Auf der anderen Seite bot sich der promovierten Juristin eine einzigartige berufliche Chance. Im April 1933 waren auf Grund des *Gesetzes zur Wiederherstellung des Berufsbeamtentums* alle politisch und rassisch unliebsamen Beamten und Beamtinnen aus dem Staatsdienst entlassen worden. Das Gesetz richtete sich gegen politisch Andersdenkende, gegen Juden und – unausgesprochen – auch gegen Frauen. Für Elisabeth Schwarzhaupt, die sich bewusst für eine Berufstätigkeit an verantwortlicher Stelle entschieden hatte, eröffnete sich jedoch gerade in dieser Zeit eine Karriere als Beamtin in einem Bereich, der zwar mit dem von ihr kritisch beurteilten Regime verbunden, aber doch institutionell von diesem geschieden war. Ihre Hoffnung auf eine Beamtinnenlaufbahn in der Nische des kirchlichen Dienst erwies sich jedoch zunächst als Illusion, denn die Richterin a. D. wurde bei ihrer Einstellung in die Tarifordnung A III als Angestellte eingestuft.[3] Bei dieser faktischen Degradierung spielte der Status Schwarzhaupts als theologische Laiin keine Rolle. Vorgehalten wurde ihr etwas anderes: Die Übernahme einer Frau in das Beamtenverhältnis, so argumentierte man, ließe sich nicht mit dem Charakter der Kirchenkanzlei als Behörde vereinbaren.[4] In ihrem Lebensbericht aus dem Jahre 1984 erinnerte sich Schwarzhaupt daran, dass gleichzeitig mit ihr ein Gerichtsassessor eingestellt worden sei. Dieser Kollege habe sofort eine Stelle als Konsistorialassessor mit Aussicht auf baldige Beförderung zum Konsistorialrat erhalten. Hinter dieser ungleichen Behandlung meinte Schwarzhaupt, die »unheimliche Durchsetzungskraft« der nationalsozialistischen Ideologie erkennen zu können.[5]

Aus den Akten der Kanzlei geht hervor, dass Schwarzhaupt 1939 ihrer bisherigen Laufbahn im Staatsdienst entsprechend in das kirchliche Beamtenverhältnis übernommen und als Konsistorialrätin[6] eingestuft wurde. Der beginnende Krieg und die Einziehung vieler Kirchenbeamten zum Kriegsdienst mag ihre Verbeamtung gefördert haben. Am 1. April 1944 wurde sie zu Oberkirchenrätin ernannt.[7]

Spätestens mit dem Rücktritt des Reichskirchenausschusses unter Zoellners Vorsitz am 12. Februar 1937 änderte sich die Stimmung in der

Kirchenkanzlei gravierend. Friedrich Werner, führendes Mitglied der DC, seit 1933 Mitglied des Geistlichen Ministeriums von Reichsbischof Müller und bisheriger Leiter der Kirchenkanzlei, wurde gegen Ende des Jahres 1937 durch Übernahme wichtiger Schlüsselpositionen auch Präsident der DEK. So erwiesen sich die Hoffnungen, mit denen Elisabeth Schwarzhaupt angetreten war, als trügerisch. Selbstkritisch schrieb sie in einem Entwurf ihres »Lebensberichts« zu Beginn der 1980er Jahre: »Man war keineswegs abgeschirmt gegenüber nationalsozialistischen Machtansprüchen, was ich bei meinem Eintritt in die kirchliche Verwaltung gehofft hatte. Es war ein Leben in ständigen Konflikten, wenn man versuchte, in einer Kirchenbehörde zwischen den verschiedenen kirchlichen Gruppen unter dem Druck eines kirchenfremden NS-Präsidenten die Lücken zu finden, die auch ein totalitäres System offen läßt.«[8] Dass es diese Lücken gab, davon war Elisabeth Schwarzhaupt allerdings weiterhin überzeugt, und sie wollte sie, so gut es ging, ausnutzen, »um den äußeren Bestand der Evangelischen Kirche bis zum Anbruch besserer Zeiten aufrechtzuerhalten«.[9] Schließlich blieben drei Kollegen – die Oberkonsistorialräte Johannes Gisevius und Heinz Brunotte sowie Konsistorialrat Krüger-Wittmarck, die mit Schwarzhaupt dieses Ziel über die Kriegsjahre hinweg verfolgten – ein Kreis, »der aufs äußerste zusammengeschmolzen war«.[10]

Mit welchen Aufgaben war die Kirchenbeamtin in ihrem neuen Tätigkeitsfeld beschäftigt? Außer ihren Arbeiten als Referentin der Kirchenkanzlei wurde die Juristin 1939 auf Präsident Werners Vorschlag zur Mitwirkung in der Geschäftsstelle des neu gebildeten »Geistlichen Vertrauensrates« bestimmt.[11] Als Referentin der Kirchenkanzlei arbeitete Schwarzhaupt in der Frage des kirchlichen Sammlungswesens, auf das die freien evangelischen Verbände angewiesen waren, eng mit dem Zentralausschuss für die Innere Mission zusammen,[12] um Restriktionen des NS-Staates zu begrenzen. Während der Kriegszeit ging es in vielen Fällen darum, den Spielraum der einzelnen Landeskirchen sowie des Geistlichen Vertrauensrates gegenüber den Werkzeugen des NS-Kirchenministeriums, wie zum Beispiel den 1935 eingerichteten Finanzabteilungen bei den Landeskirchen zu bewahren. So war Schwarzhaupt 1942 etwa an der Erarbeitung und Formulierung einer Stellungnahme beteiligt, die sich gegen das zentrale Kontrollrecht der Finanzabteilung unter der kommissarischen Leitung Georg Cölles bei der Kirchenkanzlei wandte.[13] Schwarzhaupt war, wie sie selbst berichtete, und wie es Heinz Brunotte in seinem Rechenschaftsbericht vom Mai 1945 bestätigte, vor allem darin erfolgreich, Freistellungen vom Arbeitseinsatz in kriegswichtigen Betrieben für Gemeindehelferinnen, Pastorenfrauen und Vikarinnen beim Reichsarbeitsministerium zu erwirken. Zu diesem Zweck leistete sie umfangreiche Vorarbeiten, indem sie die Gesetzeslage seit 1933 einschließlich der staatlichen Erlasse die kirchliche Arbeit betreffend zusammenstellte und sie mit den kirchenfeindlichen Maßnahmen und deren oft wenig überzeugenden Begründungen von Seiten der Ministerien konfrontierte.[14] Außerdem kam die Oberkonsistorialrätin und Referentin der Kirchenkanzlei nicht nur in engeren Kontakt mit dem Zentralausschuss für die Innere Mission, sondern auch mit den freien evangelischen Verbänden – der Reichsfrauenhilfe und dem Burckhardthaus in Gelnhausen – deren Existenz seit 1942/43 auf Betreiben des Kirchenministeriums auf dem Spiel stand. Heinz Brunotte und Elisabeth Schwarzhaupt waren es, die die Verhandlungen mit den Verbänden führten. Beiden Seiten ging es darum, eine Form zu finden, die nach außen wie eine Angliederung an die Kirche aussah, nach innen den Verbänden aber die nötige Freiheit für ihre Arbeit ließ. Brunotte zufolge entwickelte sich damals ein wachsendes Vertrauensverhältnis zwischen diesen Verbänden sowie der Referentin und dem Referenten der Kirchenkanzlei.[15]

Zwar konnte sie sich trotz dieser zweifellos eingeschränkten Möglichkeiten für gefährdete Christen und Christinnen einsetzen, aber die Kirchenbeamtin schwieg offenbar zu vielen problematischen Maßnahmen, für die ihre Vorgesetzten verantwortlich zeichneten. Als Beispiel sei die Verordnung des stellvertretenden Leiters der Kirchenkanzlei Günther Fürle am 22. Dezember 1941 erwähnt, die die Gemeinden anhielt, »getaufte Nichtarier dem kirchlichen Leben der deutschen Gemeinden« fernzuhalten.[16] In ihrem Lebensbericht jedenfalls ging Elisabeth Schwarzhaupt auf diese oder andere Verlautbarungen ihrer Dienststelle nicht ein. Inwiefern sie selbst daran beteiligt war, diese Verordnungen auf den Weg zu bringen, oder ob sie Disziplinarmaßnahmen gegen solche Pfarrerinnen und Pfarrer zu bearbeiten hatte, die gegen diese Verordnung verstoßen hatten, auch darüber schwieg Elisabeth Schwarzhaupt in ihrem Lebensbericht. Sie vermied es auch, sich an ihre Mitgliedschaft in nationalsozialistischen Parteiorganisationen zu erinnern. Schwarzhaupt war zwar nicht in die NSDAP eingetreten, gehörte aber dem NS-Rechtswahrerbund, der NS-Volkswohlfahrt, dem NS-Frauenwerk sowie dem Reichsluftschutzbund an.[17] Wiegt man die Chancen und Gefährdungen, die Vor- und Nachteile, die die Arbeit in der Kirchenkanzlei für Schwarzhaupt mit sich brachte, gegeneinander auf, so verdient ein Aspekt besondere Beachtung. Als Juristin hatte sie eine Position inne, die nur wenige Frauen im Dritten Reich erreichen konnten. Als Oberkonsistorialrätin war sie in der Kirchenkanzlei die einzige Frau in dieser Stellung. In der prekären, durch Arbeitskräftemangel gekennzeichneten Situation der Kriegszeit wurde sie ihren Kollegen weitgehend gleichgestellt, vor allem, als die Kirchenkanzlei im Frühjahr 1944 wegen mehrfacher Bombenschäden nach Stolberg in den Harz verlegt wurde. Jetzt kam es auf jede Arbeitskraft an, Männer und Frauen arbeiteten an Sachaufgaben selbstverständlich zusammen, und niemand kam auf den Gedanken, »die dumme Frage« zu stellen, über die sie sich später immer wieder ärgerte, »was sagen Sie als Frau dazu?«. In der Kriegszeit wenigstens hatte sie das, was sie hochbetagt immer noch als Fernziel formulierte, nämlich die »selbstverständliche Zusammenarbeit von Männern und Frauen an Sachaufgaben«,[18] einmal am eigenen Leibe erfahren.

Es scheint, als habe die Verwaltungsjuristin das Jahr 1945 nicht als eine Zäsur empfunden, die zu einer radikalen Neuorientierung im kirchlichen Bereich herausforderte. Was die Evangelische Kirche anbelangte, war sie davon überzeugt, dass in der Kirchenkanzlei, die sie zusammen mit ihren Kollegen Brunotte und Gisevius über das Dritte Reich hinweggerettet hatte, der Kern der neuen Kirche liegen sollte.[19] Aus diesem Grunde sah sie in dem Anliegen Martin Niemöllers, beim Neuaufbau an die Bekenntnissynoden von Barmen und Dahlem anzuknüpfen, nur Anlass zu tiefen Meinungsverschiedenheiten, die es zu überwinden galt. Martin Niemöller, für den die BK seit 1934 die alleinige rechtmäßige Vertreterin der DEK war, hatte am 18. Juli 1945 rigoros die Abwicklung aller Amtsstellen in der Kirche, die aus der Nazizeit stammten, gefordert und dabei explizit die Kirchenkanzlei, die DEK und deren Bischöfe genannt. In Heinz Brunotte sah er deshalb einen Gegner. Dieser hatte sofort nach Kriegsende die Leitung der Kirchenkanzlei übernommen und bei seinen eigenen Vorschlägen zu einer Neuordnung der Kirche an die Verfassung der DEK von 1933 angeknüpft, ohne das Dahlemer Notrecht in seine Überlegungen einzubeziehen. Zusammen mit Elisabeth Schwarzhaupt hatte sich Brunotte außerdem sofort daran gemacht, nach Aktenlage Denkschriften über die Arbeit der DEK während des Dritten Reiches zu deren Rechtfertigung anzufertigen. Schwarzhaupt hatte die Arbeit über die »Inanspruchnahme kirchlichen Besitzes und zur Verfügungstellung staatlichen Raumes für kirchliche Zwecke in den Jahren 1938–1945«[20] übernommen und überprüfte die Kirchengesetze der DEK aus den 40er Jahren auf eventuelle nationalsozialistische Inhalte hin. Beide gingen davon aus, dass mit den alten Gesetzen nach ihrer Reinigung von NS-Gedankengut weitergearbeitet werden konnte. Anders als Brunotte blieb Elisabeth Schwarzhaupt Referentin der Nachkriegsbehörde; sie musste sich nun aber mit Brunottes Nachfolger, Hans Asmussen, auseinandersetzen, der fortan in der nach Schwäbisch Gmünd verlegten Kirchenkanzlei Schwarzhaupts Vorgesetzter wurde.[21] Der Theologe und Pfarrer Asmussen war Mitglied des Reichsbruderrates der BK gewesen. Aufgrund seiner Erfahrungen als Mitglied der BK mit den DC in der Amtskirche gehörte auch er zu den unerbittlichen Gegnern seines Vorgängers. Obwohl Schwarzhaupt mit der BK sympathisierte und während der Kriegszeit auch Werke Karl Barths und Rudolf Bultmanns gelesen hatte, war sie – wegen ihres Amtes – kein aktives Mitglied der Bekennenden Gemeinde gewesen. Dass sie als Frau dennoch unter Asmussen weiter beschäftigt wurde, mag darauf hindeuten, dass ihre neuen Vorgesetzten auf ihre Sachkompetenz nicht verzichten wollten und von ihrer Integrität während der NS-Zeit überzeugt waren.

Als sie 1948 im Kirchlichen Außenamt unter Martin Niemöller ein juristisches Referat übernahm und an den Versammlungen des Weltkirchenrates in Amsterdam (1948) und Evanston (1954) teilnahm, interessierte sie sich vor allem für die Fragen der Frauen. Sie wurde Mitglied der 1948 gebildeten Kommission »Zusammenarbeit von Mann und Frau in Kirche und Gesellschaft«. Und 1946 hatte sie bereits die ehrenamtliche Geschäftsführung der »Evangelischen Frauenarbeit« übernommen. In dieser Funktion war sie – als Voraussetzung für ihre ökumenische Arbeit – mit verschiedenen deutschen Frauenverbänden in Berührung gekommen und hatte in deren gemeinsamen Rechtsausschuss an Stellungnahmen zu allen Reformgesetzen, die Frauen betrafen, mitgearbeitet.[22] Aber gerade vor dem Hintergrund ihres ökumenischen Engagements überrascht, dass Schwarzhaupt in ihrem Lebensbericht, den sie Anfang der 1980er Jahre für eine Publikation des Bundestages schrieb, mit keinem Wort auf die NS-Verbrechen an Juden sowie an Kranken – körperlich und geistig behinderten Menschen –, die auch die kirchlichen Verbände getroffen hatten, und in die sie auf tragische Weise verstrickt waren, einging. Dass sich Elisabeth Schwarzhaupt jedoch der Schuld der Kirche und ihrer eigenen Schuld bewusst war, zeigte eine öffentliche Diskussion über die NS-Vergangenheit, an der sie 1974 teilnahm. In einem »Hearing« mit Gertrud Scholtz-Klink, der ehemaligen Führerin der NS-Frauenschaft, dem Psychoanalytiker Tobias Brocher und Hermann Glaser, dem damaligen Kulturdezernenten der Stadt Nürnberg, setzte sich Elisabeth Schwarzhaupt mit einer der wenigen führenden Frauen des NS-Regimes auseinander. Sie warf Scholtz-Klink Verantwortungslosigkeit vor: »Daß man die Verantwortung etwa für die Nürnberger Gesetze, etwa für alle Grausamkeiten von sich schieben kann, weil man sagt, für diesen Bereich sei man nicht zuständig, das gehört für mich wirklich zu den rätselhaften Erscheinungen, die es in dieser Zeit gab.«[23] Freilich bezog sie sich bis zu einem gewissen Grad selbst in diesen Vorwurf ein: »Aber ich möchte zugeben, daß auch ich selbst, die ich wirklich nicht engagiert war im Nationalsozialismus, mich damit herumschlagen muß. Warum habe ich mich zufrieden gegeben oder beruhigt mit dem Gedanken, es sei sinnlos, etwas zu tun, das quält mich noch heute.« Doch schon im nächsten Satz sprach sie bereits wieder auf das mangelnde Schuldbewusstsein der ehemaligen NS-Führerin an: »Wie können Nationalsozialisten damit leben. Ich will Ihnen nicht meine Dinge aufreden, aber das verstehe ich nicht.«[24]

Einer tieferen Auseinandersetzung mit dem Thema »Schuld« ging Schwarzhaupt gleichwohl aus dem Weg. So hatte sie 1966 den Vorschlag der ehemaligen CDU-Bundestagsabgeordneten Else Brökelschen abgelehnt, auf einer CDU-Veranstaltung einen Vortrag zum Schuldproblem aus philosophischer und theologischer Sicht zu halten. »Um einen Vortrag über dieses Thema auszuarbeiten, der wirklich Niveau hat und die Grundgedanken der modernen Theologie und Philosophie bearbeitet, müßte man sich aber sehr viel Zeit nehmen. Diese Zeit habe ich leider vorerst nicht.«[25] Als Ersatzthema schlug sie »Die Doppelrolle der Frau in der Gegenwart« vor. Als Ministerin in exponierter Stellung hätte Schwarzhaupt mit einem Vortrag über die Schuldproblematik an ein Thema gerührt, das innerhalb der deutschen Gesellschaft noch weitgehend tabuisiert wurde. Doch mögen für ihr Schweigen noch andere Gründe verantwortlich gewesen sein. Vielleicht war es die Angst, einen Aspekt aufzugreifen, dem sie sich psychisch nicht gewachsen fühlte, vielleicht war es ein schlechtes Gewissen, das aus ihrem Verhalten dem Verlobten gegenüber erwuchs, vielleicht war es auch die Dankbarkeit dafür, dass sie im »Dritten Reich« ihren Beruf hatte ausüben können, ohne sich allzu sehr in Unrecht verstricken zu lassen. Wenn der Versuch, das eigene Dabeistehen im »Dritten Reich« zu rechtfertigen, bei vielen die Bereitschaft zum Neubeginn in der Kirche hemmte, so besaß Elisabeth Schwarzhaupt gerade diese Bereitschaft, die sich nicht nur auf eine Erneuerung der Kirche, sondern der gesamten Gesellschaft richtete.

Anmerkungen

1   Elisabeth Schwarzhaupt, in: Hellwig (1985).
2   Elisabeth Schwarzhaupt, in: Deutscher Bundestag (1983), S. 248.
3   Sie wurde am 1. April 1936 als juristische Hilfsarbeiterin eingestellt; vgl. Präsident Friedrich Werner an den Reichskirchenminister, 6. Januar 1939, BA Berlin, 5101, 23710.
4   Elisabeth Schwarzhaupt, Ein Beitrag zur Stellung der Frau in der Kirche, o. D., BA Koblenz, N 1177/38.
5   Elisabeth Schwarzhaupt, in: Hellwig (1985), S. 233.
6   Diese Amtsbezeichnung geht aus den Protokollen des Geistlichen Vertrauensrates hervor. Vgl. Karl-Heinrich Melzer, Der Geistliche Vertrauensrat, Göttingen 1991, Anm. 45, S. 309.
7   Vgl. Günther Fürle an den Reichsminister für die kirchlichen Angelegenheiten, 1. August 1944, BA Berlin, R 5101, 23710.
8   Elisabeth Schwarzhaupt, Mein Leben (Entwurf), S. 5, BA Koblenz, N 1177/37.
9   Elisabeth Schwarzhaupt, in: Deutscher Bundestag (1983), S. 248.
10 Ebd., S. 249.
11 Vgl. Kirchliches Jahrbuch 1933–1944, S. 119.
12 Zentralausschuss für die Innere Mission an Elisabeth Schwarzhaupt, 28. Januar 1939 (Kollektenfrage), BA Koblenz, N 1177/6 (82).
13 Ebd., (83) (Entwurf zum Sammlungswesen, o. D.); BA Koblenz, 1177/6 (85) und (86).

14 BA Koblenz, N 1177/7. Behinderung der freien Wortverkündigung während des Krieges.
15 Heinz Brunotte, Bekenntnis (1977), S. 49.
16 Kirchliches Jahrbuch, S. 461.
17 Vgl. Präsident Friedrich Werner an den Reichskirchenminister, 6. Januar 1939, BA Berlin, 5101, 23710.
18 Elisabeth Schwarzhaupt, in: Deutscher Bundestag (1983), S. 268.
19 Ebd., S. 251.
20 BA Koblenz, N 1177/5.
21 Vgl. Elisabeth Schwarzhaupt, in: Deutscher Bundestag (1983), S. 252.
22 Ebd., S. 255.
23 Protokoll eines Hearings, S. 31, BA Koblenz, N 1177/ 55.
24 Ebd.
25 Elisabeth Schwarzhaupt an Else Brökelschen, 17. Oktober 1966, BA Koblenz, N 1177/23.

Elisabeth Schwarzhaupt: Vordenkerin einer modernen Familien- und Frauenpolitik für das 21. Jahrhundert

Von Angela Merkel

Die moderne Familien- und Frauenpolitik der CDU baut auf den Errungenschaften von Elisabeth Schwarzhaupt auf, die während ihrer gesamten Mitgliedschaft im Deutschen Bundestag energisch und erfolgreich für die Interessen von Frauen und Familien kämpfte. Bereits Mitte der 50er Jahre sah sie eine Vielzahl der Unzulänglichkeiten im modernen Familienleben darin begründet, dass die Gesellschaftsordnung auf die veränderte Struktur der Familie und auf die neue Stellung der Frau im Gesamtgefüge noch nicht durch entsprechende soziale Maßnahmen reagiert hatte.

Der von Elisabeth Schwarzhaupt wahrgenommene Wandel in der Gesellschaft hat sich bis in die Gegenwart kontinuierlich fortgesetzt. Am Beginn des 21. Jahrhunderts stellen wir fest: Die Wirklichkeiten in der deutschen Gesellschaft haben sich tiefgreifend verändert, auch wenn die Familie die attraktivste Lebensform geblieben ist. Der Altersaufbau der Bevölkerung hat sich grundlegend gewandelt. Die Zahl der älteren Menschen steigt. Es werden deutlich weniger Kinder geboren als zum Erhalt der Bevölkerungszahl notwendig wäre. Die Entwicklung zu mehr Wohlstand und größerer Individualismus hat zur Folge, dass die Entscheidung für Kinder schwerer fällt. Besonders die höhere Qualifizierung von Frauen und Männern scheint dazu zu führen, dass das Ja zum Kind in einem späteren Lebensalter oder gar nicht ausgesprochen wird. Familien konkurrieren heute mit anderen Lebensentwürfen.

Stark angestiegen ist die Zahl der alleinerziehenden Eltern, insbesondere der unverheirateten Alleinerziehenden. Jede dritte Ehe wird geschieden und bei 55 Prozent der Scheidungen sind minderjährige Kinder betroffen. Zunehmend entstehen neue Familien- und Partnerschaftsstrukturen mit komplexen Beziehungsverhältnissen. Auch die von der Arbeitswelt geforderte Flexibilität und Mobilität führt dazu, dass Familien nicht mehr in einem engen Netz von Verwandtschaftsbindungen leben. Ebenso hat sich die Partnerschaft zwischen Mann und Frau in Ehe und Familie verändert. Junge Menschen verstehen Partnerschaft heute so, dass sie in der Ehe eigene Wege gemeinsam gehen möchten. Männer wollen sich stärker um ihre Rolle als Väter kümmern, immer mehr Frauen nicht einseitig auf die Rolle der Mutter und Ehefrau festgelegt sein, sondern Beruf und Familie vereinbaren. Gewandelt haben sich auch die Erziehungskonzepte von Eltern und die Ausprägung der Eltern-Kind-Beziehung.

Die Lebensstile sind außerordentlich vielfältig geworden. Die meisten jungen Menschen wollen nicht vor die Alternative Beruf oder Familie gestellt werden. Gefragt ist heute die möglichst reibungslose Vereinbarkeit von Familie und Beruf. Wer teilweise oder vorübergehend ganz auf Erwerb verzichtet, um Familienarbeit zu leisten und Kinder zu erziehen, dem fehlen Beitragszeiten in der Alterssicherung.

Angesichts des tiefgreifenden Wandels der Gesellschaft in Deutschland und eines veränderten Selbstverständnisses von Frauen und Männern im Hinblick auf die Gestaltung ihrer Partnerschaft in Ehe und Familie besteht für die Familienpolitik neuer Handlungsbedarf. Eine moderne Familien- und Frauenpolitik muss konkrete Antworten auf die veränderten Lebenswirklichkeiten und Bedürfnisse der Menschen geben. Kreative Ideen sind dazu erforderlich. Notwendig sind auch neue Lösungsansätze für eine stärkere Anerkennung der Familienarbeit, für eine bessere Vereinbarkeit von Beruf und Familie, für einen gerechten Ausgleich zwischen Familien mit Kindern und Kinderlosen, für eine wirkungsvolle Stärkung der Erziehungsfähigkeit der Familie, für eine angemessene Berücksichtigung der Erziehungsleistung in der Alterssicherung und eine durchgreifende Bewusstseinsänderung hinsichtlich der Bedeutung von Familien als Leistungsträgern unserer Gesellschaft.

Die Familie ist für viele Menschen in der Gesellschaft, egal ob alt oder jung, das Auffangnetz in schwierigen Lebenssituationen. Hier werden ganz maßgeblich Eigenschaften und Fähigkeiten vermittelt, die Voraussetzung unserer freien und verantwortlichen Gesellschaft sind. Familien sind deshalb für unsere Gesellschaft unverzichtbar.

Für die CDU ist Familie überall dort, wo Eltern für Kinder und Kinder für Eltern Verantwortung tragen. Verantwortung übernehmen nicht allein Ehepaare mit ehelichen, nichtehelichen, adoptierten Kindern oder Pflegekindern, sondern auch erwachsene Kinder, die sich um ihre Eltern kümmern, alleinerziehende Mütter und Väter oder Alleinerziehende mit Lebenspartnern sowie nicht-eheliche Lebensgemeinschaften mit gemeinsamen Kindern. Auch wenn wir die Entscheidung von Menschen, in anderen Formen der Partnerschaft zu leben, respektieren, bleibt für uns die Familie weiterhin das Fundament unserer Gesellschaft. Deshalb müssen wir Veränderungen wahrnehmen und dementsprechend unsere Programmatik weiterentwickeln. Insbesondere im Bereich der Familienpolitik wollen wir die Grundlage dafür schaffen, dass auch in Zukunft die Familie gerade für junge Leute attraktiv bleibt.

Die CDU versteht Familienpolitik als Familienvorrangpolitik. Dabei spielt die finanzielle Förderung eine wesentliche Rolle. Familienpolitik ist aber mehr als Finanzpolitik. Die Schaffung eines kinder- und familienfreundlichen Klimas sowie die Beseitigung struktureller Benachteiligungen sind nicht weniger wichtig als eine gerechte finanzielle Förderung. Unter den Maßnahmen der Familienförderung räumt die CDU der besseren Vereinbarkeit von Familienarbeit mit dem Beruf oder einer Ausbildung sowie dem gelungenen Wiedereinstieg in eine Ausbildung oder den Beruf nach einer Familienphase Priorität ein. Frauen haben dabei den gleichen Anspruch wie Männer, Familie und Beruf zu vereinbaren. Berufstätigkeit und Elternschaft miteinander zu verbinden, darf in einer modernen Gesellschaft nicht das ausschließliche Problem von Frauen sein. Die Entscheidung für Kinder darf nicht das Aus für eine Ausbildung oder spätere berufliche Entwicklung bedeuten. Die CDU wirbt dafür, dass sowohl berufstätige Mütter als auch familientätige Väter gesellschaftlich akzeptiert werden.

Elisabeth Schwarzhaupt sah ausnahmslos mehr Frauen von der Doppelbelastung durch Berufstätigkeit, Haushaltspflichten und Kindererziehung betroffen. Deshalb konzentrierte sie sich darauf, nur für Frauen Unterstützung und Hilfen in mehrfacher Hinsicht zu fordern: »Entlastung der Frau im Haushalt durch Beteiligung des Mannes durch grundsätzlich gleiche Verantwortung beider Eheleute, soweit sie im Einzelfall möglich ist. – Entlastung der Frau durch öffentliche Hilfen wie Kindergärten und Ganztagsschule, soweit dies möglich und auch im Interesse der Kinder geboten ist. – Berücksichtigung der Leistung der Frau in der Familie durch Einbeziehung in die Alterssicherung aller anderen Leistungsgruppen und durch eine laufende Beihilfe in den Zeiten, in denen Kinder unter drei Jahren vorhanden sind. – Angebote von Teilzeitarbeit für Frauen, die Kinder haben, auch in der Wirtschaft. – Umschulungskurse für Frauen, die wieder in den Beruf eintreten wollen.«

Sie war der Meinung, dass den Lebensverhältnissen der Frau ein »elastisches Berufsbild« entspreche, das ihr in manchen Zeiten ihres Lebens eine Teilzeitarbeit, in anderen ein Ausscheiden aus dem Beruf und in vielen Fällen einen Wiedereintritt gestatte. Für sie war »es ein Gebot der Menschlichkeit, den Frauen mit Familienpflichten elastische Berufswege anzubieten, auch wenn dies für Personalverwaltungen Opfer erfordert«. Auch regte sie an, die Weiterbildung derjenigen Frauen, die wegen familiären Pflichten zeitweise aus einem Beruf ausscheiden, der eine qualifizierte Vorbildung erforderte, von Staats wegen zu fördern.

Vieles von dem, wofür Elisabeth Schwarzhaupt kämpfte, hat die Union in den 80er Jahren umgesetzt: Erziehungsgeld, Erziehungsurlaub mit Beschäftigungsgarantie, Erleichterungen für Berufsrückkehrerinnen durch Eingliederungshilfen und Beratungsstellen, die Anerkennung von Kindererziehungs- und Pflegezeiten im Rentenrecht und die Förderung familienfreundlicher Arbeitszeiten durch eine Teilzeitoffensive im öffentlichen

Elisabeth Schwarzhaupt

Dienst tragen zur besseren Vereinbarkeit von Familie und Beruf bei und werten die Familienarbeit auf. Bei der familienergänzenden Erziehung als wesentliche Rahmenbedingung für die Vereinbarkeit von Kindererziehung und Berufstätigkeit sind wir mit dem Rechtsanspruch auf einen Kindergartenplatz einen Schritt weitergekommen.

Schwerpunkt einer modernen Familienpolitik muss die bessere Vereinbarkeit von Familie und Beruf sein. Deshalb setzen wir uns dafür ein, den Erziehungsurlaub zu einer dreijährigen Familienzeit auszubauen. Demnach können Mütter und Väter ein Zeitkonto von drei Jahren in den ersten acht Jahren flexibel in Anspruch nehmen. Wir wollen dabei auch den Anspruch auf Teilzeitarbeit erweitern und ihn in der Familienzeit zu einem Rechtsanspruch in Betrieben mit mehr als 20 Beschäftigten machen. Für familienfreundliche Betriebe soll ein bundesweites Familienaudit entwickelt werden, das heißt, wir streben anhand eines Kriterienkataloges ein Markenzeichen für Familienfreundlichkeit an.

Angesichts veränderter Lebenswirklichkeiten will die CDU die staatlichen Förderinstrumente für Familien modernisieren. Wir wollen das Bundes-Kindergeld – soweit es bis zum sechsten Lebensjahr gezahlt wird – und das Erziehungsgeld zu der neuen familienbezogenen Leistung »Familiengeld« zusammenfassen und in der Höhe so ausgestalten, dass der Familienarbeit und der Erziehungsleistung stärker als bisher Rechnung getragen wird.

Auch die eigenständige Alterssicherung der Frau, die meistens heute noch die Erziehungsarbeit leistet, bleibt eine zentrale politische Aufgabe und soll verbessert werden. Schon Elisabeth Schwarzhaupt hielt in den 50er Jahren die Altersversorgung der Frauen, die einen großen Teil ihrer Lebensarbeit den Kindern und der Familie geopfert hatten, für unzulänglich. Sie war davon überzeugt, dass Abhilfe nur in der Weise möglich sei, »dass die Ehefrau eine eigenständige Altersversorgung erhält, die auf ihren Beiträgen während ihrer Berufszeit und auf besonders gezahlten Beiträgen in den Zeiten, in denen sie minderjährige Kinder zu versorgen hat, aufgebaut wird«.

Die CDU hat zwar durch die Anerkennung von Kindererziehungszeiten im Rentenrecht begonnen, Abhilfe zu schaffen. Dennoch haben Eltern mit Kindern, insbesondere Frauen, geringere Renten als Kinderlose. Denn wer heute teilweise oder vorübergehend ganz auf Erwerbsarbeit verzichtet, um Familienarbeit zu leisten und Kinder zu erziehen, dem fehlen entsprechende Beitragszeiten in der Alterssicherung. Wer Kinder erzieht, leistet einen Beitrag zum Generationenvertrag. Wer dies – aus welchen Gründen auch immer – nicht tut, leistet diesen Beitrag nicht, profitiert aber gleichwohl in der Regel von der Generationen-Solidarität. Dem Ausbau der Anerkennung von Erziehungsleistung im Rentenrecht und der eigenständigen sozialen Sicherung von Frauen im Alter räumt die CDU deshalb hohe Priorität ein. Familien mit Kindern dürfen im Alter gegenüber Kinderlosen nicht benachteiligt sein.

Eine moderne Familienpolitik für die Zukunft der Familie darf sich nicht nur auf finanzielle Förderung beschränken. Deshalb ist in unserem familienpolitischen Programm die Verbesserung der Erziehungsfähigkeit von Eltern einer der ganz wichtigen Schwerpunkte. Was an präventiver Arbeit durch Beratung, Hilfestellung und Bildung im Bereich von Erziehung geleistet wird, braucht der Staat später an Fehlverhalten nicht wieder gutzumachen. Die Anforderungen an Eltern, die heute Kinder erziehen, sind trotz materiellen Wohlstands an vielen Stellen gewachsen. Aus diesem Grund darf die Inanspruchnahme von Beratung nicht etwa mit dem Versagen bei der eigenen Erziehungsleistung gleichgesetzt werden. Wir müssen einen Beitrag dazu leisten, dass Bildungsangebote und Beratung in Erziehungsfragen zur Normalität gehören, wann immer Eltern diese in Anspruch nehmen.

Für das familienpolitische Programm der CDU, das Familien konkrete Lösungen für die Herausforderungen des 21. Jahrhunderts anbietet, hat Elisabeth Schwarzhaupt wesentliche Vorleistungen erbracht. Denn sie hat schon vor knapp einem halben Jahrhundert die Probleme von Frauen und Familien aufgegriffen und adäquate Anstöße zu ihrer Bewältigung auf politischer Ebene gegeben.

Elisabeth Schwarzhaupt

Elisabeth Schwarzhaupt – Eine Momentaufnahme

Von Christa Meves

Die Einstellung von Elisabeth Schwarzhaupt kannte ich längst, bevor ich sie 1973 auf einer gemeinsamen Reise kennen lernte. In ihrer Zeit als Gesundheitsministerin in den frühen 60er Jahren hatte ich als Mutter halbwüchsiger Töchter und während des Aufbaus meiner psychotherapeutischen Praxis ihre Verlautbarungen aufmerksam und mit Zustimmung gelesen. Sie zeugten von Verantwortungsbewusstsein und gesundem Menschenverstand. Elisabeth Schwarzhaupt scheute sich nicht, den Mund aufzumachen, wenn verquere Neuerungen auf dem Gesundheitssektor ruchbar wurden.

Ich bedauerte es deshalb sehr, dass sie nach der Wahl 1966 ihren Platz an Käte Strobel (SPD) abgeben musste. Als im Zuge der Studentenrevolte auch die Sexualisierung der Kinder zum Programm der Neuen Linken und ihre sogenannte »emanzipatorische Pädagogik« forsch in die Schulprogramme aufgenommen wurde, wandte ich mich gemeinsam mit meiner ehemaligen Ausbildungsleiterin Ursula Zenke an Elisabeth Schwarzhaupt und bat sie, ihren Einfluss geltend zu machen, um diesen, die seelische Gesundheit der Kinder schädigenden Trend, zu stoppen.

Das war gewiss ziemlich blauäugig; denn Minister ohne Ministerium haben hierzu kaum noch Möglichkeiten. Dennoch rannten wir mit unserer Sorge bei Frau Schwarzhaupt offene Türen ein. Sie antwortete sofort, verschwieg nicht ihre geringen Möglichkeiten, machte uns dann aber einen beglückenden Vorschlag: Unter den »Mächtigen« gäbe es noch einen, den Kulturminister Hans Maier (CSU) in München. Er sei Gründungsmitglied des Vereins »Verantwortung für die Wissenschaft« und habe sich nicht von der neuen Ideologie infizieren lassen. Sie sei bereit, sich für dieses Anliegen bei ihm einen Termin zu besorgen und mit uns beiden gemeinsam eine Reise nach München zu unternehmen.

Mit Freude sagten wir zu. Damals gab es noch einen sehr angenehmen Luxuszug von Hamburg nach München. Ihn wählten wir aus, und Frau Schwarzhaupt versprach – von Frankfurt kommend –, in Würzburg diesen Zug zu besteigen. So saß sie mir auf dieser dreistündigen Fahrt zum ersten und einzigen Mal in meinem Leben gegenüber. Meine positiven Vorstellungen von dieser klarsichtigen Frau wurden auf dieser Reise nachhaltig gestärkt, ja übertroffen. Sie war von feingliedriger Statur. Ihr Gesicht schien mir von psychasthenischer Zartheit mit einem Hauch von Melancholie. Aber die Haltung war sehr aufrecht, und der Mund hatte – bei aller Weichheit – einen energischen Zug. Ihre Kleidung war ebenso schlicht wie gediegen.

Wir verstanden uns bereits nach den ersten Worten, so als kennten wir uns schon seit Jahren. Wir schüttelten gemeinsam die Köpfe über das wilde Treiben der Revoluzzer auf den Universitäten und machten uns Sorgen über den »Marsch durch die Institutionen«. Dass sie berechtigt waren, hat Elisabeth Schwarzhaupt in den 80er Jahren während der Zeit ihres hohen Alters gewiss bestätigt gefunden.

In München nahmen wir uns ein Taxi zum Kultusministerium, und mit Elisabeth Schwarzhaupt an der Spitze öffneten sich uns alle Türen. Im Allerheiligsten kam uns Minister Maier entgegen, und mir ist lustigerweise noch die tiefe Verbeugung im Gedächtnis, die die doch eigentlich höherrangige Bundesministerin a. D. vor dem Landesministerkollegen machte. Ich fand das ein wenig zu devot – aber mir wurde später klar, dass diese Geste aus ihrer natürlichen Bescheidenheit herrührte. Dem stand der Minister in nichts nach. Er überspielte seine Überraschung darüber, indem er sich über meine Länge zu wundern begann, die der seinen allerdings in etwa entsprach.

Es gab dann in unprätentiöser Weise ein langes Gespräch in seinem Arbeitszimmer, mit dem Ziel, den Schulkindern zu einer angemessenen, nicht verfrühten und traumatisierenden Sexualerziehung zu verhelfen. In Bayern – so schien uns nach dieser Konferenz – würden die Übertreibungen der »68er« aufgehalten werden können.

Zu einem schönen Umtrunk fanden wir uns dann noch im Foyer des Bayerischen Hofes zusammen und fuhren befriedigt heim. Dank Elisabeth Schwarzhaupt war wenigstens ein Teil der Probleme bewältigt und in angemessene, verantwortungsbewusste Bahnen gelenkt worden.

»Wir sind nicht in der Politik, um zu schweigen« – Frauen in der CDU während der Ära Adenauer

Von Marie-Luise Recker

»Wir sind nicht in der Politik, um zu schweigen und uns dem zu fügen, was die Männer sagen.« Mit diesen Worten[1] meldete Helene Weber, Vorsitzende der Frauenarbeitsgemeinschaft der CDU/CSU, am Vorabend der ersten Bundestagswahl den Anspruch der CDU-Frauen an, bei der Zusammenstellung der Kandidatenlisten für den kommenden Urnengang angemessen berücksichtigt zu werden und sich damit im zu wählenden Parlament durch eine entsprechende Vertretung in der Unionsfraktion für die Anliegen der CDU-Wählerinnen einsetzen zu können. Hierbei stieß sie in der Führung der Partei durchaus auf offene Ohren. Immer wieder mahnten Adenauer und andere Repräsentanten der Union an, die Kandidatur von Frauen für die bevorstehende Wahl sicherzustellen und so einen möglichst hohen Stimmenanteil für die Unionsparteien zu gewinnen.

In der Tat hatte sich gezeigt, dass in den vorausgegangenen Wahlen auf kommunaler und Landesebene der Anteil der Frauenstimmen am Wahlergebnis der Union größer gewesen war als jener der Männer. So waren bei den Kommunalwahlen 1948 in Braunschweig 28,2 Prozent der Frauen-, aber nur 23,6 Prozent der Männerstimmen auf den Wahlvorschlag der CDU entfallen, in Frankfurt am Main hatte das Verhältnis 30,2 zu 21,2 Prozent, in Kiel 49,7 zu 44,3 Prozent und in Köln 48,1 zu 35,6 Prozent betragen.[2] Bei der Bundestagswahl 1949 wiederholte sich dieses Muster; nun lag der Geschlechteranteil in Braunschweig bei 16,8 beziehungsweise 14,8 Prozent, in Frankfurt am Main bei 26,0 beziehungsweise 18,2 Prozent, in Kiel bei 62,3 beziehungsweise 57,5 Prozent und in Köln bei 48,6 beziehungsweise 36,5 Prozent. In der folgenden Bundestagswahl 1953 erhielten die Unionsparteien 47,2 Prozent der Zweitstimmen der Frauen und nur 38,9 Prozent derjenigen der Männer. Um dieses für die Christdemokraten günstige Wahlverhalten zu verstärken, mahnte Adenauer im Bundesvorstand der Partei ein noch intensiveres Umwerben an: »Wir müssen überhaupt die Frauen etwas poussieren, damit sie besser wählen.«[3] Diese Mahnung hatte Erfolg: 1957 stieg der Anteil auf 53,5 zu 44,6 Prozent, fiel 1961 dann auf 49,6 zu 40,4 Prozent, kletterte 1965 erneut auf 51,7 zu 42,1 Prozent und sank 1969 leicht auf 50,6 zu 40,6 Prozent. Dies war die größte Differenz im Wahlverhalten der beiden Geschlechter während aller Bundestagswahlen. Bei den folgenden

Urnengängen sank nicht nur der Anteil der weiblichen Wählerstimmen erneut unter die 50-Prozent-Marke, vor allem reduzierte sich der Unterschied im Wahlverhalten von Frauen und Männern zugunsten der CDU auf wenige Prozentpunkte.

Dieser überproportionalen Verankerung in der Wählerschaft entsprach jedoch kein analoges Gewicht in der Mitgliedschaft. Angesichts des Anspruches, eine schichten- und klassenübergreifende Volkspartei zu sein, musste den Christdemokraten daran gelegen sein, Frauen in erheblichem Umfang auch als Parteimitglieder für sich zu gewinnen. Ein Jahr nach Gründung der ersten Orts- und Kreisverbände lag jedoch der Anteil der Frauen nach Schätzung des Geschäftsführers des rheinischen Landesverbandes nur bei knapp zehn Prozent, und auch ein Jahr später zur Zeit der ersten Landeswahlen hatte sich dieses Bild kaum verändert. Deshalb appellierte er eindringlich, Frauen für die CDU zu gewinnen: »Das ist bisher eine Tragödie gewesen. Die Frauen, die öffentlich hervorgetreten sind aus unserem Lager, können wir an einer Hand abzählen. Angesichts des gewaltigen Überschusses an Frauen gegenüber den Männern ist das ein übles Zeichen.«[4] In anderen Landesverbänden war die Situation ähnlich.

Die Zahl weiblicher Parteimitglieder in ausgewählten Landesverbänden

	Nordbaden		Südbaden		Rheinland		Westfalen-Lippe	
	abs.	%	abs.	%	abs.	%	abs.	%
1947					ca. 18.700	25,5%		
1949					ca. 15.700	25,2%	36.557[3]	34,8%
1951							14.577	25,0%
1953		9,2%			9.495[2]	20,0%	9.068	19,8%
1956			563[1]	6,7%			8.490	18,6%
1957	871	9,8%	825	7,5%	ca. 9.800	18,9%	8.130	16,9%
1958	893	9,7%					8.209	16,5%
1959	876	9,4%					8.164	16,9%
1960	832	8,8%	842	6,9%			8.113	16,2%
1961	871	9,1%						
1962	907	9,3%	892	7,1%	11.272	21,0%	7.866	15,9%

1) 1955   2) 1954   3) 1948

Elisabeth Schwarzhaupt

Verlässliche Angaben zur Zahl der weiblichen Parteimitglieder[5] lassen sich erst ab Anfang der 1960er Jahre finden. Von den knapp 250.000 Mitgliedern im Jahr 1962 waren gut 36.000, also 14,5 Prozent, weiblich. Die absoluten Zahlen stiegen zwar in den folgenden Jahren leicht an auf 37.000 (13,3 Prozent) im Jahr 1964 und auf fast 38.000 (13,5 Prozent) im Jahr 1966, doch hielt dieser Aufwärtstrend gerade mit der allgemeinen Mitgliederentwicklung Schritt. Erst 1978 konnte der Frauenanteil die 20-Prozent-Marke überschreiten. Für die 1940er und 1950er Jahre, über die keine bundesweiten Angaben vorliegen, kann ein Blick auf die Entwicklung in den mitgliederstarken Landesverbänden Nord- und Südbaden, Rheinland und Westfalen-Lippe die allgemeine Tendenz erhellen (s. Tabelle).

In den katholischen Kerngebieten der Partei an Rhein und Ruhr war der Frauenanteil besonders in den Anfangsjahren erstaunlich hoch, sank allerdings auch in den Folgejahren nicht unter die 15-Prozent-Marke ab. In gemischt-konfessionellen oder überwiegend evangelischen Gebieten hatten die Christdemokraten größere Schwierigkeiten, weibliche Mitglieder zu gewinnen. Dies lässt sich an der Entwicklung in den beiden badischen Landesverbänden ablesen, zeigte sich aber auch in Hessen, wo der Frauenanteil 1953, 1955 und 1962 kontinuierlich bei 11,5 Prozent lag, oder in Schleswig-Holstein mit 13,4 Prozent weiblichen Parteimitgliedern im Jahr 1957. Hierbei gab es deutliche Unterschiede zwischen einzelnen Kreis- und Ortsverbänden und zwischen Stadt und Land. Im städtischen Raum war die Bereitschaft, sich in der Union politisch zu engagieren, größer als in ländlichen Regionen. So lag der Anteil der weiblichen Mitglieder in Hamburg 1946 bei 22 Prozent, in Bremen 1953 bei 22,8 Prozent und 1954 bei 23,0 Prozent. Diese Marge blieb in beiden Hansestädten bis 1962 (23,0 beziehungsweise 24,1 Prozent) relativ konstant. Entsprechende Werte aus anderen Kommunen bestätigten diesen Trend.

Der relativ hohe Frauenanteil gerade in den katholischen Kerngebieten und Gründungszentren der Union war ohne Zweifel der Zentrumstradition geschuldet, an die man in vieler Hinsicht anknüpfte. Viele der Mitgründerinnen der CDU waren bereits vor 1933 in dieser Partei, in den christlichen Gewerkschaften oder Verbänden aktiv gewesen und setzten diese Arbeit nun in der Union fort. In den Orten beziehungsweise Regionen, in denen die Christdemokraten auf Apparat und Mitgliederstamm des Zentrums zurückgreifen konnten, war deshalb das Engagement von Frauen besonders hoch. Wie die Wählerinnen kamen auch die weiblichen Mitglieder vor allem aus den konfessionellen und karitativen Verbänden, insbesondere den Frauen- und Müttergemeinschaften, den katholischen Frauenberufsvereinigungen sowie dem Katholischen Deutschen Frauenbund. Da auf evangelischer Seite die Verbandsbasis weniger stark war und ohnehin die Vorbehalte gegenüber dem interkonfessionellen Anspruch der CDU dort größer waren, könnte dies die geringeren Mitgliederzahlen in gemischt-konfessionell oder protestantisch geprägten Regionen erklären. In ländlichen Gebieten war zwar das Netz der konfessionellen Frauenverbände relativ dicht geknüpft, doch war hier die Hürde für den Schritt von der Verbands- zur Parteimitgliedschaft offenbar höher als in der Stadt. Nicht nur die zeitliche Belastung durch Haushalt, Familie und Mitarbeit auf dem eigenen Hof oder im eigenen Handwerksbetrieb dürfte hierfür verantwortlich gewesen sein, sondern ebenso das traditionelle christliche Leitbild von der Rolle der Frau in der Gesellschaft, das zwar das Engagement im kirchlichen Verbandswesen, aber weniger die politische Betätigung propagierte. Im städtischen Umfeld entfaltete diese Vorstellung weniger Wirkung; zudem konnte die Union hier auch Frauen aus anderen Berufsgruppen ansprechen und zum Eintritt in die Partei bewegen. Zwar blieben Hausfrauen unter den weiblichen Mitgliedern in diesen Jahren weit in der Überzahl, doch schloss diese Bezeichnung ein weites Spektrum von der kinderreichen Bäuerin oder Bäckersfrau bis zur Ehefrau eines Beamten, mittelständischen Unternehmers, Arztes oder Anwalts ein. Gerade im städtischen Bereich gelang es der Partei zudem besser, auch berufstätige Frauen als Mitglieder zu gewinnen, ob sie nun im Erziehungsbereich, im Gesundheits- und Fürsorgewesen oder einem Verwaltungsberuf tätig waren oder sich als Gewerkschaftsmitglied zur Union hingezogen fühlten. Dies schlug sich in Mitgliederzahl und Mitgliederanteil nieder.

Wenn die Unionsgründerinnen vielfach bereits vor 1933 politisch aktiv gewesen waren, so erklärt dies den relativ hohen Altersdurchschnitt dieser Generation. Aber auch in den folgenden Jahren gelang es nur unzureichend, jüngere Frauen zum Eintritt in die Partei zu bewegen; die wiederkehrenden Appelle der Parteispitze, in diesem Bemühen nicht nachzulassen, sind ein beredtes Zeugnis dieses Dilemmas. Hierfür sind ebenfalls verschiedene Gründe verantwortlich. Die Beanspruchung durch Familie und Haushalt oder auch durch eigene Erwerbstätigkeit zur Sicherung des Familieneinkommens war angesichts der wirtschaftlichen Situation der Nachkriegsjahre für Frauen im mittleren und jüngeren Alter besonders hoch, so dass kaum Zeit und Interesse für ein politisches Engagement blieben. Erst mit erwachsenen Kindern oder als Witwe mochte sich dies ändern. Unter ledigen berufstätigen Frauen war die Rekrutierungsquote höher, doch konnten diese von der Zahl der Parteieintritte her den hohen Altersdurchschnitt nicht ausgleichen. Zudem verstärkten sich im Laufe der Zeit alte Rollendefinitionen: War in Presse und Öffentlichkeit in den 1940er Jahren noch eine Vielfalt von Frauenrollen, darunter auch die politische Arbeit, betont worden, so verengte sich das in den 1950er Jahren eher auf die häusliche und private Sphäre. Auch dies bedeutete eine Barriere für das Werben gerade der bürgerlichen Parteien um neue weibliche Mitglieder. Vor diesem Hintergrund sind die stagnierenden oder gar sinkenden Mitgliederzahlen der späten 40er und 50er Jahre zu

Elisabeth Schwarzhaupt

sehen. Erst seit dem Ende der 60er Jahre, dann aber begleitet von einem neuen Frauenbild und einer intensiven Werbekampagne, stiegen die Zahlen absolut wie relativ an.

Schon früh begannen die weiblichen Parteimitglieder, sich innerhalb der Union zu organisieren, um so die eigenen Anliegen wirksam vertreten zu können. Auf lokaler Ebene entstanden 1945 rasch Frauenarbeitskreise oder Frauenausschüsse, denen – je nach Organisationsgrad der einzelnen Landesverbände – zwischen Anfang 1946 und Ende 1948 landesweite Zusammenschlüsse folgten. Die früheste überregionale Vereinigung der Unionsfrauen wurde in der britischen Zone gegründet: Am 27./28. Juni 1946 konstituierte sich in Neuenkirchen bei Goslar der Zonenfrauenausschuss und wählte Christine Teusch, die Vorsitzende des Frauenausschusses Rheinland und spätere Kultusministerin in Nordrhein-Westfalen (1947–1954), zu ihrer Vorsitzenden. In der amerikanischen und der französischen Zone waren länderübergreifende Zusammenschlüsse angesichts der geringeren organisatorischen Stärke der Union und der restriktiveren Politik der Besatzungsmächte schwieriger zu erreichen. Auf dem Parteitag der CDU Berlins und der Ostzone im September 1947 wurde ein überzonaler, auch den sowjetischen Besatzungsbereich einbeziehender Frauenausschuss mit Helene Weber als Vorsitzender gegründet. Er konnte angesichts der wachsenden Differenzen um den Kurs der Partei zwischen den westlichen und den östlichen Landesverbänden jedoch keine Lebenskraft gewinnen. Durch die Gründung der Arbeitsgemeinschaft der CDU/CSU Deutschlands war schließlich eine Plattform gefunden, auf der auch die Frauenausschüsse der westlichen Zonen- und Landesverbände einen zonenübergreifenden Zusammenschluss schaffen sollten. Schon bei der Diskussion über die Geschäftsordnung der Arbeitsgemeinschaft war vereinbart worden,[6] einen Frauenausschuss zu bilden und dessen Mitgliedern im Plenum der Arbeitsgemeinschaft Sitz und Stimme zu geben.

Die offizielle Gründung der Frauenarbeitsgemeinschaft der CDU/CSU erfolgte am 1. Mai 1948 in Frankfurt am Main. Zur Vorsitzenden wurde Helene Weber gewählt, Stellvertreterinnen waren Elfriede Nebgen und Lucie Krüger aus Berlin, Josefine Dörner sowie – als Repräsentantin der CSU – Elisabeth Meyer-Spreckels. Gerade der Lebensweg von Helene Weber kann als charakteristisch für die Generation der Unionsgründerinnen angesehen werden: Nicht nur war sie 1919/20 in Preußen als erste Frau zur Ministerialrätin ernannt worden, als Abgeordnete für die Zentrumspartei in der Nationalversammlung 1919, im preußischen Landtag und im Reichstag, als Mitglied der CDU dann im Landtag von Nordrhein-Westfalen und im Zonenbeirat, später im Parlamentarischen Rat und im Bundestag verkörperte sie die politisch aktive, christlich geprägte Frau wie kaum eine andere.

Mit der Konstituierung der Bundespartei auf dem 1. Bundesparteitag der CDU in Goslar 1950 ging jedoch die Tätigkeit der Frauenarbeitsgemeinschaft der CDU/CSU in ihrer bisherigen Organisation und Form zu Ende. Im Rahmen der Vorbereitungen zum 2. Parteitag der Union in Karlsruhe fand am 22./23. September 1951 in Königswinter die konstituierende Versammlung des Bundesfrauenausschusses der CDU statt. Nun entschloss man sich, eine konfessionell paritätisch besetzte »Doppelspitze« zu schaffen, und wählte Helene Weber und Maria Eichelbaum, nach dem Krieg Stadtverordnete zunächst in Leipzig, dann in Wuppertal, zu gleichberechtigten Vorsitzenden. Im Rahmen einer allgemeinen Neufassung des Statuts der CDU auf dem 6. Bundesparteitag 1956 in Stuttgart wurde der Bundesfrauenausschuss in »Vereinigung der Frauen der CDU Deutschlands« umbenannt; laut Statut sollte sie die »Gemeinschaft der weiblichen Mitglieder der CDU« sein, also alle Frauen in der Partei umfassen.

Die Aufgaben entsprachen den bisherigen Schwerpunkten: Schulung der weiblichen Parteimitglieder für die politische Arbeit, Stellungnahme zu politischen Fragen, Einflussnahme auf die Unionspolitik aus weiblicher Sicht und Durchsetzung einer angemessenen Vertretung der Frauen in Parlamenten und Parteigremien. Die Umbenennung in »Frauen-Union« erfolgte 1988; nun wurde auch Nicht-Parteimitgliedern die Mitarbeit ermöglicht.

Diese Konzentration einer Einflussnahme auf die Politik der CDU aus der Sicht der Frauen war durchaus ambivalent, da sie den weiblichen Mitgliedern zwar Gehör verschaffte, aber keinen Ansporn zu einer thematischen Profilierung gab. Die Rolle der Frauen blieb tendenziell darauf beschränkt, den »weiblichen« Standpunkt zu vertreten und »weibliche Interessen« in die politische Arbeit der Partei einzubringen. Die sich hieraus ergebende Verengung auf bestimmte Politikfelder begleitete die Arbeit der Frauenausschüsse bis über die Ära Adenauer hinaus.

Das auf dem 1. Parteitag 1950 in Goslar verabschiedete Statut legte fest, dass »in allen Organisationen der Partei ... Frauen und die Junge Union angemessen vertreten sein« sollten. Analoge Bestimmungen wurden im Statut von 1956 und in späteren Statuten fortgeschrieben und galten ebenfalls auf Landes-, Kreis- und Ortsebene. Auch dies mochte andere Parteivereinigungen – Sozialausschüsse, Kommunalpolitische Arbeitsgemeinschaft, Evangelischen Arbeitskreis – davon abhalten, als ihren Repräsentanten in den entsprechenden Gremien eine profilierte Frau vorzuschlagen. Im allgemeinen gehörte die Vorsitzende des Frauenausschusses kraft Amt auf jeder Ebene dem betreffenden Parteivorstand an. Weitere Frauen konnten hinzu gewählt werden; und für andere Gremien – Bundes- beziehungsweise Landesparteiausschuss, Fachausschüsse – galt Analoges. Auf diese Weise waren die Frauenausschüsse das entscheidende Sprungbrett für eine politische Karriere in der Partei oder im Parlament, wie sich am Lebenslauf vieler weiblicher Abgeordneter oder Parteivorstandsmitglieder ablesen lässt.

Elisabeth Schwarzhaupt

Im 1. Deutschen Bundestag[7] saßen in der CDU/CSU-Fraktion zu Beginn der Legislaturperiode elf Frauen; diese Quote war mit 7,7 Prozent der Fraktionsmitglieder günstiger als der Mittelwert der weiblichen Abgeordneten in Bonn insgesamt. In der zweiten Wahlperiode erhöhte sich diese Zahl zwar auf 19 Frauen (7,6 Prozent), nun jedoch stellte die Union einen unterdurchschnittlichen Anteil im Gesamtparlament. Für die nächsten Legislaturperioden war der Trend mit 22 Abgeordneten 1957 (7,9 Prozent), 18 Abgeordneten 1961 (7,2 Prozent) und 15 Abgeordneten 1965 (6,0 Prozent) ähnlich. Der Tiefstand war 1969 mit sechs Parlamentarierinnen (5,6 Prozent) erreicht, danach stiegen die absoluten wie die relativen Zahlen wieder an. Besonders schwer hatten es Frauen, einen Wahlkreis zu gewinnen: 1949 waren von 115 Wahlkreisabgeordneten der Unionsfraktion sechs Frauen, 1953 hatte sich die Relation auf sechs von 172, 1957 auf fünf von 194, 1961 auf zwei von 156, 1965 auf zwei von 154 und 1969 gar auf einen von 121 gewonnenen Wahlkreisen verschlechtert. Dementsprechend wurden weibliche Unionsabgeordnete eher mit der Zweitstimme in den Bundestag gewählt und profitierten so von der Absicht der Parteispitze, über die Landeslisten Repräsentanten wichtiger Gruppeninteressen abzusichern. Aber auch hier waren sie im Durchschnitt schlechter plaziert als Männer und gelangten in manchem Fall erst im Laufe der Legislaturperiode als Nachrückerin für einen ausgeschiedenen Abgeordneten in das Parlament. In jeder Wahlperiode war die Anzahl der weiblichen Abgeordneten am Ende größer als zu Beginn der parlamentarischen Arbeit, was diese Tendenz, sie eher für unsichere Listenplätze zu nominieren, noch unterstreicht.

Der generelle Trend, dass Parlamentarierinnen im Durchschnitt erheblich älter waren als ihre männlichen Kollegen, dürfte auch für die Unionsfraktion in diesen Jahren gegolten haben. Der eher spätere Politikeintritt der Frauen wie auch ein längerer politischer Karriereweg vor Übernahme eines Bundestagsmandats galten hierfür als verantwortlich. Am auffälligsten war der Geschlechterunterschied hinsichtlich des Familienstandes: Während (Angaben zu 1. und 2. Wahlperiode fehlen) von der 3. bis zur 6. Legislaturperiode der Prozentsatz der männlichen Unionsabgeordneten, die ledig, verwitwet oder geschieden waren, zwischen 6 und 9 Prozent lag, bewegte sich der entsprechende Wert ihrer Fraktionskolleginnen zwischen 50 und 60 Prozent. Zwischen 9 und 19 Prozent der Unionsfrauen waren kinderlos verheiratet (Männer 17 bis 48 Prozent), und zwischen 28 und 31 Prozent hatten eine Familie mit einem oder mehreren Kindern (Männer 44 und 77 Prozent): Politische Arbeit im Bundestag war damit vor allem für diejenigen möglich und attraktiv, die nicht in familiärer Bindung lebten. Auf Länder- und vor allem auf kommunaler Ebene war der Unterschied jedoch nicht so ausgeprägt wie im Parlament am Rhein.

Weniger spezifisch zeigte sich die Geschlechterdifferenz hinsichtlich des

Bildungsniveaus. Generell hatte die Unionsfraktion (wie auch die FDP) einen höheren Akademikeranteil als ihre Sitznachbarn im Bundestag, und dies galt auch für ihre weiblichen Mitglieder. Im hier behandelten Zeitraum waren CDU-Frauen mit Hauptschulabschluss im Deutschen Bundestag nicht vertreten (Männer 10 bis 33 Prozent), die Mittlere Reife hatten 5 bis 25 Prozent der Unionsparlamentarierinnen, während der Anteil mit Hochschulreife 75 bis 100 Prozent und der mit Hochschulbildung 45 bis 73 Prozent betrug. Wenn man die nur schwer einzuschätzende Kategorie der Hausfrauen beiseite lässt, dominierten unter den Berufen Beamtinnen und Verwaltungsangestellte etwa aus den Lehr- und Fürsorgeberufen, gefolgt von Angehörigen der freien Berufe, meist Ärztinnen oder Anwältinnen. Dieses Bild ergänzen die Aussagen zu Altersstruktur und Familienstand.

Nur langsam gelang es den weiblichen CDU-Abgeordneten, in parlamentarische Führungspositionen vorzudringen. Bis 1965 stellten sie jeweils ein Mitglied für diesen Kreis, aber erst in der 5. Legislaturperiode erhöhte sich die Zahl leicht. Zu diesen Funktionen gehörte der Vorsitz in verschiedenen Bundestagsausschüssen, so in denjenigen für Bibliotheksfragen, für Petitionen oder für Fragen der öffentlichen Fürsorge, alles keine entscheidenden Schaltstellen der Gesetzgebungsarbeit. Ihren vorläufig größten Erfolg verzeichneten die CDU-Frauen 1957 mit der Wahl der profilierten Juristin und Oberkirchenrätin Elisabeth Schwarzhaupt zu einer der stellvertretenden Fraktionsvorsitzenden.

Nach der Bundestagswahl 1961 konnte mit ihr dann erstmals eine Ministerin am Kabinettstisch im Palais Schaumburg Platz nehmen. Der Bundesfrauenausschuss hatte schon lange darauf gedrängt, eine Frau für ein solches Amt vorzusehen, war hiermit jedoch erst im Rahmen der langwierigen und komplizierten Koalitionsverhandlungen zu Beginn der 4. Legislaturperiode erfolgreich. In einer geradezu dramatischen »Belagerung« des Bundeskanzleramtes während der Koalitionsverhandlungen hatte Adenauer den Christdemokratinnen schließlich zugesagt, ihr Anliegen zu berücksichtigen. Ursprünglich hatte der CDU-Chef beabsichtigt, eine Frau an die Spitze des Familienministeriums zu berufen und damit den bisherigen Amtsinhaber Franz-Josef Würmeling zu verdrängen. Dies stieß jedoch auf so viel Gegenwehr, dass er sich genötigt sah, statt dessen eine Abteilung aus dem Innenministerium auszugliedern und mit der Leitung des so geschaffenen Gesundheitsministeriums die von den Unionsfrauen vorgeschlagene Elisabeth Schwarzhaupt zu betrauen. Auf wieviel Widerspruch eine solche Personalentscheidung trotz aller verbalen Bekenntnisse zur Verstärkung der politischen Rolle der Frauen nach wie vor stieß, mag die Diskussion in der Fraktionssitzung[8] am 4. November 1961 zeigen, in der die Kabinettsbildung erörtert wurde. Vehement lehnten einige Fraktionsmitglieder den Plan ab, an die Spitze des »katholischen« Familienministeriums eine protestantische

Elisabeth Schwarzhaupt

und zudem kinderlose Frau zu berufen: »in das Familienministerium ...
gehöre ein Mann, der auch einmal einen Fußball müsse anspielen können.«
Aber auch als Gesundheitsministerin konnte sich manches Fraktionsmit-
glied seine Kollegin Schwarzhaupt nicht vorstellen. Gehörten doch zum Tätigkeitsfeld dieses Hauses so delikate Bereiche wie »die Bearbeitung des
Weingesetzes ... Wollen Sie das gerade einer Frau anvertrauen?«. Nun aber
wurde Adenauer angesichts des Gegenwindes, aber auch der Qualität der
Argumente wegen zunehmend ungehalten: »Wenn die Frau, die jetzt Minister geworden ist, bis jetzt nichts von Wein verstehen sollte, muß sie es eben
lernen. Wir wollen sie einmal zusammen einladen, dann wird sie die Verschiedenheit des Weines kennenlernen.« Damit war ein Machtwort gesprochen, und der Vereidigung von Elisabeth Schwarzhaupt als erster Bundesministerin zehn Tage später stand nichts mehr im Weg.

Anmerkungen

1   Sitzung des Wahlrechtsausschusses der CDU/CSU-Arbeitsgemeinschaft am 19. Mai
     1949, in: Brigitte Kaff (Bearb.), Die Unionsparteien 1946–1950. Protokolle der Ar-
     beitsgemeinschaft der CDU/CSU Deutschlands und der Konferenzen der Landesvor-
     sitzenden, Düsseldorf 1991, S. 595 f.
2   Zahlen nach Gabriele Bremme, Die politische Rolle der Frau in Deutschland, Göttin-
     gen 1956, S. 253 ff.; Peter Schindler, Datenhandbuch zur Geschichte des Deutschen
     Bundestages 1949–1999, Band I, Baden-Baden 1999, S. 224.
3   Sitzung vom 23. November 1956, in: Günter Buchstab (Bearb.), Adenauer: »Wir
     haben wirklich etwas geschaffen.« Die Protokolle des CDU-Bundesvorstandes
     1953–1957, Düsseldorf 1990, S. 1164.
4   Zitiert nach Horstwalter Heitzer, Die CDU in der britischen Zone 1945–1949,
     Düsseldorf 1988, S. 321.
5   Die folgenden Zahlenangaben beruhen auf einem soeben abgeschlossenen For-
     schungsprojekt zur Entwicklung der Mitgliedschaft und der sozialen Strukturen der
     Parteien in den westlichen Besatzungszonen und in der Bundesrepublik Deutschland
     1945–1990, dessen Ergebnisse 2001 publiziert werden.
6   Vgl. hierzu Kaff (1991), S. 22 und 29 (Satzung).
7   Zahlen nach Schindler (1999), S. 634 ff.; Beate Hoecker, Parlamentarierinnen im
     Deutschen Bundestag 1949 bis 1990. Ein Postskriptum zur Abgeordnetensoziologie,
     in: Zeitschrift für Parlamentsfragen 4/94, S. 556/581.
8   ACDP VIII-001, 1009/1.

Elisabeth Schwarzhaupt – Moderne Gesundheits- und Umweltpolitik für die Bundesrepublik Deutschland

Von Ursula Salentin

»Wenn je ein Ministerium in der Vielzahl dieser Institutionen die Billigung der Bundesbürger sich erwerben kann, dann ist es das neue Ministerium für Gesundheitswesen der vierten Regierung der Deutschen Bundesrepublik. Dass dieses Ministerium in die Hände einer Frau gelegt worden ist, darf als gutes Omen für die Arbeit dieser neuen Bundesbehörde angesehen werden. Wir wollen nicht verkennen, dass dieses Ministerium ohne Vorbild in der Geschichte deutscher Regierungsarbeit seiner Leiterin keineswegs eitel Freude bereiten wird. Aber es hat den einen großen Vorteil: Es ist durch keinerlei Tradition belastet und dient einer Aufgabe, die das Anliegen aller Menschen ist: es dient der Gesundheit. Der Dienst an der Gesundheit ist aber seit eh und je eine der schönsten weiblichen Aufgaben gewesen, darum beglückwünschen wir uns zu der ersten Frau im Amt dieses Ministeriums.«[1] Ähnlich zustimmend äußerte sich im Herbst/Winter 1962 allgemein die bundesdeutsche Presse.

Zweierlei machte die hohe Zustimmung zur Berufung Elisabeth Schwarzhaupts als Ministerin für das Gesundheitswesen deutlich: Zum Einen verursachte die fortschreitende Industrialisierung zunehmend Probleme für Umwelt und Gesundheit der Bundesbürger, zu deren Bewältigung sich der Einzelne die Hilfe des Staates wünschte, und zum Anderen gefiel es vor allem dem weiblichen Teil der Bevölkerung, dass die im Grundgesetz festgeschriebene Gleichstellung von Mann und Frau nun auch dadurch zum Ausdruck kam, dass eine Frau Regierungsverantwortung erhielt.

Für die Betroffene, die damals 60-jährige Elisabeth Schwarzhaupt – Oberkonsistorialrätin im Kirchlichen Außenamt der Evangelischen Kirche in Deutschland und Bundestagsabgeordnete der CDU im Wahlkreis Wiesbaden – jedoch bedeutete die Übernahme dieses schwierigen Amts sowohl eine »hohe Ehre« als auch eine »nicht unbeträchtliche Last«. Selbstverständlich widersprach es dem Pflichtbewusstsein Elisabeth Schwarzhaupts, sich hier zu verweigern. Sie wusste, dass sie es ihren Parteifreundinnen – vor allem Helene Weber, Aenne Brauksiepe und Elisabeth Pitz-Savelsberg – mit zu verdanken hatte, dass man ihr den verantwortungsvollen Posten anbot. Diese durfte sie nicht enttäuschen. Schon ihnen zuliebe musste sie das Amt nach besten Kräften ausfüllen. Dennoch verbarg sie ihren Freunden gegenüber ihre »gemischten Gefühle« nicht. »Der Gedanke, ein neues Ministerium zu übernehmen mit umstrittenen Zuständigkeiten, mit Aufgaben, in die ich mich erst einarbeiten musste, reizte mich wenig, aber ich hatte keine andere Wahl«, bekannte sie. »Wenn ich absagte, war es wieder mit einer Frau im Kabinett aus, und ich hätte die Verantwortung getragen. Das konnte ich den Frauen nicht antun, diese Möglichkeit zu einem kleinen Schritt vorwärts in ihrer Beteiligung an führenden politischen Aufgaben auszuschlagen. Also übernahm ich ein Ministerium, das es noch gar nicht gab, im Bewusstsein, eine von meinen Kolleginnen schwer erkämpfte Alibifrau zu sein.«[2]

Elisabeth Schwarzhaupt gehörte zu einer Generation, für die Bescheidenheit eine Tugend und Angeberei eine lächerliche Schwäche war. Selbstverständlich verdankte sie sowohl ihren Kolleginnen als auch der öffentlichen Meinung – die nun endlich eine Frau in einem hohen Staatsamt wünschten – einen Teil dieses Erfolges. Doch letztlich übertrug man ihr die Leitung dieses neuen Ministeriums, weil man ihre erfolgreiche Arbeit im Kirchlichen Außenamt und ihre nicht minder bemerkenswerte Mitarbeit im Deutschen Bundestag – hier vor allem im Rechtsausschuss – richtig zu werten vermochte. Man wusste, dass bei dieser klar denkenden, kenntnisreichen und solide arbeitenden Frau, die bei aller Liebenswürdigkeit und Zuvorkommenheit dennoch stets konsequent für das einmal von ihr als richtig Erkannte eintrat, das neue Gesundheitsministerium hervorragend aufgehoben war. Dass man ihr diese Aufgabe übertrug, war ein Kompliment an ihre Phantasie, ihre Schaffenskraft, ihr Organisationstalent. Eine Alibifrau war sie ganz sicher nicht.

Bis zur vierten Legislaturperiode 1961 waren mehrere Bundesressorts – in unterschiedlichen Ministerien untergebracht – für das öffentliche Gesundheitswesen zuständig. Nun verkündigte am 29. November 1961 Ludwig Erhard als Stellvertreter von Bundeskanzler Konrad Adenauer die Errichtung eines Bundesministeriums für das Gesundheitswesen. Wie in fast allen anderen Staaten der Welt sollten auch in der Bundesrepublik alle gesundheitspolitischen Fragen künftig von einer Stelle aus koordiniert werden. Man war sich zu dieser Zeit der Gesundheitsprobleme und der Gesundheitsgefahren der modernen Zivilisation bewusst geworden und suchte ihnen auch damit zu begegnen, dass man dem neuen Ministerium ganz explizit die Aufgabe übertrug, die Schäden des technischen Fortschritts, wenn nicht zu beseitigen, dann doch einzudämmen.

Das neue Haus hatte also nicht nur die Aufgabe, sich mit den traditionellen gesundheitspolitischen Aufgaben zu befassen, sondern sich vor allem den schädlichen Umweltproblemen zuzuwenden, die durch die fortschreitende Industrialisierung entstanden waren. Die Reinhaltung der Luft, die Bekämpfung des Lärms, die Güte des Wassers wurden zu zentralen Aufgaben. Den Stamm des Ministeriums bildete die ehemalige Gesundheitsabteilung des Innenministeriums, die sich bisher mit den Fragen der Humanmedizin, des Arzneimittel- und Apothekenwesens, des Lebensmittelwesens, der Veterinärmedizin, der tierärztlichen Lebensmittelüberwachung und den Fragen des Berufsrechts auseinandergesetzt hatte. In das neue Haus wurden übergeleitet: aus dem Ministerium für Ernährung, Landwirtschaft und Forsten der Bereich Veterinärmedizin, die Zuständigkeit für Schlachtvieh und Fleischbeschau, die Arbeitsgebiete Hygiene der Milch und der Milcherzeugnisse und die Fragen gesundheitlicher Ernährung; aus dem Ministerium für Arbeit und Sozialordnung die grundsätzlichen medizinischen Aufgaben der Prävention, der Rehabilitation, des Krankenhaus- und Bäderwesens sowie die Zuständigkeit für medizinische und gesundheitliche Grundsatzfragen der Reinhaltung der Luft und der Lärmbekämpfung bei gewerblichen Anlagen und aus dem Bundesministerium für Atomenergie alle Angelegenheiten der Wasserwirtschaft sowie des Strahlenschutzes.[3]

Welch' eine Fülle von Aufgaben! Wie weit entfernt von allen bisherigen Betätigungsfeldern Elisabeth Schwarzhaupts! Die neue Gesundheitsministerin wäre allerdings nicht sie selbst gewesen, hätte sie sich nicht sofort mit der ihr eigenen Disziplin, Gründlichkeit und Energie der neuen Aufgabe zugewandt. Nicht nur von ihr, auch von ihren Mitarbeitern forderte das neu errichtete Ministerium gerade in der Anfangszeit ungeteilte Zuwendung. Das verband die Ministerin und ihren Staatssekretär Walter Bargatzky mit den damals 75 Mitarbeitern und förderte zudem die gemeinsame Anstrengung. Arbeitsprogramme mussten erstellt, Organisationsformen entworfen, Kontakte zu den Bundesländern hergestellt werden, bei denen bisher ein Großteil der Zuständigkeiten für das Gesundheitswesen lag.

Die Arbeit im neuen Ministerium bestand vor allem in der Vorbereitung von Gesetzen und Verordnungen, Beratungen mit den beteiligten Ressorts anderer Ministerien und den Gesundheitsministern der Länder. Die wichtigsten Verwaltungszuständigkeiten erschöpften sich in der ersten Zeit in der Unterstützung von einigen nationalen und internationalen Hilfsmaßnahmen, der Beratung und Mitfinanzierung von Wissenschaft und Forschung. Dazu gehörten auch die gesundheitliche Aufklärung der Bevölkerung und die Pflege der Zugehörigkeit zu internationalen Organisationen und der Ausschüsse in Bund und Ländern.

Elisabeth Schwarzhaupt definierte damals ihre Aufgabe folgendermaßen: »Mein Handwerk ist das der Juristin. Als Bundesgesundheitsministerin muss ich nicht wissen, wie man einen Blinddarm herausnimmt. Ich muss hingegen den Weg des Gesetzes kennen. Ich muss den Standpunkt der Ärzte zu bestimmten Problemen und vor allem das Interesse der kranken Menschen im Kabinett und vor allem im Parlament vertreten.«[4] In den folgenden Monaten entkräftete die Amtsführung Elisabeth Schwarzhaupts schnell das Vorurteil, dass man sich weniger gern einer Frau als einem Mann unterordne. Ausnahmslos stimmten ihre Mitarbeiter der sachlich ruhigen Art zu, mit der sie das Ministerium führte. Man wusste ihre Anweisungen zu schätzen, aber auch ihre freundliche Bereitschaft, die Mitarbeiter zu kollegialer Arbeit heranzuziehen. Gleichbleibender Gerechtigkeitssinn, Toleranz, Verständnis und persönliche Anteilnahme prägten ihren Führungsstil. Die Arbeit der Ministerin erwies sich für die Öffentlichkeit immer dann als besonders wirkungsvoll, wenn sie als Rednerin für Gesetzesvorhaben ihres Hauses warb, sei es bei deren Vorbereitung im vorparlamentarischen Raum – zur Meinungsbildung in Verbänden, Kirchen, Gewerkschaften –, sei es bei der Erörterung der Gesetzesvorhaben vor dem Parlament. Elisabeth Schwarzhaupt hat dann nicht nur aus der Sicht ihres Fachgebietes gesprochen, nicht nur die tagesgebundenen Themen bedacht, sondern immer auch an Grundsätzliches gerührt. Philosophie war immer im Spiel. Den Tenor der Aussagen – die immer fortschrittlich waren, ohne modernistisch zu sein – bestimmten stets humane, christliche und liberale Wertvorstellungen. Ihr Denken beugte sich dabei nicht den gerade gängigen Meinungen und Tendenzen. Was sie für richtig hielt, trug sie in der ihr eigenen ausgewogenen, sachlichen, bestimmten Weise vor. Sie baute dabei auf die Überzeugungskraft des vernünftigen Arguments, hatte Indoktrination nicht nötig und zog auch angeblich endgültige Urteile in Zweifel. Das kleinste Bonner Ministerium, nach einiger Zeit endlich im eigenen Haus in der Deutsch-Herren-Straße in Bad Godesberg beheimatet, war rasch gewachsen und setzte sich inzwischen aus 76 weiblichen und 178 männlichen Mitarbeitern zusammen, unter ihnen: 16 Mediziner, 13 Juristen, elf Ingenieure, vier Veterinäre, ein Biologe, ein Physiker und ein Apotheker. In diesen Jahren gab es für Elisabeth Schwarzhaupt kaum Privatleben. Ihre Mitarbeit war immer und überall erforderlich.

Trotz großer Belastungen wirkte sie aber nie abgehetzt wie manch andere Karrierefrau, sondern vielmehr liebenswürdig, ausgeglichen, damenhaft. Man darf Elisabeth Schwarzhaupt glauben, dass ihr bei dem strapaziösen Arbeitsprogramm wenig Muße zu Lektüre, Konzertbesuch und Theaterereignissen blieb. Sie hat dies oft vermisst, da sie ja ein musisch und kulturell interessierter Mensch war. Doch die Aufgaben der Gesundheitsministerin beanspruchten nicht nur in den ersten Monaten, sondern während ihrer ganzen Amtstätigkeit ihre Kraft.

Es würde den Rahmen des kurzen Berichts sprengen, wollte man im Einzelnen auflisten, was das Ministerium unter Elisabeth Schwarzhaupt von 1961 bis 1966 auf den Weg brachte. Gegen Abschluss der vierten Legislaturperiode waren zum Beispiel zehn Gesetze, 23 Verordnungen und Verwaltungsvorschriften auf dem Gebiet der Humanmedizin, des Arzneimittel- und Apothekenwesens, des Lebensmittelwesens und der Veterinärmedizin sowie den Bereichen der Wasserwirtschaft, der Lärmbekämpfung und der Reinhaltung der Luft erlassen und verkündet. Darüber hinaus unterstützte das Bundesgesundheitsministerium unter anderem: Zweckgerichtete Forschung, etwa die Krebs-, Herz-, Kreislauf- und Rheumaforschung. Aufklärung und Beratung gab es mit Hilfe der Medien über alle gesundheitlichen Fragen. Auch wiesen Fach- und Modelleinrichtungen auf die Behandlung von Zucker- und Suchtkrankheiten, von multipler Sklerose, von Geistes- und Gemütskrankheiten hin. Nationale und internationale Kongresse boten der deutschen Wissenschaft Gelegenheit, sich darzustellen und zu messen.

Die modernste Abteilung, das eigentlich Neue des jungen Ministeriums aber war die Abteilung 3 »Umweltschutz«. In seiner unvergleichbaren Art hatte Konrad Adenauer, als er das Gesundheitsministerium Elisabeth Schwarzhaupt übertrug, gesagt: »Da soll sich mal das Kirchenfräulein um Luft, Lärm und Wasser kümmern!« Diesen Auftrag hat Elisabeth Schwarzhaupt erfüllt. Nicht erst ab den Zeiten der großen Koalition hat man sich mit Umweltfragen beschäftigt, sondern bereits seit 1961, also von Beginn der vierten Legislaturperiode an. Zwar sprach man damals noch nicht vom Waldsterben, doch der dunkle Himmel über dem Ruhrgebiet, der Schaum auf den Gewässern, die Verpestung der Luft durch die Autoabgase, der Lärm in der Nähe der Flugplätze, die Verschmutzung des Rheins, dies alles – und, wenn auch in anderen Zusammenhang gehörend, dennoch ebenfalls als Bedrohung durch die moderne Entwicklung verstanden, die Contergan-Tragödie – beunruhigte zu dieser Zeit die Menschen.

Im neuen Gesundheitsministerium war man nicht vermessen genug, auf schnelle Erfolge zu zählen. Doch begab man sich unverzüglich an die Arbeit. Hier zählte es zu den ersten Aufgaben, die Forschung in diesen Bereichen zu fördern sowie Maßstäbe zu entwickeln, nach denen Verbotsgesetze aufgestellt werden sollten, und die sich hieraus ergebende strengere Gesetzgebung bei internationalen Verhandlungen, beispielsweise bei der Rheinkommission, durchzusetzen. Wie umsichtig dort diese Probleme angefasst wurden, macht nachfolgende Schilderung aus einem Bericht des Gesundheitsministeriums vom 1964 deutlich: »Die vom Bundesministerium für Gesundheitswesen erarbeitete ›Technische Anleitung zur Reinhaltung der Luft‹ aus dem Jahre 1964 legt fest, welche Anforderungen die zuständigen Behörden an genehmigungspflichtige Anlagen zu stellen haben. Sie enthält nicht nur Vorschriften über die Grundsätze, die die zuständigen Behörden im Interesse der Reinhaltung der Luft bei der Prüfung der Anträge auf Genehmigung zur Errichtung oder Veränderung eines Betriebes zu beachten haben; sie enthält ebenfalls auch Vorschriften für nachträgliche Anordnungen über Anforderungen an die technische Einrichtung und den Betrieb einer Anlage sowie Vorschriften für die Anordnung über Feststellung von Art und Ausmaß von Rauch, Staub und dergl[eichen], die von einer Anlage ausgehen. So sieht z[um] B[eispiel] das ›Gesetz über Vorsorgemaßnahmen zur Luftreinhaltung‹ großräumige Untersuchungen über die Zusammensetzung der Luft – insbesondere in den Ballungsgebieten der Bevölkerung und der Industrie – vor. Die Erkenntnisse einer Messstation in einer Großstadt (Frankfurt/Main) ergaben bereits nach kurzer Zeit, dass infolge von unverbrannten Kohlenwasserstoffen und Stickoxiden aus den Kraftfahrzeugabgasen neue schädliche Stoffe in der Atmosphäre entstehen. Durch besondere Rechtsverordnungen soll der entstehende Auswurf dieser Schadstoffe begrenzt werden. Die Bemühungen der Bundesregierung, gemeinsam mit den Bundesländern die Reinhaltung der Luft im gewerblichen und industriellen Bereich zu gewährleisten, wurden fortgesetzt. Auf dem Gebiet der Reinhaltung der Luft arbeitet die Bundesregierung auf internationaler Ebene mit den Fachgremien des Europarats, der ECE und der OECD zusammen.«[5] Die erste sich mit Umweltschutz befassende Verordnung datierte vom 1. Dezember 1962 und zielte auf den Abbau von Detergenzien in Wasch- und Reinigungsmitteln.

Einen exakten Rechenschaftsbericht über die Aktivitäten der Bundesregierung im Bereich des Umweltschutzes von 1961 bis 1969 hat die Christlich-Demokratische Union Deutschlands herausgegeben.[6] Hier wurden alle Initiativen aufgelistet, die die Wasserreinhaltung, Abfallbeseitigung, Luftreinhaltung und Lärmbekämpfung betrafen. Die Dokumentation war untergliedert in: 1. rechtliche Regelungen, allgemeine Verwaltungsmaßnahmen, 2. Forschung, Untersuchung, Berichte, 3. internationale Zusammenarbeit, 4. Öffentlichkeitsarbeit, 5. finanzielle Förderung und vermittelte genaue Kenntnisse über die frühen Bemühungen um den Umweltschutz unter der Ägide Elisabeth Schwarzhaupts.

Bei den verschiedenen Kabinettsumbildungen unter Bundeskanzler Konrad Adenauer und – nach dessen Ausscheiden aus dem Amt 1963 – unter seinem Nachfolger Bundeskanzler Ludwig Erhard setzten sich immer wieder die Frauen der CDU, doch auch überparteiliche Frauenverbände dafür ein, dass die erfolgreiche Bundesgesundheitsministerin weiterhin im Amt blieb und nicht dem Parteienproporz geopfert wurde. Als 1966 Bundeskanzler Kurt Georg Kiesinger (CDU) das Kabinett der großen Koalition aus CDU/CSU und SPD bildete, fiel das Gesundheitsministerium der Sozialdemokratin Käte Strobel zu. Elisabeth Schwarzhaupt, obwohl äußerst erfolgreich und mit ihrer Arbeit zufrieden, widersetzte sich nicht. Fair wie sie war, fand sie für ihre Nachfolgerin folgende anerkennende Worte: »Sie wollte mich nicht verdrängen. Sie hätte lieber das Familienministerium übernommen. Sie war eine tüchtige Frau mit großer politischer Durchsetzungskraft. Sie konnte bei dem damals möglichen Zusammengehen von SPD und CDU eine Zweidrittelmehrheit für eine Grundgesetzänderung erreichen, die die Bundeskompetenz für das Gesundheitswesen erweiterte.«[7]

Nach dem Ausscheiden aus dem Ministerium reihte sich Elisabeth Schwarzhaupt ganz selbstverständlich wieder in die Fraktions- und Ausschussarbeit ein. Verstärkt wandte sie sich juristischen Problemen zu und wurde vor allem als Vorsitzende des Unterausschusses für die Reform des Nichtehelichenrechts tätig. Zu den Erfolgen ihrer 16 Bonner Jahre zählte sie neben ihrer Mitarbeit an den Reformen des Eherechts und des Nichtehe- lichenrechts, neben der erfolgreichen Einführung der Kenntlichmachung von Fremdstoffen in den Lebensmitteln vor allem ihren Kampf um die Ein- dämmung der Umweltschäden. Um die Reinhaltung der Luft und des Was- sers, um die Verminderung des Lärms hat sie sich verdient gemacht. Zum ersten Mal trat man von staatlicher Seite gegen die gesundheitlichen Belas- tungen durch die fortschreitende Industrialisierung an. Was damals erkannt und bekämpft wurde, ist bis heute ein wichtiger Teil der Gesundheits- und Umweltpolitik der Bundesrepublik Deutschland.

Die letzten Jahre als Abgeordnete – für die Bundestagswahl 1969 ließ sie sich nicht mehr aufstellen – empfand Elisabeth Schwarzhaupt als eine Zeit des harmonischen Abschieds von der Politik. Auch wenn sie später angab, nur eine Alibi-Frau in dem Kollegialorgan Bundeskabinett gewesen zu sein, hat sie doch als erstes weibliches Kabinettsmitglied den Frauen eine Tür zu den höchsten Staatsämtern geöffnet. Seither gab es keine Bundesregierung ohne weiblichen Ressortminister mehr. Die Mitarbeit der Frauen in der Po- litik ist darüber hinaus dank ihres Beispiels, ohne Aufheben ein hohes Re- gierungsamt als gleichberechtigtes Mitglied auszufüllen, im ganzen selbst- verständlich geworden.

Anmerkungen

1   Konrad Günter, Große Aufgabe für die erste Ministerin, in: Frau im Beruf (Verband weiblicher Angestellter), Januar 1962.
2   Elisabeth Schwarzhaupt, in: Deutscher Bundestag (1983), S. 267.
3   Gerhart Attenberger/Helmut Eiden-Jaegers, Das Bundesministerium für Gesund- heitswesen, Frankfurt am Main/Bonn 1968, S. 10 f.
4   Hilde Hold, Ihr Vorbild ist immer der Vater, Ruhr-Nachrichten, 7. November 1964.
5   Das Bundesministerium für Gesundheitswesen (1968), S. 22 f.
6   Argumente, Dokumente, Materialien. Zusammenstellung der Bundesregierung im Bereich des Umweltschutzes von 1961–1969, Lfd. Nr. IV/6, CDU Bonn [o. J.].
7   Elisabeth Schwarzhaupt, in: Deutscher Bundestag (1983), S. 274.

Für die Rechte der Frauen –
Elisabeth Schwarzhaupt im Dienst der Evangelischen Frauenarbeit in Deutschland

Von Hildburg Wegener

»Ich habe vor einiger Zeit die Geschäftsführung der Evangelischen Frauenarbeit in Deutschland, eines Zusammenschlusses der landeskirchlichen Frauenarbeiten und der Evangelischen Frauenverbände, übernommen und muß mir nach den Ereignissen der letzten Jahre meine Küchlein nunmehr zusammensuchen.« So schrieb Elisabeth Schwarzhaupt, juristische Referentin in der Kirchenkanzlei der Evangelischen Kirche in Deutschland (EKD), im Sommer 1946 in einem privaten Brief.[1]

Mit den »Ereignissen der letzten Jahre« sprach sie die Wirren der Kriegs- und unmittelbaren Nachkriegszeit an. Die Frauenorganisationen in den evangelischen Landeskirchen hatten sich in der NS-Zeit großenteils unter das schützende Dach kirchlicher Strukturen begeben und damit ihre Selbständigkeit aufgeben müssen. Die »reichsweit« aktiven evangelischen Frauenorganisationen hatten versucht, sich durch Stillhalten, Anpassung oder auch vorsichtigen Widerstand der Auflösung oder der staatlichen Gleichschaltung zu entziehen. Unmittelbar nach Kriegsende beteiligten sich die evangelischen Frauen vor Ort an Flüchtlingshilfe und Wiederaufbau und suchten parallel dazu, im steten Kleinkrieg gegen Versorgungslücken, fehlende Räume, Energieknappheit und Papiermangel, ihre Organisationsstrukturen wiederaufzubauen. Hand in Hand mit der sozialdiakonischen Arbeit nahmen sie ihre Bildungsarbeit erneut auf, um Frauen für Leben und Mitwirkung in einer demokratischen Gesellschaft Orientierung auf der Grundlage des christlichen Glaubens zu vermitteln.

Elisabeth Schwarzhaupt verfügte in diesen schweren Zeiten über ungewöhnlich gute Voraussetzungen, um ihre »Küchlein« zusammenzusuchen und unter das gemeinsame Dach der Evangelischen Frauenarbeit in Deutschland (EFD) zu bringen. Als Mitarbeiterin der Kirchenkanzlei, der zentralen Verwaltungsstelle der EKD, hatte sie Möglichkeiten zu Reisen über Zonengrenzen hinweg, mit Dienstwagen, Interzonenzügen, einmal auch mit einem Militärflugzeug nach Berlin, die den meisten anderen Deutschen nicht offen standen. Auch für Frauen aus den Verbänden konnte sie immer wieder Benzingutscheine, Interzonenpässe oder Papierkontingente beantragen. Außerdem besaß sie Informationsquellen und Kontakte in den Landeskirchen sowie zu den alliierten Behörden, die sie für ihre Tätigkeit als Geschäftsführerin der EFD nutzen konnte.

Die Kirchenkanzlei hatte sich aus dem zerbombten Berlin zunächst in den Harz und dann nach Schwäbisch Gmünd in der amerikanischen Besatzungszone gerettet. Als Referentin für kirchliche Verfassungsfragen begleitete Elisabeth Schwarzhaupt den organisatorischen Neuaufbau der EKD und nahm an den Sitzungen der entsprechenden Kommissionen und des Rates der EKD teil. Dabei nutzte sie fast jede dienstliche Reise zu Arbeitsbesprechungen mit Frauen aus der Leitung der EFD. Meist hielt sie dann noch ein oder zwei Vorträge bei den evangelischen Frauenverbänden; am liebsten über die Aufgaben der evangelischen Frau in der Gesellschaft heute oder über Auftrag und Arbeit der Evangelischen Frauenarbeit, oft auch zum Stand der Neuordnung der EKD. Als sie 1948 in das Kirchliche Außenamt in Frankfurt am Main überwechselte, kamen Auslandsreisen und die Mitarbeit in ökumenischen Gremien dazu, die sie für den Aufbau ökumenischer Beziehungen der Frauenarbeit nutzen konnte.

Die evangelischen Frauenorganisationen verstanden sich als von der Kirche unabhängige Verbände, die damals wie heute von Ehrenamtlichen geleitet wurden. Soweit in den Verbänden Hauptamtliche tätig waren, handelte es sich meist um Frauen, die eine theologische Ausbildung hatten. Wie kam Elisabeth Schwarzhaupt als eine mit allen Fasern ihres Wesen berufstätige Frau und Juristin in die Leitung der verbandlich organisierten evangelischen Frauenarbeit?

Weil sie als Frau unter dem Nationalsozialismus nicht ihrer Qualifikation entsprechend juristisch tätig sein konnte und in Frankfurt öffentlich gegen das NS-Regime aufgetreten war, hatte ihr Lebensweg sie 1936 in die Verfassungs- und Rechtsabteilung der Kirchenkanzlei der Deutschen Evangelischen Kirche (DEK) geführt. Dort bekam sie verschiedentlich Kontakt zu Frauen aus den evangelischen Verbänden. Unter anderem bearbeitete sie die sogenannte Vikarinnenfrage, das hieß, wie die Landeskirchen rechtlich mit der wachsenden Zahl theologisch ausgebildeter, ein kirchliches Amt anstrebender Frauen umgehen sollten. Im Einzelfall konnte sie sich dafür einsetzen, dass Vikarinnen, Gemeindehelferinnen oder Pfarrfrauen, die in ihren Gemeinden die Arbeit ihrer kriegsverpflichteten Männer aufrecht hielten, von der Verpflichtung zum Reichsarbeitsdienst freigestellt wurden. 1942 ermöglichte sie, nachdem der Staat das Erscheinen aller kirchlichen Druckerzeugnisse verboten hatte, dass der »Mütterkalender« des Bayerischen Mütterdienstes weiter erscheinen konnte. Außerdem bewahrte sie Müttererholungsheime vor der Beschlagnahmung durch die NS-Volkswohlfahrt, indem sie dem Bayerischen Mütterdienst in Nürnberg seine »Einsatzbereitschaft für das Volksganze« bescheinigte. Neben dieser Unterstützung in Einzelfällen unterhielt Elisabeth Schwarzhaupt auch direkte Beziehungen zur Leitung der evangelischen Frauenarbeit. 1933 waren die Mitgliedsverbände der 1918 gegründeten Vereinigung evangelischer Frauenverbände Deutschlands in ein nach dem »Führerprinzip« organisiertes »Evangelisches Frauenwerk« überführt und in das neu geschaffene Deutsche Frauenwerk eingegliedert worden. Das Evangelische Frauenwerk wurde bald in die Auseinandersetzungen zwischen regimetreuen und regimekritischen Kräften hineingezogen und näherte sich dabei der Bekennenden Kirche an. 1935 wurde die Mitgliedschaft im Deutschen Frauenwerk aufgehoben. Seitdem vollzog sich die Zusammenarbeit der evangelischen Frauenverbände ohne eine anerkannte Satzung, seit 1938 unter dem politisch unverfänglichen Namen »Evangelische Frauenarbeit in Kirche und Gemeinde«. Trotz staatlicher Einschränkungen und kriegsbedingter Schwierigkeiten war aber eine von den Verbänden legitimierte zentrale Leitung erhalten geblieben, die den Kontakt unter den evangelischen Frauen aufrecht hielt und ihre Anliegen gegenüber den Kirchen und der Kirchenkanzlei vertrat.

Als 1942 die endgültige Auflösung drohte, nahm Elisabeth Schwarzhaupt im Auftrag der Kirchenkanzlei mehrfach an den Sitzungen des Ausschusses und der vierköpfigen Leitung der Frauenarbeit teil, um sie bei der Formulierung einer neuen Ordnung zu beraten. Dieses im Januar 1943 beschlossene Papier schrieb »unter gänzlicher Abkehr vom Führerprinzip« wieder die verbandlichen Strukturen mit einer von der Mitgliederversammlung berufenen »Leitung« fest. Es gelang, den Zusammenschluss so zu beschreiben, dass er nach außen als ein Organ kirchlicher Arbeit erschien und damit unter dem Dach und Schutz der DEK stand, andererseits aber die Selbständigkeit der angeschlossenen Verbände gewahrt blieb.

Dafür musste freilich der Anspruch auf öffentliche politische Wirksamkeit ganz zurückgenommen werden. Der »Leitung« gehörten damals an: Meta Eyl vom Deutsch-Evangelischen Frauenbund in Hannover, die 1941 die Geschäftsführung übernommen hatte, Dagmar von Bismarck und Pfarrer D. Wilhelm Brandt von der Reichsfrauenhilfe, dem Zusammenschluss der landeskirchlichen Frauenarbeiten in den ehemaligen preußischen Gebieten, und als Vertreterinnen der »süddeutschen Verbände« Antonie Nopitsch vom Bayerischen Mütterdienst beziehungsweise als ihre Stellvertreterin Antonie Kraut von der Frauenarbeit in Württemberg, eine Juristin, die vor allem in den Satzungsfragen mit Elisabeth Schwarzhaupt eng zusammenarbeitete.

Es lässt sich den Akten der EFD nicht entnehmen, von wem die Initiative tatsächlich ausging. Jedenfalls aber nutzte Elisabeth Schwarzhaupt ihre Möglichkeiten, um im März 1946 die »Leitung« zu einer ersten Besprechung nach dem Krieg zusammenzurufen. Schwarzhaupt hat auf dieser Sitzung die zum Teil auseinanderstrebenden Kräfte offenbar tatkräftig gebündelt. Bei der Diskussion, ob der Zusammenschluss weiterhin »Evangelische Frauenarbeit in Kirche und Gemeinde« oder etwa wieder »Evangelisches Frauen-werk« heißen sollte, schlug sie den Namen »Evangelische Frauenarbeit in Deutschland« vor, in Anknüpfung an den Namen des Dachverbandes in der Weimarer Zeit mit seinem Anspruch auf öffentliche Wirksamkeit. Auch die Parallelität des neuen Namens zu dem der Evangelischen Kirche in Deutschland wird ihr wichtig gewesen sein. Man einigte sich auf die erfor-derlichen Abänderungen der 1943 beschlossenen Ordnung und entwarf ein Rundschreiben an die ehemaligen Mitglieder der »Evangelischen Frauen-arbeit für Kirche und Gemeinde«, das über den Wiederanfang der Arbeit informierte und für Ende Juni 1946 zu einer ersten Mitgliederversammlung nach Treysa in Nordhessen einlud. Elisabeth Schwarzhaupt stellte für den Versand des Rundschreibens die Ressourcen ihrer Dienststelle zur Verfü-gung. Es war wohl folgerichtig, dass die Anwesenden sie baten, als »Ge-schäftsführendes Mitglied« Teil der mit ihr nunmehr fünfköpfigen Leitung zu werden. Antonie Nopitsch übernahm den Vorsitz, auch wegen der guten Reisemöglichkeiten zwischen Schwäbisch Gmünd und Nürnberg. Schon auf dieser ersten Sitzung wurde eine Eingabe an den Lutherischen Weltbund mit der Bitte verfasst, sich für die Freigabe von Kriegsgefangenen einzusetzen. Die Unterzeichnerinnen waren Schwarzhaupt und Nopitsch.

Diese Personalunion – Referentin der Kirchenkanzlei und Geschäftsfüh-rerin der Frauenarbeit – war nicht unproblematisch. Der neue Dachverband sollte weiterhin gerade nicht Teil der kirchlichen Struktur sein, sondern ge-genüber Kirche und Gesellschaft ein Recht auf eigene Meinungsbildung und öffentliche Äußerungen haben. In ihren Briefen an die Mitgliedsorganisatio-nen musste Elisabeth Schwarzhaupt immer wieder betonen, dass die Wahr-nehmung der Geschäftsführung durch sie keine »Verkirchlichung« impliziere. So schrieb sie im April 1946 an Hulda Zarnack, die langjährige Leiterin des Reichsverbandes der Weiblichen Jugend, »dass ich zwar auch Referentin der Kanzlei der E.K.D. für kirchliche Frauenarbeit bin, daß ich zur Ge-schäftsführerin der Evangelischen Frauenarbeit in Deutschland aber aus-drücklich als Einzelperson aufgrund des persönlichen Vertrauens, das man mir entgegenbringt, berufen worden bin. Meine Berufung bedeutet also kei-nerlei organisatorische Veränderung.«

Ihre persönliche Verbindung zur kirchlichen Verwaltung erwies sich freilich als ausgesprochen nützlich. Elisabeth Schwarzhaupt hat diese Dop-pelrolle offensichtlich genossen und ihre Kompetenzen so weit wie möglich ausgedehnt. So betraute sie etwa ihre Sekretärin in der Kirchenkanzlei mit der Korrespondenz der Evangelischen Frauenarbeit. Für die ab September 1946 monatlich erscheinenden »*mitteilungen*« der EFD wertete sie die Zeit-schriften aus dem In- und Ausland aus, die in ihrer Dienststelle gehalten wurden. Die lange Zeit von entsprechenden Nachrichten abgeschnittenen Frauen in den Mitgliedsverbänden, vor allem auch im Osten, erhielten so regelmäßig einen aktuellen Überblick darüber, was sich in Frauenfragen in Kirche und Gesellschaft tat.

Auf EFD-Papier schrieb sie Briefe an Kirchenführer, mit denen sie laufend als Referentin in Kontakt stand. So gratulierte sie dem Vorsitzenden des Rates der EKD Theophil Wurm im Namen der Frauenarbeit zu seinem 80. Geburtstag oder seinem Stellvertreter Martin Niemöller, ihrem künftigen Chef im Kirchlichen Außenamt, 1947 zu seiner Wahl als Kirchenpräsident der Evangelischen Kirche in Hessen und Nassau – ihrer »Heimatkirche«. Als die erste Mitgliederversammlung im Sommer 1946 in einer kritischen Stellungnahme die fehlende Anerkennung der sozialdiakonischen Arbeit der evangelischen Frauenverbände beklagte und für die Leiterinnen der landeskirchlichen Frauenarbeiten einen Sitz in den entsprechenden Ausschüssen der Hilfswerke einforderte, ließ sie den Text an die Kirchenkanzlei schicken, wo sie selbst für die Weiterbearbeitung zuständig war.

Als Elisabeth Schwarzhaupt im Oktober 1948 in das Kirchliche Außenamt nach Frankfurt am Main wechselte, blieb sie – eine höchst ungewöhnliche und ganz auf ihre Person zugeschnittene Lösung – Referentin der Kirchenkanzlei in Schwäbisch Gmünd, ab 1949 in Hannover, für die kirchliche Frauenarbeit und konnte so weiterhin die Fäden in der Hand halten. Bald zeichnete sich allerdings ab, dass Schwarzhaupt die Geschäftsführung der EFD nicht länger mit ihren vielen dienstlichen Auslandsreisen vereinen konnte. 1950 stellte die EFD auf ihren Wunsch eine hauptamtliche Geschäftsführerin zu ihrer Entlastung ein. Diese übernahm die Zusammenstellung der »*mitteilungen*« und die Teilnahme an Sitzungen der Mitgliedsorganisationen. Elisabeth Schwarzhaupt blieb aber, bis sie 1953 in den Bundestag einzog, Mitglied der Leitung und verfasste weiterhin Briefe im Namen der EFD, unterschrieb Rundschreiben an die Mitgliedsorganisationen und zeichnete die Protokolle der Leitung gegen.

Der Aufbau der Frauenarbeit vollzog sich zügig. An der ersten Mitgliederversammlung in Treysa, ein gutes Jahr nach Kriegsende, nahmen 35 Frauen teil, darunter zwei Frauen aus der sowjetisch besetzten Zone. Ende 1947 konnte Elisabeth Schwarzhaupt im Amtsblatt der EKD 16 bundesweite und 21 landeskirchliche Mitgliedsorganisationen in Ost und West aufführen. Neben der Leitung, deren Mitglieder alle in den Westzonen wohnten, wurde eine fünfköpfige Zonenvertretung Ost benannt. Die Aufgaben der Evangelischen Frauenarbeit lagen für Elisabeth Schwarzhaupt zwischen den beiden Polen der »Sammlung von Frauen um die Bibel im engsten Kreis der Gemeinde« und der »Vertretung der evangelischen Frauen in Staat und Gesellschaft«. Zu letzterem gehörte »die Bildung eines evangelischen Frauenwillens und seiner Vertretung im Gespräch mit den außerhalb der Kirche stehenden Frauen, etwa wo es sich um die Auseinandersetzung über die Stellung der Frau in Staat und Gesellschaft handelt, um die Neuordnung von Rechtsgebieten, die Frau besonders betreffen, z. B. Eherecht, Vormundschaftsrecht, § 218«.

Damit ist ein Arbeitsgebiet angesprochen, dem Elisabeth Schwarzhaupt, auch nachdem sie 1953 aus der Leitung der Frauenarbeit ausschied, eng verbunden blieb. Ende 1949 wurde die Gründung eines Rechtsausschusses der EFD beschlossen, um »Stellungnahmen zur Rechtsreform auf Grund von Art. 3 Abs. 2 des Grundgesetzes, insbesondere der Familienrechtsreform« vorzubereiten. In den Ausschuss berufen wurden Frauen, die der evangelischen Frauenarbeit angehörten oder nahe standen. Neben Juristinnen waren dies auch Frauen aus der Sozialarbeit und der Kommunalpolitik, so die spätere Fraktionskollegin von Elisabeth Schwarzhaupt Emmi Welter, außerdem eine Verbindungsfrau zur Inneren Mission beziehungsweise zu dem Diakonischen Werk der EKD. Leitung und Protokoll lagen bei Elisabeth Schwarzhaupt.

Die erste Sitzung des Rechtsausschusses im März 1950 behandelte die Themen »Reform des Eherechts« und »Reform der Rechtsstellung der ehelichen und unehelichen Kinder«, zwei Themen, die die parlamentarische Arbeit von Elisabeth Schwarzhaupt bis zuletzt bestimmen sollten. Zu den betreffenden Paragraphen des BGB schickte sie den Mitgliedern des Rechtsausschusses vorab Änderungsvorschläge, die auf der Sitzung diskutiert und dann Grundlage einer Reihe von Stellungnahmen wurden, die der Rechtsausschuss zwischen 1950 und 1954 abgab. Gefordert wurde von Anfang an die ersatzlose Streichung der Entscheidungsgewalt des Mannes über die Angelegenheiten, die das gemeinsame Leben der Eheleute betreffen, sowie die Aufhebung des Letztentscheidungsrechts des Vaters. Diese Stellungnahmen des Rechtsausschusses der EFD waren innerhalb der evangelischen Kirche durchaus umstritten. Elisabeth Schwarzhaupt musste sich verschiedentlich dagegen verwahren, dass die EKD, die zusammen mit der katholischen Kirche für die Beibehaltung des Letztentscheidungsrechts des Vaters eintrat, dies als die christlich gebotene Position darstellte, obwohl Vertreterinnen der EFD und einzelne Theologen in den entsprechenden Gremien der EKD abweichend votiert hatten. Im Juli 1952 legte das Bundeskabinett einen Gesetzentwurf vor, der mit dem Entscheidungsrecht des Mannes und Vaters das Patriarchat erneut gesetzlich verankerte, wogegen viele Frauenverbände vehementen Protest einlegten.

Angesichts dieser innerhalb und außerhalb des Parlaments konflikthaft geführten Diskussion gelang es dem Deutschen Bundestag bis 1953 nicht, die im Grundgesetz verankerte Gleichberechtigung der Frau im Ehe- und Familienrecht umzusetzen. Als Elisabeth Schwarzhaupt 1953 in den Bundestag gewählt wurde, entschied sie sich für die Mitarbeit in dessen Rechtsausschuss, der mit der Familienrechtsreform befasst war. 1954 trug sie in ihrer vielbeachteten »Jungfernrede« vor dem Parlament ihre Position so vor, wie sie vom Rechtsausschuss der EFD von Anfang an vertreten worden war, und erntete damit Beifall vom protestantischen Teil der CDU und von der SPD. Der konservative Flügel der CDU sorgte jedoch dafür, dass das Letztentscheidungsrecht des Vaters in dem 1957 verabschiedeten neuen Gesetz verankert blieb. Erst 1959 stellte das Bundesverfassungsgericht endgültig fest, dass der Letztentscheid des Vaters verfassungswidrig war.

Ende 1959 gab Elisabeth Schwarzhaupt den Vorsitz des Rechtsausschusses an ihre alte Weggefährtin Antonie Kraut von der Frauenarbeit in Württemberg ab, arbeitete aber weiterhin regelmäßig mit. Als sie in ihrer Zeit als Bundesministerin nicht mehr alle Sitzungstermine wahrnehmen konnte, ließ sie sich durch ihre persönliche Referentin Regierungsrätin Marie Luise Schneider vertreten, auch ein Zeichen dafür, wie wichtig ihr die Zuarbeit des Rechtsausschusses geworden war. Ab 1967 nahm »Frau Ministerin i.R. Dr. Schwarzhaupt« wieder regelmäßig teil. Zu den Themen, über die sie referierte, um dann das Diskussionsergebnis in eine Stellungnahme zu fassen, gehörten das Scheidungsrecht, die Strafrechtsreform, die Notdienstgesetze aus der Sicht von Frauen, die Auseinandersetzung um den § 218 StGB sowie das Sexualstrafrecht insgesamt.

Während ihrer Tätigkeit als Abgeordnete und als Gesundheitsministerin spielte sie, wie schon in der Kirchenkanzlei, gern ihr »Doppelrollenspiel«. So hieß es im Februar 1959 zum Tagesordnungspunkt »Familienrechtsänderungsgesetz – Anfechtung der Ehelichkeit« im Protokoll: »Frau Dr. Schwarzhaupt stellte in ihrem Bericht die Punkte heraus, zu denen eine Stellungnahme wünschenswert wäre. … Eine Eingabe, die a) an den Bundestagsausschuss für Familien- und Jugendfragen, b) an den Rechtsausschuss des Bundestages, c) an die weiblichen Abgeordneten aller Parteien gehen sollte, müsste folgende Gesichtspunkte enthalten … .« Im November 1964 stand unter dem Tagesordnungspunkt Krankenpflegegesetz: »Frau Dr. Schwarzhaupt bat um ein Schreiben des Rechtsausschusses an das Bundesgesundheitsministerium, in dem folgendes zum Ausdruck kommen sollte: 1. Der Rechtsausschuß hält die Volksschulbildung nicht für ausreichend zur Zulassung zur Schwesternausbildung, (…). 4. Besonders würde es Frau Dr. Schwarzhaupt freuen, wenn der Rechtsausschuß dieses Schreiben mit dem Rat der EKD abstimmen würde.«

Im November 1985 nahm Elisabeth Schwarzhaupt zum letzten Mal an einer Rechtsausschusssitzung teil. Das Protokoll wies aus, dass die 85-Jährige wie immer kenntnisreich mitdiskutierte und zuweilen steuernd und strukturierend in das Gespräch eingriff. Im Protokoll der Sitzung am 7. November 1986 hieß es dann: Der Rechtsausschuss »gedachte der Gründerin und langjährigen Vorsitzenden des Rechtsausschusses, Frau Dr. Elisabeth Schwarzhaupt, die am 29.10.1986 verstorben war. Ihre Sachlichkeit war hochgeschätzt, ebenso ihre bewundernswerten, druckreifen Formulierungen, die mancher Stellungnahme des Rechtsausschusses zugrunde lagen. Frau Dr. Kraut hat noch kurz vor dem Tode mit Frau Dr. Schwarzhaupt telefoniert, die ihr ans Herz legte, dem Rechtsausschuß auszurichten, dass dieser nicht nur für die Rechte der Frau eintreten sollte, sondern die evangelischen Anliegen einbringen müsse, als Rechtsausschuß der Evangelischen Frauenarbeit in Deutschland.«

Anmerkung

1   Alle Zitate aus Briefen und Protokollen stammen aus dem Archiv der Evangelischen Frauenarbeit in Deutschland e. V. in Frankfurt am Main; vgl. außerdem Vereinigung Evangelischer Frauenverbände Deutschlands. Dokumente aus der Geschichte des Dachverbandes von der Gründung 1918 bis zum Wiederanfang 1946, Sondernummer der »mitteilungen« der Evangelischen Frauenarbeit in Deutschland, Hildburg Wegener (Hg.), Frankfurt am Main 1993.

Elisabeth Schwarzhaupt

Teil IV
Elisabeth Schwarzhaupt –
Dokumente

Ausgewählt und eingeleitet von
Heike Drummer und Jutta Zwilling

Der Text wurde 1932 unter den Titeln *Die Stellung der Frau im National-*
sozialismus und *Was hat die deutsche Frau vom Nationalsozialismus zu erwar-*
ten? verbreitet. Herausgeber waren die DVP, der Elisabeth Schwarzhaupt
politisch nahe stand, beziehungsweise die Berliner Gesellschaft »Deutsche
Erneuerung. Zeitungs- und Buchverlag«. Auch wenn dieser Sachverhalt heute kaum mehr bekannt ist, so wehrten sich gerade Frauen engagiert gegen
die NS-Programmatik. Waren sie es doch, denen die Nationalsozialisten
lang erkämpfte Rechte absprachen und die auf eine bestimmte Frauenrolle
– Mutter und Kameradin des Ehemannes – reduziert werden sollten. Ein Original der Broschüre bewahrt das Archiv der deutschen Frauenbewegung in
Kassel auf. In der vorliegenden Abschrift sind Hervorhebungen und Gestal-
tungen der fünften Auflage aus dem Jahre 1932 übernommen.

■ Was hat die deutsche Frau vom Nationalsozialismus zu erwarten?

Die Stellung der Frau im Nationalsozialismus.

Von Elisabeth Schwarzhaupt.

Die Bestrebungen, die sich seit der Mitte des vorigen
Jahrhunderts um eine Besserung der Stellung der Frau
bemühen, sind seit etwa fünf Jahren in eine Krise eingetreten, wie sie in der bisherigen

Geschichte der Frauenbewegung

noch nicht da war. Ich meine dabei Frauenbewegung
im weitesten Sinn, also nicht nur den Kampf um Frauen-
stimmrecht und Frauenberufe, sondern auch die Bestrebungen um eine Hebung der Frauenbildung im allgemeinen, sowie die Arbeit der Hausfrauenvereine und der
Landfrauenverbände, die ganze Arbeit, die eine Hebung
der Stellung der verheirateten Frau zum Ziel hat. Denn
all diese Einzelzweige der großen, einheitlichen Frauenbewegung sind von dieser

Krise gleicherweise betroffen.

Nicht nur die materiellen Verhältnisse wenden sich
gegen die Frauenbewegung, sondern die geistige Haltung einer großen Anzahl von Volksgenossen stemmt sich
ihr entgegen. Eine Bewegung von der Stoßkraft der
nationalsozialistischen Bewegung hat nicht
nur das Ziel, die Frauenbewegung am weiteren Fort-
schreiten zu verhindern, sondern sie will den Frauen den
bis jetzt gewonnenen Boden wieder entreißen.

Elisabeth Schwarzhaupt

I. Wie steht die nationalsozialistische Bewegung im einzelnen zur Frauenfrage?

Ich möchte dies an den vier hauptsächlichen Arbeitsgebieten der Frauenbewegung zeigen: es handelte sich bei der bisherigen Arbeit um
1. den Kampf für die politische Gleichberechtigung der Frau,
2. den Kampf für die Gleichberechtigung der Frau im Berufsleben,
3. die Hebung der Mädchenbildung,
4. die Verbesserung der Rechtsstellung der verheirateten Frau.

1. Die politische Stellung der Frau.

Das nationalsozialistische Parteiprogramm unterscheidet zwischen »S t a a t s b ü r - g e r n« und »S t a a t s a n g e h ö r i g e n«. Nur der Staatsbürger nimmt an der Leitung des Staates teil, während die Staatsangehörigen, zu denen vor allem die Juden gehö- ren, unter einer Art von Fremdenrecht stehen, von jeder aktiven Teilnahme am öffentlichen Leben ausgeschlossen, also Bürger zweiten Ranges sind. Hitler sagt in seinem Buch »Mein Kampf« (München 1930, S. 490), daß sich der Staatsangehörige vom Ausländer nur dadurch unterscheidet, daß der Ausländer eine Staatsangehörig- keit in einem fremden Staat besitzt. Der Mann erwirbt das Staatsbürgerrecht nach Abschluß der Schul- und Militärausbildung. Über die R e c h t s s t e l l u n g d e r F r a u sagt Hitler in dem gleichen Werk, daß zu den programmatischen Schriften des Nationalsozialismus gerechnet wird: »D a s d e u t s c h e M ä d c h e n i s t S t a a t s a n g e h ö r i g e und wird mit der V e r h e i r a t u n g e r s t B ü r g e r i n.« Das heißt also, daß die
> unverheiratete Frau grundsätzlich
> Staatsangehörige
ist, d. h. Juden und den Männern gleichsteht, die es nicht zum Abschluß der Mindest- ausbildung gebracht haben, a u f e i n e r S t u f e auch steht mit solchen, denen die Staatsbürgerrechte wieder genommen wurden, das sind nach Hitler »Ehr- und Cha- rakterlose, der g e m e i n e V e r b r e c h e r, der Vaterlandsverräter u. a.«.

Allerdings fährt Hitler an der angezogenen Stelle fort: »Doch kann auch den im Erwerbsleben stehenden weiblichen Staatsangehörigen das Bürgerrecht verliehen werden.« Diese M ö g l i c h k e i t einer Verleihung des Staatsbürgerrechts durch einen besonderen Staatsakt, wie etwa die Verleihung eines Ordens oder des Adelsprädikats, ändert natürlich nichts an der Tatsache, daß die Gleichberechtigung der Frau g r u n d s ä t z l i c h an einem der wichtigsten Punkte b e s e i t i g t wird. Es ist kein Ausgleich für diese Entrechtung, daß in Ausnahmefällen einzelne Frauen, die sich in den Augen der nationalsozialistischen Machthaber ein besonderes Verdienst erwor- ben haben, durch besonderen Staatsakt zu Staatsbürgern e r h o b e n werden können. Dabei ist es durchaus nicht gewiß, ob es bei dem Vorschlag Hitlers, der ja bekanntlich nicht der radikalste in seiner Partei ist, bleibt. Die Praxis läßt Schlimmeres befürch- ten.

Bis jetzt haben die Nationalsozialisten unter ihren 107 Reichstagsabgeordneten keine einzige Frau; sie lehnen es grundsätzlich ab, Frauen auf ihre
Listen zu setzen, sowohl Verheiratete wie Unverheiratete. Vor Einreichung der Listen
zu einer Stadtverordnetenwahl hatte ein Stadtverband, der die Frauenvereine der
betreffenden Stadt zusammenfaßt, an sämtliche Parteien ein Schreiben gerichtet mit
der Bitte, Frauen auf ihre Listen zu setzen. Die nationalsozialistische Parteileitung
antwortete mit einer

grundsätzlichen Ablehnung

unter der Begründung, der Nationalsozialismus sei eine revolutionäre Bewegung und
kein Debattierklub für Suffragettes. Dabei ist zu berücksichtigen, daß im Gemeinde-
parlament, um das es hier ging, Dinge behandelt werden, die die Frauen besonders
nahe angehen, und daß schon vor der Revolution auch verhältnismäßig konservativ
gerichtete Kreise für die Gewährung des Gemeindewahlrechts an die Frau waren. Die
nationalsozialistische Praxis in dem oben angezogenen Fall ist also so reaktionär, daß
sie auf Anschauungen zurückgreift, die schon vor dem Kriege in konservativen Kreisen allmählich aufgegeben wurden.

Die weitere Befürchtung, daß es bei der Vorenthaltung des Staatsbürgerrechts
gegenüber der unverheirateten Frau nicht bleibt, ergibt sich daraus, daß im faschisti-
schen Italien das Gemeindewahlrecht nicht an die Heirat, sondern an die Mutterschaft geknüpft ist; und da durch alle nationalsozialistischen Schriften der Ruf
nach der

Bewertung der Frau

nach der »leiblichen Mutterschaft« – ich zitiere hierbei wörtlich die Vorsitzende des
»Frauenordens Rotes Hakenkreuz« – klingt, halte ich es durchaus für möglich, daß
man danach streben wird, diese zweite Einschränkung der politischen Rechte der
Frau über den Vorschlag Hitlers hinaus zu verwirklichen. Aber selbst die Beschränkung des Staatsbürgerrechts auf die verheirateten Frauen würde in der Praxis
nicht nur die unverheirateten Frauen von der Teilnahme am öffentlichen Leben fern-
halten; denn von den Frauen, die vor der Ehe von aktiver öffentlicher Arbeit ausgeschlossen sind, werden erfahrungsgemäß nur wenige nach der Verheiratung mit
einer Betätigung im öffentlichen Leben anfangen. Etwas ganz anderes ist es, wenn
heute viele verheiratete Frauen eine Arbeit, mit der sie in der Jugend begonnen haben
und mit der sie innerlich verbunden sind, trotz der Inanspruchnahme durch Ehe und
Haushalt nicht aufgeben. – Noch weniger Frauen werden natürlich den Übergang zur
öffentlichen Arbeit finden, wenn man das Staatsbürgerrecht der Frau an die Mutterschaft knüpft.

2. Die Stellung im Beruf.

Hier ergibt die Beschränkung des Staatsbürgerrechts auf die verheiratete Frau allein
schon eine wichtige Folgerung. Artikel 6 des offiziellen Parteiprogramms der NSDAP
lautet:

»Das Recht, über Führung und Gesetze des Staates zu bestimmen, darf nur dem
Staatsbürger zustehen. Daher fordern wir, daß jedes öffentliche Amt, gleichgültig
welcher Art, gleich ob im Reich, Land oder Gemeinde, nur durch Staatsbürger be-
kleidet werden darf.«

Das heißt, daß die unverheiratete Frau, die nicht Staatsbürgerin ist, nicht

Beamtin sein kann. Das bedeutet aber, daß es weibliche Beamte überhaupt nicht mehr geben wird. Denn in einer Zeit, in der der Kampf gegen die verheiratete Beamtin schon unter der Herrschaft des Grundsatzes der Gleichberechtigung besonders lebhaft geführt wird, wird man nach Beseitigung dieses Grundsatzes von der theoretischen Möglichkeit, verheiratete Frauen zu Beamtinnen zu machen, bestimmt keinen Gebrauch machen. Das hat aber den

Ausschluß der Frauen

aus allen wichtigeren und einflußreicheren Ämtern in der Verwaltung von Reich, Staat und Gemeinde zur Folge, Ausschluß der Frauen von der Richterlaufbahn, von der Leitung von Mädchenschulen, von leitenden Stellen im Fürsorgewesen usw. Nun glaube ich persönlich nicht, daß man alle Stellen, die heute weibliche Beamte innehaben, nunmehr Männern übertragen wird. Es wird auch im »Dritten Reich« wohl noch Kindergärtnerinnen und Hortnerinnen, Lehrerinnen an Mädchenschulen, besonders für Haushaltungs- und Handarbeitsunterricht geben; denn diese Frauen wird man kaum durch Männer ersetzen können. Man wird aber den Frauen, die diese Stellen bekleiden, die Beamtenrechte v o r e n t h a l t e n , während Männer in entsprechenden Stellungen oder in noch weniger verantwortlicher Tätigkeit zu Beamten gemacht werden; ein Verfahren, zu dem auch heute schon auf vielen Gebieten eine gewisse Tendenz besteht.

Und nun zu den p r i v a t w i r t s c h a f t l i c h e n B e r u f e n . Alles, was hier über die Berufstätigkeit der Frauen gesagt wird, steht unter dem Motto:

»R ü c k k e h r d e r F r a u a u s d e m B e r u f s l e b e n . «

Diese Forderung stellte die Führerin des »Frauenordens Rotes Hakenkreuz« in Berlin in einer öffentlichen Versammlung auf. Der nationalsozialistische Abgeordnete E s - s e r kündete als eine der ersten Maßnahmen im »Dritten Reich« die E n t f e r n u n g a l l e r F r a u e n u n d M ä d c h e n a u s d e n B ü r o s u n d ö f f e n t l i c h e n S t e l - l e n an. In Nr. 22 der von Hitler herausgegebenen »Nationalsozialistischen Monatshefte« wird ein Buch von Dr. R o m p e l (»Die Frau im Lebensraume des Mannes«) seinem vollen Inhalt nach lobend und zustimmend besprochen, das in der radikalsten Weise Frauenstudium und F r a u e n b e r u f e v e r w i r f t und für die heutige Krise mitverantwortlich macht. Man sagt, daß die Frauen die Männer aus ihren Arbeitsplätzen verdrängt haben und dadurch eine Mitschuld an der Arbeitslosigkeit tragen. Die Männer hätten das e r s t e Anrecht auf die Arbeitsplätze; wenn ihnen die Frauen wieder Platz machen, werde die

A r b e i t s l o s i g k e i t b e s e i t i g t s e i n .

Die Männer würden wieder heiraten können, den Frauen werde auf diese Weise der Verzicht auf den Beruf zugute kommen.

Dieser Gedankengang hat vielleicht für viele etwas Bestechendes. Ich will ihnen gerade deshalb einer etwas genaueren Betrachtung unterziehen. Er enthält nach meiner Meinung mehrere T r u g s c h l ü s s e .

Die obige Behauptung geht von der Voraussetzung aus, daß die A r b e i t s - l o s i g k e i t ganz oder zum Teil auf dem E i n d r i n g e n d e r F r a u i n d a s B e - r u f s l e b e n beruht. Man stellt sich also vor, daß die Frauen, die früher ihr bestimmt begrenztes Arbeitsgebiet im Hause hatten, dessen Grenzen überschritten haben, in das Arbeitsgebiet des Mannes eingedrungen sind und diesem dadurch seinen Lebensraum verengt haben.

Diese Vorstellung ist falsch.

Der wirkliche Vorgang spielte sich vielmehr so ab, daß durch die Rationalisierung der Hauswirtschaft ein Teil der bisherigen Frauenarbeit aus dem Hause hinaus verlegt wurde, und daß die Frau das einzig Mögliche tat, nämlich ihrer Arbeit dorthin nachging, wo sie jetzt zu finden war: im Berufsleben. Die Frauen, die früher im Hause spannen, webten und nähten, sind ihrer Arbeit in die Textilfabriken, in die Schneidereien und in die Konfektionsgeschäfte gefolgt; sie arbeiten heute in den Wäschereien und Konservenfabriken nichts anderes als das, was sie früher im Hause gearbeitet haben.

Man wird einwenden, daß viele Frauen, z. B. Stenotypistinnen und andere Angestellte, auch solche in leitenden Stellungen und vor allem die Akademikerinnen, heute eine Arbeit tun, deren Beziehung zu der früheren häuslichen Arbeit der Frau nicht so unmittelbar nachzuweisen ist. Dem steht e n t g e g e n, daß andererseits vielfach die frühere häusliche Arbeit der Frau infolge der Rationalisierung der Hauswirtschaft von Männern übernommen worden ist, z. B. Öfenheizung – Heizer und Heizungsmonteure; Herdheizung, Herstellung von Wachslichtern, Bedienung von Petroleumlampen – Arbeiter der Gasanstalten und der Elektrizitätswerke. Diese Übernahme von früher weiblicher Arbeit durch Männer b e d i n g t e, daß geeignete Arbeit, die früher Männer leisteten, von Frauen übernommen wurde. Der L e b e n s - r a u m des Mannes im Berufsleben wurde also durch das Eindringen der Frau keineswegs wesentlich eingeengt, sondern der bisherige Lebensraum der Frau wurde aus dem Haus und der Familie in das Berufsleben hinaus verlegt, das also für beide Geschlechter eine E r w e i t e r u n g erfuhr, die das Einbringen der Frauen rechtfertigte. – Eine andere Frage ist, inwieweit die Arbeitslosigkeit b e i d e r Geschlechter mit der Rationalisierung selbst zusammenhängt. Daß die Arbeitslosigkeit jedenfalls nicht eine Folge der Berufstätigkeit der Frau ist, wird dadurch bestätigt, daß sie auch in s o l c h e n Ländern herrscht, in denen die Frauen bei weitem nicht in dem Maße wie bei uns in die Berufe eingedrungen sind, z. B. den romanischen Ländern und Südamerika.

Die zweite Voraussetzung für die Richtigkeit des nationalsozialistischen Gedankengangs – Rückkehr der Frau ins Haus – ist, daß es überhaupt F a m i l i e n gibt, die z u r Aufnahme der aus den Berufen zurückströmenden Frauen imstande sein werden. Hier sagt man: Wenn die Frauen den Männern wieder Platz machen, werden die Männer wieder heiraten und damit Familien gründen können; und wegen des Frauenüberschusses beruft man sich darauf, daß er ja auch vorher, vor der Frauenbewegung, in den Familien von Eltern und Verwandten gelebt und sein Auskommen gefunden hat.

Beide Argumente halte ich für sehr trügerisch.

Werden die Männer, die die bisherigen Frauenstellen im Berufsleben einnehmen sollen, w i r k l i c h heiraten können? Man wird heute bei dem allgemeinen Streben nach Lohnabbau und Produktionsverbilligung die Arbeitgeber kaum dazu bringen können, d i e Männer, die Stenotypistinnen und Textilarbeiterinnen usw. ersetzen sollen, erheblich besser zu bezahlen als die Frauen, zumal die Arbeitsleistung der Männer in vielen der bisherigen Frauenberufe, gerade etwa bei den eben genannten Beispielen, die der Frauen kaum erreichen wird. Von d e m Gehalt, das die Stenotypistin bekam, kann aber der Mann keine Familie erhalten; er wird ebenso schlecht und recht wie die

Elisabeth Schwarzhaupt

Stenotypistin sich selbst damit durchbringen, wird wahrscheinlich langsamer Maschine schreiben und mehr über die schlechte Bezahlung klagen. Einen P l a t z für die Rückkehr einer Frau i n H e i m u n d F a m i l i e wird er aber n i c h t s c h a f f e n können.

Aber selbst, wenn a l l e Männer im »Dritten Reich« die Möglichkeit und die Gnade haben sollten, zu heiraten,

w o w e r d e n d i e z w e i e i n h a l b M i l l i o n e n F r a u e n ü b e r s c h u ß U n - t e r k u n f t f i n d e n ?

Die Vermögen und Stiftungen, durch die das Bürgertum früher unverheiratete Töchter sicherstellte, sind nicht mehr da. Die Hauswesen sind aufs äußerste vereinfacht. In der Küche einer Siedlungswohnung kann sich kaum die Hausfrau herumdrehen; in ihr ist kein Platz mehr für eine unverheiratete Tante oder Nichte oder Base, die man früher für ein bißchen Hilfe im Haushalt mitdurchfütterte.

Schließlich haben sich auch die psychologischen Verhältnisse geändert oder genauer gesagt, die psychologischen Ursachen der Frauenbewegung bestehen in verstärktem Maße; für die meisten heutigen Frauen würde dieses Leben als in einem fremden Haushalt geduldete, vermögenslose Anverwandte die größte seelische Not bedeuten. Die wenigen Frauenberufe, die man noch beibehalten will – ein Herr G e i - s o w erklärt in einem Vortrag, den er als Vertreter der nationalsozialistischen Partei am 3. 2. 32 in Frankfurt a. M. hielt, im »Dritten Reich« werde es n u r noch Säuglingspflegerinnen, Krankenschwestern und Fürsorgerinnen geben – werden zur Aufnahme des Frauenüberschusses von zweieinhalb Millionen nicht ausreichen können. Wir wollen doch nicht hoffen, daß uns das »Dritte Reich« so auf den Hund bringt, daß etwa jeder vierundzwanzigste Deutsche eine Fürsorgerin oder Pflegerin für sich ganz allein braucht. Es scheint mir also, daß zwar die Vorschläge zur E n t r e c h t u n g d e r F r a u, die von den Nationalsozialisten gemacht werden, sehr bestimmt und eindeutig sind, daß es aber mit dem Ausgleich, den man den Frauen verspricht, sehr wenig vertrauenerweckend aussieht.

3. Die Hebung der Mädchenbildung.

Es ist bekannt, daß es im Beginn des vorigen Jahrhunderts um die Mädchenbildung sehr schlecht bestellt war. Sie war durchweg recht dilettantisch und vermittelte auch den Mädchen der gebildeten Kreise nicht viel mehr als die Volksschulbildung. An einer wirklich gründlichen wissenschaftlichen oder hauswirtschaftlichen Ausbildung fehlte es. Es ist das

V e r d i e n s t d e r F r a u e n b e w e g u n g,

für eine allgemeine Hebung des Mädchenschulwesens gesorgt zu haben. Sie hat für die Gründung von Haushaltungs- und Fortbildungsschulen für Frauen gearbeitet und hat den Frauen, die nach einer wissenschaftlichen Ausbildung strebten, den Besuch von Mädchengymnasien und Universitäten ermöglicht.

Diese h e u t i g e M ä d c h e n b i l d u n g wird in nationalsozialistischen Kreisen durchweg als ganz unmöglich und schädlich in Grund und Boden v e r d a m m t; sie soll Schuld tragen an der Vermännlichung der Frau und soll die Frau ihrem eigentlichen Beruf, dem der Hausfrau und Mutter, entfremden. Statt dessen, sagt Hitler, solle auch bei der Mädchenbildung im »Dritten Reich« das Hauptgewicht auf die k ö r p e r l i c h e Ausbildung gelegt werden; erst dann komme die Förderung der see-

lischen und zuletzt der geistigen Werte. Das Z i e l d e r w e i b l i c h e n E r z i e h u n g
habe unverrückbar

die kommende Mutter

zu sein. – In den »Nationalsozialistischen Monatsheften« findet sich in einer Sondernummer über die Frauenfrage (Nr. 22 vom Januar 1932) ein Vorschlag für nationalsozialistische Frauenbildung. Die Redaktion bemerkt dazu, daß dieser Aufsatz nicht
dogmatisch zu werten sei; doch gebe sie dieser Anregung einer Nationalsozialistin
gerne Raum. Ich glaube nicht, daß sich das Abrücken der Redaktion gerade auf die
Vorschläge über die Mädchenbildung bezieht; es bezieht sich wohl eher auf eine Bemerkung der Verfasserin, daß die Frau wie der Mann Staatsbürger auf Grund ihrer
Ausbildung werden müsse, die also in offenem Widerspruch zu Hitlers Auffassung
steht. Jedenfalls können wir davon ausgehen, daß diese V o r s c h l ä g e über die Mädchenbildung, die die e i n z i g e n sind, die ich bis jetzt finden konnte, in der Richtung
der nationalsozialistischen Absichten liegen.

Es wird hier vorgeschlagen, daß alle Mädchen ebenso wie die Knaben bis zum 14.
oder 15. Lebensjahre eine g e m e i n s a m e G r u n d s c h u l e ohne Scheidung nach
Begabungsrichtungen und Begabungsgraden besuchen sollen. Für die Knaben baut
sich auf diese gemeinsame Grundschule eine nach praktischer oder wissenschaftlicher
Begabung gegabelte höhere Schule auf. Für die M ä d c h e n wird am Anschluß an die
Grundschule wiederum eine v i e r j ä h r i g e g e m e i n s a m e F r a u e n s c h u l e vor-
geschlagen, in der im wesentlichen Haushaltungslehre, Säuglings- und Kinderpflege
gelehrt wird, die also eine Vorbereitung auf den praktischen Beruf der Hausfrau und
Mutter darstellt. – Über das Universitätsstudium wird in dem gleichen Heft bei Be-
sprechung eines Buches von R o m p e l gesagt, daß die vom Verfasser empfohlene
Einschränkung des Universitätsstudiums für die Frauen ein Weg zum Besseren wäre.
Das alles bedeutet einen

R ü c k s c h r i t t u m f a s t h u n d e r t J a h r e .

Das einzige, was von der Arbeit der Frauenbewegung übrigbliebe, ist die h a u s w i r t -
s c h a f t l i c h e A u s b i l d u n g der Frau. Aber hier scheint man mir doch des Guten
zuviel zu tun. Wir haben Haushaltungs- und Frauenschulen, die in ein- und zwei-
jährigen Kursen durchaus befriedigende Ergebnisse erreichen. Diese Beschränkung
der gesamten Frauenbildung auf die gemeinsame Grundschule, deren Niveau natur-
gemäß durch die Rücksicht auf die weniger Begabten sehr niedrig gehalten wird, und
auf diese vierjährige praktische Frauenschule, läßt die Befürchtung aufkommen, daß
bei diesem Plan nicht nur das positive Ziel einer guten hauswirtschaftlichen Ausbildung ausschlaggebend ist. Vielleicht legt man gerade soviel Wert auf das negative
Ergebnis, nämlich, daß man durch diese Ausbildung im entwicklungsfähigsten und
aufnahmefähigsten Alter bei den Mädchen die K e i m e z u e r n s t e r e n g e i s t i g e -
r e n I n t e r e s s e n e r t ö t e n wird.

4. Stellung der verheirateten Frau.

Als Ausgleich für diese Opfer an Rechten, an Ausbildungs- und Betätigungsmöglich-
keiten, die der Nationalsozialismus von den Frauen fordert, wird der Frau eine verbesserte, g e h o b e n e S t e l l u n g in der F a m i l i e in Aussicht gestellt. Es ist da viel
die Rede von der hohen Stellung der germanischen Mutter, von der Achtung, die ihr

wieder entgegengebracht werden soll, von der Ritterlichkeit des Mannes, der man eine »Wiedergeburt« verspricht für den Fall, daß die Frau ihre Tätigkeit wieder auf die Familie beschränkt. Ein nationalsozialistischer Redner verstieg sich kürzlich in Frankfurt a. M. kurzerhand zu der Forderung, daß die Frau wieder allein »Göttin und Priesterin« werden müsse. Man spricht davon, daß hier eine n e u e Frauenbewegung aufgetreten ist, die mit fliegenden Fahnen die Rückkehr der Frau in ihr eigentliches Betätigungsfeld, die Familie, verkündet.

Wir wollen den Ernst dieser Bewegung trotz der wenig vertrauenerweckenden großen Worte nicht verkennen. Denn sie wird in einer gefährlichen Weise unterstützt durch die Berufsmüdigkeit vieler Frauen, besonders der Jugend, die die Aussichtslosigkeit ihrer Zukunft und die für viele so abstoßende Brutalität des Berufskampfes nach jedem Stohhalm greifen läßt. Gerade deshalb wollen wir die V e r s p r e c h u n g e n , die die nationalsozialistische Bewegung für eine Hebung der Stellung der verheirateten Frau macht, genauer n a c h p r ü f e n .

Sicher hat die Frauenbewegung gerade für die Stellung der verheirateten Frau noch viele unerfüllte Wünsche. Es wird heute in weiten Kreisen anerkannt, daß z. B. das eheliche G ü t e r r e c h t , das Recht der elterlichen Gewalt, die Bestimmungen über die Staatsangehörigkeit der verheirateten Frau einer Verbesserung zu Gunsten der Frau bedürfen. Aber ich konnte, obwohl ich viel nationalsozialistische Literatur über diese Frage nachgeprüft habe, für diese Punkte dort

keine konkreten Vorschläge

finden. Während alle Vorschläge zu Ungunsten der politischen und beruflichen Rechte der Frau an Bestimmtheit nichts zu wünschen übrig lassen, bleibt es zu Gunsten der Frau nur bei ganz allgemeinen, sehr unbestimmten, dafür aber sehr pathetischen Versprechungen.

Gleichzeitig hört man aber a u c h g a n z a n d e r e T ö n e . Man hört viel von der natürlichen Abhängigkeit der Frau vom Manne, von der natürlichen Rangordnung der Geschlechter, die wieder eingeführt werden müsse (Emma W i t t e , Nat.-soz. Monatshefte, Heft 22, Seite 32), von dem Gehorsam, den die Frau dem Manne schuldet (R o m p e l , Die Frau im Lebensraum des Mannes).

Das, was über die Stellung der verheirateten Frau immer wieder mit äußerster Breite und abwechselnd pathetisch und zynisch erörtert wird, ist ihre V e r p f l i c h t u n g , in möglichst großer Zahl dem Staat

Kinder zu gebären

und sie zu guten nationalsozialistischen Kämpfern zu erziehen. So läßt G o e b b e l s in seinem Roman »Michael« (München, 1931, S. 63) seinen Helden, der offensichtlich die Anschauungen des Verfassers ausspricht, sagen, »die A u f g a b e d e r F r a u b e s c h r ä n k t s i c h d a r a u f , s c h ö n z u s e i n u n d K i n d e r z u g e b ä r e n «. Weil er wohl [das] Gefühl hat, daß dieser Ausspruch einer Entschuldigung bedarf, fährt er fort: »Das ist gar nicht so roh und unmodern, wie es sich anhört. Die Vogelfrau putzt sich auch für den Mann«. Ich muß gestehen, daß solche Tröstungen aus dem Tierreich (die, nebenbei bemerkt, von falschen Beobachtungen ausgehen, denn das Vogelm ä n n c h e n schmückt sich in der Zeit der Liebe) wenig geeignet sind, mich den Verlust des Staatsbürgerrechts verschmerzen zu lassen.

In gleicher Richtung liegt die Äußerung R o s e n b e r g s , M. d. R., der Chefredakteur des Völkischen Beobachters ist, in seinem Buch »Der Mythos des zwanzigsten Jahrhunderts« (München, 1931, S. 558): »Ein deutsches Reich der Zukunft wird gerade die kinderlose Frau – gleich ob verheiratet oder nicht – als ein nicht-vollberechtigtes Glied der Volksgemeinschaft betrachten.«

Zu welch grotesken Entgleisungen diese Überbetonung des bevölkerungs-politischen Moments führen kann, zeigt ein weiteres Zitat aus dem gleichen Buche Rosenbergs. Rosenberg behandelt hier die Frage der Rechtsstellung des unehe-lichen Kindes; nach Angriffen auf die Kirche, die bürgerliche Moral und die Sozia-listen fährt er fort:
»Vom rassekundlichen Standpunkt aus erscheinen die Dinge in einem ganz an-deren Lichte. Gewiß ist die Einehe zu schützen und durchaus aufrecht zu erhalten als organische Zelle des Volkstums, aber schon Professor Wieth-Knudsen hat mit Recht darauf hingewiesen, daß ohne zeitweise Vielweiberei nie der germanische Völkerstrom früherer Jahrhunderte entstanden wäre, womit soviel gesagt ist, als daß alle Voraussetzungen für die Kultur des Abendlandes gefehlt hätten. Etwas, was diese geschichtliche Tatsache dem Moralisieren enthebt.«
Den in dem letzten Satz enthaltenen Gedanken hatte Rosenberg in der ersten Auflage seines Buches etwas klarer ausgedrückt durch den Vorschlag, den Ehe-bruch des Mannes, wenn aus ihm ein Kind hervorgegangen ist, juristisch nicht als Ehebruch zu werten. In den folgenden Auflagen hat R[osenberg] diesen Satz zugunsten der etwas verklausulierten, aber inhaltlich übereinstimmenden oben wört-lich zitierten Fassung gestrichen.
Gewiß mag man diese letzten Äußerungen als Entgleisungen eines Einzel-nen hinstellen, mit deren praktischer Verwirklichung man in einer Kultur, die wie die unsrige auf der Monogamie aufgebaut ist, nicht ernstlich zu rechnen braucht. Trotz-dem sind solche Äußerungen kennzeichnend für die geistige Einstel-lung nicht nur Rosenbergs, sondern der nat.-soz. Bewegung überhaupt:
die Frau wird nicht als Persönlichkeit
gewertet;
es kommt nicht auf ihr eigenes, geistiges und seelisches Leben an. Sie hat Wert und Rechte nur auf Grund der leiblichen Mutterschaft. Es liegt mir fern, den Wert der Mutterschaft und des Muttererlebnisses für das Leben der Frau zu verkleinern. Aber ihren Wert hat sie nach meiner Meinung auf Grund ihrer Persön-lichkeit, ihrer geistigen und seelischen Eigenschaften, die selbstverständlich u. a. auch auf dem Erlebnis der Mutterschaft, aber auch auf einer angeborenen Mütterlichkeit beruhen können.

II. Wie ist nun diese Einstellung des Nationalsozialismus zur Frauenfrage zu werten?

Bei einer so unausgegorenen Bewegung gibt es ja viele Programmpunkte, die einer Änderung fähig sind. Ja, ich glaube, unter den vielen Wählern der nationalsozialisti-schen Partei sind 80 %, die sie nur gewählt haben in der Hoffnung, daß sie wenigstens einen wesentlichen Punkt ihres Programms ändert. Ich glaube aber, daß wir Frauen uns hier keinen optimistischen Hoffnungen hingeben sollten; denn die Einstellung zur Frau, wie ich sie geschildert habe, scheint mir mit der ganzen geistigen Haltung

Elisabeth Schwarzhaupt

der Bewegung unlösbar verknüpft zu sein. Ich finde in dem Ideenkreis, aus dem die nationalsozialistische Bewegung hervorgeht, vor allem d r e i Punkte, die einerseits unlösbar in die nationalsozialistische Gedankenwelt eingebaut sind, und die andererseits dem

t i e f s t e n W e s e n d e r F r a u ,

wie ich es verstehe, notwendig e n t g e g e n g e s e t z t sind. Da ist zunächst

1. Die Art, wie die Nationalsozialisten die bevölkerungspolitische Frage ansehen.
Ich habe die Stelle aus Alfred Rosenbergs Mythos zitiert, in der er eine gewisse Durchbrechung der Monogamie gutheißt, wenn sie nur der Bevölkerungspolitik dient. Hitler spricht immer wieder von der notwendigen Auswahl der »rassisch Tüchtigen«. F e d e r hat den schönen Ausspruch von der »Aufordnung unserer Rasse« getan. Wenn ich solche Worte mit ihrem Anklang an die Aufforstung eines Waldes oder die Auffrischung einer Schafherde höre, schaudert es mich. Ich glaube, wir Frauen haben gefühlsmäßig einen etwas t i e f e r e n Einblick in die Kompliziertheit, in das dem Verstand Unzugängliche bei Zeugung, Geburt und Wachstum eines Menschen. Wir können nicht glauben, daß man Menschenkinder einer bestimmten Art »züchten« kann, wie man Tannenbäume oder Schafe züchtet.

Wir empfinden zu tief, daß bei einem werdenden Menschen doch nicht nur die körperlichen Erbanlagen, die »rassische Tüchtigkeit« der Eltern entscheiden, sondern viel kompliziertere Dinge, die s e e l i s c h e und g e i s t i g e Atmosphäre des Elternhauses, die Eindrücke der Kindheit, die menschliche Beziehung zu den Eltern. Das alles sind Dinge, die mit der »rassischen« Tüchtigkeit der Eltern weniger zu tun haben, und dazu kommt vielleicht auch noch etwas, was unserer Erkenntnis, bestimmt aber unserer Beeinflussung unzugänglich ist: Zufall, Schicksal, Gnade oder wie man es nennen mag. Deshalb glaube ich, daß wir gerade als Frauen dieses Wiederaufleben eines Überwundenen, ganz p l a t t e n M a t e r i a l i s m u s aus unserem weiblichen Empfinden heraus a b l e h n e n m ü s s e n.

2. Eine z w e i t e G r u n d i d e e der nat.-soz. Bewegung tritt besonders klar in dem Rosenbergschen Buch »Mythos des zwanzigsten Jahrhunderts« hervor, findet sich aber auch in anderen nationalsozialistischen Schriften. Durch dieses Buch zieht der Grundgedanke,

daß die Idee der Liebe, der Humanität, der Menschlichkeit zu verwerfen ist,
weil sie dem »jüdischen Christentum« entstammt, weil sie schwächend, weibisch, jüdisch sei. An ihrer Stelle soll als »neue ethische Idee« das germanische, männliche Ideal der Gefolgschaftstreue Gesetz werden.

Ich glaube, daß die Liebe, die Humanität, das Streben nach Befriedung und Gesittung z u d e n D a s e i n s b e d i n g u n g e n d e r F r a u g e h ö r t. Denn ein gewisses Maß von Befriedung ist Voraussetzung für j e d e Kultur. In einem Gemeinwesen, in dem die Brutalität, die Muskelkraft, der Terror herrschen, kann keine Kultur gedeihen; hier werden die Frauen die ersten sein, die unter die Räder kommen. Außerdem glaube ich, daß die Frau gerade als Hüterin des Wachstums, des Lebens, des lebenden Menschen für die Liebe, die Menschlichkeit, einstehen und dem brutalen Kampf, der den Tod und die Hinderung ungestörten Wachstums bringt, widerstreben muß.

3. Neben dem Materialismus, der die nationalsozialistische Bevölkerungspolitik durchzieht, und der Bekämpfung der Humanität hat der Nationalsozialismus noch

eine weltanschauliche Grundlage, die gerade die liberalen bürgerlichen Frauen angeht. Fast ebenso verwerflich wie die Idee der christlichen Liebe erscheint einem richtigen Nationalsozialisten der Individualismus, die liberale Hochbewertung der Persönlichkeit und der Freiheit. Statt dessen predigt man die bedingungslose Unterordnung des Mannes unter den Führer, eine militärische Disziplin, die auf jede eigene Entscheidung, auf jedes eigene Nachprüfen verzichtet. Diese

Unterdrückung des Individuellen,

zugunsten des Typischen, des Allgemeinen, in dieser übertriebenen Form widerspricht dem Ideal der Freiheit des Einzelnen, der Entwicklungsmöglichkeit für die individuellen, besonderen Formen des Lebens. Die Frauenbewegung war ein Kampf um die Wertung der Persönlichkeit in diesem liberalen Sinn. Ihr verdanken wir unsere heutige Stellung als grundsätzlich gleichberechtigte Staatsbürgerinnen. – Schließlich glaube ich auch, daß diese Uniformierung und Militarisierung unseres Gemeinschaftslebens dem Wesen der Frau nach seiner tiefsten Anlage widerspricht. –

Zusammenfassend muß also festgestellt werden, daß die nationalsozialistische Bewegung die Interessen der Frauen auf allen Gebieten, in der politischen und beruflichen Stellung, in der Mädchenbildung und in der Stellung als Frau und Mutter gefährdet, daß sie außerdem in ihren weltanschaulichen Grundlagen unserem Empfinden fremd ist. Mein Ruf an die Frauen ist deshalb der: wir berufstätigen Frauen wollen uns von der augenblicklichen Berufsmüdigkeit nicht unterkriegen lassen. Wir wollen uns vor Augen halten, das, was man uns an Stelle der schwer errungenen Gleichberechtigung bietet, leere, unhaltbare, vielleicht nicht einmal aufrichtige Versprechungen sind. Die Hausfrauen und Mütter bitte ich zu bedenken, daß keiner der Vorschläge zur Verbesserung ihrer Stellung, die die Frauenbewegung gemacht hat, von den Nationalsozialisten aufgegriffen wird, und daß der platte Materialismus, die Bewertung der Frau nur nach ihrer Gebärfähigkeit keine Hebung ihrer Stellung bedeutet, sondern die

tiefste Herabwürdigung gerade der wirklich mütterlichen Frau. Wir alle wollen nicht vergessen, daß die heutige Stellung der Frau als gleichberechtigte Staatsbürgerin ihre tiefen, wirtschaftlichen und geistigen Grundlagen hat, daß ein Versuch, das Rad der Geschichte zurückzudrehen, nachdem sich die wirtschaftlichen und die psychologischen Verhältnisse geändert haben, unendlich viel Enttäuschung, seelische und wirtschaftliche Not für viele Frauen bedeuten wird. Deshalb wollen wir der Idee, die die Frauenbewegung emporgetragen hat, der Idee der Freiheit, dem Liberalismus, die Treue halten, auch in einer Zeit, in der sie von beiden Seiten, links vom Bolschewismus und rechts vom Faszismus heiß bekämpft wird.

Der Weg
der deutschbewußten, christlichen Frau,
    die sich nicht nur für ihr Geschlecht, sondern für ihr ganzes Volk verantwortlich fühlt
    führt zur
Deutschen Volkspartei.

Elisabeth Schwarzhaupt

Der Beitrag Elisabeth Schwarzhaupts erschien 1953 in der kleinen, von Hulda Zarnack herausgegebenen Broschüre *Wir Frauen im Staat*. In diesem Jahr wurde Schwarzhaupt Mitglied der CDU und kandidierte im Wahlkreis Wiesbaden erstmals für den Deutschen Bundestag. Im Umfeld der Wahl lag es nahe, einmal über die Rolle der Wählerinnen seit 1919 zu reflektieren und dabei auch ihr Versagen gegenüber dem Nationalsozialismus zu analysieren. In dem Artikel bot Schwarzhaupt Lösungen an, wie das demokratische Bewusstsein von Frauen gestärkt werden könnte.

■ *Die Frau als Wählerin*

Von Dr. Elisabeth Schwarzhaupt

In Deutschland ist die Frau seit 1919 Wählerin. Wenn man die Zeit von 1933–1945 abzieht, können wir sagen, daß wir etwa 23 Jahre Zeit hatten, Erfahrungen darüber zu machen, wie die Frau ihr aktives und ihr passives Wahlrecht ausübt. Diese Erfahrungen sind sehr unvollständig, denn der Zeitraum ist kurz und beginnt mit den ersten Anfängen aktiver politischer Betätigung breiterer Schichten von Frauen.

Über die Frage, welchen Parteien und welchen Kandidaten die Frauen ihre Stimmen in erster Linie zugeführt haben, geben die Stimmenzahlen aus einzelnen Bezirken einen gewissen Aufschluß, in denen Männer- und Frauenstimmen getrennt gezählt wurden. Getrennte Zahlen liegen z. B. für die Reichspräsidentenwahl 1932 in einigen Bezirken vor. Dabei ergab sich durchweg, daß die Frauen die Kandidaten der beiden radikalen Parteien, Hitler und Thälmann, weniger gewählt haben als die Männer und daß dafür Hindenburg einen weit größeren Prozentsatz der Frauen- als der Männerstimmen erhielt. Das prozentuale Übergewicht Hindenburgs bei den Frauen war im katholischen Rheinland – das Zentrum stimmte bei der letzten Wahl für Hindenburg – noch größer als in der Gesamtheit der Bezirke, in denen Männer- und Frauenstimmen getrennt gezählt wurden. Ein ähnliches Bild zeigen die Zahlen, die sich in Düsseldorf und Köln bei der Bundestagswahl 1949 ergaben. CDU und Zentrum erhielten einen erheblich größeren Anteil der Frauen- als Männerstimmen. Ebenso deutlich war auch hier der geringere Anteil der Frauenstimmen an beiden Flügelparteien: KPD (Männer 10,5%, Frauen 6,1%) und der DRP (Männer 2,4%, Frauen 1,27%.)

Ein etwas abweichendes Bild, das diese Feststellungen ein wenig differenzieren kann, ergaben die Zahlen bei der Reichstagswahl im Juli 1932. Auch hier ist allgemein der Anteil der Frauenstimmen bei Zentrum und Christlichsozialer Partei erheblich größer als der der Männerstimmen. Der Anteil der Frauenstimmen bei den Kommunisten ist deutlich geringer. Das Verhältnis von Frauen- und Männerstimmen bei den Nationalsozialisten ist in den einzelnen Städten, von denen Zahlen vorliegen, verschieden. In vorwiegend evangelischen Städten wie Leipzig und Magdeburg war der Anteil der nationalsozialistischen Frauenstimmen um ein geringes (1–2%) größer als der der Männerstimmen. Dagegen ist dieser Anteil in vorwiegend katholischen Städten wie Köln weit geringer als der der Männerstimmen, so daß in dem Gesamtergebnis der Anteil der nationalsozialistischen Stimmen bei den Frauen geringer ist als bei den Männern.

Es zeigt sich also, daß der Nationalsozialismus in dieser letzten Zeit vor der Machtübernahme da, wo ein Gegengewicht in einer starken konfessionellen Partei wie dem damaligen Zentrum fehlte, eine merkliche Anziehungskraft für die Frauen hatte, während die kommunistische Partei auch in evangelischen Gegenden bei den Frauen durchweg schlechter abschnitt als bei den Männern.

Diese Zahlen bringen zunächst die stärkere kirchliche Bindung der Frauen zum Ausdruck, die auf ihre politische Entscheidung stark einwirkt. Weiter kann man allgemein eine Zurückhaltung gegenüber den revolutionären Parteien feststellen, wobei die KPD noch weniger Anziehungskraft bewies als die NSDAP. Die Tatsache, daß die KPD für aktives und passives Frauenwahlrecht eintritt und im allgemeinen auf ihrer Liste mehr Frauen aufstellt als die meisten anderen Parteien, während die NSDAP gegen passives Frauenwahlrecht war und keine Frau auf ihre Liste setzte, scheint auf die politische Entscheidung der Frauen keinen nennenswerten Einfluß gehabt zu haben.

Im Gespräch mit Frauen über politische Fragen begegnen wir immer wieder der Tatsache, daß Frauen ihre Stellungnahme in noch höherem Maße von gefühlsmäßigen Motiven leiten lassen als Männer. Zweifellos sind die radikalen Flügelparteien diejenigen, die das Gefühl sowohl in ihrem Programm wie in der Art und Weise ihrer Propaganda stärker ansprechen als die Parteien der Mitte. Daß sie trotzdem weniger von Frauen gewählt werden, hängt wohl damit zusammen, daß der Frau mehr an dem Bewahren der Ordnung, des Friedens und der Ruhe in der staatlichen Gemeinschaft gelegen ist und daß sie den revolutionären Kampf, den Umsturz, die Gewalt scheut. Daß trotzdem zwischen der Ablehnung des Nationalsozialismus und der Ablehnung des Kommunismus ein Unterschied bestand, weist darauf hin, daß die Frauen gerade mit bestimmten Gefühlen, die der Nationalsozialismus ansprach, etwa dem Nationalgefühl, der Familienbindung, stärker reagieren als mit dem in das rationale, abstrakte Programm des Kommunismus gefaßten Gefühl für soziale Gerechtigkeit. Wie würde sich der Einfluß der Frauenstimmen auswirken, wenn etwa eine Partei auftritt, die nach Programm und Methode nicht radikal vorgeht, aber in ihrer Propaganda auf emotionelle Wirkungen abzielt und dabei für Ziele eintritt, die die Gefühle der Frauen stark ansprechen? Es könnte sein, daß hier zum ersten Mal die Frauenstimmen einen eigenständigen Einfluß auf eine bestimmte politische Konstellation haben werden. Wir glauben aber, daß hier eine Gefahr liegt. Denn Voraussetzung für die Demokratie ist eine gewisse Fähigkeit des Volkes, seine politi-

Elisabeth Schwarzhaupt

schen Entscheidungen mit der Vernunft zu treffen und dem demagogischen Appell der Parteipropaganda an Gefühle zu widerstehen. Diese letzte Bewährung ihres politischen Sinnes haben die Frauen noch vor sich. Wir können der Gefahr, die sich hier zeigt, in gewissem Maße begegnen durch politische Schulung, durch Unterstützung alles redlichen Bemühens um Sachkenntnis und um ruhiges vernünftiges Urteil in politischen Fragen und durch eine Verkündigung, die den Menschen heraushilft aus der Angst, die das klare Urteil trübt und politische Affekte steigert.

Quelle: Hulda Zarnack (Hg.), Wir Frauen im Staat, Gelnhausen/Berlin 1953

Frau Oberkirchenrätin Dr. Schwarzhaupt:

Ein Wort an die Frauen

Bundestagskandidatin der CDU spricht zu den Wählerinnen

Wenn wir Frauen uns überlegen, was wir vom kommenden Bundestag erwarten, dann stehen unsere Wünsche im Licht der Erinnerung, wie es vor vier Jahren aussah, als der bisherige Bundestag anfing zu arbeiten. Wohl jede Frau kann in ihrem Haushalt die aufregende und beglückende Veränderung abmessen und würdigen, die in diesen Jahren vor sich gegangen ist. Ihre Angehörigen sind besser gekleidet, die Kinder zweckmäßig ernährt, Kleider- und Wäscheschrank mit dem Nötigsten ausgestattet, und in vielen Familien fängt man an, ein Stück nach dem anderen anzuschaffen, das Heim wieder schön, wieder etwas gemütlich zu machen. Und schließlich spiegelt sich in den Gesichtern unserer Frauen nicht mehr nur noch Leid, Kummer und übermäßige Anspannung wie vor vier, fünf Jahren, sondern etwas von einer neuen, hoffnungsvollen Lebenszugewandtheit. Die Frauen können wieder aufatmen.

Daß das heute wieder so ist, ist vor allem anderen das Verdienst der klugen Wirtschaftspolitik der Bundesregierung. Sie ist in hohem Maße den Frauen, und damit der Festigung der Familie, zugute gekommen. Wir dürfen deshalb hoffen, daß eine Fortsetzung der bisherigen Wirtschaftspolitik dem Wiederaufbau der Familie weiter helfen wird; Mütter, die nicht mehr überlastet sind, und Väter, die wieder einen Aufstieg vor sich sehen, werden auch das kulturelle Klima in den Familien und damit in Deutschland schaffen, in dem Kinder

Frau Dr. SCHWARZHAUPT
Bundestagskandidatin der CDU

aufwachsen und gedeihen können. Denn was wären alle Versuche der öffentlichen Hand und der kulturellen Einrichtungen und Organisationen, wenn nicht die Familien und die Frauen in die Lage gesetzt werden, auf einer gesunden wirtschaftlichen Grundlage ihre Kulturaufgabe zu erfüllen?

Dafür hat die CDU gearbeitet, und mit einem Erfolg, den kaum jemand zu erhoffen wagte. Ihr ist auch die Initiative in der Frage der Familienausgleichskassen zu verdanken. Wir werden im kommenden Bundestag gerade den Fragen des Familienlohns, der

Kinderbeihilfen, familiengerechter Wohnungen und der Möglichkeit, Wohnungseigentum zu erwerben, die größte Beachtung schenken. Aber wir werden nicht alles vom Staat erwarten. Wir wollen keine vom Staat verwaltete Familie, sondern eine innerlich lebendige, gesunde Familie, die sich frei entfalten kann innerhalb einer Gesellschaft, die auf dem Prinzip der Selbsthilfe und der gegenseitigen verpflichtenden Hilfe aufgebaut ist.

Wir Frauen ersehnen einen Staat, der um den unaufgebbaren Wert der christlichen Kirchen für unser Volk weiß. Die Bundesregierung, insbesondere die CDU, hat einen solchen Staat bisher getragen. Sie hat der christlichen Verkündigung Freiheit und Schutz gewährt. Wir wollen, daß unsere Kinder in Familien aufwachsen und in Schulen unterrichtet werden, die ihnen biblische Lehre und christliche Erziehung mitgeben. Vor allem: wir wollen von Menschen regiert werden und Menschen an leitenden Stellen des öffentlichen Lebens sehen, die selbst mit Ernst Christen sein wollen und ihr Amt und ihr Leben in der Verantwortung vor Gott führen. Wir wollen darüber hinaus eine christliche Atmosphäre schaffen, die das ganze Volk mit brüderlicher Liebe durchdringt und die auch den konfessionellen Gegensätze überbrückt. Nichts ist uns Frauen fremder als konfessioneller Hader oder allzu dogmatische Zuspitzung bekenntnismäßiger Gegensätze. Wir wissen, daß das, was die christlichen Konfessionen unterscheidet, weit zurücktritt hinter dem, was sie verbindet, gerade im Hinblick auf das, was wir als Christen von der Politik erwarten.

Es ist eine Binsenwahrheit, daß jede Frau den Frieden will, daß nur der Frieden ihr Heim sichert und das Leben ihrer Kinder bewahren kann. (Leider leben wir in einer Zeit, wo das Wort „Frieden" alles und nichts besagt: es wird mißbraucht für eine Politik, die kalten oder heißen Krieg bedeuten kann, oder für Wunschbilder und utopische Vorstellungen.) Für uns Deutsche in unserer Lage als Volk der Mitte, und in einer Epoche neuer weltgeschichtlicher Gruppierungen, ist der Friede nicht billig zu erlangen; er hat seinen Preis, den auch wir Frauen anerkennen müssen. Gerade weil wir den Frieden mit allem Ernst und aus tiefstem Herzen ersehnen, haben wir uns über den Frieden Gedanken gemacht. Wir wissen, daß wir nicht unserer ersten impulsiven

Regung folgen können, die uns sagt: „Keine Waffen, keine Wehrpflicht, keine Bomben und keine Kanonen mehr; wir wollen nie mehr etwas vom Krieg hören!"

Aber es wäre verantwortungslos, es wäre unerhört leichtsinnig, wenn wir uns hier, wo es um Tod und Leben unseres Volkes geht, von Wünschen und Illusionen statt von der harten Wirklichkeit bestimmen ließen. Wir wissen, daß wir die schwerbewaffnete Neutralität Schwedens oder der Schweiz nicht auf unser Land mit seinen völlig anderen Gegebenheiten übertragen können. Wir sind überzeugt, daß es keine Isolierung mehr gibt, für kein Land der Welt, und ganz besonders nicht für unser Land. Der Weg der Außenpolitik Dr. Adenauers in die europäische Gemeinschaft ist der einzig mögliche. Voraussetzung dafür war, daß wir nach allem, was uns von den anderen Völkern getrennt hat, wieder Brücken zu ihnen schlagen, Freunde gewinnen, in einer Gemeinschaft Vertrauen schaffen konnten. Wir alle müssen tief dankbar sein, daß es dem Bundeskanzler in so kurzer Zeit gelungen ist, dem aus der Völkergemeinschaft ausgeschlossenen und verfemten Deutschland wieder einen ehrenvollen Platz unter den freien und christlichen Völkern des Westens zu schaffen. Und das Ziel dieser Politik ist einzig und allein auf die Erhaltung des Friedens und auf die Wiedervereinigung in Freiheit gerichtet.

Quelle: Das Extrablatt. Kleine Zeitung für Südhessen, Nr. 5, 3. September 1953

Elisabeth Schwarzhaupt

Im Sommer 1959 veröffentlichte die Zeitschrift *Evangelische Verantwortung*, das Organ des Evangelischen Arbeitskreises der CDU/CSU, in dem Elisabeth Schwarzhaupt seit 1955 Mitglied war, diesen Text. Die Christdemokratin sprach darin Themen an, die in der Frauenvereinigung der CDU diskutiert wurden: Erziehungsfragen, Familienrecht, Witwenversorgung oder Teilzeitarbeit. Die Männer entließ sie dabei nicht aus der Pflicht. Als erklärtes Ziel formulierte sie das gemeinsame Eintreten beider Geschlechter für das Erarbeitete. Und auf die Frage, warum es in den Parteien Frauenvereinigungen gäbe, gelangte Schwarzhaupt zu der schlichten und überzeugenden Erkenntnis: »Sie bestehen, um sich überflüssig zu machen.«

■ Warum Frauenvereinigungen in Parteien?

Von Oberkirchenrätin Dr. Elisabeth Schwarzhaupt, MdB

Auf die Frage, warum innerhalb der deutschen Parteien Frauenvereinigungen bestehen, gibt es eine einfache Antwort: »Sie bestehen, um sich überflüssig zu machen.« Die Frauenvereinigungen, wie sie heute sind, wären nicht nötig, wenn die Frauen schon so lange Zeit und so selbstverständlich für das politische Leben mitverantwortlich wären wie die Männer, wenn in den führenden Gremien der Parteien Frauen nicht nur Einzelerscheinungen, sondern selbstverständliche Partnerinnen wären, wenn die verschiedenen Lebenserfahrungen der Geschlechter und ihre verschiedene Art, Probleme des gesellschaftlichen Lebens anzusehen, mit annähernd gleicher Kraft zur Wirkung kämen. Da dieses Gleichgewicht in keiner unserer Parteien besteht und aus den verschiedensten Gründen sobald nicht bestehen wird, ist es nötig, daß es in den Parteien auf Kreis-, Landes- und Bundesebene besonders organisierte Frauengruppen gibt. Ihre Aufgaben betreffen sowohl die Propaganda der Parteien nach außen als auch die Meinungsbildung innerhalb der Parteien.

Die Propaganda einer Partei muß Frauen anders ansprechen als Männer. Je mehr sich in unserer Gesellschaft das berufliche Leben von dem Aufgabenbereich der Ehefrau in Haus und Familie löst, desto schwieriger ist es für die überwiegend männliche Parteiführung, die Erfahrungen und Interessen beider Lebensbereiche gleicherweise zur Geltung zu bringen. Dazu kommt, daß auch im Berufsleben die Probleme der Frauen zum Teil anders geartet sind, als die der Männer. Und die Tonart, auf die die Frauen reagieren, ist eine andere als die einer rein männlichen Wahlversammlung.

Mit diesen Tatsachen hängt es zusammen, daß es auch im vorpolitischen Raum Frauenorganisationen gibt. Sie haben staatsbürgerliche, soziale und gesellige Ziele. Auch in ihnen werden Kräfte für das politische Leben entwickelt, und es ist wichtig für jede Partei, daß die ihr angehörenden Frauen Brücken zu den vorpolitischen und unpolitischen Frauenverbänden schlagen helfen. Wir müssen uns bemühen, die Grundanschauungen, die unsere Partei bestimmen, bei der Bildung der Meinungen in den überparteilichen und unpolitischen Frauenorganisationen zur Geltung zu bringen, und wir müssen zugleich die Meinungen, die die Frauen in den vorpolitischen

Frauenverbänden gemeinsam haben, mit den Grundauffassungen unserer Partei vergleichen, so weit möglich verbinden und sie in die Diskussion der Partei einführen.

Die Frauenbewegung, an deren Erbe die meisten nichtkonfessionellen, vorpolitischen Frauenverbände anknüpfen, war in ihren Anfängen stark von dem Liberalismus der Jahrhundertwende geprägt. Die CDU/CSU hat andere geistige Grundlagen. Das bedeutet keineswegs, daß alle Ziele der damaligen Frauenbewegung abzulehnen sind, sondern daß wir uns von unseren eigenen sozialen und christlichen Grundauffassungen aus mit den Problemen auseinandersetzen müssen, die die Auflösung der patriarchalischen Ordnung der vorindustriellen Zeit und die Entwicklung einer modernen Industriegesellschaft gerade für die Stellung der Frau mit sich bringen. Zum Beispiel: Wie bewerten wir eine moderne Erscheinung wie die Berufstätigkeit der Frau, insbesondere der verheirateten Frau? Als Maßstab genügt sicher nicht der Gedanke, daß die Frau ein gleiches Recht auf Entfaltung ihrer Persönlichkeit hat wie der Mann. Es genügt aber auch nicht der in manchen kirchlichen Kreisen lebendige Wunsch nach Erhaltung aller patriarchalischen Reste in unserer sich wandelnden Gesellschaft. Es ist miteinander abzuwägen die Bedeutung der Familie für die Entwicklung des einzelnen Menschen und für die Gemeinschaft, das Verständnis ihrer inneren Struktur, der veränderte Lebensanspruch der Frau, die veränderte wirtschaftliche Grundlage der Mehrzahl der Familien. Es ist zu suchen nach bleibenden christlichen Weisungen für die Antwort auf die neuen Fragen, vor die wir heute und morgen gestellt sind.

Daß wir eine gemeinsame Auffassung zu diesen Fragen nach außen vertreten können, setzt voraus, daß sie innerhalb der Partei zur Sprache kommen. Dabei soll von der Frauenvereinigung Anregung und Vorbereitung ausgehen. Die Frauengruppen, auch die örtlichen, können Motor sein für die Erarbeitung von Stellungnahmen zu der grundsätzlichen Auseinandersetzung und zu konkreten Fragen, die in besonderer Weise aus dem Erfahrungsbereich der Frau stammen oder bei denen Fraueninteressen im Vordergrund stehen, wie Erziehungsfragen, Familienrecht, Witwenversorgung, Teilzeitarbeit, Sittlichkeitsdelikte. Der Adressat sollte bei diesen Stellungnahmen die Partei sein, die Männer der Partei, und das Ziel sollte sein, daß Männer und Frauen gemeinsam für das Erarbeitete eintreten.

Derartige Bemühungen der Frauenvereinigungen haben aber nur dann Gewicht, wenn sie Kontakt zu einer breiten Schicht von Frauen herstellen, auch von Frauen der jüngeren Generation. Viele junge Frauen lehnen Frauenverbände ab. Es gibt aber auch genug Frauen, die gerade durch eine Frauengemeinschaft den Mut zur Übernahme politischer Verantwortung gewinnen können. Die Frauenvereinigungen sind jedenfalls eine Eingangstür für den Nachwuchs aus der jüngeren Frauengeneration. Damit bildet sich in ihnen auch der Kreis, aus dem sich ein Überblick über die zur Verfügung stehenden Frauen und ihre Eignung gewinnen läßt, den die Partei sonst kaum hat. Zur Beratung bei Personalfragen, bei der Aufstellung von Kandidaten zu Wahlen ist dieser Überblick, den die Leitungen der Frauenvereinigungen haben, unentbehrlich.

Allen Männern und allen Parteigremien, denen die Frauenvereinigungen gelegentlich unbequem werden mit ihren Forderungen in bezug auf persönliche oder finanzielle Leistungen, kann nur gesagt werden: »Eilen Sie mit uns auf den Zustand einer partnerschaftlichen Zusammenarbeit von Männern und Frauen im politischen Leben zu, in dem eine Frauenvereinigung überflüssig wäre!«

Quelle: Evangelische Verantwortung, Nr. 7/8, Juli/August 1959

Elisabeth Schwarzhaupt

Die Stellung der Frau in der Demokratie gehörte zu den Lieblingsthemen Elisabeth Schwarzhaupts. Wie so häufig wählte sie den historischen Rückblick, um die aktuelle Situation der Frau im Jahre 1963 anschaulich verdeutlichen zu können. Auf die Situation berufstätiger und unverheirateter Frauen ging die Ledige stets besonders ein und reflektierte damit auch die eigene Biografie.

■ Die Frau in der Demokratie

Von Bundesministerin Dr. Elisabeth Schwarzhaupt

Der Grundsatz von der Gleichberechtigung der Frau, der heute die rechtliche Situation der Frau bestimmt, ist auf dem Boden moderner demokratischer Auffassungen entstanden; denn die Forderung nach dem gleichen Recht aller im Staat ist die Ausgangsposition der Demokratie im 18. Jahrhundert gewesen.

Allerdings ist der Satz von der Gleichheit aller zuerst auf ganz andere Verhältnisse angewandt worden als die, die sich heute bei der Erörterung der Gleichberechtigung der Frau darbieten. Als die demokratische Ideologie zum Kampf gegen die feudale Gesellschaftsordnung antrat, richtete sich die Forderung nach Gleichheit und Gleichberechtigung auf die Gebiete des Bekenntnisses und der ständischen Gliederung. Die gleiche Rechtsstellung jeder religiösen Auffassung und die Rechtsgleichheit des Individuums, mit anderen Worten: die Abschaffung jeglicher traditioneller Privilegien war das Ziel der demokratischen Ideologie. Einen klaren und deutlichen Inhalt hat seit dem Sieg der Demokratie in den Vereinigten Staaten von Nordamerika die Gleichheit vor dem Gesetz. Sie wurde entwickelt aus dem naturrechtlichen Satz von der angeborenen und unveräußerlichen Gleichheit der Menschen und führte zu der verfassungsrechtlichen Gewährleistung der Rechtsgleichheit und der Anwendung der Gesetze »ohne Ansehen der Person«. Sie ist das Fundament des Rechtsstaates und der freiheitlichen Demokratie.

Daseinsschwerpunkt in der Familie

An die Gleichberechtigung der Frau im Politischen, in familien- und vermögensrechtlicher Hinsicht oder auf dem Gebiet der Berufswahl dachte man zu der Zeit, da die Demokratie die feudale Gesellschaftsordnung abzulösen begann, noch kaum. Die patriarchalischen Rechte des Ehemannes und Vaters waren nicht »Privileg« im Sinne demokratischer Grundrechte. Persönlichkeiten wie George Sand traten eher als Randerscheinung auf. Die großen Auswanderungswellen des 19. Jahrhunderts nach Nordamerika leiteten langsam einen Wandel ein. Das Ansehen der Frau wuchs nicht nur dadurch, daß die Frauen in den Gebieten der »neuen Grenze« weitaus in der Minderzahl waren, sondern vor allem in der besonderen Situation des Lebenskampfes der

Zeit und des Ortes, die von den Frauen die gleiche Entschlossenheit, Tapferkeit und körperliche Leistungsfähigkeit verlangte wie von den Männern. Man darf jedoch nicht übersehen, daß dieser Wandel zunächst durchaus im Gefüge einer patriarchalischen Ordnung vor sich ging, die bei dem größten Teil der Auswanderer und Pioniere auf dem Fundament bäuerlicher Lebensformen und festgefügter religiöser Anschauungen und biblischer Traditionen ruhte.

Auf dem europäischen Kontinent hat erst die Industrialisierung die Stellung der Frau wesentlich verändert und ihr damit auch den Weg zur politischen Betätigung in der freiheitlichen Demokratie geöffnet.

In der vorindustriellen Zeit hatte die Frau, ob verheiratet oder nicht, den Schwerpunkt ihres Daseins im Hausstand und in der Familie. Zu diesem Hausstand gehörten neben den Eheleuten und den Kindern meist zahlreiche Verwandte: unverheiratete Schwestern, die alten Eltern und das Gesinde. Die Familie war der Lebensbereich, der im bürgerlichen und bäuerlichen Haushalt in ganz anderem Maß als heute Produktionsaufgaben erledigte – Spinnen, Weben, Schneidern –, in dem die Alten und Kranken gepflegt und von dem aus Arme in der Nachbarschaft mitversorgt und unterstützt wurden.

Die Einführung des Frauenwahlrechts 1918

Die Familie war der Mittelpunkt für alle Mitglieder, oft ein Zentrum der Geselligkeit und der Platz, an dem Mann und Frau als Bauer und Bäuerin, als Meister und Meisterin in einem elastischen Miteinander unter einem Dach zusammenwirkten und in dem die Frau ihren umfassenden beherrschenden Aufgabenkreis hatte. Dieser Bereich hat sich im Laufe der letzten hundert Jahre mehr und mehr eingeengt. Aufgaben, die früher im Rahmen der Familie erfüllt wurden, erledigt heute die Industrie. Die Pflege der Alten und Kranken, der Wöchnerinnen, die wirtschaftliche Vorsorge für das Alter sind heute aus der Familie in den außerhäuslichen Bereich des Staates, der Gemeinde und der Verbände übergegangen und damit in einen Bereich, in dem die Frau herkömmlich keinen Einfluß ausübte.

Zu gleicher Zeit vollzog sich mit der Verstädterung die Auflösung der Großfamilie. Die unverheirateten Verwandten sind aus ihr ebenso ausgezogen wie die älteren Generationen. Zurück blieb die verheiratete Frau, unangefochten in ihrer gesellschaftlichen Stellung als Frau ihres Mannes, unverändert in der Grundstruktur ihres durch das Aufziehen der Kinder bestimmten Daseins, aber verändert in dem darüber hinausgehenden Wirkungskreis. An die Stelle des umfassenden Miteinanders von Mann und Frau trat die Aufspaltung des Lebensbereiches in den Arbeitsplatz des Mannes und dem räumlich davon getrennten Haushalt der Frau, die den Tag über mit ihren Kindern allein bleibt. Mehr als früher lastet auf ihr die Erziehung der Kinder und die Bewältigung des Haushalts ohne die Hilfe, die ihr einst in unverheirateten Verwandten und in Gesinde zur Verfügung stand. Mehr als früher bedeutet es daher auch einen tiefen Einschnitt im Leben der Frau, wenn die Kinder das Haus verlassen und ihr eigenes Leben zu führen beginnen.

Neben die Lebensform der verheirateten Frau trat die der alleinstehenden berufstätigen Frau, die nicht mehr innerhalb der Rangordnung der Familie ihrer Beschäftigung nachgeht, nicht mehr in der Familie lebt und auch nicht mehr von ihr

Elisabeth Schwarzhaupt

versorgt wird. Sie wohnt allein, hat allein für sich zu sorgen und steht auch im Alter ohne die Geborgenheit der Familie da. Ihre gesellschaftliche Stellung ist unklar und hängt weitgehend mit ihrer Stellung im Berufsleben zusammen. Zweifellos ist die aus der Struktur der Großfamilie stammende Zweitrangigkeit der unverheirateten Frau zunächst auch in den Lebensbereich der berufstätigen Frau übertragen worden. Die Frau ist in großer Zahl in den rein ausführenden Tätigkeiten als Angestellte und nur zu einem ganz geringen Prozentsatz in führender Position oder als Angehörige freier Berufe zu finden.

Die von der Industrialisierung verursachte Änderung des Gefüges der Familie und der Gesellschaft führte zwangsläufig zu einer Wandlung der Auffassungen über die rechtliche Situation der Frau, ob verheiratet oder nicht. Die hergebrachte Rechtsordnung war besonders für die berufstätige Frau wirtschaftlich und persönlich nicht mehr tragbar. Es ist hier nicht der Platz, die Kämpfe und die Auseinandersetzungen um die Gleichberechtigung der Frau im Einzelnen zu schildern. Die Entwicklung ist heute in Deutschland so gut wie abgeschlossen. Der entscheidende Schritt wurde 1918 mit der Einführung des Wahlrechts für die Frau getan, und die gesetzliche Ausfüllung von Artikel 3 des Grundgesetzes der Bundesrepublik ist inzwischen erfolgt.

Damit hat die Demokratie den rechtlichen Rahmen gegeben, innerhalb dessen die Frau gleichberechtigt am sozialen und politischen Leben unseres Staates teilnehmen kann. Zwischen dem alten Gleichheitsanspruch der demokratischen Ideologie und der Gleichberechtigung ist nun eine enge Beziehung hergestellt, sie sind fast kongruent geworden. Trotzdem läßt sich nicht übersehen, daß bei uns gerade im wirtschaftlichen und beruflichen Bereich noch vieles Theorie geblieben ist, während in den angelsächsischen Ländern trotzdem traditionell patriarchalisch-biblischen Familienbild die Gleichberechtigung der Frau und damit ihre Mitarbeit am öffentlichen Leben praktisch stärker verwirklicht ist.

Der rechtliche Rahmen, den die Demokratie heute dem Wirken der Frau gegeben hat, ist ja auch kein festes Schema. Die rechtliche Gleichstellung erlaubt Modifikationen aus bestimmten religiösen, traditionellen und vor allem ökonomischen Gründen. Der Übergang vom Lebenskreis des selbständig tätigen Bauern, Handwerkers oder Unternehmers zum Arbeitnehmer in der Industrie, in den Dienstleistungsberufen, nicht zuletzt auch im öffentlichen Dienst hat ja nicht nur die Frau betroffen, sondern ebenso den Mann.

Die Rolle der Organisationen

Betrachtet man die Formen, in denen die politische Tätigkeit der Frauen in unserer Demokratie sichtbar wird, dann zeigt es sich, daß nach dem zweiten Weltkrieg Organisationen eine große Rolle spielen, und zwar Organisationen sehr verschiedener Art: Verbände mit vorwiegend staatsbürgerlicher Zielsetzung, wie der Staatsbürgerinnenverein und der Frauenring, Frauengruppen in den Gewerkschaften, mit vorwiegend arbeitspolitischen Zielsetzungen, Berufsverbände, Hausfrauenorganisationen, politische Frauengruppen und die großen konfessionellen Frauenverbände. Und wir standen wieder vor der Frage, wie diese in ihrem Aufgabenprogramm wie auch in ihrem weltanschaulichen und politischen Hintergrund und in ihrer Struktur durchaus nicht gleichartigen Verbände zu einer Gemeinsamkeit in wesentlichen Fragen zusammenzufassen seien. Die Zusammenfassung geschah in dem Informationsdienst für Frauenfragen.

Es gibt Leute, die meinen, das Vordringen der Frau in bisher nur dem Mann vorbehaltene Bereiche zeige an, daß wir uns einer neuen Epoche, der einer matriarchalischen Ordnung, nähern. Ich glaube allerdings, daß dieser Vorstellung eine optische Täuschung zugrunde liegt.

Sicher ist es richtig, daß es vor 100 Jahren weder Politikerinnen, noch Schuldirektorinnen, noch eine große Zahl von berufstätigen Frauen in unserem außerhäuslichen Berufsleben gab. Ebenso richtig ist es aber, daß vor 100 Jahren in dem familiären Leben, in dem Mann und Frau nebeneinander standen, sehr viel mehr Aufgaben erfüllt wurden und sehr viel mehr Menschen tätig waren, als in der heutigen Familie. Dagegen ist der außerhäusliche Lebensbereich, Beruf, Verband, Behörde, in den die Frau erst allmählich hineinwächst und in dem der Mann vorherrscht, in ungeahntem Maß angewachsen. Wenn man daher das Ganze des sozialen Lebens mit seinen Aufgaben und Tätigkeiten zu überschauen versucht, möchte ich sagen, daß der Einfluß der Frau auf das Ganze des Lebens eher geringer ist als vor 100 Jahren. Deshalb scheint mir nichts irriger als die Vorstellung, daß mit der Zulassung der Frau zu höherer Bildung und politischer Tätigkeit etwas wie eine matriarchalische Ordnung angebahnt worden sei.

Drei Phasen des Frauenlebens

Das Verhältnis der überwiegenden Mehrzahl der Frauen in unserem Volk zu Fragen des öffentlichen Lebens und zu der politischen Denkweise ist in drei Phasen ihres Lebens verschieden. Als junges Mädchen, als Studentin, als junge, berufstätige, noch nicht verheiratete Frau mag sie um einiges weniger politisch interessiert sein als der junge Mann. Sie kann aber nicht weniger gut abstrakt und politisch denken. Sie ist in ihren Interessen, auch in dem Gedanken, in absehbarer Zeit zu heiraten und Hausfrau und Mutter zu sein, davon abgelenkt. Es sollte aber einer auf diese Gruppe und diesen Zeitabschnitt im Leben der Frau gelenkten politischen Arbeit, vor allem der politischen Arbeit in gemischten Gruppen, möglich sein, in diesen jungen Frauen politische Interessen zu wecken. Die zweite Phase ist für die meisten Frauen mit einer totalen Inanspruchnahme durch Haushalt und Familie ausgefüllt. Natürlicherweise muß sich die Personenbezogenheit ihrer Interessen stetig verstärken. In dieser Zeit kann Frauenverbandsarbeit die Frauen als Staatsbürger nur in einer ganz anderen Weise ansprechen als Männer. Sie muß ausgehen von dem persönlichen Erleben der Hausfrau und sie muß sich, wenn sie die Frau nicht überfordern will, darauf beschränken, die Brücke zwischen ihren konkreten persönlichen Interessen und der Gesetzgebung und Verwaltung in Staat und Gemeinde im öffentlichen Leben begehbar zu erhalten. In der dritten Phase, wenn die Inanspruchnahme nachläßt und die Kinder erwachsen sind, treten die Forderungen des öffentlichen Lebens und damit auch die Aufgaben unserer Verbände wiederum in ganz anderer Weise an die Frauen heran. In der Phase etwa von 45 bis 50 Jahren an werden wieder Kräfte frei, hier kann man wieder anknüpfen an die Erfahrung und die Denkweise der Ausbildungs- und Berufsjahre. Die Frau ist bereichert durch Erfahrung und Erleben von Ehe und Kindererziehung, man kann ihr dann wieder helfen, sie in aktive politische Aufgaben

Elisabeth Schwarzhaupt

hineinzuführen. Dazu ist ein Übergang von der familiären zu der öffentlichen Denkweise nötig. Für Menschen, denen geistige Auseinandersetzung im wesentlichen das
familiäre, gelöste Gespräch bedeutet, ist eine Überleitung zu suchen zu der Methode
der politischen Diskussion, die nun einmal disziplinierter, strenger und abstrakter
geführt werden muß. Diese Umstellung gelingt nicht immer. Sie ist aber nötig, um
dem weiblichen Beitrag im öffentlichen Leben die Stoßkraft zu geben, die er verdient
und die er zum Wohl unseres gesamten öffentlichen Lebens haben muß, denn wir
bleiben bei dieser Vorstellung, die die frühe Frauenbewegung hatte und die wir nicht
aufgeben können, daß das öffentliche Leben ebenso wie das familiäre eine gleich enge
und gleich wirksame Zusammenarbeit von Männern und Frauen braucht, damit in
ihm die Menschlichkeit lebendig wird, die den Frauen der ersten Frauenbewegung
vorschwebte und um die es uns auch in anderer Zeit, anderer geistiger Situation im
Grunde ebenso gilt.

Die Demokratie hat den Anstoß zur gleichberechtigten, gesellschaftlichen und
politischen Mitarbeit der Frau gegeben, sowohl ideologisch als auch arbeitsmäßig. Sie
hat damit einen Rahmen für Möglichkeiten umrissen, und ich bin dankbar, daß die
»Politisch-Soziale Korrespondenz« mir aus Anlaß ihres zehnjährigen Bestehens Raum
gegeben hat, einige Gedanken zu dem wichtigen Problem darzulegen; es bleibt noch
manches zu tun, um die Mitarbeit der Frau in der Demokratie zur Selbstverständlichkeit werden zu lassen.

Quelle: Politisch-Soziale Korrespondenz, März 1963

Drei Jahre nach ihrer Berufung als Gesundheitsministerin in das Bundeskabinett unter Kanzler Adenauer legte Elisabeth Schwarzhaupt im *Politischen Jahrbuch der CDU/CSU* eine Art Rechenschaftsbericht vor. Darin warb
die engagierte Ressortleiterin einmal mehr für den bewussteren Umgang mit
der eigenen Gesundheit und der Umwelt. Gleichzeitig listete sie Defizite und
Versäumnisse auf, wie zum Beispiel die mangelnde Anerkennung des Berufs
der Krankenschwester. In ihrem Beitrag mahnte Schwarzhaupt eine stärkere
Kooperation zwischen Bund, Ländern und Gemeinden in gesundheits- und
umweltpolitischen Fragen sowie die internationale Zusammenarbeit an.

Dr. Elisabeth Schwarzhaupt
Bundesministerin für Gesundheitswesen

Gesundheitspolitik heute

Das Interesse der Menschen an den Fragen, die mit der Gesundheit zusammenhängen, ist in den letzten Jahren immer stärker geworden. Steigender Wohlstand und
gesicherte Einkommensverhältnisse haben dazu beigetragen, daß der einzelne seiner
Gesundheit größere Bedeutung beimißt. Gewiß hat man sich auch in früheren Zeiten
Gedanken über Gesundheit und Krankheit gemacht, aber für eine »Gesundheitswel-
le« hat erst die Industriegesellschaft die Voraussetzungen geschaffen mit ihren die
Gesundheit gefährdenden Umwelteinflüssen, ihren neuen Möglichkeiten, Krankheiten zu heilen, und mit der Verbreitung von Informationen durch Presse, Rundfunk
und Fernsehen.

Sie haben sehr entscheidend dazu beigetragen, die Kenntnis gesundheitlicher
Zusammenhänge zu verbreiten. Eine Tageszeitung oder Illustrierte, die sich nicht zumindest gelegentlich zu gesundheitlichen Fragen äußert, ist heute kaum noch möglich. Die meisten berichten regelmäßig darüber. Das hat seine Vorteile, ist aber auch
nicht ohne Gefahren. Gut ist sicher eine umfassende, sachgerechte, vernünftige Information durch den Fachmann! Schlecht ist aber, wenn diese Information Anlaß zu
falschen Schlüssen gäbe oder im Krankheitsfall den Weg zum Arzt überflüssig erscheinen ließe, weil man glaubt, sich selbst behandeln zu können.

Das steigende Interesse an gesundheitlichen Fragen trifft zusammen mit den
Besorgnissen um die gesundheitliche Entwicklung der Bevölkerung. Auch wenn es
seit Jahren keine nennenswerten Seuchen und Epidemien mehr gegeben hat, auch
wenn die ärztliche Versorgung trotz dem Mangel an Schwestern und Krankenbetten
immer noch gewährleistet ist, so ist doch der allgemeine Gesundheitszustand nicht
befriedigend. Das hängt in erster Linie mit der Entwicklung der Technik und mit den
hieraus erwachsenden Wandlungen der Gesellschaftsstruktur zusammen. Vielen gelingt es nicht, ihren Lebensstil so zu gestalten, wie es ihre seelische und körperliche

Gesundheit erfordert. Das verwirrende Angebot an Gütern, Genußmitteln und Vergnügungsmöglichkeiten der modernen Gesellschaft verführt viele dazu, die Grenzen ihrer Kräfte zu überschreiten, um mehr zu verdienen, mehr zu erwerben, sich mehr zu zerstreuen. Es wird Aufgabe auch der Gesundheitserziehung und des guten Beispiels sein, dahin zu wirken, daß die Menschen unter dem Angebot von Gütern und Vergnügungen das für sie Sinnvolle wählen können. Auch die sogenannte Massengesellschaft läßt dem einzelnen Raum, sein persönliches Leben unabhängig zu gestalten und sich die Ruhe und Sammlung zu sichern, deren er bedarf.

Es ist gewiß in erster Linie Sache des einzelnen, sich in dieser sich wandelnden Gesellschaft zu behaupten. Doch auch öffentliche Maßnahmen müssen ihm hierbei helfen. Die bedeuten ein enges Zusammenwirken von Gesundheitspolitik, Sozialpolitik, Kulturpolitik und Familienpolitik. Das führt zu der Frage, welche Aufgaben der Staat auf gesundheitspolitischem Gebiet habe und in welcher Beziehung sie zu den Rechten und Pflichten des einzelnen stehen. Gerade auf dem Gebiet der Gesundheitspolitik müssen die Grenzen zwischen der Verantwortung des einzelnen und der Verantwortung des Staates sorgfältig beachtet werden. Die Gesundheit ist ein ganz persönliches Gut. Der einzelne selbst ist daher für seine Gesundheit verantwortlich. Diese persönliche Verantwortung und die Freiheit der Entscheidung dürfen nicht eingeschränkt werden. Andererseits aber ist auch die staatliche Hilfe unentbehrlich. Wenn der einzelne Staatsbürger für seine Gesundheit und die seiner Familie selbst verantwortlich ist, dann muß der Staat dafür sorgen, daß dieser einzelne auch die nötige Kenntnis erhält, wie er seine Gesundheit erhalten und fördern kann. Darüber hinaus ist der einzelne heute vielfach nicht mehr in der Lage, sich selbst zu helfen. Staatliche Unterstützung der Bemühungen der Staatsbürger, Hilfe zur Selbsthilfe sind hier vonnöten. So sind zum Beispiel der Schutz vor Seuchen, der Verkehr mit Arzneimitteln und Giften, die Unterhaltung von Krankenhäusern, die Sicherung einer guten Ausbildung der Heilberufe und der Heilhilfsberufe, aber auch die Sicherung von Mindestleistungen der Gesundheitsvorsorge und Gesundheitshilfe für bestimmte Personengruppen, wie Körperbehinderte, Jugendliche, Schwangere und andere, ohne Mitwirkung der öffentlichen Hand nicht möglich.

Immer jedoch muß sich der Staat der Spannung zwischen dem persönlichen Charakter der Gesundheit und der öffentlichen Verantwortung auf diesem Gebiete bewußt sein. Staatliche Eingriffe in die private Sphäre müssen auf das notwendige Maß beschränkt bleiben. Ziel staatlicher Gesundheitspolitik kann nur die Gesundheit des einzelnen sein, nicht aber die Entwicklung und Unterhaltung der größtmöglichen Zahl von Arbeitskräften.

Gesetze und Verordnungen können die Gesundheit fördern, aber nicht garantieren. Für sie werden immer die Haltung des einzelnen entscheidend bleiben, seine Einsicht in die Gefahren der Umwelt, seine Selbstbeherrschung, seine Bereitschaft, sich von denen, die ihm helfen wollen, beraten zu lassen. Der Staat darf daher nicht ruhen, die Bevölkerung über die drohenden Gefahren der Zivilisation und die Erfordernisse einer gesunden Lebensweise aufzuklären. Das gilt vor allem für die richtige Ernährung, eine sinnvolle Gestaltung der Freizeit und des Urlaubs, aber auch für alle anderen Wege zur Erhaltung und Heilung von Krankheiten, alles unter dem Gesichtspunkt, daß Vorsorge besser ist als Heilen.

Die Fragen der Gesundheitserziehung stehen demnach im Vordergrund staatlicher Gesundheitspolitik. Er sollte sie jedoch weniger durch eigene Maßnahmen als vielmehr durch die Unterstützung von gesundheitserzieherisch tätigen Organisationen und Einrichtungen ausüben. Diese Unterstützung wird nicht ohne Bereitstellung der erforderlichen Mittel möglich sein. Daß es hieran noch fehlt, ist bekannt. Ein befriedigendes Ergebnis ist erst dann zu erwarten, wenn der Gesundheitspolitik insgesamt der Platz eingeräumt wird, der ihr zukommt; wenn allgemein anerkannt wird, daß sie gleichberechtigt neben der Kultur-, Sozial- und Familienpolitik ihren Platz hat.

Ein weiteres Feld staatlicher Gesundheitspolitik ist das Krankenhauswesen. Die Schwierigkeiten, die gerade hier bestehen, sind fast täglich zu spüren. Finanznot der Krankenhäuser, Schwesternmangel, Schließung von Stationen wegen Schwesternmangels, Bettennot in zahlreichen Großstädten, das sind Schlagzeilen, die man fast täglich lesen kann. Aus ihnen sieht man, wie vielschichtig die Probleme des Krankenhauswesens sind und wie tief sie in das wirtschaftliche und soziale Leben eingreifen. Dabei fordert die Öffentlichkeit mit Recht vom Staat, daß genügend Krankenhäuser für die Bevölkerung da sind, daß diese Krankenhäuser zweckentsprechend eingerichtet sind und in der örtlichen Lage den Bedürfnissen der Bevölkerung entsprechen.

Die fortschreitende Entwicklung der medizinischen Wissenschaft bringt es mit sich, daß die Krankenhäuser heute über modernste medizinische Einrichtungen verfügen müssen. Wir wissen, daß alle diese Fragen bis heute leider noch nicht in einer alle beteiligten Kreise befriedigenden Weise gelöst sind. Die Lösung dieser Probleme muß auch Rücksicht auf die Vielfältigkeit des modernen Krankenhauswesens nehmen. Wir kennen heute die privaten Krankenhäuser, die öffentlichen, frei-gemeinnützigen, dann das kleine oder mittelgroße allgemeine Krankenhaus und schließlich die großen und modern ausgestatteten Universitätskliniken. Es ist verständlich, daß diese verschiedenen Krankenhäuser auch ganz verschiedene Sorgen haben. Gemeinsam allerdings ist allen der Mangel an Krankenschwestern.

Die Entwicklung der Industriegesellschaft hat es mit sich gebracht, daß die Menschen heute mehr als früher auf die Hilfe des Staates angewiesen sind. Die Struktur der Familie hat sich verändert, die Kranken können nicht mehr wie früher von der Familie gepflegt werden. Das liegt einmal daran, daß es einfach an Raum fehlt, zum anderen, daß es kaum noch Menschen gibt, die einen Schwerkranken in der Familie pflegen können. Die Hausfrau ist mit anderer Arbeit überlastet, die Unverheirateten sind berufstätig.

Schließlich sind infolge der Entwicklung der Medizin die Anforderungen an die Pflege höher geworden. Viele neue Heilmittel und Heilmethoden sind innerhalb des Familienhaushaltes nicht anzuwenden. Diese Entwicklungen sind die wichtigsten Ursachen für die Schwierigkeiten der Krankenhäuser. Man kann ihrer nicht mit einer Patentlösung Herr werden. Staat und Gemeinden müssen den Bau von Krankenhäusern unterstützen und dazu helfen, daß die alten Krankenhäuser modernisiert werden. Dabei bedürfen freie und gemeinnützige Krankenhäuser einer besonderen Hilfe. Sie haben nicht in dem Maß wie kommunale Häuser einen Rückhalt im Gemeindehaushalt. Sie müssen aber weiterhin ihren Beitrag zur Hilfe für Kranke in unserem Lande leisten, nicht nur wegen des Mangels an Krankenbetten, sondern auch weil es für viele Kranke eine besondere Hilfe bedeutet, in Zeiten der Krankheit in der religiösen und geistigen Atmosphäre ihrer Konfession zu sein.

Die Ausbildung der Krankenschwestern muß verbessert werden. Auch Unterbringung und Bezahlung sind noch nicht überall so, wie es der Bedeutung dieses

Elisabeth Schwarzhaupt

Berufes und der Verantwortung der Schwester entspricht. Die Schwestern müssen nach Möglichkeit von nichtpflegerischen Diensten entlastet werden. Zugleich mit Ausbildung und Bezahlung muß die gesellschaftliche Stellung der Schwester gehoben werden. Die Gesellschaft muß wieder anerkennen, daß der Dienst am kranken Menschen – auch bei guter Bezahlung – eine Hingabe an einen Beruf erfordert, der höchste Achtung verdient. Die Einführung einer zweiten Form der Pflegetätigkeit, nämlich der Tätigkeit von Pflegehilfskräften, kann Erleichterung schaffen. In der Praxis hat sich dieser Beruf in den letzten Jahren bereits entwickelt. Eine gewisse gesetzliche Regelung kann daher nur nützlich sein. Man soll allerdings nicht vergessen, daß der Schwesternmangel nicht isoliert betrachtet werden kann. Er ist auch ein Teil des allgemeinen Arbeitskräftemangels. Neue Wege müssen gerade hier beschritten werden. Dabei ist vor allem an die Teilzeitarbeit zu denken. Viele ältere Frauen und Witwen, die sich im Haushalt nicht mehr ausgelastet fühlen, wären durchaus bereit, im Krankenhaus zu helfen, wenn Rücksicht genommen werden könnte auf ihre besondere Lage. Der Staat hat hier die Aufgabe, zu raten und Vorschläge zu machen.

Die Gesundheitspolitik muß denjenigen, die größeren Gefahren ausgesetzt sind als die Allgemeinheit, erhöhten gesetzlichen Schutz gewähren. In erster Linie zählen hierzu die Schwangeren, die Säuglinge, die Kleinkinder, die Schulkinder und die Jugendlichen. Leider ist trotz ständig absinkender Zahlen die Mütter- und Säuglingssterblichkeit in der Bundesrepublik noch immer verhältnismäßig hoch. Das ist eine Mahnung für Staat und Gemeinden, die Schwangerenbetreuung zu verstärken. Jede werdende Mutter muß in der Lage sein, ärztliche Untersuchungen in ausreichender Zahl in Anspruch zu nehmen. Dazu gehören eine rechtzeitige Bestimmung der Blutgruppen und andere serologische Untersuchungen. Die Aufklärung der werdenden Mutter ist hier eine der wichtigsten Aufgaben.

Die gesunde Ernährung spielt gesundheitspolitisch eine immer größere Rolle. Der Verbraucher muß durch staatliche Maßnahmen vor Täuschung und Irreführung auf dem Gebiet des Lebensmittelwesens geschützt werden. Das bedeutet vor allem, daß strenge Anforderungen an die einwandfreie gesundheitliche Beschaffenheit der Lebensmittel zu stellen sind. Die in den letzten Jahren in der Bundesrepublik hierfür verabschiedeten Gesetze bieten dafür eine gute Gewähr. Ein wirklicher Schutz für die Dauer kann aber nur gesichert werden, wenn die Bestimmungen jeweils den neuesten wissenschaftlichen Erkenntnissen auf dem Gebiet der Hygiene, der Chemie, der Human- und Veterinärmedizin sowie den Fortschritten der technischen Entwicklung angepaßt werden. Auch auf diesem Gebiet verläuft die technische Entwicklung sehr schnell, und was gestern noch zulässig schien, kann morgen überholt sein. Immer muß der Grundsatz gelten, daß der Schutz des Verbrauchers vor Gesundheitsschäden und Täuschung den Vorrang hat vor wirtschaftlichen Interessen.

Während wir der wirtschaftlich-technischen Entwicklung auf der einen Seite den Wohlstand verdanken, droht sie andererseits die Gesundheit von Menschen, Tieren und Pflanzen in ständig wachsendem Maß zu gefährden. Gewichtige Folgen der Entwicklung vom Agrar- zum Industriestaat sind das schnelle Wachstum der Großstädte, der erhöhte Trinkwasserbedarf und infolgedessen ein vermehrter Abwasseranfall. In neuester Zeit kommen hinzu die Verunreinigung der Luft durch Abgase, seien sie industrieller Herkunft oder Abgase von Kraftfahrzeugen, und die Lärmbelästigungen, die sich gerade in unseren Tagen immer mehr bemerkbar machen. In der Öffentlichkeit ist die Kenntnis der gesundheitlichen Auswirkungen neuer technischer

Entwicklungen noch nicht genügend verbreitet. Auch muß die Erkenntnis Allgemeingut werden, daß von einem Fortschritt nur gesprochen werden kann, wenn Leben und Gesundheit gefördert, nicht aber wenn sie gefährdet werden. Der Staat hat als Mahner hier eine wichtige Aufgabe. Die wachsende Belästigung und Gefährdung durch Lärm, giftige Abgase und Staub, durch Abwässer, die nur noch mit großem technischem und finanziellem Aufwand gereinigt werden können, belastet die Bevölkerung täglich. In der Nachkriegszeit mußte allerdings die Industrie erst einmal schnell aufgebaut werden, so daß in den Ballungsgebieten die dringend notwendige Vorsorge für die Klärung des Wassers und der Schutz vor Luftverunreinigungen vernachlässigt wurde. Es mußten nun einmal Arbeitsplätze geschaffen und Güter produziert werden. Aber dabei sind Fehler gemacht worden, die sich heute gesundheitlich auszuwirken beginnen. Die Technik muß Schritt für Schritt mit den neuen Erfahrungen ihre schädlichen Auswirkungen für die Umwelt beseitigen oder verhüten. Wo dies nicht geschieht, hat die menschliche Vernunft versagt, und wo es versäumt worden ist, muß es nachgeholt werden. Dabei liegt die Verantwortung bei den Eigentümern der Anlagen, die die Umwelt gefährden oder stören, und beim Staat – Bund, Ländern und Gemeinden –, die es in den Aufbaujahren versäumt haben, zum Teil versäumen mußten, die Störungen zu verhüten.

Hier zeigt sich deutlich, daß Gesundheitspolitik in der Bundesrepublik nur betrieben werden kann in einem engen Zusammenwirken zwischen Bund, Ländern und Gemeinden. Das hängt zusammen mit der Struktur des Grundgesetzes, das grundsätzlich den Ländern die Durchführung der Bundesgesetze übertragen hat und das für weite Bereiche eine Gesetzgebungskompetenz der Länder vorschreibt. Das Zusammenwirken gilt heute besonders von den Maßnahmen, die der Bekämpfung von Zivilisationsschäden dienen. Sie zeigen sich in der Großstadt am gefährlichsten und verlangen dort auch am dringendsten nach Abhilfe. CDU und CSU stehen hier vor besonders ernsten Aufgaben. Es geht nicht um die Aufstellung allgemeiner Programme, sondern darum, daß einzelne als besonders wichtig erkannte Ziele verfolgt werden. Das ist nur möglich in zähen, komplizierten und manchmal auch langwierigen Auseinandersetzungen um das, was gesundheitspolitisch geboten, technisch möglich und in unserem Industriestaat wirtschaftlich vertretbar ist.

Bei der engen Verflechtung von Wirtschaft und Gesellschaft der benachbarten Industrieländer können diese Bemühungen heute nicht mehr auf ein einzelnes Land beschränkt bleiben. Sie sind nur zu verwirklichen, wenn sie auch im internationalen Rahmen gemeinsam angefaßt werden. Zivilisationsschäden beschränken sich nicht auf das Gebiet eines Landes. Gerade in den Grenzgebieten wird deutlich, daß ohne eine internationale Zusammenarbeit Gesundheitspolitik nicht mehr möglich ist.

Quelle: Politisches Jahrbuch der CDU/CSU 1963/64.
CDU und CSU Deutschlands (Hg.), 6. Jg., Bonn 1964

Elisabeth Schwarzhaupt

Zur Bundestagswahl 1965 gab die CDU Hessen eine kleine Wahlkampf-broschüre heraus, die die Popularität der Wiesbadener Kandidatin Elisabeth Schwarzhaupt steigern sollte. Darin konnten die Leserinnen und Leser die umtriebige Ministerin von 8.00 Uhr morgens bis 20.00 Uhr abends mit Bild und Text durch den Tag begleiten (Auszug).

■ Wahlkampfbroschüre, 1965

In einem Wahlkreis ist gewählt,
wer die meisten Erststimmen hat.
Alle anderen Erststimmen zählen nicht.
Darum ist es einfach vernünftig,
Frau Schwarzhaupt zu wählen.

Nach Frühstück und Zeitungslektüre bespricht
Frau Schwarzhaupt notwendige häusliche
Verrichtungen mit ihrer Stundenfrau. Auf dem
Wege ins Ministerium erledigt sie ihre
Einkäufe oder geht zum Friseur wie viele
andere Frauen auch.

Um 10 Uhr tagt der Vorstand der CDU-
Bundestagsfraktion, dem Frau Schwarzhaupt
angehört. Die Tagesordnung der nächsten
Bundestagssitzung wird besprochen. Nach der
Sitzung, an der auch der Bundeskanzler
teilgenommen hat, verabschiedet man sich. Die
Gesichter zeigen, daß wiedereinmal viele
Probleme in gutem Einvernehmen gelöst
wurden.

Elisabeth Schwarzhaupt

Anschließend besucht die Ministerin ein Heim
für körperbehinderte Kinder. Die Kleinen
führen stolz ihre Fortschritte vor und plaudern
unbefangen mit der Tante Ministerin. Beim
Mittagessen werden mit den leitenden Ärzten
und Schwestern Erfahrungen und neue
Möglichkeiten zum Wohle dieser Kinder erörtert.

Frau Schwarzhaupt ist inzwischen nach
Wiesbaden gefahren. Sie läßt sich in einem
großen Zementwerk neue Maßnahmen zur
Reinhaltung der Luft und zum Unfallschutz
vorführen. Bei der Besichtigung spricht sie mit
den Arbeitern und der Werksleitung.

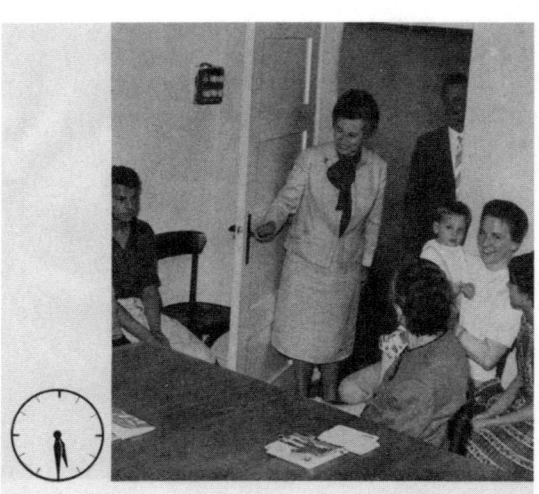

Zur allmonatlichen Sprechstunde in der Rheinstraße sind wieder viele Ratsuchende gekommen. Hier geht es meist nicht um Fragen der Gesundheit. Man erwartet von der Wiesbadener Abgeordneten Auskunft und Hilfe in Fragen aus allen Bereichen des öffentlichen Lebens.

Um 20 Uhr folgt die Ministerin der Einladung zu einem Rathausgespräch mit Ärzten und Juristen. Viele Abende sind mit ähnlichen Einladungen im ganzen Bundesgebiet belegt. Dann heißt es, über heiße Eisen bis in die späte Nacht hinein Rede und Antwort zu stehen.

... für eine Ministerin gibt es keine 40-Stundenwoche und kaum einen freien Sonntag.

Elisabeth Schwarzhaupt

Vor dem Hintergrund des Kalten Krieges und der atomaren Bedrohung wurde in den 60er Jahren im Bundestag immer wieder auch die mögliche Dienstverpflichtung von Frauen im Verteidigungsfall für das zivile Sanitätswesen sowie in militärischen Lazaretten diskutiert. Die Öffentlichkeit debattierte kontrovers über das Thema. In ihrem Beitrag für die Zeitschrift *Frau und Politik* versuchte Elisabeth Schwarzhaupt sachlich zu informieren und die Frauen von der Notwendigkeit einer Dienstverpflichtung, die der Bundestag am 30. Mai 1968 beschlossen hatte, zu überzeugen.

Elisabeth Schwarzhaupt MdB

Dienstverpflichtung von Frauen

In den Vorsorgegesetzen für Notstandszeiten, die am 30. Mai [1968] im Bundestag beschlossen worden sind, sind auch Bestimmungen darüber enthalten, unter welchen Voraussetzungen Frauen zu einem Dienst verpflichtet werden können.

Im Verteidigungsfall kann für Männer und Frauen, die Freiheit, den Arbeitsplatz nach eigener Entscheidung zu wählen oder zu verlassen, eingeschränkt werden. Männer und Frauen, die in besonders unentbehrlichen Dienststellen und Betrieben tätig sind, können an ihrem Arbeitsplatz festgehalten werden. Außerdem ist eine Dienstverpflichtung in einem lebenswichtigen Dienst möglich. Sie setzt bei Frauen folgendes voraus:

1. Der Bundestag muß mit 2/3-Mehrheit festgestellt haben, daß der Verteidigungsfall eingetreten ist, d.h. daß das Bundesgebiet mit Waffengewalt angegriffen wird oder daß ein solcher Angriff unmittelbar droht.

2. Frauen können nur herangezogen werden zu zivilen Dienstleistungen im zivilen Sanitäts- und Heilwesen sowie in ortsfesten militärischen Lazaretten.

3. Von dem Recht zur Dienstverpflichtung von Männern und Frauen darf nur Gebrauch gemacht werden, wenn die erforderlichen Arbeitsleistungen nicht auf der Grundlage der Freiwilligkeit sichergestellt werden können.

4. Eine Heranziehung von Frauen ist nicht gestattet, wenn sie unter 18 oder über 55 Jahre alt sind, wenn sie hilfsbedürftige Personen aus rechtlicher oder sittlicher Verpflichtung zu pflegen haben, wenn sie schwanger sind oder wenn sie in ihrer Familie Kinder bis zum Alter von 15 Jahren zu versorgen haben.

Der Frau ist es also freigestellt, auch in schwersten Notzeiten den dringendsten Familienpflichten den Vorrang zu geben. Sie kann nur verpflichtet werden zu zivilen Dienstleistungen, die mit dem Pflegen, Heilen und Versorgen Kranker und Verwundeter und mit der Aufrechterhaltung des Sanitätswesens im Verteidigungsfall zu tun haben. Da bestimmt mit einer großen Bereitschaft zur freiwilligen Hilfe in Krankenhäusern und Lazaretten in Notzeiten zu rechnen ist, kommt eine Dienstverpflichtung von Frauen praktisch nur dann in Frage, wenn im Verlauf der Kriegsereignisse eine besonders intensive Hilfe nötig ist und wenn die planmäßige Verteilung der Hilfskräfte nicht ohne Dienstverpflichtung gesichert werden kann.

Zwei Fragen kommen immer wieder aus Frauenkreisen an uns:

1. Wie verhält es sich mit den »ortsfesten« Lazarettorganisationen? Müssen Frauen damit rechnen, in Lazarette verpflichtet zu werden, die sie in ein ferner gelegenes NATO-Land oder unter das Kommando militärischer Verbände bringen?

Dazu ist festzustellen, daß die ortsfesten Lazarette nicht den Kommandobehörden der Kampfverbände des Heeres, der Luftwaffe und der Marine, auch keiner NATO-Kommandobehörde unterstehen. Sie unterstehen dem Inspekteur des Sanitäts- und Gesundheitsdienstes, der seinerseits dem Bundesministerium für Verteidigung untersteht. Sie sind streng getrennt von der Organisation der Kampfverbände. Keine NATO-Kommandobehörde kann etwa die Verlegung eines ortsfesten Lazarettes von einem Land in das andere anordnen. Anders verhält es sich mit den Feldlazaretten, sie gehören zu den Kampfverbänden. In ihnen arbeiten nur freiwillige Krankenschwestern und Helferinnen. Zum Dienst in Feldlazaretten können Frauen nicht dienstverpflichtet werden.

2. Wird eingewandt, daß wehrpflichtige Männer in Friedenszeiten das Recht haben, den Wehrdienst aus Gewissensgründen zu verweigern. Auch Gewissensbedenken Wehrpflichtiger, ihren Ersatzdienst in Militärlazaretten zu leisten, werden geachtet. Es wird gefragt, ob den Frauen nicht ein gleiches Recht zur Verweigerung des vorgesehenen Dienstes zugestanden werden müsse? Dieses Recht ist nicht vorgesehen. Es muß dabei beachtet werden, daß ein großer Unterschied zwischen der Situation der Wehrdienst- und Ersatzdienstverweigerer in Friedenszeiten und der von den Frauen erwarteten Hilfe für Kranke und Verwundete im Kriege besteht. Radikal pazifistische Ersatzdienstverweigerer glauben, den Aufbau einer Armeeorganisation, den sie meinen verneinen zu müssen, mit jeder Form des Ersatzdienstes innerhalb der Organisation von Streitkräften zu unterstützen. Ganz anders ist die Situation im Kriege, wenn es Kranke und Verwundete gibt, zu deren Pflege eine besondere Anstrengung erforderlich ist. In dieser Situation muß das Gewissen jeden Gesunden und Arbeitsfähigen dazu führen, dem zu helfen, der krank und verwundet vor ihm liegt; dieser Fall ist nicht zu vergleichen mit den Situationen, in denen wir heute bereit sind, Wehrdienstverweigerern den Schutz des Staates zu gewähren.

Dem sehr eng umgrenzten Einsatz der Frauen liegt der Gedanke zugrunde, daß die Aufgabe, bei der Pflege von Kranken und Verwundeten zu helfen, im Kriege die gebotene besondere Aufgabe der Frau ist. Die Ausschüsse, die diese Regelung vorgeschlagen haben, waren überzeugt, daß die Frauen, die nach Alter, Gesundheit und familiärer Situation zur Erfüllung dieser menschlichsten Aufgabe im Kriege in der Lage sind, sie freiwillig übernehmen werden. Das Rote Kreuz, der Malteser- und der Johanniterorden und der Arbeitersamariterdienst bilden Tausende von Frauen aus, die freiwillig in Notzeiten zur Verfügung stehen wollen. Die Frauen, die in diesen freiwilligen Organisationen ausgebildet sind, wissen, welche Arbeit ihnen im Kriegs-

Elisabeth Schwarzhaupt

fall aufgetragen wird, und daß sie sich auf Schutz und Hilfe ihrer Gemeinschaft verlassen können. Nur zu ihrer Entlastung und nur da, wo vor allem aufgrund besonderer örtlicher Notsituationen mehr Hilfskräfte nötig sind, als zur Verfügung stehen, darf zu dem Mittel einer Dienstverpflichtung gegriffen werden. Dem sollten wir Frauen uns allerdings nicht entziehen. Wie bei allen gesetzlichen Beschränkungen von Freiheitsrechten im Rahmen der Vorsorgegesetzgebung für den Notstand, sind die Rechtsgüter, die zu schützen sind, gegeneinander abzuwägen. Hier steht auf der einen Seite das Recht einer unbeschränkten freien Berufsausübung und auf der anderen Seite das Leben oder die Gesundheit von Kranken oder Verwundeten, zu deren Pflege die freiwilligen Helferinnen in besonderen Notsituationen nicht ausreichen könnten.

Quelle: Frau und Politik, Nr. 6, Juni 1968

Mit den Auswirkungen der Scheidungsreform beschäftigte sich Elisabeth Schwarzhaupt noch nach ihrem offiziellen Abschied von der Bundespolitik als Mitglied in verschiedenen Gremien, wie dem Arbeitskreis Christlich-Demokratischer Juristen. Dabei trug sie stets Sorge für die Frauen, die so häufig – was Unterhaltszahlungen oder die Altersversorgung anbetrafen – als Benachteiligte aus einer Ehe hervorgingen. Bemerkenswert ist der vorausschauende Blick auf die sich ändernden Partnerschaftsstrukturen, den wachsenden Lebensstandard oder die verbesserte Situation berufstätiger Mütter.

▨ Reform des Scheidungsrechts.
Ein schwieriges Problem:
die Versorgung der Ehefrau

Dr. Elisabeth Schwarzhaupt erläutert die Vorschläge

Mit der Reform des Scheidungsrechts beschäftigt sich eine Kommission, die das Justizministerium zu seiner Beratung eingesetzt hat. Die Kommission hat noch zwei mehrtägige Sitzungen für Februar und März [1970] angesetzt. Ehe sie ihre Beratungen abgeschlossen hat, hat Minister [Gerhard] Jahn seine Meinung zu wesentlichen Punkten in öffentlicher Rede dargelegt. Weitere Stellungnahmen liegen vor von der Familienrechtskommission der Evangelischen Frauenarbeit. Der [Evangelischen Kirche in Deutschland] (EKD), von der Arbeitsgemeinschaft Katholischer Frauenverbände und von der Evangelischen Frauenarbeit. Der Arbeitskreis christlich-demokratischer Juristen hat eine Fachkommission für Scheidungsrecht gebildet.

I. Weder von katholischer noch von evangelischer Seite werden Einwendungen dagegen erhoben, daß anstelle der jetzt geltenden Verschuldenstatbestände der *Scheidungsgrund der tiefgreifenden Zerrüttung* tritt. Aber von beiden Seiten wird für eine Härteklausel plädiert. Die Scheidung soll nicht ausgesprochen werden, wenn der Beklagte wirtschaftlicher Verelendung ausgesetzt würde oder wenn die Scheidung eine Verletzung der Gerechtigkeit (ev[an]g[e]l[ische] Kirche) wäre oder wenn sie wegen der Dauer der Ehe, wegen Krankheit oder Alter eines Ehegatten (kath[olische] Frauenverb[ände]) eine Härte bedeuten würde. Min[ister] Jahn lehnt eine Härteklausel aus menschlichen oder wirtschaftlichen Gründen ab, will aber die Scheidung nur ausschließen, wenn für *beide Partner* bei der Trennung größere Nachteile oder Schaden entstehen würden als bei Aufrechterhaltung der zerrütteten Ehe. Diese Klausel wäre allerdings ziemlich bedeutungslos, denn es wird nur wenige Scheidungsklagen geben, die dem obsiegenden Kläger mehr Nachteile einbringen würden als die Abweisung seiner Klage.

Leichter soll nach allgemeiner Auffassung die Scheidung sein, wenn beide Seiten mit ihr einverstanden sind und wenn die tiefgreifende Zerrüttung bewiesen ist.

Eine Neuordnung des Scheidungsverfahrens, vor allem eine Zusammenfassung der Prozesse über Scheidung und Scheidungsfolgen wird allgemein verlangt. Auch die Bedeutung der Eheberatung wird hervorgehoben, sie soll aber nicht in das Scheidungsverfahren einbezogen werden.

II. Alle oben angeführten Stellungnahmen beschäftigen sich eingehend mit der Neuordnung des *Unterhaltsrechts*. Alle haben sich mit dem Problem der Berufstätigkeit der Frau und den Chancen einer Wiedereingliederung in das Berufsleben nach Scheidung in jungen Jahren oder in höherem Alter beschäftigt. Minister Jahn geht von dem Grundsatz aus, daß mit der Beendigung der Ehe auch die wirtschaftlichen Beziehungen der Ehegatten zu Ende sind und jeder für sich selbst zu sorgen hat, auch durch eigene Erwerbstätigkeit. Er grenzt den Grundsatz ein auf Grund der Tatsache, daß die Wirkungen einer Ehe auch über deren Beendigung hinaus fortdauern, zum mindesten aber auf Zeit fortdauern können. Er benutzt hier Formulierungen, die in ähnlicher Weise, aber nicht ganz so, auch in der amtlichen Eherechtskommission zur Debatte stehen, aber noch nicht endgültig beschlossen worden sind. Sowohl die evangelische wie die katholische Stellungnahme betont, daß mit dem Ausspruch der Scheidung auch über den Unterhalt, insbesondere über den Unterhalt der Frau entschieden werden muß. Die Arbeitsgemeinschaft katholischer Frauenverbände fordert, daß eine Neuordnung des Unterhaltsrechts nicht davon ausgeht, daß der Ehefrau grundsätzlich Aufnahme bzw. Wiederaufnahme von Berufstätigkeit zuzumuten ist. Die Evangelische Frauenarbeit differenziert zwischen Frauen, die sich nach der Eheauflösung noch wirtschaftlich unabhängig machen können, und denen, die mehr als 30 bis 35 Jahre alt sind oder durch heranwachsende Kinder in Anspruch genommen werden. Nach längerer Ehe und bei höherem Alter wird die Frau nur selten auf eine Hilfe des Mannes zur Wiedereingliederung in das Berufsleben verwiesen werden können. Sie wird Hilfe zur Bestreitung ihres Unterhalts brauchen.

Diese Frage ist deshalb so schwer zu lösen, weil die wirtschaftlichen Voraussetzungen, unter denen die Ehegatten gelebt haben, die in den nächsten 10 oder 20 Jahren geschieden werden, außerordentlich verschieden sind. Es gibt genug Ehen, bei denen beide berufstätig geblieben sind. Alter bei der Scheidung, Art des Berufs, Lebensstandard der Eheleute bei der Scheidung sind außerordentlich verschieden. Man wird heute noch Ehestrukturen mit berücksichtigen müssen, die in 50 Jahren vielleicht die Ausnahme sind. Allerdings wird es auf absehbare Zeit dabei bleiben, daß eine Frau, die Kinder zu versorgen hat, in bezug auf ihre Berufslaufbahn erhebliche Opfer bringen muß. Die Gerechtigkeit wird erfordern, daß sie, soweit es möglich und billig ist, durch Unterhaltsleistungen oder durch Hilfe zur Ausbildung vor einem unzumutbaren Absinken ihrer Lebensverhältnisse bewahrt bleibt.

Einig ist man weitgehend darüber, daß die Alterssicherung der Ehefrau neu geordnet werden muß, indem die Hausfrauenjahre in irgendeiner Weise in die Berechnung einer eigenständigen Rente einbezogen werden müssen.

Quelle: Frau und Politik, Nr. 2, Februar 1970

Als Erna Scheffler am 22. Mai 1983 starb, würdigte Elisabeth Schwarzhaupt die erste Richterin des Bundesverfassungsgerichts mit einem sehr persönlichen Nachwort in der Zeitschrift *Mitteilungsblatt des Deutschen Akademikerinnenbundes e. V.* Scheffler war lange Zeit Vorsitzende des Verbandes gewesen und hatte ihr Amt 1970 an Schwarzhaupt abgetreten. Der Text enthält mehrere identifikatorische Momente. Erna Scheffler, die 1933 als »Nichtarierin« aus dem Justizdienst entlassen wurde, engagierte sich wie Schwarzhaupt zeitlebens für die Gleichberechtigung der Frau. Die Autorin hob außerdem die harmonische Partnerschaft des Ehepaares Scheffler hervor – ein Glück, das Schwarzhaupt selbst versagt geblieben war.

Zum Tod von Erna Scheffler

Wir trauern um Erna Scheffler, die erste Richterin am Bundesverfassungsgericht. Sie ist am 22. Mai [1983], am Pfingstsonntag, nach einem Leben von fast 90 Jahren gestorben.

Ein Rückblick auf ihren Lebensweg spiegelt das Schicksal von vielen deutschen Frauen ihrer Generation wider. Sie ist in Breslau geboren und aufgewachsen als Kind der wohlhabenden Bürgerfamilie Friedenthal. Die Familie war evangelisch, der Vater war jüdischer Abstammung. Sie studierte Jura vor dem ersten Weltkrieg in einer Zeit, in der Mädchen zu Studium und Promotion an der Universität zugelassen waren, aber nicht zum Referendar- und Assessorexamen. Nach dem ersten Weltkrieg konnte sie die Staatsexamina nachholen und in Berlin zunächst Anwältin, dann Richterin werden. 1933 wurde sie als »Nichtarierin« aus dem Justizdienst entlassen, ein Schicksal, das damals allerdings alle Frauen in der Richterlaufbahn traf, auch diejenigen, die die verlangte Zahl von arischen Vorfahren nachweisen konnten. Nach dem zweiten Weltkrieg trat sie wieder in den Staatsdienst ein und wurde 1951 Richterin am Bundesverfassungsgericht. Sie war damals die erste und viele Jahre lang die einzige Frau an diesem Gericht. Die Frauen hatten es durch vereinte Bemühungen der weiblichen Parlamentarier, des Frauenreferats im Bundesinnenministerium und der Frauenorganisationen erreicht, daß in jedes Bundesgericht mindestens eine Richterin berufen wurde. Dies war wohl einer der ersten Nachkriegserfolge der überparteilichen Solidarität der Frauen. Sie hat im 1. Senat an wichtigen Urteilen, die die Gleichberechtigung der Frau betrafen, mitgewirkt. Als der Bundestag am 21.06.57 das erste Gesetz über die Gleichberechtigung von Mann und Frau im Familienrecht beschloß, wurden zwar eine Reihe von Bestimmungen gestrichen, die im alten BGB den Mann der Frau in der Familie vorordneten. Es wurde auch der seit langem von den Frauen verlangte gesetzliche Güterstand der Zugewinngemeinschaft eingeführt; nur bei Entscheidungen der Eltern in Angelegenheit der Kinder überließ man mit einer knappen Mehrheit im Bundestag dem Vater ein Letztentscheidungsrecht.

Mit Frau Scheffler als Berichterstatterin erklärte der 1. Senat des Bundesverfassungsgerichts diese Bestimmung in einem sorgfältig begründeten Urteil für verfassungswidrig.

Diesen Gesetzesänderungen gingen seit Beginn der 50er Jahre Diskussionen und Eingaben der Frauenverbände voraus. Insbesondere der Juristinnenbund, der Akademikerinnenbund, der Frauenring, die konfessionellen Verbände und der Zusammenschluß der Frauenverbände, aus dem sich später der Deutsche Frauenrat entwickelte, forderten auf den verschiedensten Rechtsgebieten die Verwirklichung des Art. 3 Abs. 2 Grundgesetz. Frau Scheffler war mit ihrem juristischen Sachverstand und ihrem Engagement für die Gleichberechtigung der Frau immer wieder zur Hilfe bereit.

Wo der Gesetzgeber dem Art. 3 Abs. 2 Grundgesetz nicht gerecht wurde, fällte das Bundesverfassungsgericht wichtige Grundsatzentscheidungen, z. B. zum bäuerlichen Erbrecht, zur rechtlichen Unterbewertung der Arbeit der Hausfrau und Mutter, zur Bemessung der Waisenrente nach dem Tode der Mutter. Rückwirkend läßt sich feststellen, daß das Bundesverfassungsgericht zur Klärung und Durchsetzung des Gleichberechtigungsprinzips Wesentliches beigetragen hat. Das verdanken wir in hohem Maß Frau Dr. Scheffler, deren Elan und Überzeugungskraft gegenüber ihren männlichen Kollegen berühmt war.

Von 1964 bis 1970 war sie die Vorsitzende des Deutschen Akademikerinnenbundes. In diese Zeit fällt ihre Mitarbeit an dem 1969 verabschiedeten Gesetz über Teilzeitarbeit und Beurlaubung von Beamtinnen und Richterinnen. Sie zerstreute die in dem langwierigen Gesetzgebungsverfahren vielfach vorgebrachten verfassungsrechtlichen Bedenken. Als 1. Vorsitzende des DAB wurde sie vom Innenausschuß des deutschen Bundestages gehört. Sie schaltete sich in dieser Zeit auch in die Auseinandersetzung über Tarifverträge (z. B. für Rundfunkanstalten) ein, nach denen Frauen zu einem früheren Ausscheiden gezwungen werden konnten als Männer. Zusammen mit der 2. Vorsitzenden, der Bundesanwältin Annemarie Hofmann, übernahm sie 1969 die Verantwortung für Organisation und Gestaltung einer internationalen Tagung der Akademikerinnen in Karlsruhe, bei der das 50jährige Bestehen des Weltverbandes gefeiert wurde. Dabei hielt der damalige Präsident des Bundesverfassungsgerichts, Gerhard Müller, einen viel beachteten auch heute noch aktuellen Vortrag über die Menschenrechte und -pflichten.

Im Jahre 1945, als die Rassengesetze des Dritten Reiches ihrer Eheschließung nicht mehr entgegenstanden, hatte sie sich mit Georg Scheffler verheiratet, einem Richter an einem Zivilsenat des Bundesgerichtshofes. Die Ehe war überaus glücklich. Herr Scheffler begleitete später seine Ehefrau auf ihren zahlreichen Reisen zu Vorträgen bei Tagungen. Sie pflegte zu sagen: »Die Zeit ist zu kostbar. Wir trennen uns nie.« Wenn man in den Wohnraum des Scheffler'schen Hauses in Wolfartsweier eintrat, sah man als erstes zwei gleiche Schreibtische, die mit ihren Längsseiten zu einer großen gemeinsamen Fläche so aneinander gerückt waren, daß die Eheleute sich bei der Arbeit ansehen konnten. Diese beiden Schreibtische wirkten wie ein Symbol für die gleichberechtigte und intensive Gemeinschaft dieser beiden bedeutenden Menschen.

Als die Ehe vor 8 Jahren durch den Tod von Georg Scheffler endete, wurde das Leben von Erna Scheffler sehr schwer.

Sie starb in London im Hause ihrer Tochter, in der Nähe ihres Enkelsohnes Tom, den sie besonders liebte. Sie schied aus einem Leben mit Höhen und Tiefen, mit Enttäuschungen und Glück, mit viel Arbeit und Erfolg. Sie war eine Kämpferin für Frauenrechte um der Gerechtigkeit willen; sie konnte unbedingt und kompromißlos sein. Dabei blieb sie stets loyal und sachlich, und sie war in ihrem Wesen und Auftreten in einem ganz hergebrachten Sinn in sehr kultivierter Weise weiblich.

– Elisabeth Schwarzhaupt –

Quelle: Mitteilungsblatt des Deutschen Akademikerinnenbundes e. V.
International Federation of University Women 64 (1983)

Anhang

Zeittafel

7. Januar 1901	Geburt in Frankfurt am Main
15. November 1903	Geburt des Bruders Adolf in Frankfurt am Main
1908–1909	Besuch der Falk-Mittelschule
1909–1913	Besuch der Viktoriaschule (heute: Bettinaschule)
1913–1920	Besuch der Schillerschule; Abitur am 6. März 1920
1919–1920	Mitglied in der Jugendorganisation der DVP
1921	Lehrerinnenexamen an der Elisabethenschule
1921–1925	Rechts- und Staatswissenschaftliches Studium in Frankfurt am Main und Berlin
April 1925	Erste juristische Staatsprüfung beim Oberlandesgericht Frankfurt am Main
1925–1926	Referendarin am Amts- und Landgericht Frankfurt am Main, Landgericht Neuruppin und am Kammergericht Berlin
1929	Beitritt zum Deutschen Akademikerinnenbund
April 1930	Zweite juristische Staatsprüfung
Mai 1930	Dienstbeginn am Amtsgericht Frankfurt am Main
1930–1932	Fortbildungsurlaub bei der »Städtischen Rechtsauskunftsstelle«, Frankfurt am Main
bis 1932	Vorstandsmitglied des Stadtverbandes evangelischer Frauenverbände in Frankfurt am Main
1932–1933	Hilfsrichterin am Amtsgericht Frankfurt am Main
ab Juli 1932	Kommissorium als Richterin für Grundbuch und Zwangsversteigerungen in Dortmund
ab Januar 1933	Mitglied des Deutschen Richterbunds
ab März 1933	erwerbslos, Abfassung der Dissertation *Fremdwährungsklauseln im deutschen Schuldrecht*
1934–1936	Juristische Mitarbeiterin beim Reichsbund der Kapital- und Kleinrentner in Berlin
ab Juni 1934	Mitglied im Bund Nationalsozialistischer Deutscher Juristen (ab 1936: NS-Rechtswahrerbund)
ab Juni 1935	Mitglied in der Nationalsozialistischen Volkswohlfahrt (NSV)

Elisabeth Schwarzhaupt

Juni 1935	Promotion durch Friedrich Klausing in Frankfurt am Main
ab März 1936	Juristische Hilfsarbeiterin der Kanzlei der Deutschen Evangelischen Kirche (DEK) in Berlin
April 1939	Übernahme in das Beamtenverhältnis als Konsistorialrätin
April 1944	Ernennung zur Oberkonsistorialrätin
November 1945	Dienstantritt in der Frankfurter Außenstelle der Kanzlei
seit Januar 1946	Mitglied im überparteilichen Frankfurter Frauen-Ausschuss
März 1946–1953	Ehrenamtliche Geschäftsführung der Evangelischen Frauenarbeit in Deutschland (EFD)
ab 1947	Vorstandsmitglied des Deutsch-Evangelischen Frauenbunds
ab Oktober 1948	Juristische Referentin im Kirchlichen Außenamt der Evangelischen Kirche in Deutschland (EKD) in Frankfurt am Main
1949	Stellvertretendes Mitglied der Synode der EKD
1951–1959	Vorsitzende des Rechtsausschusses der EFD
März 1953	Eintritt in die CDU
1953–1969	Mitglied des Deutschen Bundestags für die CDU
seit 1953	Mitglied des Rechtsausschusses des Deutschen Bundestags
ab 1955	Mitglied des Evangelischen Arbeitskreises der CDU/CSU
ab 1957	Mitglied im Vorstand der Frauenvereinigung der CDU (heute: Frauen-Union)
1957–1961	Wahl in den Vorstand der CDU/CSU-Bundestagsfraktion und stellvertretende Fraktionsvorsitzende
1958–1962	Zweite Vorsitzende des Deutschen Akademikerinnenbunds
1961–1966	Bundesministerin für Gesundheitswesen
1961–1969	Mitglied des Bundesvorstands der CDU
ab 1962	Mitherausgeberin der Zeitschrift *Ehe und Familie im privaten und öffentlichen Recht. Zeitschrift für das gesamte Familienrecht*
1966–1969	Mitglied des Bundestags-Sonderausschusses für die Strafrechtsreform
Januar 1966	Verleihung des Großkreuzes des Bundesverdienstordens

1968–1970	Erneut Zweite Vorsitzende des Deutschen Akademikerinnenbunds
ab März 1968	Mitglied der Eherechtskommission beim Bundesministerium für Justiz
ab Mai 1968	Stellvertretende Vorsitzende des Bundesarbeitskreises Christlich-Demokratischer Juristen
ab Oktober 1968	Vorsitzende des Unterausschusses für die Reform des Nichtehelichenrechts
1970–1972	Präsidentin des Deutschen Frauenrats
1970–1974	Erste Vorsitzende des Deutschen Akademikerinnenbunds
Juni 1976	Verleihung der Wilhelm-Leuschner-Medaille durch den Hessischen Ministerpräsidenten
Mai 1977	Gründungsmitglied der Vereinigung ehemaliger Mitglieder des Deutschen Bundestags und des Europäischen Parlaments e. V.
29. Oktober 1986	Tod in Frankfurt am Main

Elisabeth Schwarzhaupt

Bibliografie

Quellen

Berlin

Evangelisches Zentralarchiv
Bestand 1 A 4, Nr. 577–579, C 3, Nr. 102; Bestand 2, Nr. 69, 302, 336, 339, P 35–38; Bestand 6, Nr. 21, 249, 2262, 5382; Bestand 6/85, Nr. 1592, 1596, 2265, 2328; Bestand 600/34 (Teilnachlass Elisabeth Schwarzhaupt)

Bundesarchiv
Bestand R 5101 (Reichsministerium für die kirchlichen Angelegenheiten), Nr. 23448–23449, 23453, 23542, 23550, 23710, 23788; Bestand R 8128 (IG-Farbenindustrie AG), Nr. 119

Archiv der Humboldt-Universität
Telefonische Auskunft vom 15. Mai 2000

Bonn

Deutscher Bundestag – Parlamentsarchiv
Liste Mitgliedschaft in den Bundestagsausschüssen

Frankfurt am Main

Institut für Stadtgeschichte
Magistratsakten AS 4.021–4.022, R 333 Bd. 6, R 344 Bd. 10; Akten der Stadtverordnetenversammlung 190, 751; Magistratsbeschlüsse P 152 (Nr. 1949); Personalakte Wilhelm Schwarzhaupt 29.795; Sammlung S 1/314 Nachlass [Adolf] Schwarzhaupt, Sammlung S 2/482 Elisabeth Schwarzhaupt, S 2/227 Wilhelm Schwarzhaupt, S 2/10318 Ilse Bing; Sammlung S 3/O 13333 CDU-Eschersheim, S 3/O 1761 DVP, S 3/P 6719 Frankfurter Frauenverband, S 3/M 2475 Schillerschule, S 3/M 2169 Elisabethenschule, S 3/O 3844 LPD; S 6a/109; Adressbücher der Stadt Frankfurt am Main

Historisches Museum Frankfurt
Ordner Frauenalltag und Frauenbewegung

Jüdisches Museum Frankfurt
Datenbank Gedenkstätte Neuer Börneplatz

Archiv der Frankfurter Rundschau
Presseausschnittsammlung (Elisabeth Schwarzhaupt)

Archiv der Schillerschule
Auszug aus Chroniken zum 50- und 75-jährigen Bestehen 1958 und 1983; Korrespondenz

Evangelische Frauenarbeit in Deutschland e. V.
Ordner Entwürfe *Die Frau im Beruf*, Ordner Frauenarbeit 1946 ff., Ordner Landeskirchliche Frauenarbeiten, Ordner Frauenarbeit (allgemein), Ordner Frauenarbeit (Schriftwechsel mit Einzelpersonen)

CDU-Kreisverband Frankfurt am Main
Personengeschichtliche Sammlung

Soroptimist International, Club Frankfurt am Main
Korrespondenz; Dokumentation *Mehr Bildung für Mädchen*

Koblenz

Bundesarchiv
Bestand N 1177 (Teilnachlass Elisabeth Schwarzhaupt), Nr. 1–2, 5, 8, 13–16, 18–23, 37–38, 40, 42–47, 49–58, 60–73, 77, 81, 83, 93, 95, 101, 104, 106, 108, 110, 125–126, 129, 134–135, 137, 142, 151, 155, 159–160, Erinnerungen Wilhelm Schwarzhaupts (Teil I); Bestand B 141 (Bundesjustizministerium), Nr. 2072, 15647–15649; Bestand B 142 (Bundesministerium für Gesundheitswesen) 5082; Bildarchiv

Sankt Augustin

Konrad-Adenauer-Stiftung e. V.: Archiv für Christlich-Demokratische Politik
Bestand I-048 (Teilnachlass Elisabeth Schwarzhaupt); Bestand I-527 (Nachlass Josef Riedel), 002/9; Bestand II-045 (CDU-Kreisverband Frankfurt am Main), Nr. 010/1, 042/2, 091, 135, 139, 229, 400/7, 437/4; Bestand III-020 (CDU Landesverband Hessen), Nr. 002/2, 127/1; Bestand IV-001 (Evangelischer Arbeitskreis der CDU), Nr. 002/1, 012/3 und 018/1; Bestand IV-003 (Frauenvereinigung/Frauen-Union, Europäische Frauen-Union), Nr. 015, 074/1; Presseausschnittsammlung; Fotosammlung

Wiesbaden

Hessisches Hauptstaatsarchiv
Abt. 502/6123 Reden Holger Börner; Abt. 505/406 Bewerbungsakte; Repertorium Abt. 2034 Büro für staatsbürgerliche Frauenarbeit; Abt. 2034/65 und 81

Stadtarchiv Wiesbaden
Presseausschnittsammlung (Elisabeth Schwarzhaupt)

Zeitungen und Zeitschriften

Der Rentner. Bundesblatt des Reichsbundes der Deutschen Kapital- und Kleinrentner (bis 14. Jg., August 1933 Bundesblatt des Deutschen Rentnerbundes e. V.)
Deutschland-Union-Dienst. Pressedienst der CDU/CSU. Hg. von der CDU-Bundes-geschäftsstelle
Evangelische Verantwortung. Politische Briefe des Evangelischen Arbeitskreises der CDU/CSU
Ehe und Familie im privaten und öffentlichen Recht. Zeitschrift für das gesamte Familienrecht
Frankfurter Allgemeine Zeitung
Frankfurter Nachrichten
Frankfurter Neue Presse
Frankfurter Rundschau
Frau und Politik. Mitteilungen der Vereinigung der Frauen der Christlich-Demokra-tischen Union
»mitteilungen« der Evangelischen Frauenarbeit in Deutschland e. V.
Mitteilungsblatt des Deutschen Akademikerinnenbundes e. V. International Fede-ration of University Women

Literatur

Schriften von Elisabeth Schwarzhaupt

Was hat die deutsche Frau vom Nationalsozialismus zu erwarten?, Berlin 1932, 5. Auflage
Die Stellung der Frau im Nationalsozialismus, o. O. 1932
Diverse Artikel, in: Der Rentner. Bundesblatt des Reichsbundes der Deutschen Kapi-tal- und Kleinrentner, 15.–17. Jg., 1934–1936 (Sigle: s.)
Fremdwährungsklauseln nach deutschem Schuldrecht. Inaugural-Dissertation, Würzburg 1935
Zur Statistik über den kirchlichen Grundbesitz, in: Archiv für Evangelisches Kirchen-recht, NF, 4. Bd., Berlin 1940, S. 240–242
Die Evangelische Kirche und das Befreiungsgesetz, in: Frankfurter Hefte, 1. Jg., Heft 9, Dezember 1946, S. 872–875
Aufbau der Evangelischen Frauenarbeit in Deutschland, in: Amtsblatt der Evangeli-schen Kirche in Deutschland, 1. Jg., Nr. 24/25, 1. und 15. Dezember 1947, S. 158–159
Berufsaussichten der Theologiestudentinnen, in: Beilage zur Halbmonatsschrift Für Arbeit und Besinnung. Ausgabe für die Württembergische Evangelische Landes-kirche, 1. Jg., 15. Dezember 1947, Nr. 12, S. 1–2

Trag' bei zur richtigen Ordnung!, in: Der Wähler, Jg. 1952, Heft 3, S. 79–82 (Antwort auf den Artikel von Illing, Ulla: Frau – möcht' ich sein, sonst nichts. Gespräch einer unpolitischen Frau mit einem klugen Mann, ebd., S. 77–79)

Die Frau als Wählerin, in: Zarnack, Hulda (Hg.): Wir Frauen im Staat, Gelnhausen/ Berlin 1953, S. 42–45

Ein Wort an die Frauen, in: Das Extrablatt. Kleine Zeitung für Südhessen, Nr. 5, 3. September 1953, S. 2

Die verschiedenen Lebensformen der Frau, Die Mitverantwortung der Frau im öffentlichen Leben, Die Industriearbeiterin, in: Die Frau im Beruf. Tatbestände, Erfahrungen und Vorschläge zu drängenden Fragen in der weiblichen Berufsarbeit und in der Lebensgestaltung der berufstätigen Frau, Hamburg 1954, S. 29–45, S. 68–100

Aufgaben und Stellung der Akademikerin in der heutigen Gesellschaft, in: Informationsdienst für Frauenfragen e. V. (Anlage), 10 (1954), o. S.

Die Wirkungen der Ehe im allgemeinen. Bericht über die Vorschläge des Familienrechts-Unterausschusses des Bundestags, in: Ehe und Familie im privaten und öffentlichen Recht. Zeitschrift für das gesamte Familienrecht, 4. Jg., Heft 2, Februar 1957, S. 33–37

Änderungen im Verwandtschaftsrecht: Unterhaltspflicht – Rechtliche Stellung der ehelichen Kinder – Adoption. Bericht über die Vorschläge des Familienrechts-Unterausschusses des Bundestags, in: Ehe und Familie im privaten und öffentlichen Recht. Zeitschrift für das gesamte Familienrecht, 4. Jg., Heft 3, März 1957, S. 65–69

Auswirkung der Gleichberechtigung auf das Verhältnis der Eltern zu den Kindern, Bonn 25. April 1957

Die gute Kriminalpolizei ist wichtiger, in: Frau und Politik. Mitteilungen der Vereinigung der Frauen der Christlich-Demokratischen Union, 3. Jg., Nr. 12, 15. Dezember 1957, S. 3–4

Die Frau in unserer Gesellschaft, in: Frau und Politik. Mitteilungen der Vereinigung der Frauen der Christlich-Demokratischen Union, 4. Jg., Nr. 10, Oktober 1958 (Beilage)

Frau, in: Die Religion in Geschichte und Gegenwart. Handwörterbuch für Theologie und Religionswissenschaft, Bd. 2, Tübingen 1958, S.1065–1077

Zur Strafrechtsreform, in: Informationen für die Frau, 8. Jg., Nr. 5, Mai 1959, S. 3–5

Warum Frauenvereinigungen in Parteien?, in: Evangelische Verantwortung, Nr. 7/8, Juli/August 1959, S. 3–4

Überlegungen zum Notdienstgesetz, in: Neue Evangelische Frauenzeitung, 4. Jg., 1960, Heft 4, S. 86–88

Frau und Familie in der Industriegesellschaft, in: Evangelische Verantwortung, Nr. 5, Mai 1960, S. 3–6

Die Angestellte in der Welt von morgen, in: Informationen für die Frau, 9. Jg., Nr. 7/8, Juli/August 1960, S. 8–11

Zum Notdienstgesetz, in: Informationen für die Frau, 9. Jg., Nr. 11/12, November/ Dezember 1960, S. 3–4

Rückblick und Ausblick 1960/61, in: Neue Evangelische Frauenzeitung, 5. Jg., Heft 1, Januar/Februar 1961, S. 16–17

Der Schuldige klagt … der andere widerspricht. Betrachtungen zu §48 des Ehegesetzes, in: Deutsches Monatsblatt, August 1961, S. 3

Das Familienrechtsänderungsgesetz von 1961. Teil I: Änderungen des Bürgerlichen Rechts, in: Ehe und Familie im privaten und öffentlichen Recht. Zeitschrift für das gesamte Familienrecht, 8. Jg., Heft 8/9, August/September 1961, S. 329–332

Das Familienrechtsänderungsgesetz von 1961. Teil II: Änderungen von Nebengesetzen und verfahrensrechtlichen Bestimmungen, in: Ehe und Familie im privaten und öffentlichen Recht. Zeitschrift für das gesamte Familienrecht, 9. Jg., Heft 2, Februar 1962, S. 49–52

Festansprache beim Festakt zur Erinnerung an das 50jährige Bestehen der Schillerschule, in: Schillerschule Frankfurt a. M. – Rückblick auf das Jubiläum 1958. Jahresbericht 1959–1961, Frankfurt am Main 1961, S. 16–19

Grundlagen und Ziele der Arbeit an einem Deutschen Lebensmittelbuch, in: Die Ernährungswirtschaft. Organ der Bundesvereinigung der Deutschen Ernährungsindustrie, 9. Jg. Heft 3, März 1962, S. 100–103

Die Frau im öffentlichen Leben, in: Informationen für die Frau, 11. Jg., Nr. 4, April 1962, S. 9–12

Gesundheit, Technik, Natur. Rede anlässlich des 6. Mainauer Rundgesprächs am 28. April 1962, in: Die natürlichen Hilfsquellen. Ihre Erhaltung und Nutzung in politischer, wirtschaftlicher, sozialer und kultureller Sicht, o. O. 1962, S. 49–55

Das Krankenhaus im Rahmen der Gesundheitspolitik des Staates, in: Der Krankenhausarzt. Fachzeitschrift für das Krankenhauswesen, 35. Jg., Juli 1962, Heft 7, S. 1–4

Nachruf Helene Weber, in: Informationen für die Frau, 11. Jg., Nr. 7/8, Juli/August 1962, S. 18

»Der doppelte Anspruch an die Frau in der modernen Gesellschaft«. Festvortrag am 20. August 1962 anläßlich der Eröffnung des X. Internationalen Lehrgangs für praktische Medizin in Meran, in: Ärztliche Mitteilungen, Nr. 37, 15. September 1962, S. 1858–1863

Lehren aus dem Contergan-Fall, in: Deutschland-Union-Dienst, 16. Jg., Nr. 186, 27. September 1962, S. 1–3

Zum Aufgabenbereich des Bundesgesundheitsministeriums, in: Informationen für die Frau, 11. Jg., Nr. 10, Oktober 1962, S. 3–4

Warum ein Deutsches Lebensmittelbuch?, in: Bundesgesundheitsblatt. Hg. vom Bundesgesundheitsamt, 6. Jg., Nr. 2, 25. Januar 1963, S. 17–21

Aufgaben und Ziele des Bundesministeriums für Gesundheitswesen, in: Blätter der Wohlfahrtspflege, September 1963, S. 276–278

Gesetzliche Schutzmaßnahmen für werdende Mütter, in: Werdende Mütter. Studienhefte der Evangelischen Akademie Rheinland-Westfalen Iserlohn, Nr. 10, o. O. 1963

Die Frau in der Demokratie, in: Politisch-Soziale Korrespondenz, März 1963, S. 13–15

Probleme des Gesundheitswesens, in: Neue Evangelische Frauenzeitung, 7. Jg., Heft 5, September/Oktober 1963, S. 101–105

Die moderne Frau in der Demokratie, in: Informationsdienst der CDU Landesverband Hessen, 8. Jg., 17. Folge, 18. Oktober 1963, S. 2–4

Gesundheitspolitische Verantwortung des Staates, in: Gesunde Umwelt – Gesunde Menschen. 1. Gesundheitspolitischer Kongreß der CDU vom 29. bis 30. Januar 1964 in Oberhausen, Bonn 1964, S. 24–33

Gesundheitspolitik heute, in: CDU/CSU Deutschlands (Hg.): Politisches Jahrbuch der CDU/CSU 1963/64, 6. Jg., Bonn 1964, S. 101–105

Der Gebrauch unserer Freiheit. Eröffnungsansprache anlässlich der Bundestagung des Deutschen Frauenrings am 11./12. März 1964 in Mannheim, in: Informationen für die Frau, 13. Jg., 1964, S. 5–8

Erwerbsarbeit der Frau – anders als die des Mannes. Vortrag, gehalten auf dem Frauenkongress am 23./24. Januar 1965 in München (Manuskript)

Frau, Gleichberechtigung von Mann und Frau, Familienrechtsreform, Florence Nightingale, in: Karrenberg, Friedrich (Hg.): Evangelisches Soziallexikon, Stuttgart/Berlin 1965, 5. Auflage, S. 394, 407–415, 524–528 und 923

Die staatliche Gesundheitspolitik und ihre Grenzen, in: Die Ersatzkasse 2/1965, S. 41–42

Die Frau in Regierungs- und Oppositionsparteien, in: Neue Evangelische Frauenzeitung, 9. Jg., Heft 2, März/April 1965, S. 34–38

Gesundheitspolitik als Bundesaufgabe, in: Bulletin des Presse- und Informationsamtes der Bundesregierung, Nr. 125, 22. Juli 1965, S. 1010–1012

Ausblick auf 1966, in: Neue Evangelische Frauenzeitung, 10. Jg., Heft 1, Januar/Februar 1966, S. 7–8

Freiwillige Aktivität von Frauen in den Vereinigten Staaten, in: Neue Evangelische Frauenzeitung, 10. Jg., Heft 2, März/April 1966, S. 37–39

Die Aufgaben einer sich wandelnden Welt. Schulung und Ausbildung. Vortrag, gehalten auf der Verbandsfeier des Clubs der berufstätigen Frauen am 5. März 1966, in: Neue Evangelische Frauenzeitung, 10. Jg., Heft 4, Juli/August 1966, S. 103–106

Die rechtliche Stellung des unehelichen Kindes (Manuskript), o. O. und o. J.

Gesundheit in unserer Zeit, in: Hauptsache gesund!?, Arbeit und Stille, Heft 108, Bad Salzuflen 1967, S. 2–3

Dienstverpflichtung von Frauen, in: Frau und Politik. Mitteilungen der Vereinigung der Frauen der Christlich-Demokratischen Union, Nr. 6, Juni 1968, S. 5

Soll Heiraten bestraft werden?, in: Frankfurter Rundschau, 20. Juli 1968

Teilzeitarbeit für Frauen, in: Frankfurter Rundschau, 10. September 1968

Die Wähler und die weiblichen Abgeordneten, in: Frankfurter Rundschau, 5. November 1968

Rückblick – Ausblick 1968/1969, in: Neue Evangelische Frauenzeitung, 13. Jg., Heft 1, Januar/Februar 1969, S. 3–4

Sollen nichteheliche Kinder miterben?, in: Frankfurter Rundschau, 8. April 1969

Die sechziger und siebziger Jahre, in: Neue Evangelische Frauenzeitung, 14. Jg., Heft 1, Januar/Februar 1970, S. 9–11

Reform des Scheidungsrechts. Ein schwieriges Problem: Die Versorgung der Ehefrau, in: Frau und Politik. Mitteilungen der Vereinigung der Frauen der Christlich-Demokratischen Union, Nr. 2, Februar 1970, S. 5–6

Das Erbrecht des nichtehelichen Kindes, in: Sonderdruck aus dem »Nachrichtendienst« des Deutschen Vereins für öffentliche und private Fürsorge, April/Mai 1970, Heft 4/5, S. 2–3

Grundzüge des Nichtehelichenrechts, in: Nichtehelichenrecht und Jugendhilfe. Bericht über die Hauptausschußtagung am 4. und 5. Juni 1970 in Bremen, Frankfurt am Main 1970, S. 1–11

Die Hausfrau kommt nicht vor, in: Frau und Politik. Mitteilungen der Vereinigung der Frauen der Christlich-Demokratischen Union, Nr. 9, September 1970, S. 5–6

Ein ungenügender Diskussionsentwurf [Eherecht], in: Deutschland-Union-Dienst.

Elisabeth Schwarzhaupt

Pressedienst der CDU/CSU. Hg. von der CDU-Bundesgeschäftsstelle, 24. Jg.,
Nr. 168, 4. September 1970, S. 1–4

Ehen von gestern – Scheidungsrecht von morgen?, in: Frankfurter Allgemeine Zeitung, 6. März 1971

Der neue Entwurf des Justizministers zur Reform des Scheidungsrechts, in: Evangelische Frauenzeitung, 15. Jg., Heft 2, März/April 1971, S. 29–33

Brauchen wir noch Frauenverbände? Vortrag, gehalten am 4. September 1971 bei der
Friedrich-Naumann-Stiftung (Manuskript)

Das neue Scheidungsrecht, in: Laetare, 1971/72, Heft 2, S. 75–80

Christliche Ethik und weltliche Gesetzgebung, in: Schröder, Gerhard u. a. (Hg.): Ludwig Erhard. Beiträge zu seiner politischen Biographie. Festschrift zum fünfund-
siebzigsten Geburtstag, Frankfurt am Main/Berlin/Wien 1972, S. 502–509

Zusammenarbeit deutscher Frauenorganisationen, in: Die christliche Frau, 62. Jg.,
Heft 1, 1973, S. 26–30

Alterssicherung für Frauen, in: Archiv für Wissenschaft und Praxis der sozialen Arbeit, 5. Jg., Nr. 3, 1974, S. 153–160

Die Legende von der klerikalen CDU. Eine Nachlese zum Ehegesetz § 48.2, in: Evangelische Verantwortung, Nr. 12, Dezember 1976, S. 10–11

Die Gesellschaft ändert sich – der Gesetzgeber antwortet – oft zu spät und als Mann.
Dargestellt am Beispiel der Witwenversorgung in der Sozialversicherung, in: Evangelische Verantwortung, Nr. 10, Oktober 1980, S. 10–12

Meine Welt brach zusammen, in: Als Hitler kam. 50 Jahre nach dem 30. Januar 1933.
Erinnerungen prominenter Augenzeugen, Freiburg i. Br. 1982, S. 162–168

Elisabeth Schwarzhaupt, in: Deutscher Bundestag (Hg.): Abgeordnete des Deutschen
Bundestags. Aufzeichnungen und Erinnerungen, Bd. 2, Boppard am Rhein 1983,
S. 241–283

Dr. Magda Staudinger wurde 80 Jahre, in: Mitteilungsblatt des Deutschen Akademikerinnenbundes e. V. International Federation of University Women 63 (1983),
S. 5–6

Zum Tod von Erna Scheffler, in: Mitteilungsblatt des Deutschen Akademikerinnenbundes e. V. International Federation of University Women 64 (1983), S. 5–7

Bericht Elisabeth Schwarzhaupt, in: Schillerschule Frankfurt am Main 1908–1983,
Frankfurt am Main 1983, S. 32–33

Jahrgang 1901 – als Frau in Beruf und Politik, in: Renate Hellwig (Hg.), Frauen in der
Politik. Die Christdemokratinnen. Unterwegs zur Partnerschaft, Stuttgart/Herford
1984, S. 225–241

Wie stellt die Frankfurter Frauenausstellung Geschichte dar?, in: Geschichtsdidaktik.
Probleme, Projekte, Perspektiven, 9. Jg. 1984, Heft 3, S. 291–293

Als Frau in der Politik. Hoffnung und Wirklichkeit, in: Wolf, Werner (Hg.): CDU
Hessen 1945–1985. Politische Mitgestaltung und Kampf um die Mehrheit, Köln
1986, S. 175–180

Das Vertrauen und das Mißtrauen in der Demokratie, in: Das Vertrauen und das
Mißtrauen in der Demokratie, o. O. und o. J., S. 5–14

Allgemeine Darstellungen

Beckmann, Joachim (Hg.): Kirchliches Jahrbuch für die Evangelische Kirche in Deutschland 1933–1944, Gütersloh 1948

ders. (Hg.): Kirchliches Jahrbuch für die Evangelische Kirche in Deutschland 1945–1948, Gütersloh 1950

Behr, Alfred u. a.: Wahlatlas Hessen 1946–1985, Braunschweig 1986

Berühmte Persönlichkeiten aus Eckenheim [u. a. Elisabeth Schwarzhaupt], in: Frankfurter Allgemeine Zeitung (»Nordwest aktuell«), 25. Februar 2000

Besier, Gerhard: Hermann Ehlers. Ein evangelischer CDU-Politiker zur Frage der deutschen Einheit, in: Huber, Wolfgang (Hg.): Protestanten in der Demokratie. Positionen und Profile im Nachkriegsdeutschland, München 1990, S. 93–121

ders. u. a. (Hg.): Kirche nach der Kapitulation. Das Jahr 1945 – eine Dokumentation. Bd. 2: Auf dem Weg nach Treysa, Stuttgart 1990

Bing, Ilse: Numbers in Images. Illuminations of Numerical Meanings, New York 1976

Boberach, Heinz (Bearb.): Berichte des SD und der Gestapo über Kirchen und Kirchenvolk 1934–1944, Mainz 1971

Booms, Hans: Die Deutsche Volkspartei, in: Matthias, Erich/Morsey, Rudolf (Hg.): Das Ende der Parteien 1933, Düsseldorf 1960, S. 523–539

Both, Waltraut: Zur sozialen und politischen Situation von Frauen in Hessen und zur Frauenpolitik der amerikanischen Besatzungsmacht, in: Wischermann, Ulla/Schüller, Elke/Gerhard, Ute (Hg.): Staatsbürgerinnen zwischen Partei und Bewegung. Frauenpolitik in Hessen 1945 bis 1955, Frankfurt am Main 1993, S. 151–191

Bracher, Karl Dietrich/Funke, Manfred/Schwarz, Hans-Peter (Hg.): Deutschland zwischen Krieg und Frieden. Beiträge zur Politik und Kultur im 20. Jahrhundert, Bonn 1990

Bremme, Gabriele: Die politische Rolle der Frau in Deutschland. Eine Untersuchung über den Einfluß von Frauen bei Wahlen und ihre Teilnahme in Partei und Parlament, Göttingen 1956

Broszat, Martin (Hg.): Zäsuren nach 1945. Essays zur Periodisierung der deutschen Nachkriegsgeschichte, München 1990

Brunotte, Heinz: Die Grundordnung der Evangelischen Kirche in Deutschland. Ihre Entstehung und ihre Probleme, Berlin 1954

ders.: Die Entwicklung der staatlichen Finanzaufsicht über die Deutsche Evangelische Kirche von 1935–1945, in: Zeitschrift für evangelisches Kirchenrecht, Bd. 3, Heft 1, 1954, S. 29–55

ders.: Der kirchenpolitische Kurs der Deutschen Evangelischen Kirchenkanzlei von 1937 bis 1945, in: ders.: Bekenntnis und Kirchenverfassung. Aufsätze zur kirchlichen Zeitgeschichte, Göttingen 1977, S. 1–54

Buchhaas, Dorothee: Die Volkspartei. Programmatische Entwicklung der CDU 1950–1973, Düsseldorf 1981

Buchstab, Günther (Bearb.): Adenauer: »… um den Frieden zu gewinnen«. Die Protokolle des CDU-Bundesvorstands 1957–1961, Düsseldorf 1994

Büro für staatsbürgerliche Frauenarbeit e. V. (Hg.): Dreißig Jahre Büro für staatsbürgerliche Frauenarbeit und Arbeitsgemeinschaft Hessischer Frauenverbände, Wiesbaden 1982

Busch, Eberhard: Kirche und Judentum im Dritten Reich, in: Norden, Günther van

(Hg.): Zwischen Bekenntnis und Anpassung. Aufsätze zum Kirchenkampf in rheinischen Gemeinden, in Kirche und Gesellschaft, Köln 1985, S. 157–177

CDU/CSU Deutschlands (Hg.): Politisches Jahrbuch der CDU/CSU 1963/64, 6. Jg., Bonn 1964

CDU. Porträt einer Volkspartei, o. O. und o. J.

Christlich-Demokratische Union Deutschlands (Hg.): Zusammenstellung der Aktivitäten der Bundesregierung im Bereich des Umweltschutzes von 1961–1969 (Argumente, Dokumente, Materialien), Bonn o. J. [nach 1969]

Das Bundesministerium für Gesundheitswesen im Jahre 1962. Sonderdruck aus dem Tätigkeitsbericht der Bundesregierung »Deutsche Politik 1962«, o. O. und o. J. [um 1963]

Das Bundesministerium für Gesundheitswesen im Jahre 1963. Tätigkeitsbericht der Bundesregierung »Deutsche Politik« 1963, o. O. und o. J. [Dezember 1963]

Delille, Angela/Grohn, Andrea: Blick zurück aufs Glück. Frauenleben und Familienpolitik in den 50er Jahren, Berlin 1985

Dertinger, Antje: Marie Juchacz (1879–1956). Die erste Frau, die im Parlament zum Volke sprach, in: Schneider, Dieter (Hg.): Sie waren die ersten. Frauen in der Arbeiterbewegung, Frankfurt am Main 1988, S. 218–230

Deutscher Akademikerinnenbund e. V.: Elisabeth Schwarzhaupt zum Achtzigsten, in: Mitteilungsblatt des Deutschen Akademikerinnenbundes e. V. International Federation of University Women 59 (1981), S. 5

ders.: Die Reform des Ehe- und Familienrechts: Was hat sich der Gesetzgeber dabei gedacht und wie hat sie sich in der Praxis entwickelt? Podiumsdiskussion, in: Mitteilungsblatt des Deutschen Akademikerinnenbundes e. V. International Federation of University Women 55 (1979), S. 38–46

Die Entschließungen des Evangelischen Arbeitskreises der CDU/CSU auf den Bundestagungen 1952–1958 (Manuskript), o. O. und o. J. [um 1958]

Die Frau im Beruf. Tatbestände, Erfahrungen und Vorschläge zu drängenden Fragen in der weiblichen Berufsarbeit und in der Lebensgestaltung der berufstätigen Frau, Hamburg 1954

Die Protokolle des Rates der Evangelischen Kirche in Deutschland. Bearbeitet von Carsten Nicolaisen und Nora Andrea Schulze. Bd. 1: 1945/46, Göttingen 1995, Bd. 2: 1947/48, Göttingen 1997

Die Rechtspartei, in: LDP-Kurier. Mitteilungsblatt Liberal-Demokratische Partei Hessen, 29. März 1948

Diestelkamp, Bernhard: Friedrich Klausing (1887–1944), in: Diestelkamp, Bernhard/Stolleis, Michael (Hg.): Juristen an der Universität Frankfurt am Main, Baden-Baden 1989, S. 171–186

Drummer, Heike: Friedrich Krebs – nationalsozialistischer Oberbürgermeister in Frankfurt am Main. Rekonstruktion eines politischen Lebens, in: Hessisches Jahrbuch für Landesgeschichte, Bd. 42, Marburg 1992, S. 219–253

dies./Zwilling, Jutta: Elisabeth Selbert. Eine Biografie, in: Hessische Landesregierung (Hg.), »Ein Glücksfall für die Demokratie«. Elisabeth Selbert (1896–1986). Die große Anwältin der Gleichberechtigung, Frankfurt am Main 1999, S. 11–160

Dr. Elisabeth Schwarzhaupt: Ein Vorbild für die Frauen der CDU, in: Frau und Politik, 32. Jg., Heft 2, 1986, S. 18

Egen, Peter: Die Entstehung des Evangelischen Arbeitskreises der CDU/CSU (Inaugural-Dissertation), Bamberg 1971

Eine Frau im Fraktionsvorstand, in: Frauen-Journal, Heft 12, Dezember 1957, S. 5 (Kürzel: Schö)

Elisabeth Pitz-Savelsberg, in: Deutscher Bundestag (Hg.): Abgeordnete des Deutschen Bundestags. Aufzeichnungen und Erinnerungen, Bd. 3, Boppard am Rhein 1985, S. 175–296

Elisabeth Schwarzhaupt, in: Henkels, Walter, 99 Bonner Köpfe, Düsseldorf/Wien 1963, S. 278–281

Elisabeth Schwarzhaupt, in: Munzinger-Archiv, Lieferungen 16. Dezember 1961 und 31. Oktober 1964

Elisabeth Schwarzhaupt, in: Köpfe. 400 Porträts namhafter Persönlichkeiten aus dem Gesundheitswesen, Bonn 1981, S. 213

Elisabeth Schwarzhaupt, in: Metzler, Gabriele: Frauen die es geschafft haben. Porträts erfolgreicher Karrieren, Düsseldorf 1985, S. 217–233

Elisabeth Schwarzhaupt, in: Huffmann, Ursula/Frandsen, Dorothea/Kuhn, Annette (Hg.): Frauen in Wissenschaft und Politik, Düsseldorf 1987, S. 99–107

Elisabeth Schwarzhaupt, in: Schüller, Elke: »Neue, andere Menschen, andere Frauen«? Kommunalpolitikerinnen in Hessen 1945–1956 – ein biographisches Handbuch, Frankfurt am Main 1995, S. 123–125

Elisabeth Schwarzhaupt, in: Klötzer, Wolfgang (Hg.): Frankfurter Biographie, Bd. 2, Frankfurt am Main 1996, S. 359–360

Evangelische Christen und Soziale Marktwirtschaft. Evangelischer Arbeitskreis der Union zur Bedeutung der Wirtschaftsordnung, in: Evangelischer Pressedienst (epd), Nr. 20/86, 5. Mai 1986

Feuersenger, Marianne: Die garantierte Gleichberechtigung. Ein umstrittener Sieg der Frauen, Freiburg i. Br. 1980

Freier, Anna-Elisabeth/Kuhn, Annette (Hg.): Frauen in der Geschichte. Bd. V: »Das Schicksal Deutschlands liegt in der Hand seiner Frauen« – Frauen in der deutschen Nachkriegsgeschichte, Düsseldorf 1984

Frisé, Maria: Die erste Dame im Männerkabinett. Elisabeth Schwarzhaupt wird fünfundachtzig, in: Frankfurter Allgemeine Zeitung, 4. Januar 1986

Fülles, Mechtild: Frauen in Partei und Parlament, Köln 1969

Fünfzig Jahre Schillerschule Frankfurt a. M. 1908–1958, Frankfurt am Main 1958

Funcke, Liselotte (Hg.): Frauen sprechen im Bundestag, Stuttgart 1979

Gerhard, Ute: Unerhört. Die Geschichte der deutschen Frauenbewegung, Reinbek bei Hamburg 1990

Gesunde Umwelt – Gesunde Menschen. 1. Gesundheitspolitischer Kongreß der CDU vom 29. bis 30. Januar 1964 in Oberhausen, Bonn 1964

Göttert, Margit: Gertrud Bäumer, in: Asendorf, Manfred/Bockel, Rolf von (Hg.): Demokratische Wege. Deutsche Lebensläufe aus fünf Jahrhunderten. Ein Lexikon, Stuttgart/Weimar 1997, S. 39–41

Greschat, Martin: Die Haltung der deutschen evangelischen Kirchen zur Verfolgung der Juden im Dritten Reich, in: Büttner, Ursula (Hg.): Die Deutschen und die Judenverfolgung im Dritten Reich, Hamburg 1992, S. 273–292

Hammerstein, Notker: Die Johann Wolfgang Goethe-Universität. Von der Stiftungsuniversität zur staatlichen Hochschule, Bd. 1: 1914 bis 1950, Neuwied/Frankfurt am Main 1989

Hartenstein, Wolfgang, Die Anfänge der Deutschen Volkspartei 1918–1920, Düsseldorf 1962

Haun, Ilse: Aus der Arbeit des Rechtsausschusses der Evangelischen Frauenarbeit in Deutschland, in: Neue Evangelische Frauenzeitung, 8. Jg., Heft 2, März/April 1964, S. 44–46

Hehl, Ulrich von: Die Kirchen in der NS-Diktatur. Zwischen Anpassung, Selbstbehauptung und Widerstand, in: Bracher, Karl Dietrich/Funke, Manfred u. a. (Hg.): Deutschland 1933–1945. Neue Studien zur nationalsozialistischen Herrschaft, Bonn 1993, 2. Auflage, S. 153–181

Hein, Dieter: Zwischen liberaler Milieupartei und nationaler Sammlungsbewegung. Gründung, Entwicklung und Struktur der Freien Demokratischen Partei 1945–1949, Düsseldorf 1985

Heitzer, Horstwalter: Die CDU in der britischen Zone 1945–1949, Düsseldorf 1988

Hermle, Siegfried: Die Auseinandersetzung mit der nationalsozialistischen Judenverfolgung in der Evangelischen Kirche nach 1945, in: Büttner, Ursula (Hg.): Die Deutschen und die Judenverfolgung im Dritten Reich, Hamburg 1992, S. 321–337

Hetzke, Meike: Die höchstrichterliche Rechtsprechung von 1948–1961 zum Scheidungsgrund des § 48 EheG 1946 wegen unheilbarer Zerrüttung, Frankfurt am Main 2000

Hildebrand, Klaus: »Was das 19. Jahrhundert Alles brachte« oder »Die gute neue Zeit«, in: Gall, Lothar (Hg.): Das Jahrtausend im Spiegel der Jahrhundertwenden, Berlin 1999, S. 343–378

Hoecker, Beate: Frauen in der Politik. Eine soziologische Studie, Opladen 1987

dies.: Parlamentarierinnen im Deutschen Bundestag 1949 bis 1990. Ein Postskriptum zur Abgeordnetensoziologie, in: Zeitschrift für Parlamentsfragen 4/94, S. 556–581

Ilse Bing. Fotografien 1929–1956. Ausstellungskatalog, bearbeitet von Hilary Schmalbach, Aachen 1996

Janssen-Jurreit, Marielouise: Sexismus. Über die Abtreibung der Frauenfrage, München/Wien 1976

Kaff, Brigitte (Bearb.): Die Unionsparteien 1946–1950. Protokolle der Arbeitsgemeinschaft der CDU/CSU Deutschlands und der Konferenzen der Landesvorsitzenden, Düsseldorf 1991

Kaiser, Jochen-Christoph: Das Frauenwerk der Deutschen Evangelischen Kirche. Zum Problem des Verbandsprotestantismus, in: Dollinger, Heinz/Gründer, Horst/Hanschmidt, Alwin (Hg.): Weltpolitik, Europagedanke, Regionalismus. Festschrift für Heinz Gollwitzer zum 65. Geburtstag am 30. Januar 1982, Münster 1982, S. 483–508

Keller-Kühne, Angela: Frauen im demokratischen Aufbruch. Die Gründungsgeschichte der CDU in Hessen, in: Historisch-politische Mitteilungen. Archiv für Christlich-Demokratische Politik, 4. Jg., 1997, S. 19–34

dies.: 50 Jahre Frauen-Union der CDU. Katalog zur Ausstellung. Hg. vom Archiv für Christlich-Demokratische Politik der Konrad-Adenauer-Stiftung e. V., Meckenheim 1998

Klötzer, Wolfgang (Hg.): Frankfurt am Main in Fotografien von Gottfried Vömel 1900–1943, München 1992

Kloppenburg, Heinz u. a. (Hg.): Martin Niemöller. Festschrift zum 90. Geburtstag, Köln 1982

Knoll, Helli: Und dennoch: die Wahrheit siegt., in: Aus dem Reich der Frau (4. Beiblatt der Frankfurter Nachrichten), 20. März 1932, Nr. 80

Koelbl, Herlinde: Jüdische Portraits, Frankfurt am Main 1998

Kolb, Eberhard/Richter, Ludwig (Bearb.): Nationalliberalismus in der Weimarer Republik. Die Führungsgremien der Deutschen Volkspartei 1918–1933, 2 Bde., Düsseldorf 1999

Kottje, Raymund/Moeller, Bernd (Hg.): Ökumenische Kirchengeschichte. Bd. III Neuzeit, München/Mainz 1983, 3. Auflage

Krabbe, Wolfgang R.: Parteijugend in der Weimarer Republik. Ein typologischer Vergleich am Beispiel der Zentrums- und DVP-Jugend, in: ders. (Hg.): Politische Jugend in der Weimarer Republik, Bochum 1993, S. 38–72

ders.: Die gescheiterte Zukunft der Ersten Republik. Jugendorganisationen bürgerlicher Parteien im Weimarer Staat, Opladen 1995

Kropat, Wolf-Arno: Hessen in der Stunde Null 1945/1947, Wiesbaden 1979

Kübler, Sabine: Frauenalltag und Frauenbewegung in Frankfurt 1890–1980, in: Kunst und Museen in Frankfurt am Main, 1980, Heft 4, S. 2–4

Laurien, Hanna-Renate: Elisabeth Schwarzhaupt (1901–1986), in: Sarkowicz, Hans (Hg.): Sie prägten Deutschland. Eine Geschichte der Bundesrepublik in politischen Porträts, München 1999, S. 69–83

Lauterer, Heide-Marie: Gottesbildlichkeit des Menschen und Gleichberechtigung von Frau und Mann. Elisabeth Schwarzhaupt (1901–1986), in: Mehlhausen, Joachim (Hg.): … und über Barmen hinaus. Studien zur kirchlichen Zeitgeschichte. Festschrift für Carsten Nicolaisen zum 4. April 1994, Göttingen 1995, S. 145–158

dies.: Elisabeth Schwarzhaupt, in: Asendorf, Manfred/Bockel, Rolf von (Hg.): Demokratische Wege. Deutsche Lebensläufe aus fünf Jahrhunderten. Ein Lexikon, Stuttgart/Weimar 1997, S. 578–580

Lengemann, Jochen: Das Hessen-Parlament 1946–1986, Frankfurt am Main 1986

Limbach, Jutta: Elisabeth Selbert und ihre Sternstunde im Parlamentarischen Rat am 18. Januar 1949, in: Hessische Landesregierung (Hg.): »Ein Glücksfall für die Demokratie«. Elisabeth Selbert (1896–1986). Die große Anwältin der Gleichberechtigung, Frankfurt am Main 1999, S. 239–248

Lübbecke, Fried: Fünfhundert Jahre Buch und Druck in Frankfurt am Main, Frankfurt am Main 1948

Marquardt, Regine: Das Ja zur Politik. Frauen im Deutschen Bundestag 1949–1961. Ausgewählte Biographien, Opladen 1999

Mayer, Hans: Der Widerruf. Über Deutsche und Juden, Frankfurt am Main 1996

Meier, Kurt: Die Judenfrage im historischen und theologischen Horizont des deutschen Protestantismus seit 1945. Ein Literaturbericht, in: Kaiser, Jochen-Christoph/Greschat, Martin (Hg.): Der Holocaust und die Protestanten. Analyse einer Verstrickung, Frankfurt am Main 1988, S. 241–269

Melzer, Karl-Heinrich: Der Geistliche Vertrauensrat. Geistliche Leitung für die Deutsch-Evangelische Kirche im Zweiten Weltkrieg?, Göttingen 1991

Meyer, Birgit: Käte Strobel(1907–1996), in: Sarkowicz, Hans (Hg.): Sie prägten Deutschland. Eine Geschichte der Bundesrepublik in politischen Porträts, München 1999, S. 170–183

Möding, Nori: Die Stunde der Frauen? Frauen und Frauenorganisationen des bürgerlichen Lagers, in: Broszat, Martin/Henke, Klaus-Dietmar/Woller, Hans (Hg.): Von Stalingrad zur Währungsreform. Zur Sozialgeschichte des Umbruchs in Deutschland, München 1989, S. 619–647

Moeller, Robert G.: Geschützte Mütter. Frauen und Familien in der westdeutschen Nachkriegspolitik, München 1997

Müller-List, Gabriele: Gleichberechtigung als Verfassungsauftrag. Eine Dokumentation zur Entstehung des Gleichberechtigungsgesetzes vom 18. Juni 1957, Düsseldorf 1996

Mundzeck, Heike: Elisabeth Schwarzhaupt, in: Deutscher Juristinnenbund e. V. (Hg.): Juristinnen in Deutschland. Eine Dokumentation (1900–1984), München 1984, S. 109–124

Niemöller, Wilhelm: Neuanfang 1945. Zur Biographie Martin Niemöllers, Frankfurt am Main 1967

Nowak, Kurt: Der deutsche Protestantismus und die Unfruchtbarmachung der Erbkranken, in: Norden, Günther van (Hg.): Zwischen Bekenntnis und Anpassung. Aufsätze zum Kirchenkampf in rheinischen Gemeinden, in Kirche und Gesellschaft, Köln 1985, S. 178–192

Ordnung, Carl: Martin Niemöller, in: Asendorf, Manfred/Bockel, Rolf von (Hg.): Demokratische Wege. Deutsche Lebensläufe aus fünf Jahrhunderten. Ein Lexikon, Stuttgart/Weimar 1997, S. 451–453

Paul, Helmut/Herberg, Hans-Joachim (Hg.): Psychische Schäden nach politischer Verfolgung (Vorwort von Elisabeth Schwarzhaupt), Basel/New York 1963

Redmann, Jutta: Probleme mit der Solidarität unter Frauen. Fünfzig Jahre Frauen-Union, in: Frankfurter Rundschau, 5. September 1998

Reinicke, Dietrich/Elisabeth Schwarzhaupt: Die Gleichberechtigung von Mann und Frau nach dem Gesetz vom 18. Juni 1957, Stuttgart 1957

Richter, Ludwig: Von der Nationalliberalen Partei zur Deutschen Volkspartei, in: Dowe, Dieter/Kocka, Jürgen/Winkler, Heinrich August (Hg.): Parteien im Wandel vom Kaiserreich zur Weimarer Republik. Rekrutierung, Qualifizierung, Karrieren, München 1999, S. 135–160

Rotberg, Joachim: Zwischen Linkskatholizismus und bürgerlicher Sammlung. Die Anfänge der CDU in Frankfurt am Main 1945–1946, Frankfurt am Main 1999

Rüschenschmidt, Heinrich: Gründung und Anfänge der CDU in Hessen, Darmstadt/Marburg 1981

Ruge, Wolfgang: Die Deutsche Volkspartei, in: Fricke, Dieter u. a. (Hg.): Lexikon zur Parteiengeschichte. Die bürgerlichen und kleinbürgerlichen Parteien und Verbände in Deutschland (1789–1945), Bd. 2, Köln 1984, S. 413–446

Ruhl, Hans-Jörg: Hierarchie oder Anarchie? Der Streit um die Familienrechtsreform in den fünfziger Jahren, in: Aus Politik und Zeitgeschichte. Beilage zur Wochenzeitung Das Parlament, 30. Oktober 1992, Nr. 45, S. 31–42

ders.: Zwischen völkischer und konservativer Ideologie. Familienpolitik in Deutschland (1913–1963), in: Dülffer, Jost/Martin, Bernd/Wollstein, Günter (Hg.): Deutschland in Europa. Kontinuität und Bruch. Gedenkschrift für Andreas Hillgruber, Frankfurt am Main/Berlin 1996, S. 374–388

Salentin, Ursula: Elisabeth Schwarzhaupt – erste Ministerin der Bundesrepublik. Ein demokratischer Lebensweg, Freiburg i. Br. 1986

dies.: Ein demokratischer Lebensweg. Am 7. Januar [1986] wird Elisabeth Schwarzhaupt 85 Jahre alt, in: Frankfurter Allgemeine Zeitung, 4. Januar 1986

dies.: Erste Ministerin der Bundesrepublik Deutschland: Die Frankfurterin Elisabeth
Schwarzhaupt (1901–1986), in: Republik, Diktatur und Wiederaufbau. Hessische
Persönlichkeiten des 20. Jahrhunderts. Hrsg. von der Hessischen Landeszentrale
für politische Bildung, o. O. und o. J. [Wiesbaden 1995], S. 108–115

dies.: Elisabeth Schwarzhaupt, in: Böhme, Klaus/Mühlhausen, Walter (Hg.): Hessische Streiflichter. Beiträge zum 50. Jahrestag des Landes Hessen, Frankfurt am
Main 1995, S. 166–172

Sauer, Thomas: Eugen Gerstenmaier (1906–1986), in: Oppelland, Torsten (Hg.):
Deutsche Politiker 1949–1969. 16 biographische Skizzen aus Ost und West, Darmstadt 1999, S. 30–40

Schäfer, Kurt: Schulen und Schulpolitik in Frankfurt am Main 1900–1945, Frankfurt
am Main 1994

Scheidemann, Philipp: Memoiren eines Sozialdemokraten, Dresden 1930

Schillerschule Frankfurt a. M. – Rückblick auf das Jubiläum 1958. Jahresbericht
1959–1961, Frankfurt am Main 1961

Schillerschule Frankfurt am Main 1908–1983, Frankfurt am Main 1983

Schindler, Peter: Datenhandbuch zur Geschichte des Deutschen Bundestages 1949 bis
1999, 3 Bde., Baden-Baden 1999

Schmid, Armin und Renate: Frankfurt in stürmischer Zeit 1930–1933, Stuttgart 1987

Schmidt, Kurt Dietrich: Dokumente des Kirchenkampfes II. Die Zeit des Reichskirchenausschusses 1935–1937. Erster Teil, Göttingen 1964

Schmidt-Linsenhoff, Viktoria: Frauenalltag und Frauenbewegung in Frankfurt 1890–
1980, in: Kunst und Museen in Frankfurt am Main, 1980, Heft 2, S. 8–9

Schneider, Konrad: Neue Quellen zur Tätigkeit des Frankfurter Oberbürgermeisters
Friedrich Krebs 1933–1945, in: AFGK 65 (1999), S. 350–362

Schönhoven, Klaus/Vogel, Hans-Jochen (Hg.): Frühe Warnungen vor dem Nationalsozialismus. Ein historisches Lesebuch, Bonn 1998

Schreiber, Matthias: Martin Niemöller, Reinbek bei Hamburg 1997

Schüller, Elke: »Keine Frau darf fehlen!« – Frauen und Kommunalpolitik im ersten
Nachkriegsjahrzehnt in Hessen, in: Wischermann, Ulla/Schüller, Elke/Gerhard,
Ute (Hg.): Staatsbürgerinnen zwischen Partei und Bewegung. Frauenpolitik in Hes-
sen 1945 bis 1955, Frankfurt am Main 1993, S. 88–148

Schwarz, Hans-Peter: Die Ära Adenauer 1949–1957, Bd. 2, Stuttgart 1981

ders.: Die Ära Adenauer. Epochenwechsel 1957–1963, Bd. 3, Stuttgart 1983

ders.: Adenauer. Bd. 1: Der Aufstieg 1876–1952, Bd. 2: Der Staatsmann 1952–1967,
München 1994

Siegele-Wenschkewitz, Leonore: Auseinandersetzungen mit einem Stereotyp: Die Judenfrage im Leben Martin Niemöllers, in: Büttner, Ursula (Hg.): Die Deutschen
und die Judenverfolgung im Dritten Reich, Hamburg 1992, S. 293–319

Snoek, Hilde: Aus der Arbeit des Rechtsausschusses der Evangelischen Frauenarbeit
in Deutschland, in: Neue Evangelische Frauenzeitung, 14. Jg., Heft 1, Januar/Fe-
bruar 1970, S. 66–68

Speiser, Irène: Modellieren mit Licht. Ein Gespräch mit Ilse Bing, in: Photographie
9/89, S. 82–84

Stellungnahme zur Reform des § 218 StGB des Rechtsausschusses der Evangelischen

Frauenarbeit in Deutschland, in: Evangelische Frauenzeitung, 16. Jg., Heft 1, Januar/Februar 1972, S. 23–27

Süssmuth, Hans: Kleine Geschichte der CDU-Frauen-Union. Erfolge und Rückschläge, Baden-Baden 1990

Süssmuth, Rita: Rede anlässlich der Trauerfeierlichkeiten für Frau Bundesminister für Jugend, Familie und Gesundheit a.D. Dr. Elisabeth Schwarzhaupt in Frankfurt, in: Mitteilungsblatt des Deutschen Akademikerinnenbundes e. V., 69 (1987), S. 7–8

dies.: Gleichberechtigung der Frau im Parlament, in: Barzel, Rainer (Hg.): Sternstunden des Parlaments, Heidelberg 1989, S. 303–331

Tödt, Heinz Eduard: Umgang mit Schuld im kirchlichen Bekenntnis und in der Justiz nach 1945, in: Huber, Wolfgang (Hg.): Protestanten in der Demokratie. Positionen und Profile im Nachkriegsdeutschland, München 1990, S. 123–143

Tröger, Annemarie: Zwischen Kunst und Zeitungsmarkt. Ein Ausschnitt aus dem Leben der Fotografin Ilse Bing, in: Kerbs, Diethart/Uka, Walter/Walz-Richter, Brigitte (Hg.): Die Gleichschaltung der Bilder. Zur Geschichte der Pressefotografie 1930–36, Berlin 1983, S. 91–97

Vaupel, Heike: Die Familienrechtsreform in den 50er Jahren im Zeichen widerstreitender Weltanschauungen, Baden-Baden 1998

Verhandlungen des Deutschen Bundestags – Stenographische Berichte, 2. Wahlperiode, 15. Sitzung, 12. Februar 1954, 132. Sitzung, 6. März 1956, 164. Sitzung, 11. Oktober 1956; 191. Sitzung, 7. Februar 1957; 3. Wahlperiode, 120. Sitzung, 24. Juni 1960, 124. Sitzung, 28. September 1960; 4. Wahlperiode, 12. Sitzung, 24. Januar 1962, 44. Sitzung, 26. Oktober 1962, 75. Sitzung, 9. Mai 1963; 5. Wahlperiode, 174. Sitzung, 15. Mai 1968, 235. Sitzung, 14. Mai 1969

Vereinigung Evangelischer Frauenverbände Deutschlands. Dokumente aus der Geschichte des Dachverbandes von der Gründung 1918 bis zum Wiederanfang 1946. »mitteilungen« der Evangelischen Frauenarbeit in Deutschland e. V. Sondernummer 75 Jahre EFD – 1993, Frankfurt am Main 1993

Vollnhals, Clemens: Evangelische Kirche und Entnazifizierung 1945–1949. Die Last der nationalsozialistischen Vergangenheit, München 1989

ders.: Die Evangelische Kirche zwischen Traditionswahrung und Neuorientierung, in: Broszat, Martin/Henke, Klaus-Dietmar/Woller, Hans (Hg.): Von Stalingrad zur Währungsreform. Zur Sozialgeschichte des Umbruchs in Deutschland, München 1989, S. 113–167

Wege in die Politik, in: Die Frau in unserer Zeit, 3/1987, S. 9–11

Wegener, Hildburg: Elisabeth Schwarzhaupt wird 85, in: »mitteilungen« der Evangelischen Frauenarbeit in Deutschland e. V., Februar 1986, S. 22–23

Wehr, Gerhard: Karl Barth. Theologe und Gottes fröhlicher Partisan, Gütersloh 1979

Wenzel, Cornelia: Elisabeth Schwarzhaupt (1901–1986), in: Ariadne. Almanach des Archivs der deutschen Frauenbewegung, Heft 18, November 1990, S. 23–24

Wettengl, Kurt: Ilse Bing – Marta Hoepffner – Abisag Tüllmann. Drei Fotografinnen in Frankfurt (Einblick I), Frankfurt am Main 1985

Wieck, Hans Georg: Christliche und Freie Demokraten in Hessen, Rheinland-Pfalz, Baden und Württemberg 1945/46, Düsseldorf 1958

Wieder im Kabinett – und nun? Interview mit Frau Minister Schwarzhaupt, in: Frauenland, Heft 1 und 2, 1966, S. 9–10

Wilhelm Schwarzhaupt, in: Klötzer, Wolfgang (Hg.): Frankfurter Biographie, Bd. 2, Frankfurt am Main 1996, S. 360

Wilkens, Erwin: Elisabeth Schwarzhaupt wird 85 Jahre alt, in: Ehe und Familie im privaten und öffentlichen Recht. Zeitschrift für das gesamte Familienrecht, 1986, Heft 1, S. 25–28

Wittig, Gabriele: Rolle und Einfluß der Frauen in der Politik der Bundesrepublik. Schriftenreihe Partnerschaft von Mann und Frau, Heft 4, ÖTV (Hg.), Stuttgart 1969

Wischermann, Ulla: Frauen und Politik in der hessischen Tagespresse 1945–1950, in: dies./Schüller, Elke/Gerhard, Ute (Hg.): Staatsbürgerinnen zwischen Partei und Bewegung. Frauenpolitik in Hessen 1945 bis 1955, Frankfurt am Main 1993, S. 41–87

Wolf, Werner: Neubeginn und Kampf um die Mehrheit. Die CDU Hessen unter Alfred Dregger, in: Heidenreich, Bernd/Wolf, Werner (Hg.): Der Weg zur stärksten Partei 1945–1995. 50 Jahre CDU Hessen, Köln 1995, S. 59–95

Zarnack, Hulda (Hg.): Wir Frauen im Staat, Gelnhausen/Berlin 1953

Abkürzungen

ACDP	Archiv für Christlich-Demokratische Politik
AFGK	Archiv für Frankfurts Geschichte und Kunst
BA	Bundesarchiv
BGB	Bürgerliches Gesetzbuch
BHE	Bund der Heimatvertriebenen und Entrechteten
BK	Bekennende Kirche
BNSDJ	Bund Nationalsozialistischer Deutscher Juristen
CDU	Christlich Demokratische Union
CSU	Christlich Soziale Union
DC	Deutsche Christen
DDP	Deutsche Demokratische Partei
DEK	Deutsche Evangelische Kirche
DNVP	Deutschnationale Volkspartei
DP	Deutsche Partei
DVP	Deutsche Volkspartei
EAK	Evangelischer Arbeitskreis der CDU/CSU-Fraktion
EFD	Evangelische Frauenarbeit in Deutschland e. V.
EFU	Europäische Frauenunion
EheG	Ehegesetz
EKD	Evangelische Kirche in Deutschland
EP	Europa-Parlament
EVP	Europäische Volkspartei
EZA	Evangelisches Zentralarchiv
FAZ	Frankfurter Allgemeine Zeitung
FDP	Freie Demokratische Partei
FNP	Frankfurter Neue Presse
FR	Frankfurter Rundschau
FU	Frauenunion
GG	Grundgesetz
IFSG	Institut für Stadtgeschichte Frankfurt
HHSTA	Hessisches Hauptstaatsarchiv Wiesbaden
HMF	Historisches Museum Frankfurt
JU	Junge Union
LDP	Liberal Demokratische Partei
NLP	Nationalliberale Partei
NSDAP	Nationalsozialistische Deutsche Arbeiterpartei
NSV	Nationalsozialistische Volkswohlfahrt

RKA	Reichskirchenausschuss
SPD	Sozialdemokratische Partei Deutschlands
StA	Stadtarchiv
StGB	Strafgesetzbuch
STVV	Stadtverordnetenversammlung
WP	Wahlperiode
WRV	Weimarer Reichsverfassung

Abbildungsnachweis

Die Ziffern beziehen sich auf die Abbildungsnummern.

Titelbild: Archiv Christlich-Demokratischer Politik der Konrad Adenauer-Stiftung e. V., Sankt Augustin (Bundesbildstelle, Berlin)

Frontispiz: Barbara Klemm, Frankfurter Allgemeine Zeitung

Archiv Christlich-Demokratischer Politik der Konrad Adenauer-Stiftung e. V., Sankt Augustin: 11 (Heinz Engels), 13, 30 (Report + Studio, Jos. A. Slominski, Essen)

Archiv der deutschen Frauenbewegung, Kassel: 5

Bundesarchiv, Koblenz: 15 (183/89534/7, AP), 16 (146/2000/17/13), 17 (146/2000/17/ 18, dpa), 18 (146/2000/17/15, Neue Illustrierte), 19 (146/2000/17/9, Vogt), 20 (146/2000/17/16), 23 (146/2000/17/17), 25 (183/B1018/46/1), 26 (146/2000/17/ 14), 29 (146/2000/17/10), 31 (146/2000/17/11, Foto Bellaria, Heidelberg)

CDU-Kreisverband, Frankfurt am Main: 37 (Foto-Ott, Frankfurt am Main)

Foto Henrich, Wiesbaden: 36

Hessische Staatskanzlei, Wiesbaden: 35 (Nina Faber design)

Hessisches Hauptstaatsarchiv, Wiesbaden: 28 (dpa)

Historisches Museum Frankfurt, Frankfurt am Main: 9 (Ursula Seitz-Gray)

Photo Rudolph, Wiesbaden: 21

Frank Plate, Frankfurt am Main: 8

Privatbesitz: 1–2 (Remb. v. Ryn), 3 (Arthur Hoffschild), 4, 6, 7 (Müller), 12, 14, 22, 24, 27 (Bundesbildstelle, Berlin), 32–34

Der Nachdruck der Dokumente erfolgte mit freundlicher Genehmigung des Archivs der deutschen Frauenbewegung, Kassel, Dr. Otto Wagners, des Deutschen Akademikerinnenbundes e. V., des Evangelischen Arbeitskreises der CDU/CSU sowie der Frauen-Union der CDU.

Elisabeth Schwarzhaupt

Personenregister

Aufgrund der häufigen Nennungen wird auf den Namen Elisabeth Schwarzhaupt im Index verzichtet.

Die Autorinnen und Autoren

Werner Dollinger
1918 in Neustadt a.d. Aisch geboren; Dr. rer. pol.; Diplomkaufmann; selbständiger Unternehmer; 1946 bis 1964 Stadtrat in Neustadt a.d. Aisch; MdB 1953 bis 1990; 1962 bis 1966 Bundesschatzminister; November/Dezember 1966 Bundesminister für wirtschaftliche Zusammenarbeit; 1966 bis 1969 Bundesminister für das Post- und Fernmeldewesen; 1982 bis 1987 Bundesminister für Verkehr; 1963 bis 1989 stellvertretender Parteivorsitzender der CSU; 1965 bis 1995 Mitglied der Bayerischen Landessynode; 1971 bis 1991 Mitglied der Synode der EKD; 1974 bis 1993 Vorsitzender des Evangelischen Arbeitskreises der CSU in Bayern und stellvertretender Bundesvorsitzender des Evangelischen Arbeitskreises der CDU/CSU.

Heike Drummer
1962 in Luthe geboren; Ausbildung zur Diplom-Archivarin in Frankfurt am Main, Studium der Geschichte, Romanistik (Französisch) sowie Theater-, Film- und Fernsehwissenschaften in Frankfurt am Main; Magister Artium; wissenschaftliche Mitarbeit an Projekten der Stadt Frankfurt, des Instituts für Stadtgeschichte, des Jüdischen Museums und des Städelschen Kunstinstituts; 1995 Gründung der GbR *zeitsprung. Kontor für Geschichte* zusammen mit Jutta Zwilling. Zahlreiche Veröffentlichungen, u.a. die Biografie über Elisabeth Selbert im Rahmen der Publikation *»Ein Glücksfall für die Demokratie«. Elisabeth Selbert (1896–1986). Die große Anwältin der Gleichberechtigung*, herausgegeben von der Hessischen Landesregierung.

Liselotte Funcke
1918 geboren; Diplomstudium der Betriebswirtschaft in Berlin; seit 1946 Mitglied der FDP; 1950 bis 1961 Mitglied des Landtags von Nordrhein-Westfalen; 1961 bis 1979 Mitglied des Deutschen Bundestags; 1968 bis 1983 Mitglied des Präsidiums der FDP; 1969 bis 1979 Vizepräsidentin des Deutschen Bundestags; 1977 bis 1982 stellvertretende Bundesvorsitzende der FPD; 1979/80 Ministerin für Wirtschaft, Mittelstand und Verkehr des Landes Nordrhein-Westfalen; 1981 bis 1991 ehrenamtliche Beauftragte der Bundesregierung für die Integration der ausländischen Arbeitnehmer und ihrer Familienangehörigen. Sonstige Funktionen u.a.: 1971 bis 1991 Mitglied der Synode und der Kammer für öffentliche Verantwortung der EKD; Mitglied des Vorstands des Deutschen Komitees UNICEF.

Heinz Joachim Held
1928 in Wesseling am Rhein geboren; 1947 bis 1951 Theologiestudium in Wuppertal, Göttingen, Heidelberg und Bonn; 1952 erstes theologisches Examen; 1957 Promotion

in Heidelberg und zweites theologisches Examen; 1957 bis 1964 Gemeindepfarrer in Friedrichsfeld am Niederrhein; 1964 bis 1968 Professor für Systematische Theologie an der Lutherischen Hochschule in José C. Paz bei Buenos Aires; 1968 bis 1974 Kirchenpräsident der Evangelischen Kirche am La Plata mit Gemeinden deutscher Herkunft oder Sprache in Argentinien, Paraguay und Uruguay; seit 1975 Präsident des Kirchlichen Außenamtes der EKD in Frankfurt am Main; seit 1986 als Leiter der Hauptabteilung III »Ökumene und Auslandsarbeit« im Kirchenamt der EKD in Hannover, seit 1991 mit der Amtsbezeichnung Bischof (Auslandsbischof); 1968 bis 1991 Mitglied und seit 1983 Vorsitz im Zentralausschuss des Ökumenischen Rates der Kirchen; 1976 bis 1984 Mitwirkung in der Konferenz Europäischer Kirchen als Mitglied des Beratenden und Vorsitzender des Finanzausschusses; seit 1977 Delegierter der EKD in der Arbeitsgemeinschaft Christlicher Kirchen in Deutschland, 1982 bis 1988 und 1992 bis 1995 Vorsitzender; 1985 theologischer Ehrendoktor der Evangelischen (Lutherischen) Theologischen Akademie in Budapest (Ungarn).

Renate Hellwig

1940 in Beuthen/Oberschlesien geboren; 1967 Promotion zum Dr. jur. in München; 1969 bis 1972 Referentin für Öffentlichkeitsarbeit im Kultusministerium des Landes Baden-Württemberg; 1972 bis 1975 Mitglied des Landtags Baden-Württemberg und Vorstandsmitglied sowie hochschulpolitische Sprecherin der CDU-Fraktion; 1975 bis 1980 Staatssekretärin im Ministerium für Soziales, Gesundheit und Umwelt des Landes Rheinland-Pfalz; 1975 bis 1987 Mitglied des Bundesvorstands der Frauenvereinigung der CDU; 1980 bis 1998 Mitglied des Deutschen Bundestags und stellvertretende Vorsitzende der »Zukunftskommission Jugend«; 1985 bis 1998 Mitglied des Bundesvorstands der CDU; 1990 bis 1994 Vorsitzende des Europa-Ausschusses des Deutschen Bundestags. U. a. Herausgeberin der Publikation *Frauen in der Politik. Die Christdemokratinnen. Unterwegs zur Partnerschaft*, Stuttgart/Herford 1984.

Angela Keller-Kühne

1955 geboren; promovierte Historikerin; seit 1985 wissenschaftliche Archivarin im Archiv für Christlich-Demokratische Politik der Konrad-Adenauer-Stiftung e. V.; Arbeitsschwerpunkt Frauen in der CDU. Veröffentlichungen u. a. *Frauen im demokratischen Aufbruch. Die Gründungsgeschichte der CDU in Hessen;* in: Historisch-Politische Mitteilungen. Archiv für Christlich-Demokratische Politik, 4. Jg. 1997, und *50 Jahre Frauen-Union der CDU. Katalog zur Ausstellung. Hg. vom Archiv für Christlich-Demokratische Politik der Konrad-Adenauer-Stiftung e. V.*, Meckenheim 1998.

Heide-Marie Lauterer

Dr. phil., Studium der Germanistik und Geschichte; 1. und 2. Staatexamen; Tätigkeit als Lehrerin an Gymnasien und Fachhochschulen. 1990 Promotion mit der Arbeit *Liebestätigkeit für die Volksgemeinschaft. Der Kaiserswerther Verband deutscher Diakonissenmutterhäuser in den ersten Jahren des NS-Regimes*, Göttingen 1994. Wissenschaftliche Mitarbeiterin am Historischen Seminar der Universität Heidelberg; DFG-Projekt und Habilitationsschrift zum Thema »*Über Gegensätze hinweg in eine neue Zukunft«. Lebenswege, politisches Selbstverständnis und Handeln von Parlamentarierinnen in Deutschland 1918–1953*. Veröffentlichungen zu politik- und frauengeschichtlichen Themen.

Angela Merkel

1954 in Hamburg geboren; 1973 bis 1978 Studium der Physik in Leipzig; im Anschluss wissenschaftliche Mitarbeiterin im Zentralinstitut für Physikalische Chemie an der Akademie der Wissenschaften in Berlin; 1986 Promotion; 1989 Beitritt zum Demokratischen Aufbruch; März 1990 stellvertretende Regierungssprecherin unter der Regierung de Maizière; 1990 Eintritt in die CDU; 1991 bis 1994 Bundesministerin für Frauen und Jugend; 1994 bis 1998 Bundesministerin für Umwelt, Naturschutz und Reaktorsicherheit; Dezember 1991 Wahl zur CDU-Generalsekretärin; seit April 2000 Vorsitzende der CDU Deutschlands.

Christa Meves

1925 geboren; Studium der Germanistik und Philosophie an den Universitäten Breslau und Kiel; Staatsexamen in Hamburg, dort zusätzlich Studium der Psychologie; Psychagogenausbildung an den Psychotherapeutischen Instituten Hannover und Göttingen; freipraktizierend in Uelzen; Vortrags- und Lehrtätigkeit in Rundfunk, Akademien und Arbeitskreisen; zahlreiche Veröffentlichungen.

Marie-Luise Recker

1945 in Osnabrück geboren; Studium der Geschichte und der Romanistik an den Universitäten Münster und Oxford; 1974 Promotion; 1983 Habilitation; seit 1990 Professorin für Neueste Geschichte an der Johann Wolfgang Goethe-Universität Frankfurt am Main. Veröffentlichungen zur britischen und deutschen Außenpolitik in der Zwischenkriegszeit, zur Geschichte des Dritten Reiches sowie zur Verfassungs- und Parteiengeschichte der Bundesrepublik Deutschland.

Ursula Salentin

1924 in Düsseldorf geboren, Studium der Germanistik und Philosophie in Freiburg, Mainz und Münster. Bis 1976 Lehrerin an einem Kölner Gymnasium; Publizistin und Autorin zahlreicher Biografien vornehmlich über Frauen der Bonner politischen Szene, u. a. Autorin des Buches *Elisabeth Schwarzhaupt – erste Ministerin der Bundesrepublik. Ein demokratischer Lebensweg*, Freiburg i. Br. 1986

Hildburg Wegener

1941 in Hamburg geboren, Dr. theol.; Lehrerin an Gymnasien für Evangelische Religion und Englisch; seit 1984 theologische Referentin der Evangelischen Frauenarbeit in Deutschland e. V. Verschiedene Veröffentlichungen zu Themen der feministischen Theologie und Bioethik.

Jutta Zwilling

1961 in Frankfurt am Main geboren; dort Studium der Germanistik, Geschichte und Pädagogik; wissenschaftliche Mitarbeit an Projekten der Stadt Frankfurt, des Jüdischen Museums und der Johann Wolfgang Goethe-Universität; 1995 Gründung der GbR *zeitsprung. Kontor für Geschichte* zusammen mit Heike Drummer. Zahlreiche Veröffentlichungen, u. a. die Biografie über Elisabeth Selbert im Rahmen der Publikation *»Ein Glücksfall für die Demokratie«. Elisabeth Selbert (1896–1986). Die große Anwältin der Gleichberechtigung*, herausgegeben von der Hessischen Landesregierung.